国防信息类专业规划教材

作战模拟基础

（第2版）

Fundamentals of Operational Simulation

（Second Edition）

主　编　胡　斌　彭　伟　陈希亮
副主编　贺毅辉　王金双　洪　宇

国防工业出版社
·北京·

内 容 简 介

本书是在长期的本科教学实践和参考国内外大量相关资料、书籍的基础上编写的。内容以作战模拟基本理论和技术为基础，重点突出作战模拟的应用实践，注重理论、实践与军事应用相结合，具有较强的综合性。

全书共分为9章。第1章是概述，介绍模型与模拟的概念，作战模型与作战模拟的概念，作战模拟的现状和发展趋势。第2章是计算机模拟基础，主要介绍仿真模拟的基本方法，如离散事件系统模拟和连续系统模拟。第3章是作战建模的基本过程，详细介绍了作战模型的一般建模过程。第4章是战场环境建模，主要包括天气、地形、电磁环境等环境因素的描述与建模。第5章是经典的作战建模方法，介绍了三种典型的建模方法，包括兰切斯特方程、指数法、蒙特卡罗法等。第6章是典型作战行动的建模，重点介绍通视性与通视率、搜索与侦察、武器射击与目标的毁伤等内容。第7章是兵棋模拟及其应用，详述了兵棋的发展史、兵棋的组成及原理、兵棋作战模拟（兵棋的推演过程）。第8章是作战模拟系统及其应用，内容涉及作战模拟系统的概念与分类、作战模拟系统的体系结构、作战模拟系统的组织与运用、国外典型的作战仿真系统。第9章是作战模拟的新技术，介绍了几种典型的模拟新技术，如虚拟现实技术、基于Agent的建模仿真方法、复杂系统仿真等。

本书读者对象为军事运筹学、指挥信息系统工程等专业的本科生，也可作为部分研究生的参考教材，同时也可作为国内军事爱好者的可选读物。

图书在版编目（CIP）数据

作战模拟基础/胡斌等主编. —2 版. —北京：国防工业出版社，2019.4
（2025.8 重印）

ISBN 978-7-118-11728-8

Ⅰ. ①作… Ⅱ. ①胡… Ⅲ. ①作战模拟－高等学校－教材 Ⅳ. ①E83

中国版本图书馆 CIP 数据核字（2019）第 048070 号

※

国防工業出版社出版发行

（北京市海淀区紫竹院南路 23 号 邮政编码 100048）

北京凌奇印刷有限责任公司印刷

新华书店经售

*

开本 787×1092 1/16 **印张** 20¾ **字数** 471 千字

2025 年 8 月第 2 版第 2 次印刷 **印数** 4001—5000 册 **定价** 69.00 元

（本书如有印装错误，我社负责调换）

国防书店：（010）88540777 发行邮购：（010）88540776

发行传真：（010）88540755 发行业务：（010）88540717

FOREWORD 序

信息化战争使信息成为影响和支配战争胜负的主要因素，催化着战争形态和作战方式的演变。近20年来在世界范围内爆发的几场局部战争，已充分显现出信息化战争的巨大威力，并引发了以信息化建设为核心的新军事变革浪潮。为顺应时代潮流，迎接未来挑战，中央军委审时度势，提出了“建设信息化军队、打赢信息化战争”的战略目标，并着重强调提高基于信息系统的体系作战能力。为此，我们除了要装备一大批先进的信息化主战武器系统外，还需要研制相应的指挥信息系统。

指挥信息系统又称综合电子信息系统、指挥自动化系统，即外军的C^4ISR系统，其核心是指挥控制系统，或C2系统、指挥所信息系统。我军指挥信息系统建设已有30多年的历史，此间积累了室贵的经验教训。梳理深化对指挥信息系统建设规律的认识，有助于我们在新的起点上继续前进。

早在20世纪90年代中后期，我军有关部门就曾分别组织编写过指挥自动化系列丛书、军队指挥自动化专业统编系列教材，21世纪初又有人编写过指挥与控制技术丛书，至于近十多年来，有关指挥信息系统方面的专著、译著，更是络绎不绝，异彩纷呈。鉴于信息技术的发展日新月异，系统工程建设水平的日益提高，虽然系统工程的基础理论、基本原理没有根本的变化，但其实现技术、工程方法却不断有新的内容补充进来。所以众多论著的出版，既是信息系统自身演进特点的使然，也是加强我军信息化人才队伍建设实际需求的反映。

2012年，陆军工程大学（原解放军理工大学）组织一批专家学者，编写出版了一套国防信息类专业系列教材，包括《指挥信息系统》《指挥信息系统需求工程方法》《战场信息管理》《指挥所系统》《军事运筹学》《作战模拟基础》《作战仿真数据工程》和《作战模拟系统概论》共八本，受到了军队院校、军工研究所及广大读者的热烈欢迎和好评。四年来，军事信息技术仍在不断地发展中，为反映这些军事信息领域的技术发展与变化，他们又编写了《战场数据通信网》《信息分析与处理》《指挥控制系统软件技术》《系统可靠性原理》《指挥信息系统评估理论与方法》《虚拟现实技术及其应用》《军事数据工程》等七部教材，并对《指挥信息系统》教材进行了较大幅度的修订与完善。

与已有出版物相比，我深感这套丛书有如下特点：

一是覆盖面广、内容丰富。该系列教材中，既有对指挥信息系统的全面介绍，如《指挥信息系统》《指挥信息系统需求工程方法》《指挥信息系统评估理论与方法》《战场信息管理》《战场数据通信网》；也有针对指挥控制系统的专门论著，如《指挥所系统》《指挥控制系统软件技术》；还有针对军事信息系统的相关理论与技术，如《信息分析与处理》《系统可靠性原理》《军事数据工程》；以及军事系统仿真方面的有关教材，如《军事运筹学》《作战模拟基础》《虚拟现实技术及其应用》等。它们涵盖了基本概念、基础理论与技术、系统建设、军事应用等方面的内容，涉及到军事需求工程、系统设计原理、综合集成开发方法、数据工程、信息管理及作战楼拟仿真等热点技术。系列教材取材合理、相互配合，涵盖了作战和训练领域的主要内容，构成了指挥信息系统的基础知识体系。

二是军事特色鲜明，紧贴军队信息化建设的需要。教材的编著者多年来一直承担全军作战和训练领域重大科研任务，长期奋战在军队信息化建设第一线，是军队指挥信息系统建设的参与者和见证人。他们利用其在信息技术领域的优势，将工程建设的实践总结提炼成书本知识。因此，该套教材能紧密结合我军指挥信息系统建设的实际，是对我军已有理论研究成果的继承、总结和提升。

三是注重教材的基础性和科学性。作者在教材的编著过程中，强调运用科学方法分析指挥信息系统原理，在一定程度上避免了以往同类教材过于注重应用而缺乏基础性、原理性、科学性的问题。系列教材除大量引用了军内外系统工程的建设案例外，还瞄准国际前沿，参考了外军最新理论研究成果，增强了该套教材的前瞻性和先进性。

总之，本系列教材内容丰富、体系结构严谨、概念清晰、军事特色鲜明、理论与实践结合紧密，符合读者的认知规律，既适合国防信息类专业的课堂教学，也可用作全军广大在职干部提升信息化素养的自学读物。

中国工程院院士

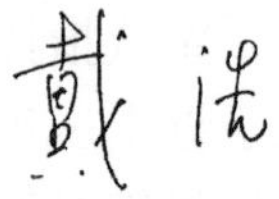

2016年8月

PREFACE 前言

20 世纪 60 年代美国首先设计成功计算机化的作战模拟模型，成为现代作战模拟诞生的标志。随后作战模拟技术得到迅速的发展，并广泛应用于军队建设的各个领域，取得了重大的军事和经济效益。因此，世界各国特别是技术先进的国家都非常重视作战模拟技术的研究与应用。美国国防部将与作战模拟技术密切相关的建模与仿真技术列为 21 项关键技术的第 6 项，可见美军对作战模拟技术的重视程度。国内从 80 年代起开始研究作战模拟技术，经过 20 多年来的发展，无论是在作战模拟的理论还是应用上均取得了较大的成绩，现阶段已成为我军信息化建设的重点内容之一。

从 20 世纪 90 年代开始，国内陆续地出版了一些关于作战模拟领域的书籍，在国内现有的同类教材中，绝大部分都是面向研究生教学，教材内容设置起点比较高，数学理论推导多，与其他学科领域知识关联性强，不能适应本科生目前的理论知识背景和学习能力要求。而且部分教材注重于介绍基本理论知识，缺少具体应用和军事案例，本书则丰富了应用方面的内容，力求让学生或者读者能够对作战模拟及其应用有全方位的理解和认识。

本书是解放军陆军工程大学“作战模拟”课程教学团队在作战仿真领域长达 10 余年本科教学的经验积累，是在参考国内外建模与仿真领域大量相关资料、书籍的基础上编写的。本书自 2012 年出版以来，得到了广大读者的支持和厚爱。在第 1 版的基础上，结合作战模拟的新技术与发展，我们对本书内容进行了新的补充。全书内容以作战模拟基本理论和技术为基础，重点突出作战模拟的应用实践，注重理论、实践与军事应用相结合，具有很强的综合性。内容概括了模拟基础、基本的建模与仿真方法、兵棋及应用、作战模拟系统及应用、作战模拟新技术等多个方面，不仅能够用于军事运筹学、指挥信息系统工程等专业的本科生教学，而且还能够作为国内军事爱好者的可选读物。

本书在编写过程中参考和引用了大量的文献资料，在此对文献的作者们表示衷心的感谢，正是因为前辈和同行们在该领域的辛勤耕耘和原创性的工作，才能让本书顺利完成。由于本书编者的水平所限，也因为作战模拟技术发展迅速，再加上编著过程中的疏漏，书中难免会存在问题，请各位同仁、读者批评指正。

编　者

2019 年 1 月

CONTENTS 目录

第1章 概述

战争是人类社会集团之间为了一定的政治、经济目的而进行的武装斗争。它在人类历史的发展过程中占有特殊的位置。战争的胜负，关系到国家的兴亡、民族的安危。从古至今，各个国家、各个民族都十分重视战争的研究。战争是复杂的和不可重复的，历史上没有两次完全相同的战争，但是战争也具有一定的规律性，为了研究这种规律，作战模拟技术应运而生。从古代的棋戏到沙盘推演、兵棋推演，从古代的战阵式推演到现代的计算机模拟对抗演习，都是人类研究战争的方法，都属于作战模拟的范畴。随着科学技术的发展，新的武器装备、新的作战方法、新的作战理论不断出现，使现代战争形态发生了巨大的变化。如何使军队在和平时期跟上军事技术变革的步伐，提高部队的战斗力，是摆在我们面前的一个现实问题。人类进入21世纪的军事实践告诉我们：除了“从战争中学习战争”，还需要“从实验室中学习战争”。从战争中学习战争是人们研究战争规律的传统方法，而现代作战模拟技术开辟了一条“从计算机（作战实验室）学习战争”的新途径。在信息化战争时代，作战模拟已经成为装备研制、军事训练、作战研究的重要手段，其应用范围还在不断地延伸和扩展。

1.1 模型与模拟

1.1.1 模型

1. 模型的概念

简单地说，模型是对现实事物的抽象和描述。麦克格劳·黑尔认为：模型是一个受某些特定条件约束，在行为上与其所模拟的物理、生物或社会系统相似，被用于理解这些系统的数学或物理系统。美国国防部对模型的定义：以物理的、数学的或其他合理的逻辑方法对系统、实体、现象或过程的再现。

模型是描述与说明研究对象的一种表达形式，是对客观事物的简化反映与抽象，是理解和反映客观事物形态、结构和属性的一种形式，是对实际系统、实体、现象或过程的一种物理的、数学的或其他方式的逻辑表达，例如，沙盘、方程式、程序框图、态势图等都是模型。模型既是研究对象同时也是一种研究手段。用模型代替客观实体进行研究，能更准确地揭示客观事物的本质，更充分地利用人的逻辑思维作用。

虽然模型提供了一种处理或简化复杂问题的方法，但完美无缺的模型是没有的，每一个模型的合理性都是相对的，是对现实世界某一部分或侧面的客观描述，因此，人们不能期望模型能够反映客观实体的一切方面。

模型作为一种重要的科学研究手段，在近代实验科学产生与发展的过程中发挥了重要作用。20世纪30年代创立的相似性理论，为模型方法奠定了科学的理论基础。20世纪 50 年代后，随着科技的发展和计算机的应用，各种各样的模型被广泛应用于自然科学和社会科学的各个领域，取得了显著的成果。如今，模型方法已经成为人们认识世界、改造世界，使事物形式化、定量化、科学化的一种主要工具。

2. 模型的性质

构造模型是为了利用模型对现实世界的各种系统进行研究，通常都具有以下性质。

1）相似性

模型的最大特点是对客观实体的相似性。相似现象也是构建模型的物质基础，是启示人类思维，产生创造性的一种基本因素。模型相对于研究对象而言，既可以是几何上相似，如地球仪、建筑模型等；也可以是数学上相似，如建立微分方程来研究 LC 振荡电路；也可以是感觉上相似，如飞行驾驶模拟仓、坦克驾驶模拟器，通过这类模拟器的训练，可以节约训练时间，减小装备的损耗，提高训练的安全性等；甚至可以是逻辑思维上相似，如中国象棋、国际象棋、围棋等，在棋盘上可以描绘出两军对垒的画面。

2）抽象性

所谓抽象，就是指抓住研究对象的本质特征，用一种结构上类似而又较简单的模型代替研究对象。所构建的模型既反映实际又高于实际，舍弃了客观实体中与研究目标无关的次要因素，突出关键因素和本质因素，成为对原型的抽象。例如，地球仪的研究对象是地球，而地球是非常复杂的一颗绕太阳系旋转的行星，直到现在地球上的很多现象人类还无法研究清楚，但是如果只关心地球的形状，以及地球上的一些地理要素，则可以用地球仪来模拟真实的地球。

3）简明性

构建模型的目的，就是使研究的对象简单化，模型能够使复杂、庞大的现实系统趋于简化，使人们更加容易理解和把握。一个好的模型，必定是删繁就简、重点突出，如果模型搞得太复杂，甚至和实际系统一样，就失去了利用模型的意义。效果相同的模型，越简单越好。

4）可重复性

可重复性是模型的一个非常重要的性质，即模型可以被研究者多次使用，对于一个研究问题只有通过多次重复性的实验才可能得出科学的结论。理想的模型在相同的条件下具有相同的表现，可以得出相同的结果，通过设置不同的模型运行条件对模型进行反复实验，可以更好地抽象出客观事物的本质特征和变化规律。

3. 模型的分类

模型的种类非常多、范畴非常广，模型按不同的建模方法、不同的应用领域可以有不同的划分，实际建立的模型很少有明确地属于某一类的，有时对某个研究对象的深入描述本身就需要几类模型。这里重点介绍按模型的表示方法来划分。

1）物理模型

以实物为基本背景的形象化模型，用物理量的变化来描述实际系统的模型称为物理模型。它们看起来和现实事物基本相同，如地球仪、飞机的风洞模型、教学用的原子模型、作战指挥使用的沙盘模型等。

2）模拟模型

对于那些结构性质基本了解，但又难以直接用物理或数学模型表达的系统，往往采用具有另外一种性质的系统去替代原系统，这种替代系统称为模拟模型。例如，在电路模拟模型中，用电压模拟机械运动中的速度、电流模拟力、电容模拟质量等。

3）图表模型

在部分资料中将图表模型和数学模型统称为符号模型，鉴于数学模型的重要性，本书把图表模型和数学模型区分开来。图表模型是指用图形及文字表格来表示的模型，它的作用有 3 个方面：

（1）将原型大的特征按比例缩小后用图来表示，以便描述原型的各种基本特征，如各种比例尺的地质图、地形图、剖面图、立体图等。

（2）数学模型的处理结果，常常要用图表模型来加以描述或表示。

（3）用于描述模拟模型，如描述系统各组成部分之间内在联系的过程联系图。

4）数学模型

把实际系统的物理真实性简化为用有意义的符号，如字母、数字（即各种变量和参数）等，来代表其全部或者大部分的基本特征，然后用数学表达式去描述或逼近这些特征间的定量关系，这种数学表达式就称为数学模型。它可以转化为用源程序表示的仿真模型。数学模型是最一般、最抽象的模型，看起来与所描述的现实似乎相距甚远，而实质上是对现实本质特征的反映。

现代作战模拟中使用最多的就是数学模型。数学模型按变量之间的关系划分为确定型模型和随机模型（概率型模型）。微积分和微分方程就是一类确定型模型，炮弹的命中概率模型就是随机模型。按照数学模型的功能来分可以把其分为数据分析模型和计算机模拟模型，如牛顿万有引力定律即是一个分析模型。计算机模拟模型，是指可以在计算机上做实验的数学模型，如蒙特卡罗法构建的概率模型。

1.1.2　模拟

1. 模拟的概念

对于模拟的概念，不同的领域有着不同的定义。

《国防科技名词大典》综合卷中对模拟的解释是：利用模型复现实际系统中发生的本质过程，并通过模型的实验来研究分析该系统的技术。

《系统工程名词浅析》中模拟的定义是：工程技术人员为了深入考察系统的运动变化规律，以及获得解决问题的启发，在表达系统的模型建立起来之后，总是要在人为控制的条件下通过改变特定的参数选择来观察模型的响应，预测系统在真实环境条件下的品质和行为。

美国国防部对模拟的定义是：运用模型描述在时间轴上的活动和交互。模拟可以是完全自动的，也可以是交互式的或者中断的。模拟是对所选现实世界或假想条件下事件和过程特征的动态描述。

总之，模拟就是利用物理的、数学的模型来类比、模仿现实系统及其演变过程，以寻求过程规律的一种方法。模拟可以理解为对所研究系统的功能、结构及行为的模仿，也可理解为在特定条件下，对客观实体的形状、工作方式或信息传递规律的一种相似性复现。

在实际工作和生活中，我们会经常听到“模拟”和“仿真”这两个词，而且有时会经常混用，这两个词有着比较一致或是近似的含义。按“国际标准化组织（ISO）标准”的名词解释，模拟（Simulation）就是选取一个物理的或抽象的系统的某些行为特征，用另一个系统来表示它们的过程。仿真（Emulation）是用一个数据处理系统，主要是用硬件来全部或部分地模仿另一个数据处理系统，以至于模仿的系统能像被模仿的系统一样按受同样的数据，执行同样的程序，获得同样的结果。通过分析两者的含义发现，它们都有对客观物体或实物的模仿的意思，但同时两者也有一定的区别。仿真的对象一般是实际的系统，是对实实在在的物体的仿真，如飞机、坦克等。而模拟的具体对象可以是物质实体，也可以是物质存在形态，模拟注重于对动作、形态和行为的模仿，如军队行动、作战活动、战争进程等。

虽然从严格意义上讲，模拟与仿真这两个词汇的含义有所区别，但在实际应用中已越来越接近，常常混用。一般说来，早期称模拟的多，近期称仿真的多；俄译称模拟的多，英译称仿真的多；在我国军界称模拟的多，民用称仿真的多；侧重技能训练的称模拟，侧重系统环境的称仿真。可见，仿真相比模拟只有细微差别，目前已将上述“模拟”与“仿真”统归于“仿真”范畴。本书中主要使用“模拟”术语。

随着计算机技术的发展，目前很多模拟都是在计算机上实现的。计算机模拟是建立系统的模型，进而在计算机上对模型进行实验研究的过程。一般情况下，计算机模拟包含系统、模型（通常是数学模型）、计算机模型（仿真模型）三个要素，其逻辑关系图如图 1-1 所示。

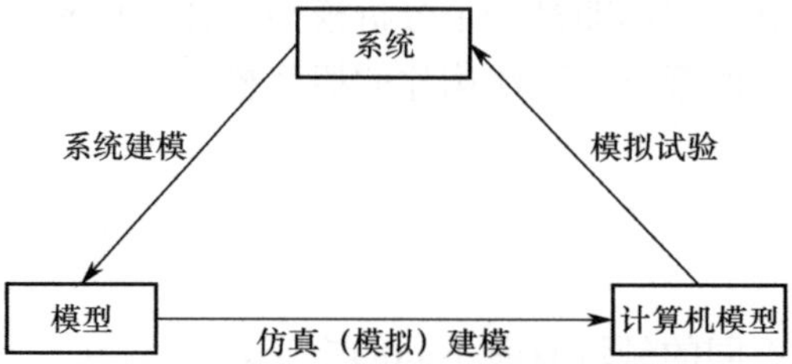

图 1-1　计算机模拟三要素逻辑关系图

2. 模拟的意义

现实世界中的系统都是十分复杂的，为了探索现实系统的本质和运动规律，深入了解其特性，必须进行一系列的实验。但由于各种因素的限制，使用实际系统进行实验往往非常困难，甚至有时是不可能的。因此，对于下列的这些现实问题，用模拟方法进行研究就非常有意义。

（1）实际系统太大，需要缩小，如用地球仪模拟地球，沙盘模拟战场地形。

（2）实际系统太复杂，需要简化，如人口模型研究人口问题。

（3）实际系统太贵重，需要省钱，如用飞行模拟器模拟飞行，导弹发射模拟器模拟导弹发射。

（4）实际系统太难、太费时，如研究恒星和行星的运动规律。

（5）实际系统无法观察，如使用原子模型研究原子的高速运动。

（6）实际系统危害大，如战争、原子弹爆炸。

（7）实际系统不可重复，如随机现象、服务统计等。

（8）在实际系统作业会干扰正常工作，如导弹、卫星发射系统。

3. 模拟的分类

按照模型的构建方法来分可以将模拟分为下面几类：

1）物理模拟

运用功能相似的实物系统对实际系统及其过程进行模仿的一种方法。像军事演习、实验室（如风洞飞机模型和部件、船艇实验池、靶场等）、沙盘作业这些都属于物理模拟。物理模拟通常花费较大、周期较长，且在物理模型上改变系统结构和系数都较困难。现实许多系统无法进行物理模拟，如社会经济系统、生态系统等。

2）数学模拟

利用数学解析公式、统计实验法或其他数学方法来反映实际问题，研究定量关系的一种方法。许多数学模型的实现都是在计算机上进行的，因此数学模拟是在计算机技术出现以后才得到飞速发展的。数学模拟相对于物理模拟的优点是方便、灵活、经济，缺点是对于有些复杂的问题，很难建立起数学模型。

数学模拟可进行反复大量的运算和实验，可以获得统计规律，来寻求最优决策。模拟所涉及的数学方法有解析模型、经验模型、统计模型、系统动力学模型。

3）混合模拟

使用数学模拟与物理模拟相结合的一种方法。如利用少量实验（如试射、试飞）与演习配合起来往往可以获得较好的效果，先进行数学模拟获得初步分析结果，然后通过专门的实验演习（即物理模拟）来检验数学模拟的结果，获得有关的模型变量值，最后再进行比较准确的数学模拟和分析。

按照模型状态变量变化的特征来分，可将模拟分为离散事件系统模拟和连续系统模拟两类。

4. 模拟与模型的关系

模拟是通过模型进行实验以研究真实对象及其关系的过程，模型在模拟这一活动中占有重要的位置，二者相互依存，缺一不可。

（1）模型是建立系统的一种表达，模拟则是运行和演练这种表达。

（2）模型是实际事物原型的一种抽象，模拟则是一个实验过程。模型是文字、符号、方程式的静态结构，模拟则是实现模型的一种动态描述。

（3）模型是模拟的基础，没有模型就无所谓模拟，没有模拟，模型也只能反映客观事物的表面，而不能触及其本质。

（4）模型的建立是为了反映要模拟的事物，若不进行模拟实验，则模型的正确与否就难以确定，模型的作用也发挥不了，模拟就是模型实验的方法和手段，成功的模拟是对所建立模型是否客观正确的检验，达到修正、补充、完善模型的目的。

1.1.3 作战模型与作战模拟

1. 概念

作战模拟的英文原文是 War Game、War Gaming 等，也有 Combat Simulation、Warfare Simulation 等译法，后者是直接采用了仿真的概念，所以作战模拟有时又被称为作战仿真。钱学森、王寿云、柴本良曾经给早期的作战模拟下过定义：在以沙盘和地图表示地形地貌、以标示器表示军队和武器配置的战场模型上，利用反映实战条件约束的若干行动规则，扮演交战双方的指挥官和参谋人员以下棋方式进行策略运筹的对抗。《中国人民解放军军语》中，作战模拟是“按照已知的或假设的情况和数据对作战过程的仿效。主要包括实兵演习、沙盘作业或图上作业、兵棋博弈、计算机作战模拟等。通常用以研究、检验作战计划，评价武器装备效能，研究新的作战理论等”。

作战模拟是模拟应用的一个领域，是军事与模拟相结合的产物，也是模拟技术向军事科学渗透的结果。随着军事运筹学、计算机和网络技术的发展，作战模拟的内涵得到了很大的扩展。除了包含早期的作战模拟外，还包括计算机辅助模拟仿真、对抗模拟以及综合了实验和演习、计算机和网络技术的分布交互式作战模拟。其应用范围也从对作战结果的预测与判定、作战过程的推演与评价扩展到从一个军事行为的策划到它的实施的完整过程；从一种军事系统初始概念的讨论到这种系统退役的全过程。通过作战模拟可深入研究、揭示战争的内在规律，分析、评估作战方案的优劣，训练部队以提高实际作战能力。

广义地讲，作战模拟包括实兵演习、沙盘作业、图上作业、作战分析博弈、计算机辅助模拟仿真、解析模型模拟、武器装备仿真等各个方面。

狭义地讲，作战模拟就是对军事（有时还包含政治）对抗局势的推演、对战场上作战过程的预测或再现以及对作战装备和参战人员在战斗过程中的操作和感知的仿真。通俗地讲，作战模拟就是对作战活动的一种相似性复现。

一般来说，在军事上用来研究以作战为目的的模型称为作战模型，用来研究以作战为目的的模拟称为作战模拟。因此，作战模拟通常指运用各种非实际作战方法和手段，对武器系统、作战环境、作战行动和作战过程进行模仿的技术、方法和活动。

现代作战模拟是指运用系统工程的观点和运筹学的方法，以计算机为工具，采用现代化的模拟技术，来研究现代战争的组织指挥、作战训练等，揭示军事活动规律的计算机作战模拟。现代作战模拟技术是建立在相似理论、计算机技术、控制理论、系统工程、运筹学等基础上的一门崭新的学科，既是许多科学技术的交叉点，又是军事、技术、系统工程的汇集点。由于计算机作战模拟是现代作战模拟的主要方式，现在提到作战模拟，往往指的就是计算机作战模拟。

2. 作战模型的分类

作战模型从结构上可分为三大类：

（1）解析模型。其特点是模型中的参数、初始条件和其他输入信息以及模拟时间和结果之间的一切关系以公式、方程式和不等式等形式来描述。

（2）仿真模型。其特点是把所关心的战术现象分解为一系列基本活动和事件，通过对这些活动和事件的模拟以及它们之间按逻辑关系的相互组合，从而达到表述战术现象的目的。

（3）作战对抗模型。是一种把定下决心的人的思维和战斗行动的模型化描述结合起来的模型。其结构类似于仿真模型，但在模型中，指挥行动（即决策过程）由演习人员做出，基本活动和事件用定量模型（如兰切斯特模型或火力指数模型）描述。

除此之外，还可以按照作战模型的数学特征来分，如解析模型、统计模型、图上作业演练模型、经验模型、系统动力学模型等。

3. 作战模拟的分类

现代作战模拟，可按多种方法进行分类。

（1）按作战模拟的规模来分，现代作战模拟可分为技术模拟、战术模拟、战役模拟和战略模拟四种类型。

① 技术模拟是对武器装备战技性能、操作使用特性以及局部作战过程等的模拟。如对抗条件下的武器弹道仿真就属于此类作战模拟，用于研究武器弹道对突防毁伤概率的影响，以完善武器弹道参数设计。

② 战术模拟主要是对敌基本作战单位之间作战过程的模拟。包括单个作战单位之间、单个与多个作战单位之间以及多个与多个作战单位之间对抗过程的模拟。战术模拟比较逼真，描述细致，可描述至排、班、单兵、单件武器。

③ 战役模拟主要是对一个作战方向或战区内敌对双方使用较大规模兵力进行的一系列战斗活动的模拟。模拟军以上、集团军的战役作战，可以包括陆军、空军、海军在内的多军兵种的联合作战，基本战斗单位为团、独立营。

④ 战略模拟主要是对现代条件下使用战略核武器、战略导弹、战略轰炸机、战略防御系统等，影响全局的战争行动或军队结构规划、优化分析等战略问题的模拟，用于制定国家战略方针和军队发展规划。

（2）按作战模拟的用途，现代作战模拟可以分为三种类型：研究型作战模拟、训练型作战模拟和辅助决策作战模拟。

① 研究型作战模拟是对作战过程进行系统的研究，主要用于研究和分析一定作战条件下的作战行动方法和武器装备的作战性能。

② 训练型作战模拟是对作战训练过程的模拟仿真，主要用于作战人员的训练和作战演习。

③ 辅助决策作战模拟是对作战指挥过程的决策支持，主要用于给指挥员提供辅助决策功能。

此外，从所用模型对现实的抽象程度看，可将作战模拟分为解析模拟、计算机仿真、作战对抗模拟和军事演习；从模拟兵力种类看，作战模拟可分为单类武器系统作战模拟、单一兵种作战模拟、合成兵种作战模拟和多军兵种联合作战模拟；从系统构成看，作战模拟可分为实兵模拟、虚拟模拟和结构模拟。

4. 作战模拟的基本过程

作战模拟一般包括三个主要阶段：准备阶段、模拟阶段和分析阶段。

1）准备阶段

任何作战模拟都是针对特定问题而进行的，具有明确的任务指向性。不管最古老的沙盘推演，或是现代基于虚拟现实技术的作战模拟训练，还是武器装备的仿真研究，都是依据特定的问题需要来进行设计、安排和运行的，以解决问题为第一要务。因此，作战模拟的第一步就是要确定模拟任务，装入针对该任务的想定，确定边界条件和过程。对任务的错误理解，将导致错误的结果或后果。此外，准备阶段的工作还包括总体设计、数据准备、设备准备、模型和软件准备、人员组织、编写想定等。

2）模拟阶段

模拟阶段是模拟的具体实施阶段，对于军事行动而言，是作战过程正在进行的阶段，通常是交战双方在计算机上进行作战模拟。对于武器装备的仿真研究而言，是通过计算机模拟实验来仿真武器装备的性能。

3）分析阶段

依照作战模拟的目标，在整个模拟过程中会产生大量的数据，必须对这些数据进行全面地记录、整理和分析，并得出相应的结论。分析阶段是作战模拟整个过程中非常重要的阶段，其重要性就在于所有新的作战方法、作战思想和作战规则等都产生于这个阶段。

1.2 作战模拟发展简史

可以说，自从有战争以来，就有了作战模拟的应用。作战模拟的技术、方法与其他事物的发展一样，既受到当时生产力水平和科学技术水平的限制，又不断地进行着从低级到高级、从简单到复杂的发展过渡。

1.2.1 古代作战模拟

1. 思维模拟

早期的作战模拟一般是通过人们的思维活动来实现的，一些战争中的指挥官运用自己的经验和对情况的判断，针对敌方可能采取的行动和己方的兵力部署，想象出对抗中的战场场景，从而不断地修改完善己方的作战方案，最后定下作战决心。无论是在古代的小说，或者在兵书中，都能看到古代军事家在这方面的杰作。

在我国历史上曾出现过许多大军事家，其中突出的代表是孙武。他根据长期的作战经验的积累和实践，写出了著名的军事哲学著作《孙子兵法》。他关于战争规律的论述，都是对过去作战经验的总结。可以说，他是军事史上最早运用模拟的思想方法来研究战争规律的杰出军事家。

除此之外，军事指挥官还对军事对抗局势从逻辑和几何上进行智力推演。例如，春秋战国时代，墨子止楚攻宋算得上比较早的作战模拟的实例。楚国的公输班发明了一种攻城武器——云梯，楚王想实验一下这种武器的威力，于是攻打宋国。墨子为了阻止楚国攻宋国，与公输班当着楚王的面，“解带为城，以牒为械”进行了攻防模拟，结果“公输班九设攻城之机变，子墨子九拒之”，楚王不得不放弃攻打宋国。墨子用作战模拟的方法不战而屈人之兵，以惊人的勇气和机智制止了一场战争的爆发。

2. 弈棋游戏

古人还把作战经验引入到弈棋游戏中，如中国象棋、国际象棋等，象棋都是由具有不同战斗力的各种棋子组成的，有将、帅、士、象、马、车、炮、卒等棋子，这些棋子反映了古代战争中武器装备和士兵的模型，棋盘则表示战场地形，有河川城堡等。中国围棋艺术中的“包围”“占领”等概念都是真实战争活动中对应概念的类比。古印度棋戏“恰图朗加”模拟了当时在印度军队中的四类兵种：象、马、双轮马拉战车和步兵，由四人按固定规则在棋盘上走子，不同走子的结果用掷骰子决定。

3. 野战演习

利用军队进行野战演习，是自古已有的一种作战模拟方式，公元前 6 世纪，军事家孙武按不同的战斗条件进行战争推演，运用宫女进行战阵的模拟。公元前 633 年，即晋楚城濮之战的前一年，晋文公在晋地举行了大规模的军事演习，这次演习对晋在城濮作战的胜利起到了很大的作用。上述两个例子反映了春秋时期军队作战模拟训练已经达到一定的水平。另据公元前 200 年左右写成的古印度两大叙事诗之一的《摩呵婆罗多》记载，公元前 500 年，印度曾经运用实际的军事力量进行野战演习式的作战模拟。

1.2.2 近代作战模拟

随着兵器的进步，战争规模的扩大，指挥官仅仅靠从逻辑上和几何上进行智力推演已不能满足作战研究的需要，于是产生了沙盘对抗和兵棋对抗的模拟方式。

我国古代最早的沙盘模拟出自于《后汉书·马援传》。“聚米为山谷，指画形势，开示众军所从道径由来，分析曲折，昭然可晓。”古希腊数学家阿基米德在罗马士兵围攻叙拉古城时，也曾以在沙盘上画几何图形的方法来研究防御策略。

到了 16 世纪，欧洲开始出现实测地图，并在地图中加入等高线等元素。19 世纪英国、法国、俄罗斯等国先后完成了大比例尺地图的测绘。借助于实测地图的准确数据，可以制作比较原始的地形沙盘模型，实现对实际地形的比例复制，并使用各种实物模型代表实际地物，从而完成作战双方的兵力部署，继而推演双方战场态势的发展变化。沙盘分析是至今仍在沿用的一种有效的模拟方法之一。

作战模拟真正成为一门科学，主要归功于普鲁士人冯·莱斯维茨父子。19 世纪初，冯·莱斯维茨父子发明了兵棋，他们描述战争过程的方法不是文字和绘图，而是利用模型和数学方法来推演，正是因为这一点，他们成为近代作战模拟的创始人。

普鲁士人冯·莱斯维茨把形式化的简单棋戏，改制成了模拟真实战场的立体游戏。首先，他按照 1∶2372 的比例，用胶泥制作出地形模型，显示出真实地形的起伏特征，然后以色彩表现河流、湖泊、道路、村庄和树林，用小瓷方块贴上符号表示军队和武器，按照他规定的规则进行对阵表演。冯·莱斯维茨赋予兵棋真实地形的概念，对兵棋走向军队训练和实战指挥产生了重要作用。

后来他的儿子——约翰·冯·莱斯维茨对兵棋进行了改进，把军事经验和时间概念引入兵棋，并依据现实的军事经验编写详细的兵棋规则，他改进的这种兵棋在斯德丁第二炮兵大队得到了成功的应用，在普鲁士军官中获得相当的支持。1824 年，冯·莱斯维茨中尉在柏林出版了兵棋的详细规则，书名是《用兵棋器械进行军事对抗演习的指南》，用这套规则作为指导，可以在画有地形的类似地图的图表上进行军事对抗的模拟。

冯·莱斯维茨父子发明的兵棋被称为严格式兵棋。1876 年，冯·凡尔第对兵棋进行了简化，不再需要大量规则，而是依据导演人员的临场裁定进行，被称为自由式兵棋。自由式兵棋更多依靠裁判的评估能力，不需要详细的记录，而且在推演过程中可以多次暂停。模拟的水平和质量依赖于裁判和控制人员的能力；而严格式兵棋的水平和质量则依赖于拟定规则的人的能力。

兵棋在第一次世界大战和第二次世界大战期间得到了广泛的应用。第一次世界大战时，德军利用兵棋模拟发现俄军进攻态势中的弱点，制定相应对策，结果以劣势兵力打败俄军。第二次世界大战期间，德国、日本、英国、美国各国都纷纷利用兵棋模拟作战行动，拟制和检验作战计划，取得了突出的效果。

1.2.3 现代作战模拟

第二次世界大战期间，出现了很多新的作战战法，有很多的军事运筹学家利用数学方法来研究作战中的规律，比较著名的是英国工程师兰切斯特，他发明了兰切斯特方程；美军的运筹学家通过运筹分析模拟出德军潜艇经常出没的路线；等等。20 世纪 60 年代以后，随着计算机的出现，使得运筹分析模拟进入了一个全新的发展阶段，计算机大大提高了运筹分析模拟的速度，很多数学家和军事运筹学家建立了大量的数学模型，利用计算机来进行演算，提高了模拟的效率和精度。军事数学模型与计算机结合产生了计算机化的现代作战模拟。1954 年，美国首先设计成功计算机化的作战模拟模型，是现代作战模拟诞生的标志。

现代作战模拟实际上是计算机化的作战模拟，它是以计算机软硬件为基础，以军事运筹学等理论为指导，针对不同对象和目的所开发的对作战过程进行仿真模拟的计算机系统。计算机作战模拟使作战模拟活动发生了质的飞跃，使模拟效率和模拟效果都大为提高，同时推动了作战模拟技术研究的快速发展。利用计算机作战模拟技术来研究作战问题，已经是军事科学研究方法划时代的重大变革。

20 世纪 60 年代以前，以计算机为主要工具的作战模拟活动比较多的是应用于武器装备的研究、设计、实验及效能的评估上。而用于战役战术训练的计算机模拟系统的出现则在 20 世纪 60 年代末。1967 年 TRW 公司为美国陆军研制一个小型侦察分队训练战术和评估效率的作战模拟系统，取名为 SIAF。此后 1973 年，TRW 公司又研制了一种实时的模拟训练系统，即“合同战术训练模拟系统”，简称 CATTS，该系统于 1986 年首次用于美国陆军训练。美军后来使用的“两面神”（JANUS）模拟系统，既包括了旅/营级战斗单位的作战行动描述，也包括了更低级战斗单位行动的描述，可以用于不同级别单位的模拟训练。

美军的作战模拟系统之所以得到迅猛发展，与其在发展过程中不断地在实战中取得良好效益分不开。20 世纪 80 年代以来，美军在一系列实战活动中，如出兵格林那达、入侵巴拿马，到海湾战争和空袭南联盟，都大量使用了现代作战模拟的方法。

作战模拟的发展，经历了一个由低级形式向高级形式的发展过程，所使用的方法和手段也在不断完善之中。在作战模拟发展过程中相继出现的思维模拟、实兵演习、沙盘模拟、计算机作战模拟等几种形式，既有先后又有交叉，它们不是一种形式对另外一种形式的代替，而是后一种形式对前一种形式的完善和补充。这几种形式现仍在军事领域中被相互结合、广泛地运用。

1.3 作战模拟的应用

现代的作战模拟主要运用计算机来辅助模拟，其应用领域随着军队现代化建设的需要和计算机软硬件技术的不断发展而日益扩大，目前在军事训练指挥、武器装备规划与论证、作战分析与战略模拟研究、作战实验等诸多方面都有了成功的应用系统。

1. 军事训练与指挥

现代高技术战争对军队人员素质提出了很高的要求，掌握和运用好高技术兵器的关键在于训练。但许多高技术兵器的训练不仅耗资巨大，有些训练甚至难以在实际装备上进行，计算机作战模拟提供了技术操作训练和战役指挥训练的有效途径，采用能够逼真再现这些装备性能的模拟器进行训练，则可以收到非常好的效果。在人为设置的各种情况下，还可以训练操作人员对各种复杂情况的应变能力和战术运用能力。此外，利用作战模拟系统可辅助军事指挥人员进行作战计划评估和指挥决策，通过系统对军事问题定量分析，预测并比较作战计划的执行结果，为指挥提供优化的决策方案，提高指挥人员决心的科学性、计划的合理性和指挥的坚定性。

美军一直把作战模拟系统作为军事训练的基本手段之一。如北约集团 1989 年在欧洲举行的“S-89”和美军在本土举行的“回师德国—90”，两次演习均通过卫星联网并使用计算机来模拟。前者是不带实兵实装演练以“第三次世界大战”为背景的三军联合空地一体作战，后者从最高指挥机构到旅、营，全部使用作战模拟系统沟通。海湾战争爆发前夕，美军中央总部根据作战预案进行了为期 5 天的代号为“内部观察 90”的作战演习，模拟伊拉克入侵科威特时，美军的作战部署等一系列行动，后来，伊军果真采取了演习中预想的那种行动。美军对“内部观察 90”稍加修正提出应急方案，并通过作战模拟系统立即自动生成战区作战计划和后勤保障计划。

我军也非常重视作战模拟在技能训练和指挥训练上的应用。在技术操作训练方面，经过多年地不断开发，我军已在陆、海、空三军形成了门类齐全的技术操作模拟训练系统。如坦克、军舰、飞机驾驶仿真器，轰炸射击训练模拟系统，飞机空战模拟系统，兵器维修训练模拟系统等都得到了广泛的应用。在指挥训练方面，从战术规模、战役规模到战略规模，从单一军兵种到多军兵种联合作战，都有了相应的指挥训练模拟系统，不仅可以训练指挥员和参谋人员，同时可以训练各级指挥机构。一些发达国家的军队还经常进行多个国家联合参与的计算机作战模拟演习。

2. 武器装备发展规划和论证

武器装备的研制和生产具有周期长、耗资大的特点，一种新的进攻型武器出现后，新的防御型武器很快问世。武器装备更新换代步伐加快，各国防务面临的局面日益复杂，军队对武器系统的综合性能和效能要求越来越高。而各国军队武器装备规划与论证是一项非常复杂的工作。目前所建立的用于武器装备论证的模拟模型，可以帮助决策机关制定近期、中期甚至长期的武器发展规划，确定优先发展哪一类武器，以及这些武器的具体战术技术性能指标。这些模拟模型包括战术和战役等不同层次，现装备的和正在研制的武器可以同时出现在模拟系统中，通过随时改变研制中武器的性能参数，分析其对作战效果的影响，使武器装备的研制少走或不走弯路。

目前，武器装备的规划论证的仿真应用分别朝着纵向（全生命周期）和横向（多武器平台）扩展，这也是当前国际形势的需要。如何应用仿真模拟技术减少武器系统的研制、采办风险并提高武器系统的综合性能，是摆在武器装备研究、采办、使用部门面前的一道难题。1994 年，美国国防部首次提出了基于仿真的采办（Simulation-based Acquisition，SBA）的概念，并将其应用于武器系统研制、采办的管理和过程优化，达到合理削减研制采办成本、缩短研制周期的目的。1999 年，又在武器及自动化信息系统采办管理策略中确定了建模与仿真在项目采办决策中的关键地位，最高采办指南（DOD 5000.1）修订版将 SBA 视为基本策略和原则，要求项目管理者有效地利用建模与仿真。美国在许多重大项目中进行了卓有成效的 SBA 研究与应用，如联合歼击机（Joint Strike Fighter，JSF）、波音 777 项目等，获得了巨大的成功。

国内关于 SBA 的研究基本上处于跟踪国外 SBA 的研究应用的状态，许多单位组织了相关资料、书籍等的翻译以及有关理论的研讨等工作，但离实际应用尚有一定差距，可以说我国在 SBA 研究应用方面还处于起步阶段。原因是多方面的，包括观念问题、制度问题和实施问题等。

3. 作战分析及战略模拟研究

作战分析模拟一般都集中在战略战役层次，但也用于作战方案的分析。战略决策模拟可以进行战略方案与战略武器的论证、战略力量的评估、军事冲突的预测、兵力规划、战时运筹等方面，也可以结合分析用于对高层人员进行训练。对作战方案进行分析在第二次世界大战时期就开始形成雏形，并在战后得到迅速的发展，广泛用于作战方案评估、辅助决策等方面。

在战略决策方案的论证方面，20 世纪 70 年代美国兰德公司就曾利用计算机战争模拟，评估了“第二次打击战略”的可行性，通过模拟证实了当时的核战略足以构成对苏联的威慑，从而说明了这种战略的可行性。1982 年，美国兰德公司建立了战略评估中心，并以“美国在 1983—1990 年期间关于与苏联的潜在冲突的国家安全决策”为题，用 MARK Ⅱ战略模型预测了西南亚局部冲突升级的后果。通过预测评估了美国在核威慑失效时应采取的军事战略，特别着重评估了采取何种战略能控制战争不进一步升级，并使美国付出的代价最小。21 世纪初期，美国兰德公司又根据自己的需要，利用计算机模拟分析了台海危机；美国空军利用模拟系统进行的“施里弗”空间战演习，是最近两次重要的战略模拟活动。战略决策模拟系统的技术重点在于构建决策模拟环境，以解决复杂的战争决策问题。主要的方法包括讨论式对抗模拟、技术对抗模拟、政治—军事对抗模拟、危机预测与反应分析等。20 世纪 80 年代至 90 年代，美国兰德公司研制开发了“兰德战略决策评估系统”（RSAS），对后来的战争模拟影响很大。它将政治军事模拟方法与作战模拟系统加以综合集成，建立了一个新一代的高层次计算机战争模拟系统。RSAS 的重要创新点之一是建立了反映美国、苏联及其他国家高层领导的政治决策模型，用以评估政治态势，确定国家目标与相应的战略，并建立全球范围内的作战指导原则。

在作战方案的分析评估方面，第一次海湾战争期间，美国陆军概念与分析局就曾经使用“战区评估模型”（CEM）及其改进型“战区兵力评估模型”（FORCEM）等，对“沙漠盾牌”的不同作战方案、不断变化的战场态势和作战行动提供过分析支持。国防部及陆军领导给予了高度的评价，“分析小组为‘沙漠盾牌’和‘沙漠风暴’行动提供的支持是非常杰出的”。

我国的作战分析及战略模拟研究也一直在进行之中。特别是在战术分析及方案研究方面，一直在不断发展，取得了不少的成果。在战略决策训练模拟研究方面，从 20 世纪 90 年代初期开始探索，到 20 世纪 90 年代末期就基本形成主要思路。例如，出于对信息社会的深刻理解和针对系统方法在发展和实践中的问题，著名科学家钱学森提出了“从定性到定量的综合集成”（Meta Synthesis）的思想，以及建立支持从定性到定量的“综合集成研讨厅”的具体设想，成为战略决策模拟的新方法学，对我国战略层次模拟的研究工作产生了很深的影响。

4. 作战实验

高新技术武器装备的出现和飞速发展，必然引起作战方式的深刻变革，使现代战争呈现出许多新的特点，给作战研究提出新的课题。借助于作战实验这一工具，运用各种实验方式，模拟运用高技术武器装备和采取相应的作战战法等条件下，军事研究人员可以预测战争基本进程和结局。通过对大量模拟战争的分析研究，可以总结现代战争出现的新特点、新规律，研究新战法。随着信息技术、建模与仿真技术、虚拟现实技术和网络技术等在军事上的广泛应用，使演示验证和作战实验的手段不仅更经济、简单、高效，且能高质量地满足任务的需求。美军“提出构想—作战实验—实兵演练—实战检验”的新型建军与备战模式的形成，使作战实验成为美军转型的四大支柱之一。作战实验室就是伴随和配合美军这种逐步形成的军事转型而采取的新举措。美军认为作战实验室是计划和实施作战实验的专业团队，其作用是：以创新的角度，提出、实验或评估新的作战概念和新的作战理论，加速新作战概念和新作战理论转化成作战能力，服务于作战决策。作战实验室是架设在理论设想与现实之间的桥梁，在实验室内以极少的时间和物质资源消耗，就可以把理论设想虚拟成人们能够认知的“现实”或“超现实”的展示未来的场景，从而使理论设想得到客观的验证。

美军作战实验室进行实验的主要技术手段是依托计算机网络，广泛采用分布式交互仿真技术和“虚拟样机”方法，综合利用实物模拟、数学模拟和手工模拟，创造出一种可以从事武器装备系统的应用研究开发和部队实兵训练的高度“灵境化”的人工合成环境。通常进行三种方式的模拟仿真实验：①推演式模拟，由军事想定和程序组成，大量运用程序设计与数学方法，模拟从连、营、团、旅、师、军与军以上的各级作战过程及行动；②“虚拟”模拟，即在大量人工模拟系统及其他模拟系统与设备共同营造的作战气氛里进行实战推演；③现场模拟，所有受训人员使用模拟器或模拟兵器进行实况部署，并与同样使用模拟设备的“敌方”对抗，对抗过程中能够展现实际战斗的各种情况与战场场面，可使参加受训的人员感受到“严峻的实战”体验。

我军作战实验室起步比较晚，2005 年 9 月，全军第一个战争模拟实验室建设工程在国防大学通过鉴定，标志着我军有了能够在战略、战役层次上进行战争分析、作战训练和武器装备研究综合仿真模拟的战争模拟实验室。这个实验室可以从战争和联合作战的层面研究信息化战争的规律与高层决策，训练我军中高级指挥员和参谋人员，研究武器装备体系的运用与发展。它突破了作战、训练与武器装备研究相互独立的传统方法，建设了能够支持战争分析、联合作战训练、武器装备研究的仿真模拟综合性实验环境。

1.4 作战模拟的发展现状及趋势

1.4.1 作战模拟的发展现状

1. 外军作战模拟的发展现状

当前，世界各国特别是技术比较先进的国家，都很重视现代作战模拟的研究与应用，其中美国是开展计算机作战模拟研究最早和发展最快的国家。美军作战模拟系统类型多，数量大，应用广泛。由于作战模拟在教育训练、作战研究、武器装备评估等领域发挥重大作用，美军视之为质量建军的重要环节。美国国防部高度重视仿真技术的发展，近年来，美国一直将建模与仿真列为重要的国防关键技术。于 1991 年 6 月成立了由国防部各部门高级代表组成的国防部建模和仿真执行委员会，其任务是向国防部负责装备采购的副部长提出有关作战模拟政策、倡议、标准和投资的建议，在委员会下面设立了建模和仿真办公室，具体负责指导各军兵种对作战模拟的规划和协调。1992 年 7 月，美国国防部公布了“国防科学技术战略”“综合仿真环境”被列为保持美国军事优势的七大推动技术之一；1995 年 10 月，美国国防部制订并公布了“建模与仿真主计划”(The DoD Modeling and Simulation Master Plan)，提出了美国国防部建模与仿真的 6 个主目标；1997 年度的“美国国防技术领域计划”，将建模与仿真列为有助于能极大提高军事能力的四大支柱(战备、现代化、部队结构、持续能力）的一项重要技术。当前，美军的作战模拟技术走在了世界各国军队的最前列，很多技术和标准被其他国家和军队所使用。美军在其《2020 联合构想》中，已经将仿真模拟技术作为实现其构想的核心技术，并在人员训练、条令制定、确定部队编制与结构方面发挥了无可比拟的作用。

欧洲对于仿真的研究历来也十分重视。北大西洋公约组织（NATO）于 1992 年 9 月成立了 DIS 工作组。同年欧洲学术界的 200 个成员成立了欧洲仿真特殊兴趣组，并于次年组建了“仿真未来：新概念、工具和应用”基础研究工作组，确定了仿真基础研究和开发为第一优先主题，开发新的应用领域为其第二个主题的发展思路。

澳大利亚也于 2000 年成立了专门的国防仿真办公室（ADSO），ADSO 作为澳大利亚国防部的分支机构，负责整个国防领域的仿真政策导向、联合和协调，解决作战模拟发展中存在的重要问题。其中，最重要的是国防仿真政策和国防仿真规划的制定及监督执行。此外，该机构还负责各个仿真项目的管理。在其国防仿真政策中列出的仿真支持的应用领域包括训练、兵力评估、实验、研究开发、采办、生命周期管理、危机处理和预案、任务演练、实施作战等。

2. 我军作战模拟的发展现状

我军的作战模拟研究起步较晚，在 20 世纪 70 年代后期，由著名科学家钱学森同志倡导，一些院校和研究所设立了专门机构从事这方面的应用研究。为了推动作战模拟研究，中国系统工程学会在 1980 年成立时，就组织了军事系统工程专业委员会，并于 1981 年在北京召开了全国首届计算机作战模拟学术会议。1980 年初，军事科学院成立了我军第一个专门的作战模拟研究机构——军事运筹分析研究所，陆续研制出了从分队级到战役级等一系列模拟模型，包括陆军师团战术模型、陆军分队战术模型、坦克分队战术模型、指数系列模型、战役模型等一批成果，并在教学与部队训练中开始发挥作用。这一时期，主要采用的是西方 20 世纪 70 年代以前的兰切斯特方程、指数法、蒙特卡罗法等方法。但受到当时技术水平和认识上的局限，在取得成绩的同时，也暴露出许多问题，加上一些主观或客观的原因，作战模拟研究在之后的一段时期内发展缓慢。90 年代中期以来，随着技术水平的发展和信息化时代发展的要求，作战模拟的技术研究和应用进入蓬勃发展的时期。军委首长和总部机关对作战模拟的研究与应用给予了极大的关注和支持，国防大学、石家庄陆军指挥学院、南京陆军指挥学院、海军指挥学院、空军指挥学院等院校先后推出了一些实用的战役战术训练模拟系统，并开展了较大规模的复杂系统仿真，由单个武器平台的性能仿真发展为多武器平台在作战环境下的对抗仿真，由单兵种的作战训练仿真发展到合同战术训练仿真。在此基础上，总部统一组织针对多军兵种、多应用领域、多层次、多用途的一体化作战训练模拟系统的研制开发，并重视相关标准的制定，取得了显著的成效。

1.4.2 作战模拟的发展趋势

现在作战模拟技术已经广泛应用到军队作战训练的各个领域，而随着计算机、网络通信和分布计算等新技术的快速发展和新的作战理论的不断出现，作战模拟呈现出以下发展趋势。

1. 系统建设体系化、综合化

现有的大部分作战模拟应用都是针对单类武器装备、单个作战层次或单个应用领域的，而信息化条件下的现代战争更加强调多军兵种的联合作战和多种作战样式的联合运用，这就需要一体化指挥信息系统的支撑。同样，未来的作战模拟系统建设必须从顶层统一规划，提高其一体化程度，才能更加全面有力地促进军队转型建设和战斗力的提高。

所谓体系化，是指研发多层次、多类型、多用途的作战模拟系统，在纵向上要覆盖战略、战役、战术、分队及单兵所有层次，在横向上要覆盖陆、海、空、天、电所有领域。而综合化要求这些系统具有相同的技术框架、相同的基础环境、相同的基本部件、相似的基础功能、相似的基本操作、相似的人机界面等，从而保证这些系统根据需要可以灵活地组合应用，共同构成一个综合一体的信息化模拟作战环境，既可用于装备论证和评估，还可用于作战研究和理论创新；既可用于技术训练，还可用于作战指挥训练；既可用于军兵种训练，还可用于联合作战训练；既可用于室内首长机关模拟训练，还可用于野外演习对抗。如美国陆军部所推出的“作战模型改造计划”，就是要建立一个具有层次结构的陆军作战模型系列。这一系列从战区级作战模型，军、师级作战模型，到旅、营级作战模型，每一个层次又有多种功能的仿真类型。我军也正在往这个方向努力。

2006 年 5 月，美国国防部出台新版《国防部训练转型战略计划》。该计划明确指出，训练转型的主要设想是提供动态的、基于能力的、全面支持一体化作战的训练，并由此提出训练转型的两大任务五大目标：任务一是更好地促进一体化作战，其目标：①根据作战指挥的需要，调整联合训练和教育的能力与资源，不断提高联合部队的战备能力；②努力完成跨机构、跨组织的联合训练；③培养个人和组织的联合意识。任务二是促进国防持续的、基于能力的转型，其目标：①为新型作战概念和能力奠定基础；②发展单兵和组织应对突发挑战准备和快速反应能力。

2. 仿真效果虚拟化、真实化

作战模拟是对作战环境、武器装备、作战兵力和作战过程的仿真，而仿真必须建立在实际作战要求上，必须经得起战场的最终检验。不论是在战场态势显示、作战方案分析还是武器装备论证，特别是对于模拟训练，作战模拟效果的真实性直接影响着模拟应用的效果。

充分利用虚拟现实技术、多媒体技术、人工智能技术、传感器技术等高新技术手段，可以大大提高作战模拟的仿真度。针对未来高技术作战的战争形态、战斗样式、作战对象和作战环境等背景，高度逼真地按实战要求进行训练成为军事训练改革的要点。虚拟现实模拟系统，可以为使用者创造出近乎真实的战场环境，友好而可视性强的交互界面，可以充分调动受训者的情绪，提高主观能动性和训练效果，让受训者在虚拟的战斗中体验生与死的角逐，使从未参加过战斗的部队获得“实战经验”。对于突发的战争，战斗人员无法预先到达战场熟悉地形环境，可以利用虚拟现实技术模拟未来战场环境，使士兵有亲身体验。

另外，计算机生成兵力（Computer Generated Force，CGF）的智能性也在很大程度上影响着模拟系统的真实性。CGF是指在虚拟的仿真战场环境中利用计算机生成和控制的单个或多个作战仿真实体，并通过一定的人的行为的建模，使这些实体能不需要人的外部干预而自动地对作战仿真环境中的事件和状态做出反应。CGF的目的在于增加虚拟战场环境中仿真作战实体的数量，为参演的人在回路的仿真实体提供作战对手或友军支援，提高虚拟战场环境的复杂度与多变性，增强受训人员的沉浸感和真实感，有效地降低作战演习的费用和代价，并为战场想定开发者设计演示系统时提供依据。为了使模拟的结果更加可信、用户的感觉更加真实，CGF必须具有足够的智能，其行为表现特别是对环境和事件的反应必须符合实际的作战规则。

3. 模拟应用多样化、复杂化

作战模拟在诸多领域都得了成功的应用，而应用效益更加促使各国军队对作战模拟的重视，并会不断加大对作战模拟的研究投入以期取得更大的效益。随着作战模拟技术的不断完善和成熟，作战模拟应用将进一步向更多的领域拓展，从单纯战场作战行动的模拟到政治、经济、外交等全面对抗模拟，从单人单装模拟到国家战略层的模拟，从单军兵种作战模拟到联合作战模拟，从传统作战手段的模拟到电磁对抗、信息战、网络战等新型作战手段的模拟，从常规作战模拟到特种作战模拟，从作战行为的模拟到作战人员的心理行为模拟，呈现更加多样化的趋势。在目前已有领域的应用也将进一步深入，为使用者提供更完善、更灵活的功能和更加人性化的操作。

同时，作战建模的应用也会更加复杂，作战建模向全息化、精确化、交互式的方向发展。信息化条件下的战争呈现出非对称、非线式、非接触等特点，这一点也决定了现代作战模拟也要从这些新的特点开展研究。这从根本上推动并指导建模的作战理论从“线式理论”拓展到了“非线式理论”，相应地，建模理论将从简单向复杂深入，即从简单系统、线性系统建模向复杂系统、非线性系统建模转变。未来建模重点是建立高度仿真的人工合成的战场环境，必须从兵力与武器功能、性能等外特性的模拟拓展到军队体制结构和组织机制等内特性的模拟，突出逼真地描述现实世界的复杂性和动态性，要对军队的组成、组织、战术和战场进行全面的综合模拟仿真，呈现出全息化的复杂特性。

4. 体系结构标准化、开放化

新的模拟技术会促进现代作战模拟应用的发展，同时，作战模拟应用的需求也在不断更新，从单系统应用到多系统应用，从集中式应用到分布式应用，新的需求反过来会促进作战模拟技术的发展，其中最为重要的是作战模拟的体系结构不断完善，逐渐向着标准化、开放化的方向发展。

经过多年的技术发展以及总结原有作战仿真系统实际开发及应用过程中的经验和教训，现代作战模拟逐渐走上了规范化、标准化的道路。例如，从建模流程上来讲，一般都要经过军事概念模型，数学（逻辑）模型，仿真模型再到程序设计这几个步骤，模型的校核、验证和确认贯穿其中。从具体模型上来讲，建立统一、规范、权威的基础模型库是现代作战模拟的基础工作这一观点早已成为共识。

除了统一的基础模型库之外，采用统一开放的仿真技术框架来研发新的作战仿真应用也是现代作战模拟的发展趋势之一。在统一的公共技术框架下，采用相对统一的支撑平台或支撑环境，不但可以大幅提高研发效率，加快研发进程，降低研发经费，还利于仿真资源的相互重用，共享仿真成果。更为重要的是，采用统一的技术框架研发的各种作战模拟系统在系统互联、互通和互操作上有着显而易见的优势，是作战模拟系统体系化、综合化的技术基础和保证。目前，美军提出的高层次仿真体系结构（HLA）是普遍采用的分布仿真体系的结构标准，但这个标准及其相关的产品也并不是十全十美的，自从出台时起就在不断地完善升级。其他很多国家也成立专门机构，投入了大量人力、物力进行相关的研究，提出了大量的作战模拟的相关标准。

第2章

2 计算机模拟基础

作战模拟系统的数学模型就是通过对系统的全部或部分的分析，对系统与外部的作用关系及系统内在的运动规律所做的抽象，并将此抽象用数学的方式表示出来。作战模拟系统根据其模型的特征可分为离散事件系统和连续系统。由于这两类系统固有运动规律的不同，因而描述其运动规律的模型形式就有很大的差别，相应地，作战模拟系统的模拟方法根据模型的特征也可分为连续系统模拟和离散事件系统模拟。连续系统是指系统状态随时间连续变化的系统。离散事件系统是指系统状态在某些随机时间点上发生离散变化的系统。它与连续系统的主要区别在于：状态变化发生在随机时间点上。这种引起状态变化的行为称为“事件”，因而这类系统是由事件驱动的；而且，“事件”往往发生在随机时间点上，也称为随机事件，因而离散事件系统一般都具有随机特性；系统的状态变量往往是离散变化的。例如，电话交换台系统，顾客呼号状态可以用“到达”或“无到达”描述，交换台状态则要么处于“忙”状态，要么处于“闲”状态；系统的动态特性很难用人们所熟悉的数学方程形式（如微分方程或差分方程等）加以描述，无法得到系统动态过程的解析表达，而一般只能借助于活动图或流程图。对这类系统进行研究与分析的主要目标是系统行为的统计性能而不是行为的点轨迹。

本章旨在介绍离散事件系统模拟和连续系统模拟的基本概念与方法，需深入学习的读者可参阅文献肖田元等著的《系统仿真导论》(第 2 版)。

2.1 计算机模拟概述

计算机模拟是指建立研究对象的数学模型或描述模型并在计算机上加以体现和实验。研究对象包括各种类型的系统，它们的模型是指借助有关概念、变量、规则、逻辑关系、数学表达式、图形和表格等对系统的一般描述。把这种数学模型或描述模型转换成对应的计算机上可执行的程序，给出系统参数、初始状态和环境条件等输入数据后，可在计算机上进行运算得出结果，并提供各种直观形式的输出，还可根据对结果的分析改变有关参数或系统模型的部分结构，重新进行运算。计算机模拟方法主要解决下述两个问题：

（1）提供计算机能接受的模拟模型。

（2）提供在计算机上运行计算和进行模拟研究的方法。

计算机模拟摆脱了物理模型的传统概念，不同的数学模型可在同一台计算机上运行。借助计算机实现便于进行实验的“活”的数学模型，即提供便于程序设计的方法，使研究人员能集中精力对模拟结果进行分析和处理。由于可以对物理性质截然不同的各种系统进行准确、灵活、可靠的研究，这就使现代科学实验技术提高到一个新的水平。

2.1.1 计算机模拟发展

当人们设计和构造复杂的系统时，或研究自然界、人类社会中漫长的演变过程和不易重复实验的事物时，若对研究对象本身进行实验，从时间、人力、物力等因素考虑要付出昂贵的代价，甚至不可能进行。因此，需要制造一个模型来进行各种实验。

为了对系统模拟，首先要确定或表达所要研究的系统。用数学模型能较方便地确定一个系统，全面地反映对系统的已有认识或需要验证的假设，但缺乏直观性，也不便于进行实验。在数学模型的基础上，可进一步做出实物模型，它体现人们所要求的真实系统有关的性质，但在形式和规模上不必与真实系统完全一致。用实物模型实验比较直观、可信，但仍不够经济和方便。

计算机出现以后，因它具有很强的数学运算和数据处理能力，可把数学模型编制成计算机程序，提供新的、通用的实验方法。计算机也可用于模拟与运筹有关的活动，例如，可以模拟参加竞争的双方所采取的步骤和最终的结局。它的应用领域很快就扩展到各种类型的系统，从规模巨大的系统一直到小型的系统，这些系统的数学描述通常非常复杂，要给出完全的解析解或精确的数值解非常困难。计算机模拟通过反复实验，帮助人们了解系统的性能，检验预想的假设，进行系统分析、设计、预测或评估，还可提供相当逼真的环境，借以培养和训练人员。

根据模拟过程中所采用计算机类型不同，计算机模拟大致经历了模拟机模拟、模拟—数字混合机模拟和数字模拟三个大的阶段。20 世纪 50 年代计算机模拟主要采用模拟机；60 年代串行处理数字机逐渐应用到模拟之中，但难以满足航天、化工等大规模复杂系统对模拟时限的要求；到了 70 年代模拟—数字混合机曾一度应用于飞行模拟、卫星模拟和核反应堆模拟等众多高技术研究领域；80 年代后由于并行处理技术的发展，数字机才最终成为计算机模拟的主流。现在，计算机模拟已成为工程研制、自然学研究、经济和社会问题研究、教学训练活动、军事研究、组织管理等许多领域中的一个有力的工具。

2.1.2 计算机模拟的基本步骤

计算机模拟一般从形成问题到最后模型确认须经过许多步骤。

（1）形成问题，明确模拟的目的和要求。

（2）尽可能收集和处理系统有关的数据。

（3）形成数学模型，找出组成系统的各个部件，并描述它们在各时刻的状态的有关变量（一般包括输入变量、状态变量和输出变量）或参数；确定各部件之间相互作用和影响的规则，即这些描述变量之间的函数关系。选择参数和变量的时候，还须考虑它们能否辨识或求解，以及模型最后是否适于根据真实系统的数据进行检验。

（4）根据收集的数据确定或估计模型中的参数，并选择模型的初始状态。

（5）设计逻辑或信息的流程图，直至编制出计算机程序。

（6）程序验证，检验程序与数学模型之间的一致性，以及输入量的合理性。

（7）进行模拟实验，对给定的输入在计算机上执行程序。

（8）结果数据分析，收集和整理实验结果并做出解释，必要时可改变输入量或部分模型结构，重新进行实验。

（9）模型确认，检验由模型所得的结果与真实系统的性能数据的一致性程度。这是关系到计算机模拟是否有效的关键问题，它依赖于对真实系统本身进行实验的水平能否获得足够的观测数据和判别一致性的准则。模型有效的级别可分为：重现有效的，即模型可重现真实系统的性能；预测有效的，即模型能有效地预测真实系统的未来性能；构成有效的，即模型能反映真实系统内部的结构。由于系统本身是随时间变化的，或者具有随机性，对真实系统数据和模型实验结果的比较通常需要采用时间序列分析方法或统计分析的方法。

2.2 离散事件系统模拟

离散事件系统是一类在技术、经济、军事等领域常见的系统。它们的状态在一些不均匀的离散时刻发生变换且状态变换的内部机制比较复杂，往往无法用常规的数学方法来描述。离散事件系统模拟是当前研究这一类系统最有用的方法之一。离散事件系统模拟能够在一个系统实际运行之前去评价它的运行性能；可以在不干扰实际系统的情况下比较各种可供选择的运行方案之优劣；能在适当的时间进行比较并及时做出决策。

本节首先分析了离散事件系统模拟的基本思想、基本概念和模拟程序的基本结构，然后描述了离散事件系统模拟常用的三种策略：事件调度、活动扫描和进程交互，最后分析一个离散事件系统模拟的军事实例。

2.2.1 离散事件系统模拟的基本概念

离散事件系统是系统的状态仅在离散的时间点上发生变化，而且这些离散时间点一般是不确定的系统。这类系统中引起状态变化的原因是事件，通常状态变化与事件的发生是一一对应的。事件的发生没有持续性，在一个时间点瞬间完成，事件发生的时间点是离散的，因而这类系统称为离散事件系统。顾客去银行办理业务，依次接受银行服务员的服务，这是离散事件系统的一个例子，因为状态变量（即银行内的顾客数）仅当顾客到达或顾客服务完成时才改变，且顾客到达的时间与服务的时间是随机的。在社会、经济、军事、生物与工程各个领域中，存在大量这样的系统，如交通管理、人口控制、市场贸易、库存管理、设备维修、加工制造、计算机和车间调度等系统。在这类系统的分析、设计、管理与控制中，人们常常需要知道系统的行为以及影响这些行为的因素。对少数相对简单的系统，其行为可通过解析法来获得，但对复杂的大系统，目前只能求助于计算机模拟技术。针对离散事件系统的模拟，就称为离散事件系统模拟。

应该注意一点，一个客观系统是离散的还是连续的（或是离散连续混合的）实质上指的是描述该系统的模型是离散的还是连续的。根据研究目的不同，同一个客观系统可以在一种场合用离散模型描述，这时它是离散事件系统；而在另一种场合用连续模型描述，这时它是连续系统。例如，在通信系统中，如关注的是每一信号的特征和传送，则通信通道可构造为离散的模型，认为系统是离散的。如需要进一步关注整个通道上的信号流，则需要用连续的模型来模拟，这时将视系统为连续的。

离散事件系统模拟与建立系统模型的方式密切相关。对于比较复杂的大型离散事件系统，若以整个系统为单位，直接建立其总体模型，往往比较困难，不易取得成功。但是，如果把系统分成若干个相对独立的又相互作用的实体，首先建立这些实体的局部模型，然后按实体间的相互联系，连接局部模型来组成总体模型，则容易取得成功，也容易形成通用的建模步骤与方法，方便建模者使用。这样做符合人们处理大而复杂问题的一般方式：分而治之。这种通过连接局部模型而获得的系统总体模型称为结构模型。虽然离散事件系统的类型众多，但可以抽象出一些公共的概念来描述其结构模型。目前成熟且通用的基本概念包括实体、属性、事件、活动和进程等。

1. 离散事件系统模型的基本要素

本小节将通过一个典型的离散事件系统来简要地分析描述离散事件系统模型的基本要素。

比如有一个单人理发馆，顾客是随机到达的，理发员为每个顾客的服务时间也是随机的。要求通过模拟估计理发馆的工作情况，以决定是否需要增加理发员。

根据该系统的工作情况，可以用图 2-1 所示的流程来描述该系统。此流程图反映的是一个顾客理发的顺序流程。但对整个系统来说，各框中的动作是并发的，如在服务的同时有顾客到达，也有顾客排队等待。

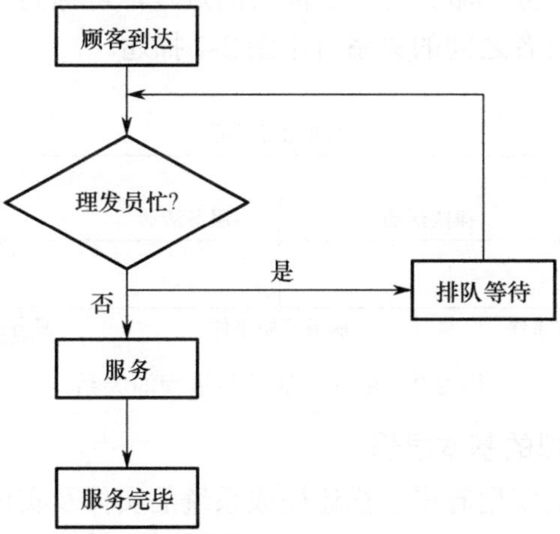

图 2-1　单服务台排队系统流程图

离散事件系统的基本要素主要有以下几个：

（1）实体（Entity）。构成系统的各种成分称为实体，用系统论的术语，它是系统边界内的对象。实体可分为临时实体与永久实体两大类。在系统中只存在一段时间的实体称为临时实体，这类实体由系统外部到达系统，通过系统，最后离开系统。永久驻留在系统中的实体则称为永久实体，只要系统处于活动状态，这些实体就存在。临时实体常具有主动性，又称为主动成分，而永久实体往往是被动的，又称为被动成分。在上面的理发店服务系统中，顾客是临时实体（主动成分），理发员是永久实体（被动成分）。临时实体按一定规律不断地到达，在永久实体作用下通过系统，最后离开系统，如此整个系统呈现动态变化的过程。

（2）属性（Attribute）。实体由它的属性来描述，属性用来反映实体的某些性质。例如，理发店服务系统中，顾客是一个实体，性别、年龄、到达时间和服务时间等是它的属性。对一个客观实体，其属性很多，在模拟建模中，只需要用到与研究目的有关的一部分，也只需对这一部分进行描述。例如，顾客的性别如会影响理发时间及排队规则（女士优先），则描述顾客这一实体时，要说明性别这一属性。而顾客的身高与理发无甚关系，则在理发店服务系统中不需作为顾客的一个属性。

（3）状态（State）。在某一确定时间，系统的状态是系统中所有实体的属性的集合。

（4）事件（Event）。事件是引起系统状态发生变化的行为，它是在某一时间点上的瞬间行为。离散事件系统可以看作是由事件驱动的。在上述例子中，可以定义“顾客到达”为一类事件。因为由于顾客到达，系统的状态中，服务员的状态可能由闲变忙，或者队列状态即排队的顾客人数发生变化（队列人数加 1），一个顾客接受的服务完毕后离开系统的行为也可以定义为一类事件——“顾客离开”，此事件使服务员的状态由忙变闲。

（5）活动（Activity）。实体在两个事件之间保持某一状态的持续过程称为活动。活动的开始与结束都是由事件引起的。在上例中，顾客开始接受服务到该顾客接受服务完毕后离去可视为一个活动，在此活动过程中，顾客保持理发状态。

（6）进程（Process）。进程由和某类实体相关的事件及若干活动组成。一个进程描述了它所包括的事件及活动间的相互逻辑关系和时序关系。在上例中，一个顾客到达系统—排队—服务员为其服务—服务完毕后离去的过程，可称为一个进程。

事件、活动与进程三者之间的关系可用图 2-2 描述。

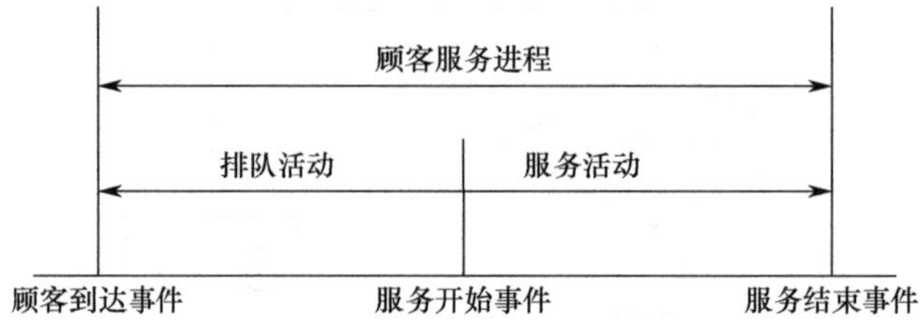

图 2-2　事件、活动与进程的关系

2. 离散事件系统模拟的基本思想

离散事件系统的结构模型着重于描述构成系统的实体及实体间的交互，侧重于面向用户的视角。而建立系统的模拟模型需要将结构模型映射到计算机上，并需要考虑模拟的需要，如程序事件、数据统计等，这通常与计算机的特征相关。由于传统的计算机均是串行计算的，而系统结构模型中各实体的活动是并行的，因此基于串行计算机建立离散事件系统模拟模型的主要任务是将并行的结构模型串行化计算。这个过程主要要用到事件表与模拟时钟两个概念。

1）事件表

事件表（Event List）是为模拟服务的，它记录系统中每一个将要发生的事件类型、发生时间以及与该事件相关的参数。在一个系统中，往往有许多类事件，而事件的发生一般与某类实体相联系，某一事件的发生还可能引起另一事件的发生，或者成为另一事件发生的条件等。为了实现对系统中事件的管理以及按时间顺序处理事件，必须在模拟模型中建立事件表。

模拟模型是依赖事件来驱动的，系统中除了有固有事件（又称系统事件）外，还有所谓“程序事件”，它用于控制模拟的进行。例如，在单服务台系统中，如果需要模拟从上午9：00开门到下午5：00关门这一段时间内的动态过程，可以定义“模拟时间到达8h后停止模拟”，作为一个程序事件，当该事件发生时即结束模拟模型的执行。

2）模拟时钟

模拟时钟（Simulation Clock）用于表示模拟时间的变化，作为模拟过程的时序控制。它是系统运行时间在模拟过程中的表示，而不是计算机执行模拟程序的时间长度。在连续系统模拟中，将连续模型离散化为模拟模型时，模拟时间的变化由模拟步长确定，可以是定步长，也可以是变步长。离散事件动态系统的状态本来只在离散时间点上发生变化，因而不需要进行离散化处理，而按以下两种基本推进方式推进：

（1）事件单位推进（Event-Unit Advance）。因为离散事件系统中两个相邻事件之间系统状态不会发生变化，所以模拟时钟可以跨过这些“不活动”的时间段，从一个事件发生时刻直接推进到下一个事件发生的时刻。即每次推进都从事件表中选择相对当前时刻最早发生的事件，将模拟时钟推进到该事件发生时刻，这样模拟时钟的推进呈现跳跃性。由于事件的产生具有随机性，模拟时钟的推进速度也是随机的。

（2）时间单位推进（Time-Unit Advance）。这种方法选择适当的时间单位（必须足够小）作为固定的时间推进步长。每推进一步，都作如下处理：首先检查事件表内有无事件在该步内发生，若没有，则模拟时钟再向前推进一个时间单位；若有，则处理事件，相应地改变系统的状态，然后再向前推进一个时间单位。如在该步内有几个事件发生，用户必须规定处理各类事件的优先顺序。

事件单位推进方式效率较高，一般情况下可节省时间，目前被广泛采用，但其设计和实现比较复杂。

时间单位推进将每步内发生的所有事件都当作该步末端时刻发生的，使得一些时间间隔较小的事件表现为同步发生，这样会产生较大的偏差。为了克服这个缺点，需要将时间单位取得足够小，这又使计算量增大。基于时间单位推进方法的特点，它主要用于系统事件发生时间具有较强周期性的模型，如定期订货的库存系统，以年、月为单位的经济计划系统等。

此外，连续系统模拟的目的是要得到状态变量的动态变化过程，并由此分析系统的性能。离散事件系统的状态随着事件的不断产生也呈现出动态变化过程，但模拟的主要目的不是要获得状态的变化情况。因为离散事件系统通常含有随机的因素，因而状态的变化具有随机性。一次模拟运行获得的状态变化过程只是随机过程的一次采样，系统的性能计算只有在统计意义下才有参考价值。例如，在单服务台系统中，由于顾客到达的时间间隔具有随机性，服务员为每一个顾客服务的时间长度也是随机的，因而在某一时刻，各次模拟运行时顾客排队的队长或服务员的忙闲情况是不确定的。从分析系统的角度来看，感兴趣的可能是系统的平均队长，顾客的平均等待时间或服务员的利用率。为了获得这样的统计性信息，在模拟模型中，需要有一个统计计数部件，以便统计系统中的有关变量。

3. 离散事件系统模拟程序的结构

离散事件系统模拟的程序，从其功能结构的角度来看，通常包含以下几个部分：

（1）系统状态变量。用于记录系统在不同时刻的状态。

（2）时钟变量。用于记录当前时刻的模拟时间值。

（3）事件表。按时间顺序记录模拟过程中将要发生的事件，即当前时刻以后的事件。

（4）统计计数器。用于记录有关模拟过程中系统性能的统计信息。

（5）初始化子程序。在模拟运行开始前进行初始化的子程序。

（6）时钟推进子程序。由事件表确定下一事件，然后将模拟时钟推进到该事件发生时间的子程序。

（7）调度子程序。将模拟过程中产生的未来事件插入事件表中。

（8）事件子程序。每一类事件对应一个事件子程序，相应的事件发生时，就转入该事件子程序进行处理，更新系统的状态，产生新的事件。

（9）统计报告子程序。根据统计计数器的值计算并输出系统性能的估计值。

（10）随机数发生器。产生给定分布的随机数的一组子程序。

（11）主程序。调用时钟推进子程序，然后将控制转移到相应的事件子程序，完成模拟程序的总体控制。

使用通用高级语言（如 BASIC、FORTRAN、C 等）进行离散事件系统模拟程序设计时，以上各部分需要用户自行编程，工作量大。而模拟语言或模拟软件包中提供了上述大部分功能，通过组合可以迅速开发出所需的模拟程序。

图 2-3 给出了按事件单位推进模拟时钟时，模拟程序的流程结构图。

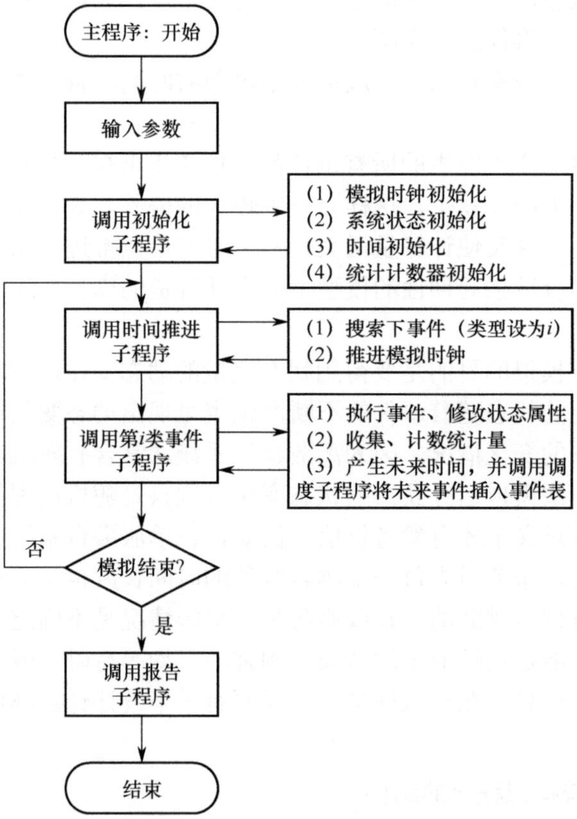

图 2-3　离散事件系统模拟程序的流程结构图

2.2.2　离散事件系统的模拟策略

离散事件系统的模型只在一些离散点上由事件改变其状态，因此离散事件模型是由事件驱动的。驱动某一模型的所有事件按其发生的时间先后构成了一个序列，通常要求按时间先后顺序处理事件，不能颠倒。离散事件系统模拟的关键是按时间顺序确定这一序列。除了初始事件，事件序列中的事件不能在模拟前事先确定，而是在模拟进行中产生的。在离散事件系统模拟中一般采用事先策划事件的方式，即在模拟系统处理任何事件之前该事件必须已被策划。策划的主要工作是确定事件的类型与发生时间。策划好的事件存放在事件表中，当模拟时钟到达事件的产生时间时，由模拟系统处理该事件。确定事件发生时间的方式有三类。

（1）直接方式。直接给定事件发生的时间点。

（2）间接方式。给出事件发生的条件，这时事件发生的时间点是条件满足的那一时刻。

（3）混合方式。既给出时间点，又给出条件，事件发生在给定时间点后条件满足的瞬间。

一个事件的策划一般是在处理前面的某一事件时进行的，这一处理时刻也称为事件策划时间。受因果关系的约束，事件的策划时间不得迟于其发生时间，即只能策划当前和未来的事件，不能策划过去的事件。这样在离散事件模拟中，处理事件发生时，一是要按事件对系统的影响改变模型的状态；二是要策划后续的事件。用直接方式策划的事件，其发生时间可以与策划时间相同，但更常见的是在策划时间之后。后续事件的策划通常与模型新的状态有关，策划好的后续事件插入到事件表中。

离散事件模型中的各类事件可在不同层次上来组织。从前面的分析知道，系统的离散事件模拟模型是由实体及其间的关系组成。实体状态的变化即为事件，同一实体在两个相继事件间所处的过程称为实体的活动，同一实体若干活动的延续构成一个进程。因此活动、进程都是以事件为基础构成，其粒度大于事件。从事件、活动、进程三个层次来组织事件即构成了处理离散事件模型的三种典型处理方法：事件调度法、活动扫描法、进程交互法。在复杂系统模拟中，按进程来组织事件可以使众多的事件条理清晰，因而成为最通用的方法。

1. 事件调度法

事件调度（Event Scheduling）法以事件为分析系统的基本单元，通过定义事件以及每个事件发生后对系统状态的影响，按时间顺序执行每个事件并策划新的事件来驱动模型的运行。

事件调度法的模型主要由若干事件子模块构成。所有事件均放在事件表中，模型中设有一个时间控制程序。模拟的过程是：从事件表中选择发生时间最早的事件，将模拟时钟推进到该事件发生的时间，并调用该事件的子模块处理事件——修改模型状态和策划新的事件，然后返回时间控制程序，重复这一过程，直至满足模拟结束的条件。

事件调度法的算法如下。

（1）执行模拟初始化操作：

① 置模拟开始时间和结束时间；

② 初始化事件表，设置初始事件；

③ 状态初始化。

（2）将模拟时钟设为模拟初始时间。

（3）WHILE（模拟时钟<结束时间）执行：

操作事件表：

① 取出发生时间最早的事件，设类型为i

② 将模拟时钟推进到下一事件的发生时间

Case　　事件类型i

$i=1$：执行第1类事件处理程序

…

$i=n$：执行第n类事件处理程序

EndCase

ENDWHILE

在算法中还应规定具有相同发生时间的事件的先后处理顺序。

2. 活动扫描法

活动扫描（Activity Scanning）法以活动为分析系统的基本单元，认为模型在运行的每一时刻都由若干活动构成。每一活动对应一个活动子例程，处理与活动相关的事件。活动与实体有关，主动成分可以主动产生活动，如排队服务系统中的顾客，它的到达产生排队活动或服务活动；被动成分本身不能产生活动，只有在主动成分的作用下才产生状态变化，如排队服务系统中的服务员。

活动的激发与终止都是由事件引起的，每一个进入系统的主动成分都处于某种活动的状态。活动扫描法在每个事件发生时，扫描系统，检查哪些活动可以激发，哪些活动继续保持，哪些活动可以终止。活动的激发与终止都会策划新的事件。

活动的发生必须满足一定的条件，其中活动发生的时间是优先级最高的条件，即首先应判断该活动的发生时间是否满足，然后再判断其他条件。

活动扫描法的算法如下。

（1）执行模拟初始化操作：

① 置模拟的开始时间和结束时间；

② 设置主动成分i的模拟时钟为$T(i)$，$T(i)$表示成分i的下一事件发生时间；

③ 状态初始化。

（2）将模拟时钟设为模拟开始时间。

（3）WHILE（模拟时间≤结束时间）则执行扫描：

FOR　j=最高优先数到最低优先数

将优先数为j的成分置成i

IF（$T[i]$≤模拟时间且成分i的活动条件为真）THEN

执行相应活动子程序

退出当前循环，重新开始扫描

ENDIF

ENDFOR
置模拟时钟＝min（$T[i]$，i=1，2，…，主动成分个数）

ENDWHILE

3. 进程交互法

进程交互（Process Interaction）法采用进程描述系统，它将模型中的主动成分历经系统时所发生的事件及活动按时间顺序进行组合，从而形成进程表。一个成分一旦进入进程，它将完成该进程的全部活动。

软件实现时，系统模拟时钟的控制程序采用两张事件表：一是当前事件表（Current Event List，CEL），它包含了从当前时间点开始有资格执行的事件记录，但是该事件是否发生的条件（如果有）尚未判断；二是将来事件表（Future Event List，FEL），它包含在将来某个模拟时刻发生的事件记录。每一个事件记录中包括该事件的若干属性，其中必有一个属性，说明该事件在进程中所处位置的指针。

当模拟时钟推进时，发生时间不大于模拟时钟的所有事件记录从 FEL 移到 CEL 中，然后对 CEL 中的每个事件记录进行扫描。对于从 CEL 中取出的每一个事件记录，首先判断它属于哪一个进程以及它在该进程中的位置。该事件是否发生则决定于发生条件是否为真，若为真，则发生包含该事件的活动，只要条件允许，该进程要尽可能多地连续推进，直到结束；如果条件为假或模拟时钟要求停止，则退出该进程，然后对 CEL 的下一事件记录进行处理。当 CEL 中的所有记录处理完毕后，结束对 CEL 的扫描，继续推进模拟时钟，即把将来事件表中的最早发生的事件记录移到 CEL 中。如此直到模拟结束。这种策略可用以下算法来描述。

（1）执行模拟初始化操作：

① 设置模拟开始时间与结束时间；

② 设置初始化事件，并置于 FEL 中；

③ 将 FEL 中有关事件记录置于 CEL 中；

④ 成分状态初始化。

（2）将系统模拟时钟设为模拟开始时间。

（3）WHILE（模拟时间<结束时间）则执行：

① 扫描 CEL

```
    WHILE（CEL 中最后一个记录未处理完）
        WHILE（事件发生条件成立且当前成分未处理完）
            执行该成分的活动
            确定该成分的下一事件
        ENDWHILE
    ENDWHILE
```

② 推进模拟时钟

```
      模拟时钟置为 FEL 中安排的最早时间
      IF（模拟时钟≤结束时间）则
      将 FEL 中所有在模拟时钟指示时间发生的事件记录移到 CEL 中
```

```
        ENDIF
    ENDWHILE
```

由上面的讨论可以看到，进程交互法既可预定事件，又可对条件求值，因而它兼有事件调度法及活动扫描法两者特点。

2.2.3 离散事件系统模拟实例

1. 实例一——坦克修理所

部队的坦克出现较大的故障以后，一般要进入坦克修理所进行修理。假设该修理所一次只能修理一辆坦克，如果故障坦克到达修理所的时间间隔与修理所花的时间是随机的，服从负指数分布，故障坦克的维修方式是先到的先进行维修，这是一个典型的单服务员的排队系统（M/M/1 模型）。只要有故障坦克进入修理所，那么修理所的技师就一直在忙碌。因而可以把故障坦克看作顾客，把修理技师看作服务员，图 2-4 就是单个修理技师的坦克修理所的工作流程。

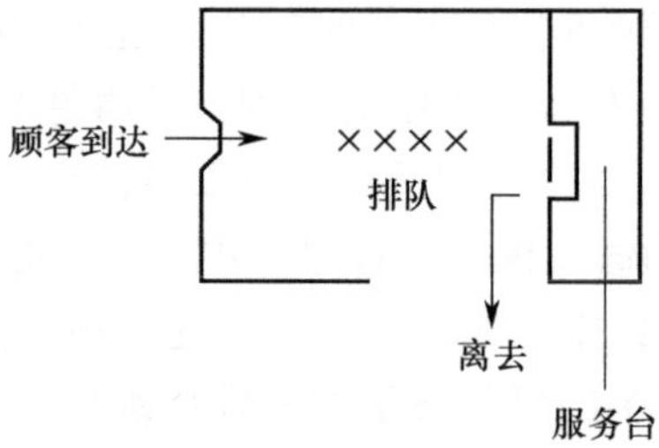

图 2-4　单个修理技师的坦克修理所的工作流程

在 2.2.2 节已经提到了离散系统的三种模拟模拟策略，为了便于采用面向对象的方法来实现，采用事件调度法模拟策略，模拟时钟的推进机制采用事件扫描法。用事件调度法模拟上述坦克修理所时，其模拟流程如图 2-5 所示。

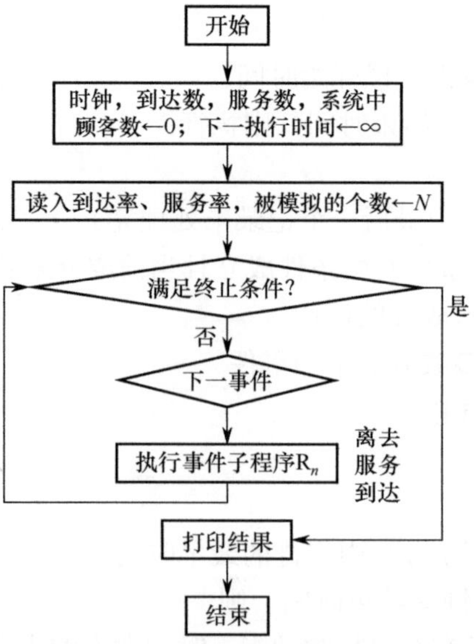

图 2-5　模拟流程图

图 2-5 中的事件子程序包含 3 个：

（1）事件子程序 R_1（到达事件）。

① 修改模拟时钟到当前到达时间；

② 记录这辆故障坦克的到达时间；

③ 如果系统是空的，开始服务，并记录该故障坦克开始服务的时间，产生服务时间，否则，排队数加 1，等待；

④ 系统中故障坦克数增加 1；

⑤ 故障坦克到达数增加 1；

⑥ 产生到达时间间隔，并计算下一个到达时间（下一个故障坦克到达事件执行时间）。

（2）事件子程序 R_2（服务事件）。

① 修改模拟时钟到当前时间；

② 记录这个故障坦克的服务开始时间；

③ 设置服务员状态为忙；

④ 队列中故障坦克数减 1；

⑤ 产生结束服务（故障坦克离开）事件。

（3）事件子程序 R_3（离去事件）。

① 计算事件之间系统中的故障坦克数；

② 修改模拟时钟到当前执行时间；

③ 记录这个故障坦克服务结束的时间；

④ 服务数增加 1；

⑤ 系统中故障坦克数减少 1；

⑥ 如果系统不空，则为下一个故障坦克记录服务开始的时间，产生服务事件；

⑦ 如果系统是空的，则令下一个执行时间为无穷大。

按照模拟流程执行上面 3 个事件子程序，直到模拟时间结束为止，即可对修理所的工作情况进行模拟。在利用模拟的方法对该坦克修理所的工作流程进行模拟之后，可以运用排队系统的相关经验公式对模拟结果进行验证。

设 ρ 为系统利用率，$\rho = \lambda / \mu$，λ 为单位时间内故障坦克到达的平均数，μ 为单位时间内修理技师的平均数。由于该坦克修理所是一个 M/M/1/∞/∞ 模型，根据标准 M/M/1 的理论公式可以计算各个性能指标如下：

（1）在系统中的平均故障坦克（顾客）数（队列长期望值）为

$$L = \frac{\lambda}{\mu - \lambda}$$

（2）在队列中等待的平均故障坦克（顾客）数（等待队列长的期望值）为

$$L_q = \frac{\rho\lambda}{\mu - \lambda}$$

（3）在系统中故障坦克（顾客）逗留时间的期望值为

$$W = \frac{1}{\mu - \lambda}$$

（4）在队列中故障坦克（顾客）等待时间的期望值为

$$W_q = \frac{\rho}{\mu - \lambda}$$

2. 实例二——导弹防御系统

当敌方导弹以 λ 的速度攻击我方某个战略要地时，导弹防御系统进行拦截防御，假设：

（1）实行空袭的敌方导弹先后到达拦截区域，到达近似为泊松（Poisson）流，并且都被我方雷达发现。

（2）敌方导弹的攻击目标不是我防御导弹系统，而是某个战略要地；导弹通过拦截区域的时间为 m。

（3）若拦截武器系统空闲（已结束前一次拦截），即可对防区中的导弹实施拦截和跟踪，导弹拦截目标的总时间（发射、跟踪至命中）长度服从均匀分布，且一次只能拦截和跟踪一个目标。

（4）拦截过程实行先来先服务的原则。

该系统可以看作一个改进的M/M/1/1的排队系统，顾客为敌方的导弹，顾客到达速率为 λ，服务员为我方的导弹发射架，其平均服务速度为 μ，导弹拦截的命中概率为 P。现在要求计算我方导弹防御系统的防御效能。

当敌方导弹到达经过我防空区域时，可能会出现几种情况，会受到导弹防御系统的拦截，最终拦截结果分三种情况：一是敌方导弹目标因发射架繁忙而未被系统服务；二是导弹发射架拦截，但敌方导弹未被命中；三是敌方导弹目标被防御系统击毁，如图 2-6 所示。

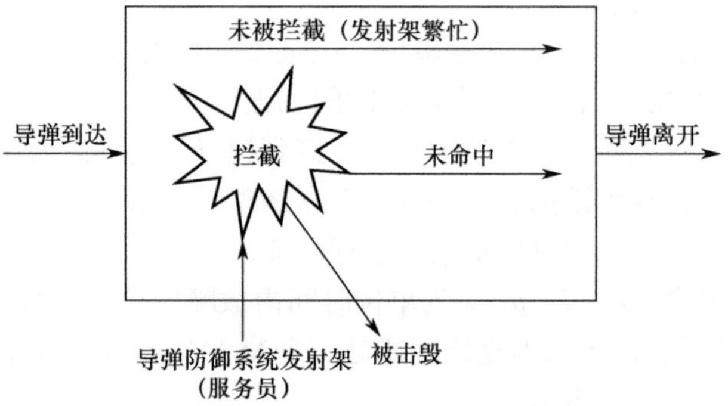

图 2-6　导弹拦截情况示意图

因此，同样运用事件调度法的模拟策略和事件扫描的时钟推进方式。一共包括 4 个事件子程序，分别为：

（1）事件子程序 R_1（导弹到达）。

① 修改模拟时钟到当前到达时间；

② 导弹到达数增加 1；

③ 如果发射架空闲，产生开始拦截事件，设置拦截开始时间为当前时间，否则，计算导弹离开时间，产生导弹离开事件；

④ 产生导弹到达时间间隔，计算下一个导弹到达时间（下一个导弹到达事件执行时间）；产生下一个导弹到达事件。

（2）事件子程序 R_2 （开始拦截）。

① 修改模拟时钟到当前到达时间；

② 设置发射架状态为忙；

③ 产生导弹拦截服务时间，生成结束拦截事件；

④ 系统中拦截次数加 1。

（3）事件子程序 R_3（结束拦截）。

① 修改模拟时钟到当前执行时间；

② 设置发射架状态为空闲，服务数增加 1；

③ 如果导弹被击毁，被摧毁导弹数目增加 1，否则，未摧毁数增加 1；

④ 若还有未离开防空空域的导弹，获取将最先离开防空空域的导弹（提取事件列表中最早的导弹离开事件），将该导弹的事件类型由离开修改为开始拦截，设置开始拦截事件时间为当前时间。

（4）事件子程序 R_4（离开防空空域）。

① 修改模拟时钟到当前执行时间；

② 未摧毁数增加 1。

按照模拟流程编写程序代码，即可对导弹防御系统的工作过程和防御效能进行模拟，最后可以利用理论法对模拟结果进行验证。

单个导弹发射架的导弹防御系统的防御效能的理论值为

$$P_{\mathrm{D}}=(1-\pi)P \tag{2-1}$$

式中：P 为导弹拦截的毁伤概率；π 为导弹发射架繁忙而没拦截敌方导弹目标的概率。

$$\pi=\frac{1}{m!}\left(\frac{\lambda}{\mu}\right)^{m}\Bigg/\left[\sum_{k=0}^{m}\frac{1}{k!}\left(\frac{\lambda}{\mu}\right)^{k}\right] \tag{2-2}$$

其中 $m=1$，化简得

$$\pi=\frac{\lambda/\mu}{1+\lambda/\mu}=\frac{\rho}{1+\rho} \tag{2-3}$$

所以

$$P_{\mathrm{D}}=\left(1-\frac{\rho}{1+\rho}\right)P \tag{2-4}$$

2.3 连续系统模拟

在工程领域中，连续系统是最常见的系统，其模拟方法是系统模拟技术中最基本、最常用和最成熟的。进行数字模拟首先要建立被模拟系统的数学模型，并将此模型转换成计算机可接受的、与原模型等价的模拟模型，然后编制模拟程序，使模型在计算机上运转。如何将连续系统的数学模型转换成计算机可接受的等价模拟模型，采用何种方法在计算机上解此模型，这是连续系统数字模拟算法要解决的问题。

2.3.1 连续系统模拟的基本概念

连续系统是指系统状态随时间连续变化的系统。连续系统的模型按其数学描述可分为：集中参数系统模型，一般用常微分方程（组）描述，如各种电路系统、机械动力学系统、生态系统等；分布参数系统模型，一般用偏微分方程（组）描述，如各种物理和工程领域内的“场”问题。

1. 连续系统模拟的基本思想

对连续系统进行模拟时，首先是建立连续系统的数学模型，通常是常微分方程（组）或者偏微分方程（组）。在构建模型时考虑的因素越多，描述连续系统越准确，也意味着建立的微分方程（组）越复杂，那么此时就越难求出方程的解析式。在这种情况下，需要在计算机上进行模拟。由于计算机在运算时只能按照指令一步一步进行，不可能计算出连续系统在任意时刻的所有状态值，因此，需要选取有代表性的时间点，然后计算这些时间点对应的状态值，用这些时间点和状态值去模拟目标系统。

因而，连续系统模拟必须将时间离散化，这样就能得到离散时间点上的系统状态。用计算机对微分方程的数值积分是通过某种数值计算方法来实现的，任何一种计算方法都只能是原积分的一种近似。因此，连续系统计算机模拟，从本质上是对原连续系统从时间、数值两个方面对原系统进行离散化，并选择合适的数值计算方法来近似积分运算，由此得到的离散模型来近似原连续模型。如何保证离散模型的计算结果从原理上确能代表原系统的行为，这是连续系统计算机模拟必须解决的问题。

设系统模型为 $\dot{y}=f(y,u,t)$，其中 $u(t)$ 为输入变量，$y(t)$ 为系统变量；令模拟时间间隔为 h，离散化后的输入变量为 $\hat{u}(t_k)$，系统变量为 $\hat{y}(t_k)$，其中 t_k 表示 $t=kh$。如果 $\hat{u}(t_k)\approx u(t_k)$，$\hat{y}(t_k)\approx y(t_k)$，即 $e_u(t_k)=\hat{u}(t_k)-u(t_k)\approx 0$，$e_y(t_k)=\hat{y}(t_k)-y(t_k)\approx 0$（对所有 k=0，1，2，…），则可认为两模型等价，这称为相似原理（图 2-7）。

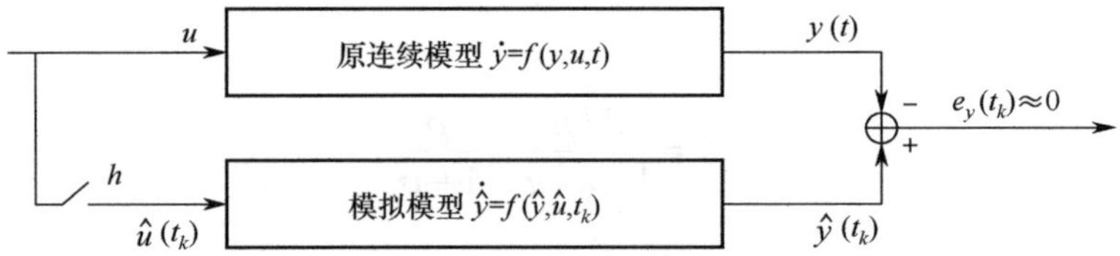

图 2-7 相似原理

实际上，要完全保证 $e_u(t_k)=0, e_y(t_k)=0$ 是很困难的，需要进一步分析离散化引入的误差。随着计算机技术的发展，由计算机字长引入的舍入误差可以忽略，关键是数值积分算法，也称为模拟建模方法。相似原理用于模拟时，对模拟建模方法有三个基本要求。

（1）稳定性。若原连续系统是稳定的，则离散化后得到的模拟模型也应是稳定的。

（2）准确性。有不同的准确性评价准则，最基本的准则为

$$\text{绝对误差准则：}\ |e_y(t_k)|=|\hat{y}(t_k)-y(t_k)|\leqslant\delta$$

相对误差准则：$\left|e_y(t_k)\right| = \left|\dfrac{\hat{y}(t_k)-y(t_k)}{\hat{y}(t_k)}\right| \leqslant \delta$

式中：δ为规定精度的误差量。

（3）快速性。如前所述，数字模拟是一步一步推进的，即由某一初始值 $y(t_0)$ 出发，逐步计算，得到 $y(t_1), y(t_2), \cdots, y(t_k)$，每一步计算所需时间决定了模拟速度。若第 k 步计算对应的系统时间间隔为 $h_k = t_{k+1} - t_k$，计算机由 $y(t_k)$ 计算 $y(t_{k+1})$ 需要的时间为 T_k，那么，若 $T_k = h_k$ 称为实时模拟，$T_k < h_k$ 称为超实时模拟，而大多数情况是 $T_k > h_k$，对应于离线仿真。

本章讨论连续系统数字仿真中离散化最基本的算法是数值积分法。

2. 数值积分法的基本原理

数值积分法（或称数值解法），就是对常微分方程（组）建立离散形式的数学模型——差分方程，并求出其数值解。为了在计算机上进行模拟，通常先要对描述某系统的高阶微分方程进行模型变换，将其变换为一阶微分方程组或状态方程的形式，然后用数值积分法进行计算。

例如已知表示某系统的一阶向量微分方程及初值为

$$\begin{cases} \dot{Y} = F(t,Y) \\ Y(t_0) = Y_0 \end{cases} \tag{2-5}$$

对式（2-5）两边积分，则

$$Y(t) = Y(t_0) + \int_{t_0}^{t} F(t,Y)\,\mathrm{d}t \tag{2-6}$$

在 $t = t_0, t_1, \cdots, t_{m+1}$ 时的连续解为

$$\begin{aligned} Y(t_{m+1}) &= Y(t_0) + \int_{t_0}^{t} F(t,Y)\,\mathrm{d}t \\ &= Y(t_m) + \int_{t_m}^{t_{m+1}} F(t,Y)\,\mathrm{d}t \end{aligned} \tag{2-7}$$

令

$$Q_m = \int_{t_m}^{t_{m+1}} F(t,Y)\,\mathrm{d}t \tag{2-8}$$

则

$$Y(t_{m+1}) = Y(t_m) + Q_m \tag{2-9}$$

或表示为

$$Y_{m+1} = Y_m + Q_m \tag{2-10}$$

式（2-9）、式（2-10）即为求解该系统的差分方程。

数值积分是解决在已知初值的情况下，对 $F(t,Y)$ 进行近似积分，对 $Y(t)$ 进行数值求解的方法，数学上称为微分方程初值问题的数值方法。

所谓数值解法，就是寻求初值问题式（2-5）的解在一系列离散点 $t_1, t_2, \cdots, t_m, t_{m+1}$ 的近似解 $Y_1, Y_2, \cdots, Y_m, Y_{m+1}$（即数值解）。相邻两个离散点的间距 $h = t_m + 1 - t_m$，称为计算步长或步距。根据已知的初始条件 Y_0，可逐步递推计算出以后各时刻的数值 Y_i，采用不同的递推算法，就出现了各种各样的数值积分方法。常用的基本方法有三类：单步法、多步

法和预估—校正法，并可分为显式公式和隐式公式。不同的积分方法，对系统求解的精度、速度和数值稳定性等均有不同的影响。对 $\frac{dy}{dt}=f(t,y)$，数值积分可写成统一公式：

$$y_{m+1}=\sum_{i=0}^{n}a_i y_{m-i}+h\sum_{i=-1}^{n}b_i f_{m-i} \tag{2-11}$$

下面明确几个概念：

1）单步法与多步法

只由前一时刻的数值 y_m 就可求得后一时刻的数值 y_{m+1}，称为单步法，它是一种能自动启动的算法。反之，计算 y_{m+1} 需要用到 t_m，t_{m-1}，t_{m-2}，…时刻 y 的值，则称为多步法。由于多步法计算 y，需要 t_m，t_{m-1}，t_{m-2}，…非同一时刻值 y 的值，启动时必须使用其他方法计算获得这些值，所以它不是自启动的算法。

2）显式与隐式

计算 y_{m+1} 时所用数值均已算出来，如式（2-11）中，$b_{-1}=0$ 时，称为显式公式；反之，在算式中隐含有未知量 y_{m+1}，则称为隐式公式（$b_{-1}\neq 0$）。使用隐式公式时，需用另一显式公式估计一个初值，然后再用隐式公式进行迭代运算，此为预估—校正法。显然这种方法也不是自启动的算法。

3）截断误差

分析数值积分的精度，常用泰勒级数作为工具。假设前一步得到的结果 y_m 是准确的，则用泰勒级数求得 t_{m+1} 处的精确解为

$$\begin{aligned}y(t_m+h)&=y(t_m)+h\dot{y}(t_m)+\frac{1}{2!}h^2\ddot{y}(t_m)\\&+\cdots+\frac{1}{r!}hry^{(r)}(t_m)+o(h^{r+1})\end{aligned} \tag{2-12}$$

若只从以上精确解中取前两项之和来近似计算 y_{m+1}，由这种方法单独一步引进的附加误差通常称为局部截断误差，它是由该方法给出的值与微分方程的解之间的差，故又称为局部离散误差。不同的数值解法，其局部截断误差也不同。一般如果差分公式局部截断误差为 $o(h^{r+1})$，则称它有 r 阶精度，即方法是 r 阶的，所以方法的阶数可以作为衡量方法精确度的一个重要标志。

4）舍入误差

由于计算机的字长有限，数字不能表示得完全精确，在计算过程中不可避免地会产生舍入误差。舍入误差与 h 成反比，若计算步长小，计算次数就多，则舍入误差就大。产生舍入误差的因素较多，除与计算机字长有关外，还与计算机所使用的数字系统、数的运算次序以及计算 $f(t,y)$ 所用的子程序的精确度等因素有关。

数值积分方法采用递推方式进行运算，而采用不同的积分方法会引进不同的计算误差，为了提高计算精度，往往会增加运算量。就同一种积分算法而言，为提高计算精度，减小积分步长 h，计算量增大，影响系统运算速度。因此，计算精度和速度是连续系统模拟中常遇到的一对矛盾，也是数字模拟中要求解决的问题之一。也就是说，选择合适的算法，合适的软、硬件环境，在保证计算精度的前提下，考虑怎样提高模拟的速度。

2.3.2　典型的连续系统模拟的基本方法

本节重点介绍三种利用数值积分方法模拟连续系统的经典方法：欧拉法、梯形法和龙格库塔法。

1. 欧拉法

欧拉法是最简单的一种数值积分法。虽然它的计算精度较低，实际中很少采用，但其推导简单，能说明构造数值解法一般计算公式的基本思想。

给定微分方程

$$\begin{cases} \dfrac{\mathrm{d}y}{\mathrm{d}t} = f(t,y) \\ y(t_0) = y_0 \end{cases} \tag{2-13}$$

由图 2-8 知，$y(t)$ 过 (t_0,y_0) 点，该点斜率为 $f(t_0,y_0)$，若 t_1 十分靠近 t_0（Δt 足够小），则在 t_0 附近，曲线 $y(t)$ 可近似用切线表示。

已知切线方程为

$$y = y_0 + f(t_0,y_0)(t-t_0) \tag{2-14}$$

利用此方程可得，$t=t_1$ 时，$y(t_1)$ 的近似值 y_1 为

$$y(t_1) \approx y_1 = y_0 + f(t_0,y_0)(t_1-t_0) \tag{2-15}$$

重复上述作法，$t=t_m$ 时，得

$$y(t_{m+1}) \approx y_{m+1} = y_m + f(t_m,y_m)(t_{m+1}-t_m) \tag{2-16}$$

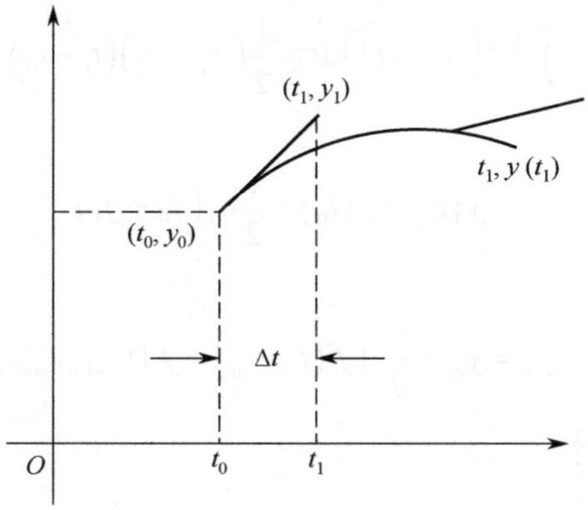

图 2-8　欧拉法

令 $h_m = t_{m+1} - t_m$ 为第 m 步的计算步长或步距，通常 h_m 取为固定步长 h，则式（2-16）可写成以下差分方程形式：

$$y_{m+1} = y_m + h \cdot f_m \quad (m = 0,1,2,\cdots) \tag{2-17}$$

这就是欧拉公式。它是一个递推的差分方程，只要给出初始条件 y_0 及步长 h，就可根据 $f(t_0,y_0)$ 算出 y_1，再由 y_1 算出 y_2，逐次递推可算出 y_3，y_4，…。由上述推导可知欧拉法实质上是用一条折线来逼近精确解曲线，因而欧拉法又称为折线法。另外，通过定积分推导或泰勒展开也可获得欧拉公式。欧拉法的优点是方法简单，计算量小，但精度较低。欧拉法为单步法，可自启动。

2. 梯形法

求解微分方程

$$\begin{cases}\dfrac{\mathrm{d}y}{\mathrm{d}t}=f(t,y)\\ y(t_0)=y_0\end{cases}\tag{2-18}$$

即求函数

$$y(t)=y(t_0)+\int_{t_0}^{t}f\left[t,\ y(t)\right]\mathrm{d}t\tag{2-19}$$

当 $t=t_1$ 时，有

$$y(t_1)=y(t_0)+\int_{t_0}^{t_1}f\left[t,\ y(t)\right]\mathrm{d}t\tag{2-20}$$

用矩形公式计算上式右端的定积分：

$$\int_{t_0}^{t_1}f\left[t,\ y(t)\right]\mathrm{d}t\approx f\left[t_0,y(t_0)\right](t_1-t_0)\tag{2-21}$$

则可得

$$y(t_1)=y(t_0)+f\left[t_0,y(t_0)\right](t_1-t_0)\tag{2-22}$$

依次递推，可得

$$y_{m+1}=y_m+h\cdot f_m\tag{2-23}$$

式（2-23）即为欧拉公式。

由图 2-9 可知，欧拉公式的误差在于用矩形面积代替小区间的曲线积分。为提高精度，可考虑用梯形代替矩形来近似小区间的曲线积分表示的曲面面积，即

$$\int_{t_0}^{t_1}f\left[t,\ y(t)\right]\mathrm{d}t\approx\frac{1}{2}(f_0+f_1)(t_1-t_0)\tag{2-24}$$

则

$$y(t_1)=y(t_0)+\frac{1}{2}h_0(f_0+f_1)\tag{2-25}$$

一般梯形法公式写为

$$y_{m+1}=y_m+\frac{h}{2}\left(f(t_m,y_m)+f(t_{m+1},y_{m+1})\right)\tag{2-26}$$

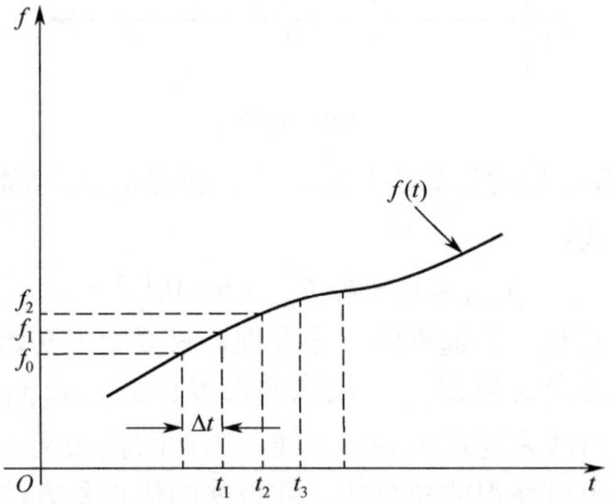

图 2-9　梯形法

由式（2-26）可见，它是隐函数形式。公式右端隐含有待求量 y_{m+1}，故梯形法不能自启动。通常可用欧拉法启动求出初值，算出 $y(t_{m+1})$ 的近似值，然后将其代入原微分方程，计算 f_{m+1} 的近似值 $f_{m+1}^{p}=f\left(t_{m+1},y_{m+1}^{p}\right)$，最后利用梯形公式求出修正后的 y_{m+1}。为了提高计算精度，可用梯形公式反复迭代。通常在工程问题中，为简化计算，只迭代一次。这样可得改进的欧拉公式：

$$\begin{cases} y_{m+1}^{p}=y_m+h\left[f\left(t_m,y_m\right)\right] & \text{(预估)} \\ y_{m+1}=y_m+\dfrac{h}{2}\left[f\left(t_m,y_m\right)+f^{p}\left(t_{m+1},y_{m+1}^{p}\right)\right] & \text{(校正)} \end{cases} \tag{2-27}$$

式（2-27）中第一式称为预估公式，第二式称为校正公式。通常称这类方法为预估—校正方法。上述公式实质上是采用了连续两点斜率平均值，以提高计算精度，即

$$\begin{cases} y_{m+1}=y_m+\dfrac{h}{2}\left[k_1+k_2\right] \\ k_1=f\left(t_m,y_m\right) \\ k_2=f^{p}\left(t_{m+1},y_{m+1}^{p}\right) \end{cases} \tag{2-28}$$

这一思想被广泛应用于许多算法之中。实际应用时，可采用加权平均，若在每一步中取若干点，分别求出其斜率 k_1，k_2，…，k_r，然后取不同的加权，则方法为

$$k_w=w_1k_1+w_2k_2+\cdots+w_rk_r \tag{2-29}$$

常用的龙格—库塔法即是采用此加权方法的。

3. 龙格—库塔（Runge-Kutta）法

将泰勒展开式多取几项后截断，能提高截断误差的阶次，即可提高精度。但直接采用泰勒展开方法计算函数 f 的高阶导数，运用起来很不方便。德国数学家 C.Runge 和 M.W.Kutta 两人先后提出了间接利用泰勒展开式的方法，即用几个点上函数 f 值的线性组合来确定其中的系数，这样既可避免计算高阶导数，又可提高数值积分的精度，这就是龙格—库塔法（简称 RK 法）的基本思想。后经改进和发展而形成了现在的多种形式。RK 法包含有显式、隐式或半隐式等方法。下面主要介绍显式 RK 法。

将式（2-5）中微分方程在其初值附近展开成泰勒级数，并只取前三项，则有

$$\begin{aligned} y\left(t_1\right)&=y\left(t_0\right)+h\frac{\mathrm{d}y}{\mathrm{d}t}\Big|_{t=t_0}+\frac{1}{2}h^2\frac{\mathrm{d}^2y}{\mathrm{d}t^2}\Big|_{t=t_0} \\ &=y_0+hf\left(t_0,y_0\right)+\frac{1}{2}\left(\frac{\partial f}{\partial t}+f\frac{\partial f}{\partial y}\right)h^2\Big|_{t=t_0} \end{aligned} \tag{2-30}$$

设式（2-5）的解可写成

$$\begin{cases} y_1=y_0+\left[a_1k_1+a_2k_2\right]h \\ k_1=f\left(t_0,y_0\right) \\ k_2=f\left(t_0+b_1h_1,y_0+b_2k_1h\right) \end{cases} \tag{2-31}$$

将 k_2 用二元函数泰勒级数展开式展开，并只取前三项，则

$$k_2\approx f\left(t_0,\ y_0\right)+b_1h\frac{\partial f}{\partial t}\Big|_{t=t_0}+b_2k_1h\frac{\partial f}{\partial y}\Big|_{t=t_0} \tag{2-32}$$

将k_1、k_2代入式（2-31）的第一式，有

$$y_1 = y_0 + a_1 h f(t_0, y_0) + a_2 \left[f\left(t_0, y_0\right) + b_1 h \frac{\partial f}{\partial t} + b_2 k_1 h \frac{\partial f}{\partial y} \right] h \tag{2-33}$$

比较式（2-30）与式（2-33），得

$$\begin{cases} a_1 + a_2 = 1 \\ a_2 b_1 = \dfrac{1}{2} \\ a_2 b_2 = \dfrac{1}{2} \end{cases} \tag{2-34}$$

3 个方程中含 4 个未知数，因而解不是唯一的。若限定$a_1 = a_2$，则$a_1 = a_2 = 1/2$，$b_1 = b_2 = 1$，代入式（2-31），得

$$\begin{cases} y_1 = y_0 + \dfrac{h}{2}\left[k_1 + k_2\right] \\ k_1 = f\left(t_0, y_0\right) \\ k_2 = f\left(t_0 + h, y_0 + k_1 h\right) \end{cases} \tag{2-35}$$

写成一般形式

$$\begin{cases} y_{m+1} = y_m + \dfrac{h}{2}\left[k_1 + k_2\right] \\ k_1 = f\left(t_m, y_m\right) \\ k_2 = f\left(t_m + h, y_m + k_1 h\right) \end{cases} \tag{2-36}$$

此即为二阶 PK 法公式。其截断误差正比于h^2，同理在式（2-31）的计算中，取到y的三阶或四阶导数项，则有相应的三阶或四阶 PK 塔法，相应其截断误差也就正比于h^4或h^5。

显式 RK 法的一般公式可以写为

$$\begin{cases} y_{m+1} = y_m + \displaystyle\sum_{i=1}^{r} w_i k_i h \\ k_i = f\left(t_i + C_i h, y_m + \displaystyle\sum_{j=1}^{i-1} a_{ij} k_j \right) \quad (c_1 = 0, i = 1, 2, \cdots, r) \end{cases} \tag{2-37}$$

式中：w_i为待定的权因子；r为使用的足值的个数（阶数）；k_i为不同点的导数f值；c_i、a_{ij}为待定系数。

当$r=1$时，得到的数值解即为欧拉公式：

$$y_{m+1} = y_m + h f\left(t_m, y_m\right) \tag{2-38}$$

当$r=2$时，则式（2-37）可表示为

$$\begin{cases} y_{m+1} = y_m + w_1 k_1 h + w_2 k_2 h \\ k_1 = f\left(t_m, y_m\right) \\ k_2 = f\left(t_m + c_2 h, y_m + a_{21} k_1\right) \end{cases} \tag{2-39}$$

由前面的推导过程可知，此为二阶 PK 法公式，与式（2-28）相比，两者完全相同，

所以预估一校正公式实际上是二阶 RK 法公式，其截断误差为$o(h')$。

令$r=3$，则得三阶 RK 公式，而当$r=4$时，可得到如下有名的四阶 RK 公式（也称为经典 RK 公式）：

$$\begin{cases} y_{m+1}=y_m+\dfrac{h}{6}[k_1+2k_2+2k_3+k_4] \\ k_1=f(t_m,y_m) \\ k_2=f\left(t_m+\dfrac{h}{2},y_m+\dfrac{h}{2}k_1\right) \\ k_3=f\left(t_m+\dfrac{h}{2},y_m+\dfrac{h}{2}k_2\right) \\ k_4=f(t_m+h,y_m+hk_3) \end{cases} \tag{2-40}$$

平常所提到的四阶 RK 法公式即指式（2-40），其截断误差的阶数为$o(h^r)$。此四阶 RK 法是数字模拟中最常用的一种方法，它的计算精度较高，但每步需要对f进行 4 次计算，因而计算量稍大。通常模拟中比较不同算法的计算精度时，常以四阶 RK 法的计算结果作为标准。

从以上分析可看出，欧拉法、梯形法都能统一在 RK 法的计算公式中，都可看作是在初值附近展开成泰勒级数所产生的，其局部截断误差分别正比于h^2、h^3和h^4。从理论上来说，取的项数越多，计算精度越高，但是，精度的阶数并非随计算函数f的次数的增加而等量增加，其关系如表 2-1 所列。

表 2-1　f的计算次数与精度阶数的关系

每一步计算f的次数	2	3	4	5	6	7	$m\geqslant 8$
精度阶数	2	3	4	4	5	6	$n-2$

由此可见，经典的 RK 法有其优越性，而四阶以上的 RK 公式，所需计算的f值的次数要比阶数多，将大大增加计算工作量，从而限制了更高阶的 RK 法的应用。对于大量实际问题，四阶 RK 法已可满足模拟精度的要求，所以它得到广泛的应用。以上介绍的几种数值积分法公式，有一个共同特点：在计算y_{m+1}时只用到y_m，而不直接用y_{m-1}，$y_{m-2},\cdots$各项的值，即在本次计算中，仅仅用到前一次的计算结果，故单步法有下列优点：

（1）需要存储的数据量少，占用的存储空间少。

（2）只需知道初值，即可启动递推公式进行运算，可自启动。

（3）容易实现变步长运算。

实例：某作战系统的数学模型为

$$\begin{cases} \dfrac{\mathrm{d}y}{\mathrm{d}t}=y+t \\ y(0)=0 \end{cases} \tag{2-41}$$

设模拟步长$h=2$，利用递推公式（2-36）用 PK 法求解y（1），y（2），…，y（5）的值。

解：已知$\dfrac{\mathrm{d}y}{\mathrm{d}t}=f(t,y)=y+t$；$y(0)=0$；$h=2$。

根据 RK 法递推公式（2-36），有

$$\begin{cases} y_{m+1} = y_m + \frac{h}{2}[k_1 + k_2] \\ k_1 = f(t_m, y_m) = y_m + t_m \\ k_2 = f(t_m + h, y_m + k_1 h) = y_m + k_1 h + t_m + h \end{cases} \tag{2-42}$$

当 $m = 0$ 时，有

$$\begin{cases} k_1 = y_0 + t_0 = 0 \\ k_2 = y_0 + k_1 h + t_0 + h = 2 \\ y_1 = y_m + \frac{h}{2}[k_1 + k_2] = 2 \end{cases} \tag{2-43}$$

当 $m = 1$ 时，有

$$\begin{cases} k_1 = y_1 + t_1 = 4 \\ k_2 = y_1 + k_1 h + t_1 + h = 14 \\ y_2 = y_1 + \frac{h}{2}[k_1 + k_2] = 20 \end{cases} \tag{2-44}$$

如上法求解如表 2-2 所列。

表 2-2　y 的计算值

m	0	1	2	3	4	5
K_1	0	4	24	124	624	3124
K_2	2	14	74	374	1874	9374
y_{m+1}	2	20	118	616	3114	15612

第3章

3 作战建模的基本过程

计算机模拟以系统模型为基础，采用计算的方法来对相应的模型进行仿真。因此，建立有效的系统模型，是计算机模拟的关键。相应地，作战模拟的基础则是作战模型。作战系统既是一个一般的系统，同时又有它自身的诸多特点。因此作战模型的建模除了要遵循系统建模的一般规律外，还需要考虑军事需求本身的特性。

3.1 作战建模概述

3.1.1 系统建模概述

1. 系统建模的基本方法

一般来说，建立系统模型的方法有分析法、测试法和综合法三类。

1）分析法

分析法也称为理论建模、机理建模，是根据系统的工作原理，运用一些已知的定理、定律和原理推导出描述系统的数学模型。Aston 称为白箱问题，如图 3-1 所示。

图 3-1　白箱问题

分析法属演绎法，是从一般到特殊的过程，并且将模型看作从一组前提下经过演绎而得到的结果。在已经知道系统遵循某个特定的原理的情况下，实验数据只被用来进一步证实、修正或否定原始的原理。演绎法有它的存在性问题。一组完整的公理将导致一个唯一的模型。因此，前提的选择可能成为一个有争议的问题。演绎法面临着一个基本问题，即实质不同的一组公理可能导致一组非常类似的模型。例如，牛顿定理与相对论在原理上是有区别的，然而，在大多数实验条件下，二者将推导出极其类似的模型。

2）测试法

测试法也称为实验建模、系统辨识。由于系统的动态特性必然表现在变化的输入、输出数据中，因此通过对系统在人为输入作用下的输出响应，或正常运行时系统的输入、输出记录进行测试和分析，加以必要的数据处理和数学计算，就可以估计出系统的数学模型，Aston 称为黑箱问题，如图 3-2 所示。

图 3-2　黑箱问题

测试法属归纳法，是一个从特殊到一般的过程。归纳法是从系统描述分类中最低一级水平开始，并试图去推断较高水平的信息。一般来讲，这样的选择不是唯一的。这个问题可以用另外一个观点来表述，有效的数据集合经常是有限的，而且常常是不充分的。因此附加少量的信息就能外推不同的结论。这个准则虽然是有效的，但是一些特殊问题却很难运用。因为它没有告诉我们如何去获得这些最少量的信息，以及什么时候去获得它们。

对于通过辨识后建立起来的系统模型，还需要用额外的一些输入来测试系统的正确性。在输入/输出并不能达到预期效果时，还要对所建立的模型实施进一步的调整。

3）综合法

分析法是各门学科大量采用的，但它只能用于比较简单的系统，而且在建立数学模型的过程中必须做一些假设与简化，否则所建立的数学模型过于复杂，不易求解。测试法无需深入了解系统的机理，但必须设计一个合理的实验，以获得系统的最大信息量。这点往往是非常困难的。因此，两种方法在不同的应用场合各有千秋。实际应用时，两种方法应该是互相补充，而不能互相取代。在有些情况下，可以将两种方法结合起来，即运用分析法列出系统的理论数学模型，运用系数辨识法来确定模型中的参数。例如，有些控制系统的运动方程式可以用动力学分析法求出，方程式中的参数可以用系统辨识法通过动态校准实验求得。两种方法结合起来往往可以收到较好的效果，而且所求得的数学模型的物理意义比较明确。Aston 称为灰箱问题，如图 3-3 所示。

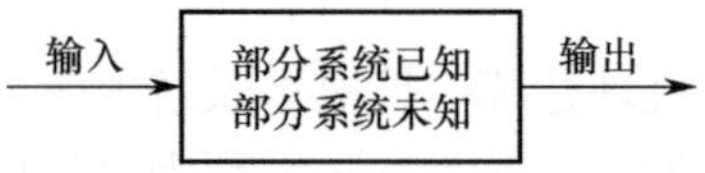

图 3-3　灰箱系统

要获得一个满意的模型是十分不易的。特别是在建模阶段，它会受到客观因素和建模者主观意志的影响，所以必须对所建立的模型进行反复校验，以确保其可信性。

2. 系统建模的基本过程

不管采用何种方法来建立系统模型，建模过程都需要完成一系列的基本步骤，如图 3-4 所示。

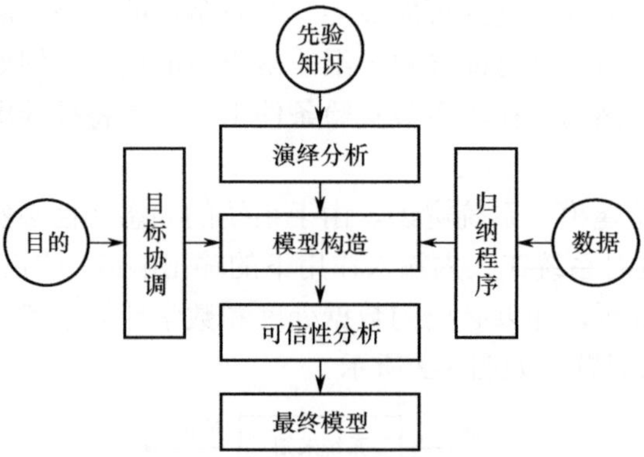

图 3-4　系统建模的基本过程

建模者根据建模目的、已掌握的先验知识以及数据（它们是通过为建模而设计的实验获得的)，通过目的协调、演绎分析以及归纳程序三种途径构造模型，然后通过可信性分析，最后获得最终模型。要获得一个作为整体的系统集合结构是很困难的。大多数建模程序是针对系统的某一部分，然后再将各部分建立的模型组织成一个整体模型。复杂系统的研究必须以定性分析为先导，定量与定性紧密结合。系统模型的建立，一般要经历思想开发、因素分析、量化、动态化、优化五个步骤，故称为五步建模。

3.1.2　作战系统建模的一般过程

作战模型是作战模拟的基础和核心，作战模型的建立过程就是对真实的作战系统进行映射的过程。真实的作战系统是问题空间，作战模型是解空间，问题空间是非结构化的，而解空间是结构化的，把非结构化描述转化为结构化描述而又要保证两者本质的一致性，就必然有一个语义转换的过程，这个语义转换的过程就称为作战模型的建立过程。

作战模型是军事、数学、技术与工程的集合体，在开发过程中需要不同领域专家采用系统工程的方法进行分工协作，因此就形成了不同的模型形态，具体表现为军事模型、数学模型和软件模型。在作战模型建立过程中，对物理原型一般都要经过多次的特性抽取和信息压缩处理，每一次的抽象和压缩，都有可能造成所建立的作战模型偏离实际作战系统的实际，作战模型的真实性和可靠性将受到考验。

作战系统建模的一般过程如图 3-5 所示。

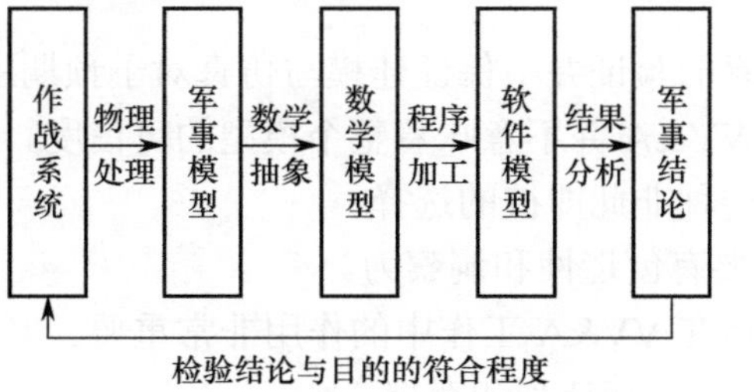

图 3-5　作战系统建模的一般过程

作战系统建模的一般过程主要可分为以下四个步骤：

（1）在对实际的作战系统或作战过程进行详细分析的基础上，建立一个既能反映实际问题又便于建立数学模型的军事模型。这一过程主要由军事领域专家完成。

（2）经过数学抽象建立一个能够对军事模型进行定量描述的数学模型。这一过程由军事领域专家和技术（军事运筹）专家共同完成。

（3）对数学模型实施程序加工，使之成为能够在计算机上运行的软件模型。这一过程主要由技术（计算机仿真模拟）专家完成。

（4）运行软件模型，分析运行结果，得出军事结论并利用结论对模型进行检验。

软件模型的建立与军事领域已经没有必然的联系，因此在考虑作战软件建模时将重点考虑军事概念模型建模和数学建模过程。关于软件模型的建模只做简单的介绍。

3.1.3　模型的校核、验证和确认

模型建立以后需要保证模型的正确性、可用性和可接受性，因此需要对模型实施校

核、验证和确认，即 VV&A（Verification，Validation and Accreditation）过程。

美国国防部 5000.59 计划中对 VV&A 做了如下的定义。

校核（Verification）：确定建模是否准确反映开发者的概念描述和技术规范的过程。

验证（Validation）：从预期应用角度确定模型再现真实世界的准确程度的过程。

确认（Accreditation）：权威机构对模型相对于预期应用来说是否可接受的认可。

这三个过程是相辅相成的，贯穿于建模全过程。一般来说，校核侧重于对建模过程的检验，而验证则侧重于对仿真结果的检验，确认则是在校核与验证基础上，由权威机构来最终确定建模对于某一特定应用是否可接受。校核和验证技术用于保证和提高建模的正确性，而确认则是对仿真可信度做出的评价。

在过去的 VV&A 实践中，人们总结了关于 VV&A 的一些基本原则和基本观点。如果能够深刻理解这些原则和观点，将有助于人们合理制订 VV&A 计划，指导 VV&A 工作的进行，提高工作效率。

原则 1：仿真系统只能是原型系统的一种近似。当仿真结果能够满足仿真可信度要求时，就认为仿真模型是有效的。不同的应用需求对于模型的可信度要求会有所不同。

原则 2：VV&A 应贯穿于建模与仿真的整个开发生命周期。

原则 3：对预期应用准确清楚地表达和阐述是 VV&A 的基础。

原则 4：仿真可信度的高低与仿真系统的预期应用紧密相关。仿真目的不同，逼真度要求也不同。

原则 5：建模与仿真的验证并不保证建模与仿真对于预期应用的可接受性。

原则 6：子模型的 VV&A 并不意味着整个模型的可信度。

原则 7：确认不是一种非此即彼的选择。

原则 8：VV&A 需要有创造性和洞察力。

原则 9：系统分析员在 VV&A 工作中的作用非常重要。

原则 10：VV&A 必须进行计划和存档。

原则 11：VV&A 的进行需要一定程度的独立性。

原则 12：成功的 VV&A 需要对所使用的数据进行校核、验证和鉴定（Verification，Validation and Certification，VV&C）。

VV&A 的一般工作过程可分为以下八个阶段。

（1）确定 VV&A 需求。VV&A 工作是从确定 VV&A 需求开始的，内容包括 VV&A 工作所要进行的程度和范围、各阶段所要选用的 VV&A 技术、确定 VV&A 代理、准备 VV&A 工作所需的硬件和软件、确定所需的期限和费用等。

（2）制订 VV&A 计划。首先要根据建模与仿真的预期应用和建模与仿真开发者确定的开发方案制订确认计划，内容包括仿真系统的总体情况、系统开发的基本方案、确认代理、主要模型及其关键数据、仿真需求及可接受性判据等。随后制订 VV&A 计划，内容包括 VV&A 工作步骤及时间安排、主要的 VV&A 对象以及所使用的技术方法、VV&A 代理的具体分工、数据的 VV&A 计划等。

（3）概念模型的 VV&A。概念模型校核侧重于考查概念模型是否符合建模与仿真功能需求，而概念模型验证则侧重于考查概念模型是否符合建模与仿真的逼真度需求。对概念模型和概念模型的 VV&A 都应当进行记录。在记录文档中应说明建模与仿真中的假设、算法、所期望的数据的有效性、概念模型结构等是否满足预期应用需求及其原因。概念模型的 VV&A 应当在建模与仿真的进一步的开发之前进行，这样可以尽早发现概念模型中可能存在的错误。错误发现得越早，修正错误所花费的代价越小。

（4）设计的 VV&A。对设计进行 VV&A 主要是为了确保建模与仿真设计与概念模型相一致，能够满足设计要求。

（5）实现的 VV&A。在设计以软硬件方式实现后，要对实现进行 VV&A。其核心内容是，在同等输入条件下，比较模型或仿真的响应与原型系统的响应之间有何差异，分析这种差异对预期应用需求的影响有多大。

（6）应用的 VV&A。在建模与仿真系统准备运行前，还需要对应用的相关环节进行 VV&A。这包括一些辅助性工作，如检查使用的软硬件平台是否合适等。对于人在回路仿真系统来说，还要检查操作员是否经过了必要的训练。

（7）可接受性评估。在以上进行的 VV&A 工作的每一阶段，都应有一个阶段性的 VV&A 报告。在进行可接受性评估之前，应将这些阶段性报告汇总成一个综合性的 VV&A 报告。除 VV&A 报告之外，还要收集一些其他信息，如建模与仿真系统的配置管理状况、文档状况、使用的建模与仿真系统开发标准，以及原有类似系统的使用情况等。这些信息和 VV&A 报告都将在可接受性评估中作为重要依据。所谓可接受性评估，就是根据可接受性判据，评估建模与仿真系统的性能和局限对于预期应用是否可接受。在可接受性评估完成后，应提交可接受性评估报告，对评估情况进行总结，并对建模与仿真系统是否进行确认提出建议。

（8）确认。在可接受性评估结束后，由确认代理和建模与仿真系统用户对所提交的可接受性评估报告进行复审，并综合考虑 VV&A 结果、建模与仿真系统的开发和使用记录、建模与仿真系统运行环境要求、配置管理和文档情况以及建模与仿真中已知存在的局限和不足之处，最终做出对建模与仿真系统是否可用的结论，向用户提交确认报告。

3.2　军事概念模型及其建立方法

概念模型是领域专家和仿真开发者之间，以及仿真开发者与仿真用户之间沟通的桥梁。随着仿真技术的发展和仿真作用的日益显现，仿真所涉及的行业和领域也越来越广泛。仿真开发者对仿真领域的知识和技术很清楚，但对他们所开发的仿真系统的原型系统所处的领域却不见得有很深入的理解。要求仿真开发者对原型系统的背景知识和理论都掌握也不现实。那么他们设计和开发的依据从哪里来？只能借助于该领域的领域专家及其著作。仿真开发者需要将他们所理解的原型系统描述出来，作为仿真系统设计和开发的依据。随之而来的问题是，他们对原型系统的描述是否正确？这又需要由领域专家来做出评判。在这个过程中，仿真开发者与领域专家的信息交流需要一种载体，即仿真开发者根据他们对原型系统的理解所做的描述。这种描述就是概念模型。

仿真开发者需要就仿真用户提出的仿真需求与用户进行交流，仿真系统开发完成后，二者还要就系统是否满足需求、系统在使用过程中有哪些限制等问题进行交流。他们的专业背景不同，进行信息交流也需要一种适当的载体。概念模型就是仿真开发者和仿真用户之间沟通的桥梁。

3.2.1 军事概念模型的概述

1. 军事概念模型的定义

军事概念模型是对现实军事作战行动做出的一致描述。通过采用独立于所有仿真实现的语法、语义和图表等工具，军事概念模型为建模人员提供特定任务相关的军事行动的规范化描述。对于军事仿真中使用的军事概念模型有各种不同的理解和定义。

（1）较早研究军事概念模型的是 Dr. Robert Sargent ，他提出了把概念模型应用到军事仿真的校核、验证与确认（VV&A）中去，并给出了定义：概念模型是为了特定的研究，对于问题实体（领域）的数学的、逻辑的或者语言的表示。其定义强调概念模型是与应用相关的。

（2）VV&A RPG（Recommended Practice Guides）中概念模型被认为是定义建模与仿真行为的真实世界系统的可计算表示。VV&A RPG 强调了概念模型的可计算性，以满足模型验证和校核需求。

（3）Dr. Dale Pace 认为概念模型是描述仿真开发者关于仿真内容的概念信息集合，包括假设、算法、特性、关系和数据，这些信息联合起来描述了仿真开发者怎么理解仿真需要表示的内容，如实体、动作、任务、过程、交互等，以及上述表示如何满足需求。进一步讲，概念模型不仅描述需求，而且描述需求是怎么得到满足的，在此基础上他定义了仿真概念模型。

（4）使用比较广泛定义的是美军国防部建模与仿真办公室（Defence Modeling &Simulation Office，DMSO）在建模与仿真主计划（Modeling and Simulation Master Plan，MSMP）中提出的使命空间概念模型（Conception Model of Mission Space，CMMS）定义。1995 年，DMSO 提出了 MSMP，定义概念模型为“独立于仿真实现的作战人员关于真实世界（如作战行动、武器装备体系及其环境）中的过程、实体、环境因素以及与构成特定使命、行动或任务的关系和交互的功能描述”。

军事概念模型的建立是建模过程的第一阶段，它是在军事需求分析过程中，按照战役战术原则要求，对客观现实世界进行的第一次抽象。它通过采集某项军事任务的执行过程中所涉及的重要实体及其关键行动与交互的基本信息，为模拟开发提供一个参照物体系，是独立于模拟实现的、关于真实世界中的实体、行动及交互的视图。军事概念模型是对真实世界军事行动的一致描述，主要表现为若干军事空间内存在的、对实现模拟应用目标有意义的动态行为、静态实体及实体行为控制规则等进行结构化描述的集中的知识体。

军事概念模型的建立是建模过程中最关键，也是最困难的阶段，因为这一阶段要实现问题空间到解空间的转换，要完成这一转换过程，存在以下三个制约因素。

（1）问题空间的复杂性。建立作战模拟系统的目的是“为受训的指挥员提供一个近似于实战的战场环境”，这个战场环境是作战中除受训的指挥员以外的所有的人和物。而作战模拟系统就是要模拟敌我双方的部队运用各种可能的武器装备，在各种可能的战场环境下，进行对抗的过程。当然，进行作战模拟是通过建立真实系统的模型进行的，模型是对真实系统的抽象而不是全面反映，是根据需要确定一定的视角对真实系统的描述。在有些情况下抽象是一种简化，但并不是所有情况下都是如此。作战模拟系统要提供“近似实战的”战场环境，这一要求说明它对真实的作战系统的描述应该是比较全面细致的，它要描述指挥人员（包括指挥员及其参谋人员）能够感知的、需要做出反应的所有的人、物和活动。另外，作战模拟系统不是对某一场作战的模拟，而是对各种类型的作战活动的模拟，其涉及的范围非常广泛，这就大大增加了系统描述的难度。

（2）对问题空间描述的不确定性。由于作战系统的复杂性，以及人的主观能动性在作战中的重要作用，使得作战过程和结局具有很大的不确定性。军事学在很长的历史时期内仅作为研究和传授如何作战的学问，很大部分内容带有“只可意会，不可言传”的神秘色彩。现代的军事学仍然被定位为反映军事斗争中统计规律的经验性科学，它既是科学，也是艺术。因此，对作战系统的描述不可能像对物理问题描述那样确切，军事描述通常是定性的。例如，对“行进间短停顿发起进攻”的军事描述是“攻击部（分）队乘车或徒步进入出发地区展开后，稍事停留准备后即发起冲击的方式”，这一描述没有说明停留多长时间，对于在何种情况下采用这种方式，采用了以下描述：“摩托化步兵师、团，在不与敌直接接触条件下实施进攻通常采用这种方式。机械化部（分）队也可视情采用此种方式。即展开地区地形有利、制空权掌握较好时可作必要的短暂停留……”其中“地形有利”“制空权掌握较好”等都具有很大的不确定性。

（3）不同领域人员间难以沟通。作战系统的复杂性决定了把军事问题“说清楚”并不是一件简单的事情，需要丰富的军事领域知识，包括军事概念、军事术语、武器装备的战术技术性能、不同国家军队的编制体制、作战的基本程序、作战方法、战史等，军事领域知识的特点是量大面广，需要长期积累才能熟练掌握和运用。所以对作战系统进行军事描述需要军事专业人员完成。军事人员受其专业背景影响，有其特有的思维习惯和对军事问题的描述方式。但作战模拟系统最终的程序实现却是由编程人员完成的。由于军事描述的不确定性，编程人员很难把它们转化成计算机程序，只能把它们作为一种参考材料，加上自己的“合理想象”，软件设计在相当大程度上是编程人员“自编、自导、自演”。当软件实现以后，交付军事人员使用时，军事人员会发现很多与军事规律不符的问题。

军事概念模型应具备以下五种特性。

（1）想定/作战背景无关性。军事模型要素的建立与作战想定无关，如对抗双方的作战编成，对抗发生的具体时间、空间，具体的指挥控制机构等。

（2）程序/软件实现的无关性。指建立军事模型时不应考虑软件设计与实现的问题。它只需在概念层面上描述清楚使命空间要素之间互相影响推动作战系统演进的机制，而不必关心软件开发人员如何对其进行实现。

（3）模型中立性。指模型只是为训练者提供一个接近于真实世界运行规律的人工环境，不应带任何倾向性，更不能代替剧中人决策，如避免错误的处置，或提醒其做出正确的处理等。

（4）情况完整性。战争是一个充满对抗性、复杂性和偶然性的系统，这决定了战争中可能发生各种各样的情况，有的可能是可预测的，有的可能无法预测，有的甚至是全新的。作为概念模型，应当将各种可能设想到的情况都罗列出来，而不要有缺项。

（5）规则的科学性、合理性。规则的科学性和合理性是模型逼真度的重要方面。模型的指挥控制规则应该符合真实世界系统的运行规律、尽量排除建模者主观意愿的影响，否则只能迎合受训者，而不是锻炼受训者。

2. 使命空间概念模型

军事概念模型是在吸取美军 CMMS 概念和技术的基础上，根据我军作战仿真实际特点而建立的。美军 CMMS 是独立于仿真实现的对现实作战行动的权威描述，是对现实世界的第一次抽象。它作为一种领域知识工程的方法论和应用工具，为提取领域知识定义了通用的语法、语义和标准的数据转换格式，为采集、存储、维护、分发和使用格式化的领域知识规定了严格的操作规范，提供了实用的工具，也为构建一致的权威的作战仿真软件系统，实现作战仿真构件重用和促进互操作建立一个共同的基点。

按照美国 MSMP 的定义，CMMS 是对一组特定军事行动（即任务）相关的真实世界的首次抽象。任务空间概念模型并不关心具体实验概念模型的特定演习、测试和实验，其主要关注点在军事行动的任务空间。

任务空间概念模型分别依赖于作战实体（武器系统、兵力、装备等）、作战人员（指挥员、参谋人员、保障人员等）和军事知识（战略、战术、任务、作战规则）等军事行动因素。简单地说，概念模型是对某一具体的军事行动流程的一种规范化描述，它相当于作战实体或装备在军事领域的一系列具体用例（Usecase），也就是说任务空间概念模型是战斗条令或战斗教程的仿真细化（其实质相当于国内所称的战术模型）。作战实体（Entity）完成一项作战任务（Task），中间可能会有多项军事动作（Actions），产生一个或多个交互（Interactions）。换句话说，每一个实体执行一项具体军事任务时，均产生一个任务空间概念模型，而这其中的作战实体、作战任务、军事动作和交互可以提炼出来，形成一系列的基于实体的名词词典和基于动作的动词词典。

CMMS 描述的主要组成包括四个方面：

（1）概念模型（Conceptual Model）。

（2）技术框架（Technical Framework）。

（3）公用资源库（Common Repository）。

（4）相关的支持工具。

CMMS 的基本目标是给仿真开发者提供适合时宜的、成本核算的方法，去校准那些由别人创建、验证和维护的概念模型。在此基础上，CMMS 提出了它的 5 个建设目标：

（1）通过一个规定的过程，仿真开发者可以系统地获知真实世界是怎样合成的。

（2）提供一系列信息标准，用于同主体事件专家间通信和获取从作战行动事件中的反馈信息。

（3）基于真实世界、作战行动的顺序，完成仿真专用分析、设计和执行，以及最终的 VV&A。

（4）通过识别真实世界活动关系中的公共特性，建立在最终仿真实现的重用机会。

（5）提供仿真开发可重用的概念模型库。

3. 军事概念建模的意义

军事作战系统是由在一定时间区域和空间区域内的对抗双方或多方的作战编成单

位、武器装备通过相互作用、相互影响构成的系统。为了揭示军事系统的运行规律，采用模型模拟作战系统的运行，军事概念建模把军事系统抽象成仿真模型的一个中间环节问题域和求解域之间的差异，容易为军事人员、建模人员和系统开发人员掌握和运用，便于他们理解所研究的问题并达成一致意见。

因此，在构造计算机军事仿真模型过程中，军事概念模型具有以下积极意义：

（1）军事概念模型是一种有效的交流工具，方便建模人员和军事人员进行交流。军事人员可以通过概念模型清楚地解释和描述作战仿真需求有关的军事概念和规则；建模人员可以通过概念模型正确把握仿真需求，从用户要求的侧面比较正确地认识和理解军事作战系统。

（2）军事概念模型是一种良好的问题求解模式。先从军事作战系统开发军事概念模型，再从军事概念模型实现仿真模型比从军事作战系统直接开发仿真模型容易。这种问题的求解模式体现了分而治之、层层实现的思想，大大地降低了问题求解的难度。

（3）军事概念模型是一套有效解决问题的办法。通过合理的、必要的假设，概念模型限定了系统的范围，降低了系统的复杂性，建模人员得以认识和把握用户感兴趣的、有关军事作战系统的特性和行为，舍弃了与用户仿真需求无关或关系不大的方面。

（4）军事概念模型是仿真模型开发和 VV&A 的基础。仿真模型是否反映用户的仿真需求，要看它是否正确表达了相应的军事概念模型；是否反映真实的军事作战系统，要看军事概念模型是否正确表达了军事作战系统，此二者又是对它确认的依据。

（5）军事概念模型是一种改善仿真系统性能和资源利用效率的方法。以往仿真建模一旦实现，抽象得到的成果就被扔弃，而在将来出现相同过程和现象时，又得重新抽象和建模，这导致资源利用效率不高。构造军事概念模型，用标准的语义语法表达，有利于仿真元素的重用，同时增强组件的互操作性。

正是由于军事概念模型的桥梁作用，使用它的军事人员不需掌握过多的建模技术和方法，不必成为职业化的建模人员；而建模人员不需要掌握太多的军事知识，成为职业化的军事人员。这也充分体现了模块化设计的思想。

3.2.2　军事概念模型的基本要素

军事人员对战争的理解，通常离不开兵力（部队）、任务、行动、交战、指挥控制、作战环境等基本概念，这是军事人员对真实世界的理解和认识。而开发作战模拟系统的过程，就是将军事人员所理解和认识的真实世界，转换为动态的虚拟世界的过程。军事概念模型是此过程中一个承上启下的中介物。它需要告诉软件开发人员需要表达哪些事物和现象，如何表达，以及如何确保所表达信息的完整性、正确性以及无二义性等。根据军事概念模型的定义，以及美军 CMMS 的基本概念，军事概念模型需要包括实体（Entity）、行为（Action）、任务（Task）和交互（Interaction）四类基本要素，这些基本要素简称为 EATI。大部分的军事概念模型表达方法和建模方法均基于 EATI 展开。下面详细介绍各个基本要素。

实体，指的是作战系统中可以单独辨识的一切主体和客体，是在战争空间内对实际战争系统中各类组成部分的抽象。例如，作战单位、战场环境和武器装备等。实体由其属性（Attribute）加以描述，其中动态的属性构成了实体的状态（State），系统内所有的实体的状态构成了系统的状态。

实体转变为某一状态的持续过程称为动作（Action），也可以称为行动。改变状态的行为点称为事件（Event），由多个行动构成的有序任务序列成为过程（Process）。

由一个实体执行的具有明确意义的一个或多个行动过程称为任务（Task）。任务使用有明确作战行动意义的单元，可以是最小的单元，也可以由多个任务组成的任务组。由一个或多个任务组成、具有特定目的和完整过程的任务称为使命（Mission）。使命具有明确的目的特性。动作、任务、使命都是作战过程中行为的描述，具有递归分解的特性。

一个实体在某种条件下为完成某项任务与另一个实体发生了相互作用，这个相互作用称为"交互"（Interaction），其结果是改变了某些实体的状态，也就改变了系统的状态。

动作、任务和使命是一个多层组合和控制的关系。一个动作可以服务于多个任务，一个任务可以由多个动作或任务组成；一个使命可以有多个不同实体执行的不同任务，一个任务可以服务于多个使命，具有统一目标的使命集合形成了使命空间。任务中动作的选择必须受限于执行任务的实体的能力，不能选择该实体不能执行的动作。交互是动作通过动作行为完成的对实体状态的改变，交互反映了多个实体在动作上的同步点。动作是实体自身状态的变化原因，交互则是实体状态变化的结果。

3.2.3 军事概念模型的表达

作为真实世界的抽象和描述，以及军事人员和技术人员之间信息沟通的桥梁，概念模型不应是仅仅停留在建模人员的头脑中，而应落实在文档上，即要形成概念模型文档。概念模型文档为概念模型建立的最终结果，其内容除了模型本身的描述以外，还需要包括模型的一些相关元信息。

1. 军事概念模型文档

概念模型作为一种知识产品，其最终形式是相对独立的概念模型文档。每份文档对应着一个特定的概念模型条目，对相应的各空间要素进行集中、详尽的概念描述，而形成概念文档的过程就称为概念模型文档化。概念模型文档应该包含以下内容：

（1）概念模型代号。概念模型代号应该具有唯一性，而且易于理解。为便于检索，也可以使用版本号。代号中应标明概念模型完成或发布的日期。

（2）有关联系方法。这部分内容应标明概念模型开发人员、检查人员以及相关领域专家的联系方式，包括姓名、电话、传真、E-mail 以及他在模型开发过程中的角色等。

（3）概念模型需求。这部分内容应当简明扼要，从检查概念模型的角度说明所建立的概念模型的用途，反映出对各仿真要素的需求。

（4）概念模型概述。这部分内容应概述仿真的基本内容，以及所建立的概念模型所能应用的领域和范围。这部分内容应重点说明仿真要素之间的交互和接口关系。

（5）基本假定。这部分内容应包括与所建立的概念模型有关的基本假定及其含义。一般说来，假定的含义就是仿真的限制条件的重要组成部分。

（6）实体和过程的基本要素。概念模型中关于实体和过程的基本要素包括：实体的状态、任务/动作/行为、相互关系/交互、事件、参数/因素。这些要素不是相互排斥的。如果换一个角度，可能有助于对这些要素的全面理解。例如：数据角度应描述出仿真要素之间的数据流；功能角度应描述出仿真要素之间的层次和静态关系；行为角度应描述出仿真要素的动态变化。将这些要素综合在一起，就构成了概念模型文档的仿真要素。

（7）算法。算法定义了实体或过程的行为，以及它们在仿真中与其他部分的交互方式。概念模型中应该描述所用到的所有算法及其与实体和过程的关系。此外，还应说明算法及其用到的数据的出处。如果有类似的算法，还应说明它们各自的优缺点以及选择的理由，与算法相关的假定也应列出。算法应尽可能使用标准的技术符号和格式来描述。

（8）开发计划。这部分内容应说明在仿真开发个过程中概念模型的开发计划。开发计划应尽可能详细一些，应列出不同时间段内要重点完成的工作。

（9）总结。总结部分在说明概念模型能力的同时，应明确列出概念模型的限制条件。如果还有没完成或不完善的地方，应说明预计的完成时间。另外，还应指出对于概念模型验证人员、仿真开发人员以及用户来说应该引起注意的地方。

2. 军事概念模型文档描述要求

概念模型文档应能用完整而准确的信息来描述概念模型，使仿真开发人员、校核与验证人员和参与仿真评估的领域专家都能正确理解概念模型的能力、局限和特征。只有这样，它才可能起到相关人员之间沟通的桥梁作用。这就涉及一个概念模型如何表达的问题。根据概念模型的含义和作用，其表达方式应满足以下基本要求。

1）完备性

概念模型应该包含仿真设计和实现所需的、人类已经认识和理解的原型系统的所有知识。这些知识具有各自不同的性质，具有各自适合的表达方式。概念模型应能表达这些不同性质的知识，不能由于表达方式的限制而使得某些知识的描述缺失或不够准确。

2）无二义性

概念模型的读者不仅包括建立概念模型的人员自己，还包括领域专家、系统分析员、仿真模型开发人员、用户、校核与验证人员等。这些人员专业背景不同，对不同表达方式的理解能力也不同。要使他们能够正确地交流，就要求概念模型的表达不能有二义性。要做到这一点，可以采用两种技术手段：一是使用结构化的建模语言；二是建立公共语义和语法（Common Semantic and Syntax，CSS）词典。

3）易理解性

如前所述，概念模型的读者来自不同领域，所建立的概念模型必须要能比较容易地被他们理解和接受。如果表达方式过于复杂，那么这些人员对表达方式的掌握本身就可能出现问题，对概念模型的正确理解也就无从谈起了。

3. 军事概念模型文档描述方法

概念模型的描述根据需求不同，可以采用不同的描述方法。不同的模型描述方法在模型的准确性、完整性以及无二义性等方面都有所不同，常用的概念模型描述方式有自然语言描述、格式化描述、形式化描述等。这几种描述方法各有优缺点，在实际应用中往往是几种方式的组合使用。

1）自然语言描述

自然语言是指人类日常使用的语言，包括日常用语、书面语等。每个国家和民族都有自己的语言。自然语言是人类最基本的交流思想、传递信息的工具。如果只是把概念模型作为一种说明、参考，不作深入使用，就可以采用自然语言与普通图表相结合的方式描述。这样既省时又省力，优点比较明显。

自然语言描述虽然方便，但是它有两大缺点：

（1）存在二义性。

（2）不具有严格的一致性结构。

另外，如果要对概念模型作深入使用，比如要从中获取大量的数据、要进行推理，进而建立知识库系统，仅靠自然语言描述方式就不能满足。在这种情形下，就必须要对信息、知识进行形式化地描述。

2）格式化描述

格式化描述是对军事信息的规范化表述。军事任务格式化描述包括了军事问题域中需要描述的实体、行为和任务等概念的信息，这些信息确定并描述了一个项目中可能拥有的实体、任务、事件、行为和性能。军事任务格式化描述元素可以是整个系统（如导弹或雷达）、子系统（如雷达天线）、子系统中的元素（雷达发射机的电路）和一些基本的元素，它也可以是系统元素的组合（集合了传感器和武器的军舰）、人和组织等。

格式化描述包括文档和模板两种格式，主要以文字、表格及图形的形式对描述要素给出规范化的描述。文档格式应提供军事概念模型的基本原则、基本方法和内容结构，即利用一种语义明确、规范易懂、简洁实用的近形式化语言，对现实军事行动或决策进行抽象描述，使之既易于技术人员理解又便于其正确把握。模板格式则是一种具有很强约束条件和引导性的格式化文档规范。模板格式提供军事概念模型撰写的约束条件（体现为业务规则及有限备选数据）、视图、数据和具体的模板规格。

3）形式化描述

形式化是将某一事物抽象并描述为具有一定逻辑关系的数据表达方法。这种方法是可逆的，无二义性的，其目的是在不同数据使用者之间共享数字化的事物描述。为实现作战指挥自动化、智能化，必须对作战方案形式化，制定统一的标准，在此基础上按标准进行相关作战应用软件的研制，实现无二义性的通信、指挥、控制及战场情报互通。

军事任务形式化描述是建立在对所需要的军事信息进行规范表示的基础之上。形式化描述将格式化描述中所定义的实体、过程和交互等信息，用形式化的建模规范进行表述，并将之转化为对象类和对象类之间相互关系的描述。军事任务形式化描述可以面向仿真应用，定义仿真所需要的基本元素和仿真边界。

要利用获取的信息和知识来建立知识库，必须要对这些已获取的知识以某种一致化的结构存储和组织起来，以实现计算机自动知识的处理和问题的求解。这就是所谓的形式化描述。常见的描述方法主要有如下几种：

（1）基于逻辑的表示方法。最常见的有命题逻辑和一阶谓词逻辑。这种方法把数学中的逻辑论证符号化，具有自然、准确、灵活、模块化等优点，其推理系统采用归结原理，推理严格、完备、通用，在自动定理证明等应用中取得了很大的成功。

（2）基于关系的表示方法。这种方法适合于表示简单事实和陈述性知识，形式相当于关系数据库。

（3）面向对象的表示方法。这种方法适合于表示有继承性的、纵向层次关系的知识。面向对象技术的特别应用就是基于框架的知识表示，其实对象类就通常采用框架进行描述。

（4）基于框架的知识表示。框架是一种组织和表示知识的数据结构。它由框架名和一组用于描述框架各方面具体属性的槽和侧面组成。它是一种经过组织的结构化知识表示方法，适合于表示某种类型的概念、事件和行为。

（5）基于规则的表示方法。基于规则的知识表示使用“IF CONDITION THEN ACTION”形式的产生式规则表示知识，是目前应用最广泛的知识表示方法之一。它适合于表示由许多相对独立的知识元组成的知识，或者是表示具有因果关系的、由许多相对独立的操作组成的过程性知识。

（6）基于语义网络的表示方法。它是用有向图表示领域知识的一种技术。在语义网络中，节点表示领域的实体（对象或概念），弧代表实体之间的关系，弧上的标记说明了该二元关系的类型。它最早用于自然语言理解的研究，现在已发展为一般的知识表示方法。

3.2.4 常用的军事概念模型建模语言

现在常用的军事概念模型的建模语言包括 UML、IDEF、XML 等。

1. 统一建模语言

统一建模语言（Unified Modeling Language，UML）是一种通用的可视化建模语言，用图对软件进行描述、可视化处理、建立软件文档等。作为一种建模语言，UML 的定义包括 UML 语义和 UML 表示法两个部分。

UML 语义：给出了基于 UML 的精确的元模型定义。在语法和语义上，元模型为 UML 的所有元素提供简单、一致、通用的定义性说明，使开发者能在语义上取得一致。

UML 表示法：定义了 UML 符号的表示方法，为开发者的建模工作提供了标准。这些图形符号和文字所表达的是应用级的模型，图是 UML 元模型在语义上的实例。UML 的图形可以分为下列五种：

（1）用例图（Use Case Diagram），从用户角度描述系统功能，并指出各功能的操作者。

（2）静态图（Static Diagram），它包括类图和包图。其中类图描述系统中类的静态结构，包图用于描述系统的分层结构。

（3）行为图（Behavior Diagram），描述系统的动态模型和组成对象间的交互关系。它包括状态图和活动图。其中状态图描述类对象中所有可能的状态以及事件发生时状态的转移条件；活动图描述满足用例要求所要进行的活动以及活动间的约束关系，以便于识别和组织并行活动。

（4）交互图（Interactive Diagram），描述对象间的交互关系。它包括顺序图和合作图。其中顺序图显示对象之间的动态合作关系，它强调对象之间消息发送的顺序，同时显示对象之间的交互；合作图描述对象间的协作关系，与顺序图相似，也显示对象间的动态合作关系。除显示信息交换外，合作图还显示对象以及它们之间的关系。

（5）实现图（Implementation Diagram），包括构件图和配置图。其中构件图描述代码部件的物理结构及各部件之间的依赖关系，显示代码本身的结构；配置图定义系统中软硬件的物理体系结构，是系统运行时刻的结构。

但是，使用 UML 建立概念模型存在两个问题：第一，尽管 UML 的建模元素很丰富，但仍有一些知识是很难用 UML 来表达的，如作战原则、假定条件、算法来源等；第二，由 UML 的各种图形成的概念模型文档很难被其他人理解和使用。UML 的主要特点是追求语义的一致性，消除人们对同一事物在理解上的歧义。同时它又应该是比较易于理解的，否则就很难起到不同领域专家之间交流的桥梁作用。但实际上，为了适应不同专业、不同领域、不同应用的建模需求，UML 在建模元素和表达方式方面仍比较复杂。对于计算机相关专业的专家来说，UML 模型的理解还相对容易一些；但对于从未接触过计算机工作流程的领域专家来说，要让他们在较短时间内理解 UML 各种建模元素的内涵，理解各种图的应用范围和衔接关系，绝非易事。

基于 EATI 的 UML 描述是目前使用比较多的军事概念模型表示方法。EATI 的实体、行为和交互模型可用 UML 方法进行描述，并且有相对应的动态和静态的描述方法，如表 3-1 所列。另外，UML 方法还有标准统一、面向对象、可视化、独立于开发过程、有现成的工具软件支持（如 Rational Rose）等优点。虽然 UML 是针对软件系统设计提出的，但目前已不仅仅用于软件系统，它已经被广泛地应用到了系统建模描述等诸多方面。在作战建模领域，也开始有许多系统采用 UML 进行系统模型的描述。

表 3-1　实体、行为和交互元模型与 UML 的对应关系

实体、行为和交互元模型	UML
实体	类图、对象图
行为	活动图、状态图
交互	顺序图、协作图

例如“武装直升机对坦克攻击”，实体、行为、任务和交互分别如下。

实体：武装直升机、坦克和环境等。包括武装直升机、坦克的类型、层次、性能和状态等内容。

行为：什么是攻击？如何攻击？打完一辆后如何运行？坦克受到攻击后会如何？直升机受到攻击后会如何？等等。

任务：对敌方坦克攻击后返回。

交互：导弹攻击击毁概率是多少？什么情况下会降低概率？降低多少？等等。

2. 一体化计算机辅助制造定义方法

一体化计算机辅助制造定义方法（ICAM DEFinition Method，IDEF）是在 20 世纪 70 年代提出的结构化分析方法基础上发展起来的，它是美国空军制定的一体化计算机辅助制造（Integrated Computer Aided Manufacturing，ICAM）计划的一部分，以满足人们对更好的分析与交流手段的需要。刚开始时，它包括 IDEF0、IDEF1 和 IDEF2 三部分，现在已发展到 IDEF4，甚至是 IDEFX。

但基于 IDEF 的建模存在人为复杂化的问题。复杂系统体系结构包含多种不同特征，所以 IDEF 家族发展了各种不同的方法来描述这些不同的特征。虽然出于问题（或者说系统）本身的复杂性，一种表达形式可能只用于描述一种特征，所以多种表达形式是必

需的，但 IDEF 家族也太过庞大，它的描述方法高达千种之多，每一种方法基本上都有它不同的语义结构，使用很不方便。如 IDEF0 是非常有用的工具，但如要设计一个关系数据库就要建立 IDEF1 模型。进一步，IDEF0 只描述活动间的关系，不包含时间因素。要表达明确的时间间隔和相对的时间关系，就要用 IDEF3 模型。而要建立一个整个作战过程的 IDEF3 模型，又几乎不可能，只能对分成不同领域、有限范围的过程进行建模分析。而对于 IDEF 容易表达的 ICOM（输入、控制、输出、机制）关系，如果都要在 IDEF 中表达，又成了一种难事。

因此，虽然 IDEF 能表示系统方方面面的特征，但由于表达方式多而复杂，导致了这一文档模型的复杂性，即难以清晰地反映系统活动及活动间信息联系的全貌，难以准确地反映、验证活动间的信息联系，因此在设计过程和规划过程中无法对其进行有效的利用，不能为设计和规划过程提供有效而必要的信息。

3. 基于可扩展标记语言

基于可扩展标记语言（eXtensible Markup Language，XML）是一种可扩展标记语言，它以一种统一的方式实现自描述任意复杂度的结构化数据。它关心的是数据内容，而不是数据的显示样式与布局效果。这种数据内容与显示形式的分离在信息表示与处理上有着非常明显的优点，而且最终的 XML 文档是显式结构化的文本文档，在信息的互操作上具有很重要的意义，能够被任何应用程序方便地访问。XML 方法能体现将要素有机的结合，通过制定作战方案领域的标记语言来统一现有数据，使很多基础数据实现可重用、共享。从而在制定方案过程中逐步完善细节，在实施阶段各个指挥层次可以方案互通，在总结阶段易于交换数据和充实作战数据库。XML 具有平台无关性、自描述性、可扩充性、严格的语法和逻辑和保值性等优点。

XML 的主要缺点是：XML 只是定义文档结构的描述语言，并没有描述语义信息的能力，因而要更好地描述概念模型就得为 XML 添加语义信息的表达能力。

3.2.5　军事概念建模方法

1. 军事概念建模过程

军事概念建模过程是建立军事概念模型的过程指导，建模过程首先要明确建模的边界和约束、有关参与人员和建模的目标，并在此基础上确定军事概念模型的组成步骤、每个步骤的任务、使用的建模工具和风格指导，以及这些步骤之间的相互关系，最后确定模型检查、反馈和管理要求等，其基本过程如图 3-6 所示。

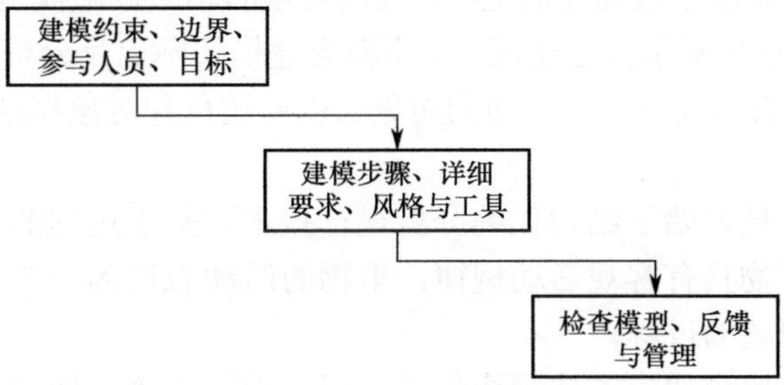

图 3-6　军事概念建模基本过程

因此，概念模型的开发过程可以总结为下面 4 步，并且这 4 步是一个循环重复的过程，一般需要多次的反复，才能得出满足用户需求的概念模型。

1）收集权威信息

权威信息构成仿真文本，信息的收集过程需要多次的重复。不论用何种方法进行收集，随着该过程的多次重复，仿真的实体和过程等就会表达得更为清晰和适用。仿真文本的表达要注意以下几个问题：

（1）必须采用通用的语法和语句。

（2）必须采用通用的数据库管理系统。

（3）必须采用一致的数据交换格式。

2）任务空间的分解

仿真组件取决于任务空间的分解过程。任务空间的分解应遵循以下 6 条原则：

（1）仿真需求中所表示的每个参数或实体一般应该是仿真应用中组件的参数或实体。

（2）作为仿真目的并具有潜在评估需求的每一参数、实体、过程等，应作为仿真组件的参数或实体。

（3）仿真组件应尽可能在真实世界中有相应的对象，元数据、数据、组件等作用不可低估。

（4）仿真组件应尽量与有关标准或者广为接受的范例一致，这将有助于对概念模型的接受并与其他仿真应用进行交互。

（5）仿真组件应该是可计算的，不具备计算能力的应考虑用其他组件替代。

（6）无关的组件不应考虑，特别是不满足前 4 条的组件，均不应在考虑范围之内。

3）仿真组件的描述

仿真组件的描述就是对相关属性和特征的获取。获取过程应重点考虑获取的准确度、精密度和解析度。系统行为的原因、如何实现以及解决思路是该步骤要解决的内容，可采用任何一致的、容易理解的方法进行描述，科学、恰当地描述将对仿真的逼真度起到关键作用。

4）认识关系

识别确定所有仿真组件之间的关系，考虑边界和约束的限制等。

总的来说，概念模型包括对象/类、属性/参数、关系、事件和行为、约束和限制以及所应用的领域。

2. 军事概念建模方法

为了把待仿真的军事系统描述清楚，开发高质量的军事概念模型，有必要摸索一些方法、策略和步骤，以指导军事概念建模。军事概念建模实际上是分析和认识军事系统的过程，常用的建模方法有面向过程法、面向对象法以及过程和对象相结合的面向实体法。

1）面向过程法

基于过程的建模技术始于结构化的分析设计技术。基于过程的方法认为：客观世界是由事物组成的，事物具有客观活动规律，事物的活动表现为一个个问题。寻求事物规律的过程就是求解问题的过程。

基于过程的军事概念建模方法围绕作战过程组织军事概念模型，以抽象作战过程为主，侧重作战过程和现象的分析。采用自顶向下，逐步分解的思想，把作战过程分解成一个个子过程，子过程根据需要再进一步细分，直到分解成原子性的、执行不可打断的行为。最后对行为进行建模，其思维过程如图 3-7 所示。

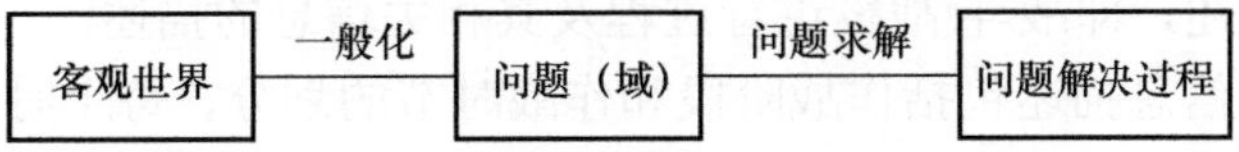

图 3-7　基于过程的概念建模抽象思维过程

建模过程中，值得注意的问题：一是过程分解由用户对作战现象和过程关注的程度以及提供的建模资源共同确定：分解过细，模型繁杂，实现困难，占用资源多；分解过粗，达不到用户的建模需求。二是过程最小的粒度——行为属于整个作战系统，而非某个组成部分。适合基于过程的概念建模语言有 IDEF3、XML 和流程图等。

2）面向对象法

从系统组成的角度分析作战系统，抽取的概念模型以对象组织系统。强调从三个不同的但又相关的方面，分别建立对象模型、动态模型和功能模型来描述系统。其中，对象模型描述的是系统中的对象和它们之间联系的静态结构；动态模型描述改变时序的系统方面，用于指定和实现系统的控制方面；功能模型描述系统内数据的转移——功能、映射、约束及功能依赖条件等。三种模型在系统分析和设计的不同阶段使用，分析和设计的结果是对象关系图，数据流图，事件、状态和响应图。

3）面向实体法

军事概念建模是建模人员、军事人员和用户共同参与的活动。通常情况下，军事人员和用户对建模技术，特别是计算机技术不甚了解，因此在分析作战系统，构造军事概念模型过程中，应该尽量使用军事术语。

实体是指敌对双方执行作战任务的作战编组或保障单位，是一个问题域中的概念。面向实体的军事概念建模从分析作战过程入手，依次抽取双方的参战实体、实体属性、实体行动，把实体属性、实体行动封装成实体类，形成军事概念模型。面向实体概念建模包括军事问题分析、抽取作战实体、确定实体属性、确定实体交互、封装属性和行动五步，如图 3-8 所示。

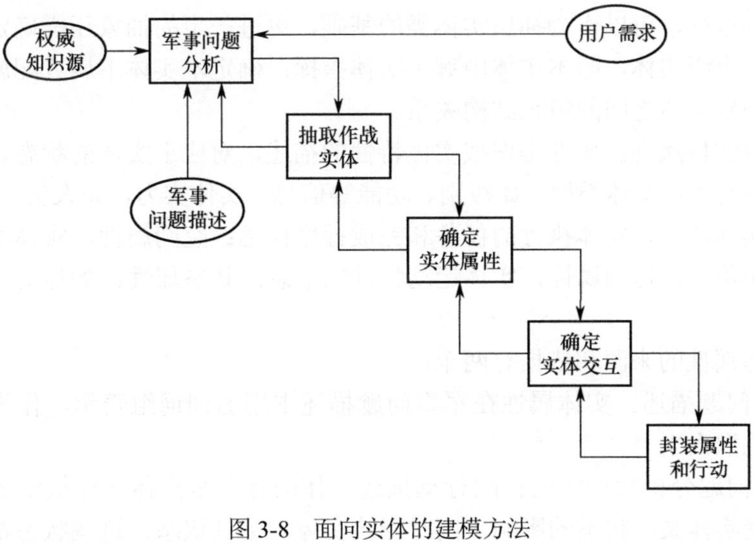

图 3-8　面向实体的建模方法

（1）军事问题分析。军事问题分析实际上是对作战系统的运行过程分析。为了用计算机模拟给定样式的战斗或战役，依据作战条令和用户的仿真需求，军事人员提供一个仿真问题的军事陈述，即战斗/战役进行过程及其相关信息的描述。

作战过程相关信息描述包括作战阶段和作战时节的划分、每个时节敌对双方的行动以及参与的作战实体。其中作战时节是作战阶段的进一步细分，作战行动是敌对双方实体为完成作战任务采取的动作。

每个作战时节会有若干作战行动，它们以一定方式（顺序/循环/选择、串行/并行等）进行。建模人员在军事问题分析阶段的主要任务包括：弄清楚作战过程、作战阶段的划分，初步抽取敌对双方的作战行动。这些作战行动有的从军事问题描述中可以直接抽取，有的隐含在军事背景知识中，需在军事人员的协助下抽取，行动粒度都可能较粗；根据军事人员和用户对作战过程细节关心的程度（分辨率和精度）以及仿真资源，确定作战行动的表达粒度。粒度大的行动，依据权威知识源，进一步进行分解，直至最小要求粒度。最小粒度的作战行动具有原子性、执行不可打断的特点；分析确定每个作战行动开始和结束条件，确定它的执行实体、承受实体；分析确定行动效果和影响行动效果的因素。行动效果是指行动完成后执行实体、承受实体以及环境的某些特性发生了改变。影响行动效果的因素是指决定行动效果大小的方面，同样包括执行实体、承受实体以及环境的某些特性。军事问题分析阶段的结果是作战行动及其描述清单。

（2）抽取作战实体。作战实体包括指挥实体和执行实体。执行实体是执行作战或战斗保障的实体（如步兵班或战斗组、炮兵营或连、直升机、工兵班等）。指挥实体是对其下属的执行实体进行战斗指挥的实体（如连指挥所、团指挥所）。

在军事问题叙述里，实体是名词并且特指作战单位，一般易于确认和抽取。但是用户仿真需求里可能有隐含的作战单位，它们的确认和抽取需要一定的军事背景知识，要在军事人员的协助下进行。作战实体的分辨率由用户的仿真需求确定。

抽取出所有的作战实体后，建模人员还有以下任务：作战实体的初步分类，确定实体是何种类型的作战单位，类型是根据单位的共性和需要设置，例如把参战实体分为指挥单位类、炮兵单位类、步兵单位类、工程兵单位类等。此阶段的分类只是按照军事人员的直观理解进行，可以作为抽象实体类的基础，更进一步的抽象还需确定实体属性之后进行；确定上级实体，即本实体由哪个实体指挥；确定本实体下属或配属哪些实体，目的是为了识别实体之间的组织结构关系。

（3）确定实体属性。属性是作战实体特性的描述，对应于实体的状态。作战实体的属性包括以下几类：实体类型，如级别、功能等信息；实体实力，如人员、装备的数量、质量信息：实体任务，实体执行的任务和完成程度信息；空间属性，实体所处空间的位置和实体大小信息；运动属性，实体运动特性的信息；状态属性，如运动、伤亡、压制等信息。

确定实体属性的来源和依据有两个：

① 军事问题描述。实体属性在军事问题描述中用名词词组表示，作为实体状态的组成，需要抽取出来。

② 军事问题分析后得到的作战行动描述。作战行动是实体（作战编成单位）的行为，其效果受实体某些状态的影响，同时影响实体的某些状态，这些状态都需要用一个

属性来描述。作战行动描述是抽取实体属性的主要来源，它们直接为模拟作战行动服务。

（4）确定实体交互。交互是作战仿真模型需要描述的仿真元素之一。所谓交互是由一个实体产生的作用于另一个实体的一组影响因素。在作战系统中，交互和行动紧密相关，一方面，交互是实体行动的外部触发条件，交互使实体的状态发生改变，状态的改变会使实体采取新的作战行动，如坦克实体在受到敌方攻击时会进行规避或回击；另一方面，交互是作战行动产生的结果，实体在实施作战行动过程中，不断对其他实体施加影响和发送交互。

根据交互对实体影响的性质，可以分为两种：

① 物理交互。对物理作用的量化描述，如“炮击”交互由若干毁伤效果参数构成。

② 信息交互。对指挥控制信息和反馈信息的量化描述，如上级给作战实体下达的作战命令，作战实体给上级的报告。

交互的抽取主要根据作战实体行动描述。如果作战行动产生的效果影响其他实体，或者行动使自身状态改变，而其他实体需要感知这个变化，这时两个实体存在一个交互。

（5）封装属性和行动。为了借助面向对象的思想和方法，需要以实体为单位组织整理行动和属性，保证每个属性和每个行动归属一个实体。

整理军事问题分析结果可以获得实体行为的归属，属性的归属从实体属性列表获得。属性和行动封装后得到一个个实体实例。根据实体列表中实体类别，确定实体类。

在用户的仿真需求指导下，建模人员需经过上述五步多次反复，才能从若干侧面对作战系统进行正确的认识和描述。为了便于理解、交流和从中抽取独立于仿真任务的部分，建立仿真资源库，重用仿真元素，军事概念模型的表达应该标准化、规范化。

3.2.6　军事概念建模实例——弹道导弹攻防对抗仿真系统建模分析

系统仿真的拦截过程主要是模拟红方战术弹道导弹突防飞行过程和蓝方低层反导拦截系统反导拦截过程。系统仿真的流程如图 3-9 所示。

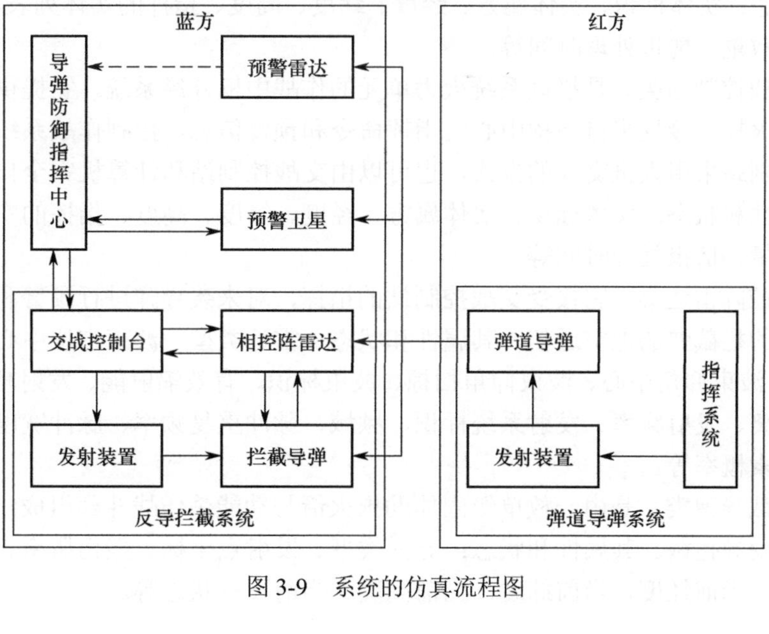

图 3-9　系统的仿真流程图

首先由蓝方 DSP 卫星进行扫描，如果发现红方战术弹道导弹发射，将扫描的信息经低轨卫星、地面站至地面导弹防御指挥中心，蓝方地面远程预警雷达同时开始测量，计算出导弹飞行的弹道，并经指挥中心向弹道导弹落区附近的反导拦截系统的雷达提供预警信息，使其提前进入战斗状态。这些系统的相控阵雷达接到预警信息后，立即注视红方来袭导弹的弹道方向，并同时进行对导弹的搜索。蓝方相控阵雷达捕获来袭目标后，立即连续跟踪、测量，交战控制站根据相控阵雷达测量的信息更精确地计算来袭目标的飞行弹道和落区，并适时将信息传递给发射控制系统，蓝方指挥发射装置实施拦截导弹发射，系统立即进入低层拦截过程。拦截弹发射后，通过初段的自主飞行，然后由相控阵雷达实施导引，控制其按期望弹道飞到适当位置，然后由拦截导弹本身的雷达导引头跟踪来袭导弹，控制拦截导弹以直接碰撞方式摧毁目标。

现在采用面向实体的方法对弹道导弹攻防对抗仿真系统进行军事概念建模。

1）仿真实体分析

弹道导弹攻防对抗系统包含的基本实体有预警卫星、预警雷达、导弹防御指挥中心、导弹发射系统、反导拦截系统。其中，聚合实体为弹道导弹发射系统和反导拦截系统。各实体的基本定义和属性如下：

（1）预警卫星类。扫描测量弹道导弹主动段发动机尾焰红外辐射源，获取飞行导弹的初始坐标信息。其属性和状态：卫星类型、在轨状态、星下点纬度、星下点经度、卫星高程、信息传输时间、分辨率、入境时间、卫星侦察偏移量、发现目标的概率、发现目标的时间等。

（2）预警雷达类。连续跟踪并测出红外辐射源的移动方向，计算导弹飞行的弹道并提供给指挥中心。其属性和状态：雷达类型、波束方位中心、波束方位（角）扫掠、波束仰角中心、波束仰角扫掠、波束标识、有效辐射能、发射频率、发射系统标识、频域、脉冲重复频率、脉冲宽度、跟踪目标数、目标搜索概率等。

（3）导弹防御指挥中心类。指挥控制反导拦截系统进入战斗状态，并提供预警信息。其属性和状态：实体标识、实体属方、经度、纬度、高度、指挥的实体列表、工事类型、通信方式及数量、情报处理时间等。

（4）交战控制站类。是拦截系统火力单元的作战中枢神经系统，它提供指挥、控制和通信以及火控。接受来自指挥中心的指挥命令和预警信息，控制作战系统进入战斗状态。交战控制站采用人机交互的方式，也可以由交战控制站和计算机完全自主控制整个作战。其属性和状态：实体标识、实体属方、经度、纬度、高度、指挥的实体列表、通信方式及数量、情报处理时间等。

（5）相控阵雷达类。它接受交战控制站的指挥，对来袭导弹进行预警和跟踪，还提供与飞行中的拦截弹的地空通信。其属性和状态：雷达类型、波束方位中心、波束方位（角）扫掠、波束仰角中心、波束仰角扫掠、波束标识、有效辐射能、发射功率、天线增益、作用距离、发射频率、发射系统标识、频域、脉冲重复频率、脉冲宽度、跟踪目标数、目标搜索概率等。

（6）拦截导弹类。是由一枚单级固体助推火箭与动能杀伤战斗部组成，实施对来袭弹道导弹的反导拦截。其属性和状态：导弹类型、发射点坐标、毁伤概率、当前速度、当前角速度、当前经度、当前纬度、当前高度、当前飞行状态等。

（7）发射装置类。发射装置负责导弹的运输、保护和发射任务。其属性和状态：实体标识、实体属方、经度、纬度、高度、发射的实体列表、装载导弹武器的数量、发射反应时间、再发射时间等。

（8）弹道导弹类。近程弹道式导弹，射程在 200～800km，飞行时间短，速度快，具有很强的突防能力。其属性和状态：导弹类型、弹头类型、发射点坐标、落点坐标、毁伤概率、当前速度、当前角速度、当前经度、当前纬度、当前高度、雷达反射截面、当前飞行状态和弹道特征参数等。

（9）指挥系统类。指挥控制导弹发射装置实施战斗发射的指挥自动化系统。其属性和状态：实体标识、实体属性、经度、纬度、高度、指挥的实体列表、通信方式及数量、情报处理时间等。

2）实体动作与任务分析

系统中的各类实体都有其独有的任务，在作战过程中表现出其具体的作战行为。例如：传感器（预警卫星、预警雷达和火控雷达等）的任务就是搜索、发现、跟踪来袭目标；通信系统的任务就是及时传输目标数据，模拟数据传输的过程，产生信息传输时延；指挥系统的任务就是充分利用和协调各种资源来完成诸如导弹发射、拦截发射等指挥决策任务；而拦截系统的任务则是如何有效地拦截来袭弹道导弹目标。以下通过弹道导弹飞行仿真状态图和反导拦截指挥决策活动图进行对任务的建模。

使用状态图描述弹道导弹突击任务，如图 3-10 所示。首先弹道导弹仿真模型处于待命状态，当接收到发射准备命令后，进行测试和诸元装订，完成测试准备，进入发射准

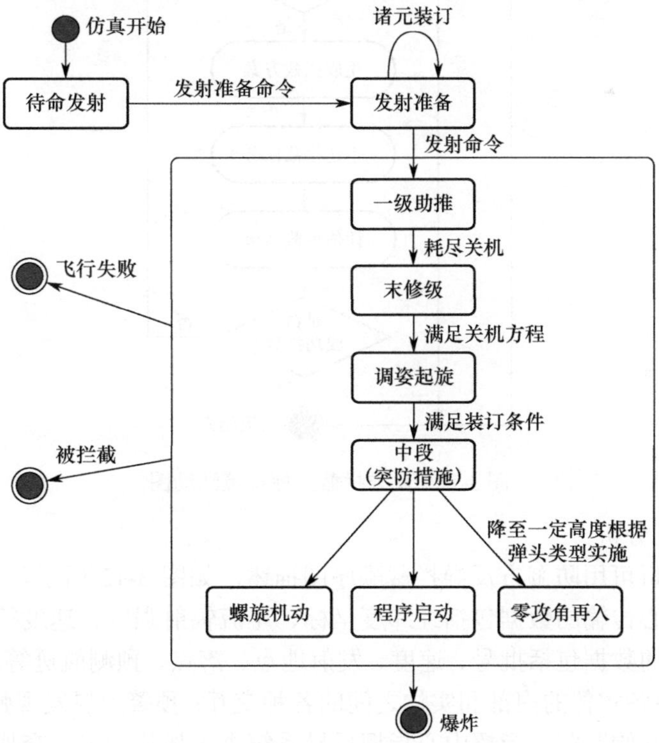

图 3-10　弹道导弹飞行仿真状态图

备状态，当接收到发射命令时，进行发射，然后经过一级助推、末修级、调姿起旋、中段等状态后，采用特定的突防措施，落向目标，爆炸。在飞行过程中间，有可能因为导弹自身可靠性的问题和被反导武器拦截等原因，中途爆炸坠落。

使用活动图描述的反导指挥决策过程，如图 3-11 所示。指挥决策活动细分为接收目标数据、情报融合、计算导弹的落点和方向概率误差、制定拦截方案、下达拦截命令、拦截情况评估等任务。而每项任务可进一步地细分。例如，制定拦截方案任务可细分为确定拦截目标优先级、分配武器系统等动作。

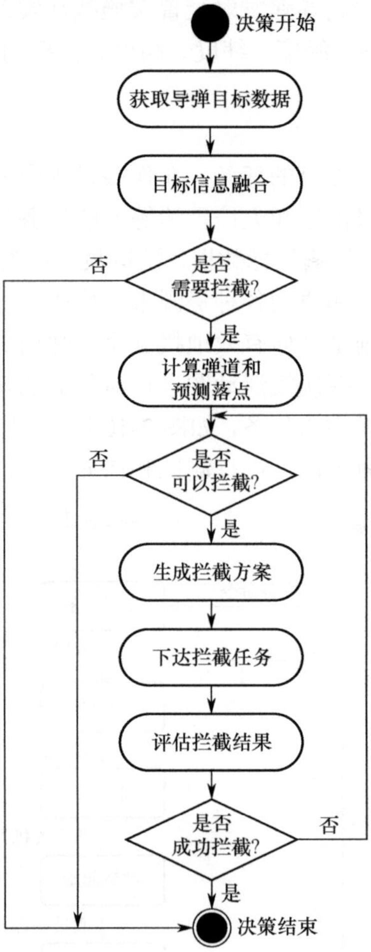

图 3-11　反导拦截指挥决策活动图

3）实体交互分析

实体交互分析可用防御方反导拦截顺序图描述，如图 3-12 所示。其中 DSP 预警卫星向导弹防御中心传输的数据包括经纬度坐标、尾流辐射强度、速度等；远程预警雷达向指挥中心传输的数据包括批号、速度、发射地点、落点、预测航迹等。从图中可看出，TMD 作战行动中各实体的内部和实体之间的各种交互：预警卫星发现弹道导弹、指挥中心指挥预警雷达开始跟踪、指挥中心指挥反导系统进入战斗状态、交战控制站指挥拦截发射和反导拦截信息等。所以采用 UML 的顺序图或协同图可以很好地解决对系统实体内部和实体之间的交互情况分析，便于快速建模和反复重用，提高了仿真系统开发的效率和逼真度，满足了作战仿真建模应用。

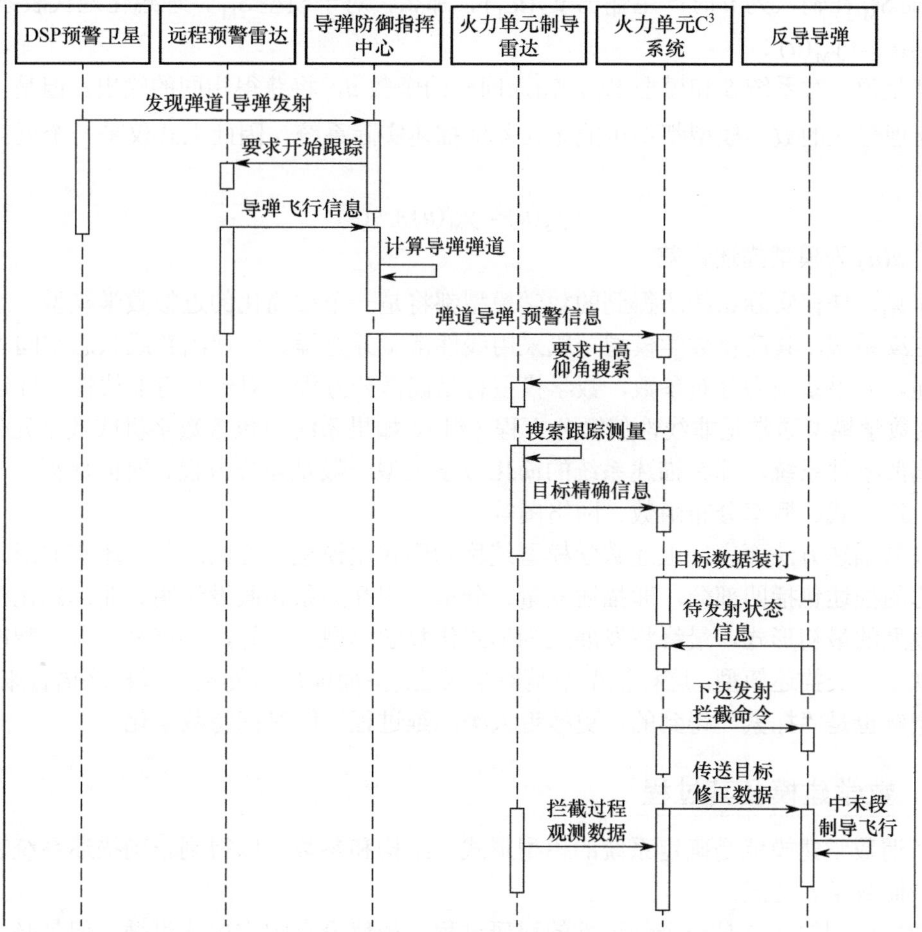

图 3-12　反导方反导拦截顺序图

3.3　数学模型及其建立方法

3.3.1　数学模型概述

数学模型（包括逻辑模型），是一种符号化的模型，它通过数学、逻辑符号和数学、逻辑关系式来描述作战任务空间要素之间的内在联系。一般用于描述概念模型中的算法，对相关作战任务空间要素的联系进行量化和函数化描述，使作战任务空间要素之间的关系精确化和具体化。其他可单纯由数据结构描述的军事概念模型要素（如简单属性、命令），则不必建立数学模型。在军事概念模型简化的基础之上，数学模型进行进一步抽象，对相关作战任务空间要素的联系进行量化和函数化描述。有些作战任务空间要素之间的关系，难以用数学公式表示，如自适应行为控制规则（态势与下一步行动的逻辑关系），可用逻辑关系式表示。数学模型主要由军事运筹分析人员构建，其目的在于将作战任务空间要素之间的关系精确化和具体化，为构建软件模型奠定基础。

假设系统 S，对某个输入或强制函数 u，而产生输出 $y_S(u)$，同时设定一组数学模型 S_M，而 S_M 在输入为 u 时产生输出 $y_M(u_M)$，那么，对于模型 S_M，理想化地代表系统 S，则有 $y_S(u)=y_M(u)$。

就是说，对系统 S 和模型 S_M，输入同样的函数 u，将获得相同的输出。但是，实际上任何理想化的数学模型都不可能无误差地描述实际系统，因此上式仅是一个近似式。于是

$$y_S(u)=y_M(u)+\varepsilon(u)$$

式中：$\varepsilon(u)$ 为模型描述误差。

可见，任何实际系统所得到的数学模型都将是一个被简化的近似数学模型。通常，对于连续系统，其简化数学模型一般采用线性常微分方程、传递函数或状态空间表达式来描述。如果系统为分布参数，数学模型将是偏微分方程。对于具有非线性特性连续系统，其数学模型通常是非线性偏微分方程（组）。如果系统中包含数字机或数字元件，或者是离散事件系统，那么描述系统的简化数学模型一般是差分方程、时间序列、z 传递函数、逻辑式、概率分布函数、网络图等。

就其描述方法而言，上述数学模型统称为形式化模型。除此之外，还有非形式化模型，它的描述包括四部分，即描述变量、分量、相互关系和假设说明。非形式化模型是数学模型的最初形式，最终将发展成为形式化数学模型。另外，近年来，人工智能研究中出现了一类描述模型。这种模型不是数学表达式，而能用自然语言或程序语言来描述，其模型解也是“探索”得到的，更接近人类思维过程，同时尚待数学化。

3.3.2 数学建模及其过程

所谓数学建模就是确定系统的模型形式、结构和参数，以得到正确描述系统表征特性的最简数学表达式。

数学模型的建立是一个创造性的科研过程。虽然没有固定模式可循，但是必须遵守以下几条基本原则：

（1）必须满足对数学模型的精确性、简明性、层次性、多用性、可靠性及标准化等一般要求。

（2）建模时须经常考虑模型功能是否满足所研究问题的需要；在满足需要条件下，模型形式是否合理、经济；模型是否容易实现；模型运转是否稳定；是否可以达到预期的精度要求等。

（3）为了缩短建模周期，获取高质量的数学模型，必须合理选择建模方法。目前，数学建模方法可归结为三大类：机理分析法、实验辨识法和定性推理法。实际工程中的具体数学建模方法已有数十种，其中计算机辅助建模愈来愈多地被采用。图 3-13 给出了数学建模的流程图。

（4）系统数学模型的建立过程一般是：观察和分析实际系统、提出问题、做出假设、系统描述、构筑形式化模型、模型求解、模型有效性分析（包括模型校核、验证与确认）、修改模型（往往是多次地）、最终确认、有效后验模型、模型使用（必要时需要进一步修

改)。经过上述一系列过程，所得到的模型才可能是有用的模型，而利用这种模型进行仿真研究或做其他用途才能保证是可靠的，所得到的模型结论也才能反映实验系统结论。

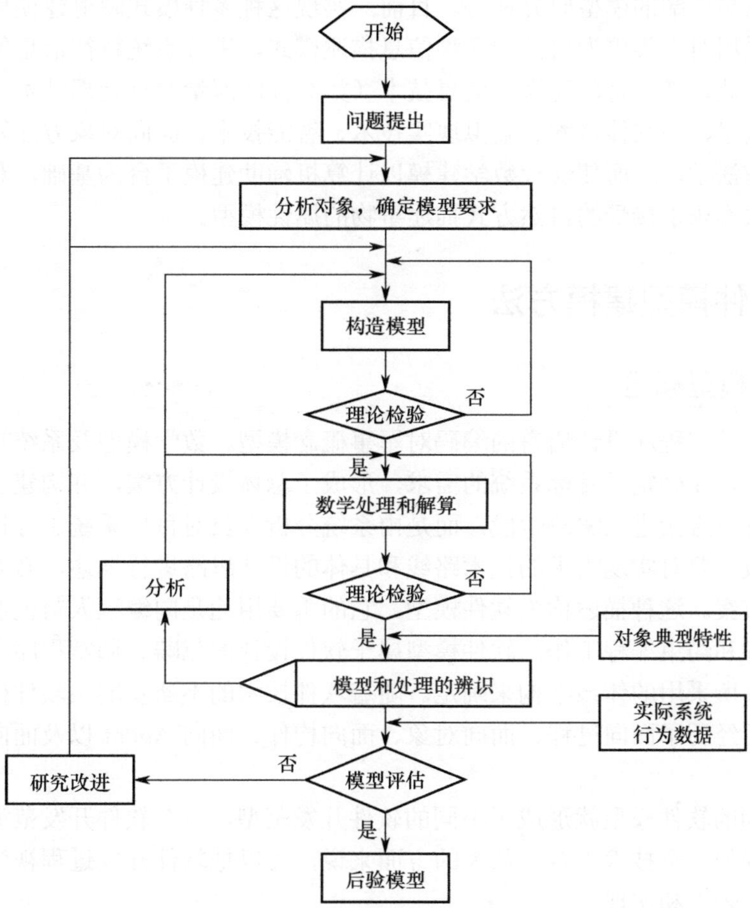

图 3-13　数学建模的基本流程

3.3.3　现代系统数学建模的发展趋势

模型是人们对客观实体运动规律的主观认识。数学模型则是用数学方式对这种认识的描述。描述过程将涉及对实际系统特征信息的抽取（包括采集、选择、传输、转换等)、表示（映射)、凝聚（浓缩与融合）等信息处理活动。随着模型研究或系统仿真领域的不断扩展，特别人类面临开放复杂巨系统的仿真对象，正在支持和促进着系统数学建模发生如下重大转变：

（1）由单维数学符号映射向多维信息空间的综合映射发展。

（2）由高度抽象的数学描述向面向对象的更自然方式描述发展。

（3）由人与数学建模分离向人同智能系统高度融合的建模环境发展。

这样，现代系统数学建模的主要发展方向将是：建立多模式映射的建模环境和模型与复杂信息环境之间的接口，使之能够接纳现实世界提供的信息，高逼真度地进行复杂大系统仿真研究。

多种模式映射最终要求建立一个定性与定量相结合、感性认识与理性认识相结合的智能化、集成化、协调化的多维信息空间的仿真环境，来映射与处理愈来愈复杂的事物信息，以适应更广阔的模型研究任务。目前，实现这种多种模式映射建模环境的一个重要方面是，采用对人类更为自然的多种信息描述模式，进行系统特征信息的某种映射或综合映射。为此，需要将前述现代信息技术（如高性能海量并行处理技术、分布交互技术、可视化技术、多媒体技术、虚拟现实技术、智能技术、面向对象方法等）和融合技术引入建模方法学，从而使现代数学建模以计算机辅助建模平台为基础，获得在多维信息空间上以人类乐于接受的自然方式描述事物的属性模型。

3.4 软件模型建模方法

3.4.1 软件模型概述

软件是用特定程序设计语言的编码对军事概念模型、数学模型及系统功能的实现。在开发实践中，在确定了目标系统的需求，形成了总体设计方案，并构建了现实世界的模型后，通常不直接进入编码阶段，而是由系统分析人员对目标系统进行详细设计。在详细设计阶段，要对实现需求的技术路线和具体的设计思路进行描述，必要时，可给出具体的编码方案。这种描述称为软件模型，它的主要用途是向编程人员说明软件的实现机制，以指导和约束编程工作。软件模型属于软件设计的范畴。通常程序所采用的软件模型是由软件所采用的体系结构来确定。随着软件技术的不断发展，软件模型也在不断地发展，先后经历了面向过程、面向对象、面向构件、面向 Agent 以及面向服务等多种软件模型。

基于不同的软件模型就形成了不同的软件开发范型。一个软件开发范型是用来指导软件开发过程的一个技术集合，从大的方面来说，可以把软件开发过程视为三个组成部分：概念化、表示和实现。

在理想情况下，这三部分应该是协调的，从而使开发过程顺利进行。然而，对一个项目来说，如果采用一个范型中的表示方法，而采用另一个范型的实现方法，也是有可能开发出成功有用的软件的。这样的范型转换将给已十分复杂的过程再增加一层困难。为了排除这层不必要的复杂性，所有这三个部分应该协调一致。

项目的概念化关注软件开发者怎样考虑待解决的问题。用来考虑和讨论待编程系统的各种要素决定了它的概念化。为了人与人之间便于交流，项目的概念化必须以某种方式书写出来。将项目的概念化写出来称为项目的表示，它将被用在软件开发的范型中，表示必须以一种有效的、无歧义的方式描述整个项目。在描述这种表示时，可以约定一个如何表示项目不同部分的规则集合，这些用于表示的规则称为记号（Notation）。所有主要的软件开发范型都有若干用来表达软件系统的符号，这些记号确定了待开发软件的一个视图。软件行业中应用比较广泛的开发范型往往使用图形表示法来交流项目的概念化。项目的实现解决如何产生软件源代码的问题。所有的程序设计语言均为创建程序设计语言指令单元提供了某种机制，这些单元是在最终软件系统中共同作用以满足用户需求的模块。

3.4.2　软件建模的基本方法

1. 面向过程的软件建模

面向过程的软件模型是对冯·诺依曼式计算机顺序执行机制的直接抽象。基于面向过程的软件包括一系列步骤，这些步骤就是所谓的命令。每一步骤会执行一次计算，该计算接收一些输入并产生一些输出，有些计算具有副作用，即改成程序状态。面向过程的软件模型通过由命令式语言实现。典型的命令式语言包括 COBOL、Fortran、Pascal 和 C 等。

面向过程编程是首个支持抽象的编程范式，它提供了一种通过过程抽象控制复杂性的方法，从而支持更大规模软件的开发，同时过程也提供了一种基本的代码复用机制。但面向过程编程的主要缺点在于：过程是功能的抽象，而功能只能片面地反映问题空间事物的性质，这使得单纯用面向过程软件模型开发大型程序时产生的代码往往不易理解和维护。

2. 面向对象的软件建模

面向对象编程范型的理念源于概念理论以及人们在现实世界的交互模式。日常生活中对象通常被理解为客观世界的实体，如桌子、椅子等。对象有自己的属性，如桌子有腿，是由某种木头制作的，并有自己所处的位置。所有这些属性的值定义了对象的状态。对象有自己的活动，如桌子可以被生产或销毁，它的位置也可以改变。相似的对象可以组成一个类，属于同一个类的对象都有一致的属性和行为。因此类可以看作模板，而对象是实例。类可以是一个更一般的概念，如家具类中可以包含桌子，也可以包含椅子。因此家具类是桌子类和椅子类的超类，或称为父类。复杂对象可以包含其他对象，如汽车对象可以包含发动机对象和轮子对象等。

基于面向对象范型的程序包括一组对象的定义，对象是对数据以及施加在数据上的操作的封装，对象之间通过互相传递消息进行通信。信息隐藏用于保护对象的内部属性，具有相同属性和操作的对象被组织成类，类代表概念而对象代表概念的具体实例。类之间可以有继承关系，因此特殊类可以在一般类的基础上通过加入新的属性和（或）操作获得。典型的面向对象语言包括 C++、Smalltalk、Object Pascal，以及当前流行的网络编程语言 Java 和 C# 等。

面向对象编程范型的三个基本特征是封装性、继承性和多态性。

1）封装性

封装是信息隐藏的一种形式。对象的属性和方法被放在一起，外部可见的方法接口形成对象的对外接口，只有通过这些方法接口，才能改变对象的属性，对其进行操作。因此对象的属性封装在对象内部，外部是不可访问的。

2）继承性

继承是一种复用机制，指的是子类可以复用父类的数据和方法。继承通常指一种“is-a”关系：如果类 A 继承类 B，则通常可以说 A“is-a”B。继承单个父类称为单继承，继承多个父类称为多继承。继承一共有三种形式：第一种是子类复用父类的一切，包括数据和方法，并加入自己新的成分，这称为附加继承。第二种是重载继承，新的子类能响应的消息集合和父类是一致的，但却重写了父类的一些方法实现，因此对同一个消息，父类和子类有不同的行为。这种继承在面向对象语言中是通过滞后绑定来实现的。第三种是修改继承，子类可以去掉自己不想继承的内容而仅仅继承父类的一部分。

3）多态性

多态性指的是在单一接口下隐藏多种实现的能力。不同对象对同一个消息有不同的解释和行为，从而产生不同的结果。

面向对象范型相对于命令式范型来说，在与问题域的耦合程度、用其构造的软件的可复用性和易维护性上都有所改进。

面向对象编程范型主要其有以下优点：

（1）对象直接对应于现实世界的事物，从而可以采用与现实世界中相似的方式进行操作，这有利于开发人员和用户之间的交流，同时也有利于以一种自然的方式编写程序。

（2）封装提供的模块化和对象之间的低耦合度可以显著降低软件的维护成本。每个对象仅有公共接口是外部可见的。其内部工作是隐藏的，从而内部修改不会波及其他对象，而且也避免了外界对对象的误操作。

（3）根据对象之间的“一般—特殊”关系和“整体—部分”关系可以从已有对象出发构造出新的对象，而不是从零开始设计，这有利于复用已有的代码。

（4）多态性可以形成一种更正规，更一致的对象接口。

面向对象的编程范型现在依然是一种非常有效的编程范型，目前流行的网络计算编程语言，包括 Java、C#都是面向对象的。如果从零开始编码，采用某种面向对象编程语言是一种不错的选择。但是进一步构造或购买可复用的软件模块，并在这些可复用模块的基础上搭建应用，基于构件的编程范型则可提供更好的方法和指导。

3. 面向构件的软件建模

构件是软件向产业化发展的必然产物。传统产业的发展规律是从最初的手工作坊式生产发展成以生产符合标准的零部件并组装标准零部件以形成整体的产品为基本生产模式的规模化生产。这点对软件产业也不例外。

构件技术是对象技术的延伸和发展。可以说构件和对象都是对现实世界的抽象，都具有封装性，均以接口的方式被访问。构件和对象的区别主要有以下三点：

1）抽象视角不同

对象是对客观世界基本实体的抽象，强调和实体的对应及对实体的建模。构件是对客观世界的实体或者实体联合能提供的功能和服务的建模。因此对象会设计实体的静态属性特征，而构件则仅仅关注实体的功能和服务。

2）可复用性和复用机制

和对象相比，构件更强调可复用性，可以说复用是构件的生命线。为了达到高度可复用性，构件具有较强的独立性，以便其作为一个“零部件”能随时被单独使用。类似把小零件组装成大零件，构件采用组合（Composition）的方式实现复用。面向对象实现复用的基本策略之一是继承（Inheritance），因为通过继承可以很自然地表达现实世界的“一般—特殊”关系，所以它在面向对象编程中被广泛使用。但是继承不是一种实现软件复用的好方法，因为继承关系使得子类对父类产生很大的依赖，父类的任何改动都会影响子类，两者以一种不可分割的紧耦合方式存在，这影响了它们的可复用性，所以构件不采用继承实现复用，而是通过组合实现复用。

3）粒度不同

为了实现良好的复用性，构件常常要包含完整的功能，比如某个提供民航旅行服务的构件可能包含航班查询、价格查询、机票预订、机票退订等功能。如果要用面向对象编程范型来实现这个构件，则需要有多个对象的协作来完成这个构件的功能。因此，一般构件的粒度会大于对象的粒度。

和以往的编程范型不同的是，基于构件的编程范型涉及三类基本活动：构件的生产、构件的管理和应用的组装（基于构件的应用开发）。在基于构件的编程范型下，软件开发人员可分为三类：构件生产者、构件库管理者和构件复用者。构件生产者采用领域工程方法通过对领域的分析和设计最后总结形成可复用的领域构件；构件库管理者根据一定的分类指标和特征管理构件，以方便构件的发布和发现；构件复用者负责进行基于构件的软件开发，包括构件查询、构件理解、适应性修改、构件组装以及系统演化等。

4. 面向 Agent 的软件模型

面向对象范型与现实世界不完全同构，表现为不能完全体现现实世界的特点，难以实现自然建模；需经变换和抽象才能将现实世界映射为对象模型，难以很好地控制和简化系统复杂度。对象技术需要在如下方面进行丰富和完善：主动对象（Active Object）和多线程技术。

基于此，研究人员提出了面向 Agent 编程的思想。Agent 概念最初出现在 AI 和 DAI、分布计算、人机交互、程序设计、计算机辅助协同工作、虚拟现实等研究子领域。在这些领域，人们试图通过 Agent 理论和技术开发出具有更高智能特征、高度灵活，并能更为友好地与人类进行交互的计算机系统，能自主、自发、反应式响应环境输入，并通过复杂协同进行问题求解。

1993 年，Y Shoham 在著名的人工智能杂志 *Artificial Intelligent* 上发表了题为“*Agent-Oriented Programming*”的文章，提出了面向 Agent 的编程思想，面向 Agent 方法是从计算的社会性角度出发而提出的，其核心思想是将 Agent 概念、理论和技术引入软件工程领域，并与软件工程的基本思想、原理和原则相结合，产生了面向 Agent 软件工程（Agent Oriented Software Engineering，AOSE）新颖的研究方向：

（1）以 Agent 作为基本的概念模型和计算抽象。

（2）以 Agent 理论和技术的具体研究成果为基础。

（3）为复杂系统的开发提供工程化的手段，包括建模、分析和设计方法、程序设计语言、系统验证、软件重用等。

（4）提供高层抽象、自然建模、问题分解和模块化等软件工程机制和手段。

（5）采用新颖的方法和技术途径对应用系统进行规约、分析、设计和实现。

（6）更好地管理软件系统的复杂度，提高软件的灵活性、可维护性和可重用性。

面向 Agent 的软件开发是一种新颖的软件开发范型，提供了更为自然的建模、问题分解、系统组织等手段，能够更有效地管理和控制软件复杂度，推动复杂系统的开发。面向 Agent 的软件开发范型以 Agent 作为概念模型；其交互模型采用高层基于语义的社会性交互，这有别于函数调用、对象之间的消息传递、RMI、RPC 等；其计算模型为自主计算和协作，区别于过程调用、对象计算、分布对象计算等；其理论基础为认知理论，而有别于对象理论和并发理论等。

在面向 Agent 的软件开发中，系统是由 Agent 构成的，每个 Agent 都是自主的行为实体，不同的 Agent 之间存在着复杂的结构关系，通过高层的交互进行合作，实现系统的整体设计目标。

（1）Agent 是构成系统的基本成分，而不是数据、过程和对象。

（2）Agent 可表示现实世界和计算机世界中的行为实体。

（3）Agent 间的结构关系区别于数据之间的变换加工关系、过程和函数之间的调用/被调用关系，以及对象类之间的继承、关联等关系。

（4）Agent 间通过高层的交互相互作用，这种交互在语义和知识层次上进行，区别于过程调用、函数调用以及对象之间的消息传递。

面向 Agent 的软件开发为整个软件开发过程提供以下一些优点：

（1）面向 Agent 软件开发的抽象机制。Agent 概念是对应用系统和软件系统中自主行为实体的抽象表示（从数据抽象到对象抽象，再到 Agent 抽象），并且高层交互嵌入到 Agent 间行为相关性的抽象表示（从过程调用到对象间的消息传递，再到 Agent 间的高层交互与合作）。

（2）面向 Agent 软件开发的建模机制。基于一组抽象概念对现实世界中的应用系统和计算机世界中的软件系统进行建模。支持对复杂系统进行高层的自然建模。

（3）面向 Agent 软件开发的问题分解。一个系统通常由多个相互关联的子系统构成。从多 Agent 系统（Multiagent System，MAS）到多个 MAS 组成，再到多个 Agent。

（4）面向 Agent 软件开发的封装、信息隐藏和模块化。Agent 封装了内部的实现细节—状态和行为。Agent 类作为生成 Agent 的模板，是多 Agent 软件系统的基本模块单元。Agent 类模块的独立性更强、粒度更大、可重用性更高。

（5）面向 Agent 软件开发的交互机制。Agent 间的交互通常视为一种言语行为，是一种在语义和知识层次上的交互。Agent 间的交互通常基于某种标准化的 Agent 通信语言。Agent 之间的交互由 Agent 自身在运行阶段决定。

与面向对象的方法相比，面向 Agent 的方法的主要优势表现在于：虽然对象和 Agent 都提供了不依赖于其内部数据结构和算法的消息交互。但是在面向对象的方法中，同样的消息对于不同的对象可能具有不同的含义；而在面向 Agent 的方法中，Agent 之间是通过一种独立于 Agent 之外的语法结构的共同语言进行通信的。即不同的 Agent 对于同一消息的理解是相同的。

Agent 与对象之间的区别还表现在于对象不具有自主性和目标性，而 Agent 却可以自主地去实现自身的目标，不需要外界的指示。在面向对象的方法中，对象是被动的，但现实世界中的对象一般是具有目标和规划的，而不是完全被动地等待外界来激活它。

从对现实世界的模型化的角度来说，Agent 提供了比对象更高层次的抽象，这种高层次的抽象可以对实体之间的协作和协商等行为提供更加直接的支持。

相对于对象而言，Agent 是一个颗粒更大，智能性更高．并具有一定自治性的实体。Agent 和对象之间也有很多共同点，如封装性、继承性和多态性等。因此，Shoham 认为面向 Agent 的开发方法是面向对象开发方法的一种特例，只是面向对象的编程方法中，对象的内部状态被规定为面向 Agent 编程中 Agent 的心智状态，如信念、能力、承诺、目标等，每种心智状态都有一定的含义。而对象之间的消息传递被基于言语动作的通信原语取代，如通知、承诺、请求、拒绝等。

5. 面向服务的软件模型

服务是构件在网络，特别是 Internet 环境下的自然延伸和发展，新的环境赋予了服务不同于传统构件的新特点。

1）开放性

服务的价值体现于共享和复用。因此，遵循开放标准是服务的基本特性。

2）自治性

服务的消费者存在广泛和多样的特点。因此服务只有保持自治性才能确保其满足不同需求的灵活性。这种自治性体现在服务消费者发出服务请求后。服务何时开始、在何地执行、如何执行都不受请求方控制。服务消费者虽然不能直接控制的执行，但可以和服务建立服务合同，也就是通常所说的服务级别协议（Service Level Agreement，SLA）以约束服务执行的质量。

3）自适应性

在开放的环境下，服务消费者通过服务描述来认识服务、了解服务、使用服务。服务可以公布多样化的服务描述，包括自己的能力、访问方式和协作方式等。

4）实现无关性

服务本身提供的能力以及服务消费者获得服务的方式是和服务的实现无关的。也就是服务消费者无需知道服务的实现语言和实现平台就可以获得服务提供的能力，实现无关性降低了服务对服务消费者的要求，也就是放松了两者之间的耦合。

面向服务的软件模型遵循面向服务体系结构（Service Oriented Architecture，SOA）。SOA 是一组策略、实践和框架。它支持将应用程序功能作为一组服务提供，这组服务以能够被使用者调用、发布和发现的粒度进行发布。这组服务是使用单一的、基于标准接口的形式从实现中抽象出来的。

SOA 技术架构包括一组 SOA 中的角色——服务提供者（提供服务的人）、服务消费者（使用服务的人）、服务注册库（服务管理和匹配服务的中间人）；一组 SOA 中的操作——服务发布（将服务发布到服务注册库）、服务发现（根据需要从服务注册库中查找到相关服务）、绑定与调用（将服务请求和查找到的服务进行绑定并实施调用）；SOA 中的制品——服务、服务描述。与面向对象技术相比，SOA 的粒度更大，并采用了完全松耦合的模式来实现软件系统。

第4章 4 战场环境建模

战争与作战行动总是在一定的环境条件下进行的，环境条件对作战结果的影响很大。一支同样的部队执行相同的作战任务，但在不同的环境条件下进行，可能会产生截然不同的结果。如果能够掌握环境的特征，并善于利用环境，就可能使作战行动朝着自己有利的方向发展，如历史上有名的诸葛亮“借东风”火烧连营、大雾中草船借箭，郑成功乘涨潮流收复台湾等。过去，指挥员了解和理解环境条件，主要靠指挥员的经验总结；现在，我们可以运用数学的方法对各种环境条件进行量化和描述，更为科学、准确地掌握环境条件的特征及其对作战行动的影响。

本章主要介绍气象、地形、电磁环境等战场环境的建模。

4.1 气象条件建模

4.1.1 气象条件的概念与特征

1. 气象条件的概念

气象条件是指作战地区的气候类型及作战时刻的季节和天气状况，主要包括温度、湿度、风力、雨量、冰雪覆盖、能见度等方面。

气象条件一般会对观察、射击等作战行动产生一定的影响，也会影响部队的机动和装备的性能，特别是通信装备的性能。例如：雨、雪、雾等天气影响能见度，降低观察能力、射击精度，使雷达信号衰减；严冬封冻可能影响通行；雨季对部队机动造成影响；特殊气象对装备性能和人员产生的影响；等等。对气象条件的量化和模拟，通常是以各种表述战场大气环境的数学模型和定量化天气预报为基础，其中有些能以概率的形式表述战区天气的变化，以适应计算机辅助决策的需要；另一些则是天气、武器及其他因素对完成作战任务的影响，以参数的形式反映某项任务完成的概率。

2. 气象条件量化的特征

气象条件的量化一般有四个特征：

（1）气象条件范围广、参数很多，难以一一量化。

（2）气象条件随机性很大，概率分布特性不清楚。

（3）一般采用半定量方式进行描述，即分级式描述。

（4）对作战行动（观察、射击、机动、通信）的影响复杂。

从影响作战行动综合效果的角度出发，把气象条件分成若干级，根据每一级对各种作战行动的影响程度给出一个参数值，以修正相应的作战行动的效率和效果。一般可把气象条件的类型大致地分为很好、较好、一般、较差、恶劣等五个级别。其对作战的影响分别用参数值 0.1，0.2，0.4，0.6，0.8 来表示，参数取值范围大致为 0.2～1。

4.1.2　气象条件对作战的影响

气象条件对于作战行动的影响是多方面的，集中体现在对于达成战斗目的的主要作战行动即打击、机动、防护、指挥与保障等的影响上面。这里只做简单的介绍，具体的影响将会在第 6 章典型作战行动的建模作详细分析。

1. 气象条件对高技术武器装备影响

1）大气环境对短波和微波段高技术武器装备的影响

大气环境对使用微波段的高技术武器装备影响主要在于云、雾、降水以及沙（尘）暴对微波传输具有较大的吸收、散射等衰减作用，使得微波通信受扰，雷达探测不准、制导方式失灵等。如大气对微波的衰减、电离层变化对电磁波传播的影响等。

2）大气环境对红外、可见光和激光武器装备的影响

在能见度较好的情况下，大气对红外、可见光和激光的衰减作用可忽略不计。在云、雾、降水的大气条件下，会对红外、可见光和激光产生衰减的作用；此外，大气湍流对激光传输具有显著的影响。因此，云、雾、降水和气溶胶粒子对使用红外、可见光和激光等光电高技术的武器装备会产生一定的影响。

2. 大气环境对作战人员的影响

1）寒冷气候对作战人员的影响

寒冷气候一般与低温和风速有关，寒冷会对人员的生理因素和作战效率产生较大影响，人的反应速度和行动可能会变得迟缓。

2）酷热气候对作战人员的影响

酷热环境对作战人员的影响主要是人员极易中暑并且降低战斗效率；中暑一般与温度、湿度、工作负荷有关。

3）沙漠及干旱气候对作战人员的影响

在沙漠和干旱气候条件下进行军事活动时，由于高温和烈日，再加上较大的风速，如果携带饮水不足，就很容易造成急性脱水和人员中暑；同时，供水不足会造成工作能力和工作效率下降，预期可生存时间变短。

4）高原气候对作战人员影响

部队在高原地区活动或执行任务时，主要受到低气压、缺氧和紫外光辐射等对人体的伤害。

3. 对作战行动的影响

1）气象对打击行动的影响

雨、雪、雾等天气能够影响射击精度，降低观察能力，表 4-1 描述的是昼夜更替以及雨、雪、雾天对打击行动的影响。

表 4-1　气象条件对打击行动的影响

天候			气象				
昼	夜	黄昏	晴	阴	雨	雾	雪
1	0.3	0.7	1	0.9	0.8	0.6	0.7

2）气象对机动的影响

在日常生活当中就能亲身感受到气象条件对机动的影响，平常下大雪或者刮大风的时候，人的步行速度会受到明显的影响。气象对部队机动的影响主要体现在对人员的行进，对轮式车辆、履带装甲车的影响。如积雪会给摩托化行军、履带装甲车行军带来较大的影响（表4-2、表4-3）。

表 4-2　积雪对摩托化行军的影响

雪深/cm	小于 7.5	7.5～15	15～45	45 以上
影响	无	后轮需加防滑链	前后轮都需加防滑链，首车要有扫雪装置	需专门扫雪机械开路

表 4-3　积雪对履带装甲车辆行军的影响

雪深/cm	小于 30	30～50	50～70	70～90
影响	无	稍有困难	影响行动半径与机动性	无法越野机动

3）气象对防护的影响

热带雨林环境不仅对目视观察有影响，而且能有效地降低雷达侦察的效能。恶劣的天气条件如大雾、沙尘等则又能进一步影响红外侦察的效能。曾有这样一个小故事，某西方大国情报部门有一次发现我国某一大型工业城市突然在其雷达成像图中失去了踪影，几经技术分析也不得其解。为了不至于在侦察与反侦察技术方面落在中国后面，他们迅速派遣情报人员以游客身份进入中国境内。而经过一番紧张周密的秘密调查之后，该国情报机关大大松了一口气，原来是这个城市密集的工业企业所排放的工业废气在城市上空形成了一层有效的反雷达防护罩，并非中国军方反侦察技术的重大突破。

4）对指挥的影响

气象条件对指挥的影响，主要体现在昼夜交替的影响和雨、雪、雾的影响，比如昼间战斗，能见度好，通常要求进行较大强度的炮火准备，以更好地削弱守敌方的力量；而夜间战斗能见度低，则一般只采取短时间的炮火突击，紧接着就发起猛烈的兵力攻击，从而更好地利用守敌方心理上的恐慌，迅速挫伤敌方防守意志。

5）对保障的影响

气象对作战保障的影响，我们从日常生活当中其实也是能够体会到的。例如在寒冷的冬天，作为东北地区的人们来讲，取暖用品如煤炭、柴油是必不可少的，而这些东西在温暖的南方沿海城市则是非必需的。在热带雨林地区旅游的人，只要具备一定的野外生存技巧，几乎不用担心可用水的问题，而对要到沙漠地区旅游的人来讲，事先不准备好充足的饮用水，无异于自杀。这些实例也说明：气象条件是影响作战保障的重要因素。

4.1.3　气象条件的描述

1. 能见度

能见度分为10个等级（表4-4），一般可直接以能见距离为指标，在气候观测中是以肉眼观察为基础的，很难做到精确测量。能见度可能影响作战过程中的光学侦察发现目标和揭露光学伪装，在现代化侦察手段下雷达、红外、视频等设备能够不受能见度影响而发现目标，可见这一因素的作用将削弱。

表 4-4 不同能见度等级的能见距离

等级	0	1	2	3	4	5	6	7	8	9
能见距离	50m 以下	50m 以上	200m 以上	500m 以上	1km 以上	2km 以上	4km 以上	10km 以上	20km 以上	50km 以上

2. 雨

分为 5 级，按降水量划分：小雨、中雨、大雨、暴雨、特大暴雨（表 4-5）。

表 4-5 雨量等级

等级	1	2	3	4	5
说明	小雨	中雨	大雨	暴雨	特大暴雨
日降水量/mm	<10	10.1～25	25.1～50	50.1～100	100 以上
时降水量/mm	<2.5	2.6～8	8.1～16	16 以上	

3. 积雪

积雪对部队和车辆的通行都会有较大的影响。现在以坦克和汽车为例，说明积雪对通行的影响。对坦克来说，一般积雪仅影响其通行速度，到积雪深度 80cm 以上，道路辨别不清，坦克通行才受影响。对汽车来说，积雪深度 5cm 以下，通行基本无影响；深度达到 7～8cm 时，一般后轮需加防滑链；深度达到 25cm 后，通常需使用扫雪设备，机械扫雪后再通行。表 4-6 描述了坦克、汽车在雪地行军可达到的速度。

表 4-6 坦克、汽车在雪地行军可达到的速度

车辆种类	坦克						汽车			
积雪深度/cm	30	30～40	40～50	50～60	60～80	80 以上	0～5	5～10	10～20	20～25
允许速度/（km/h）	20～25	10～15	7～9	6～8	5	一般不能行驶	45	15	形式困难	一般不能行驶

4. 风

风的等级共分为 13 级（表 4-7），从 0 级开始，0 级为静风。气象条件对作战行动影响的分级方法描述，对不同行动的影响也不同，即同一气象条件对不同行动的影响，可能分属不同等级。有时采用影响因子或修正系数的方法来反映气象条件对作战行动的影响。

表 4-7 风速分级及物体征候表

风级	风速/（m/s）	地面物体征候	海浪高/m	
			一般	最高
0	0	静，烟直上	/	/
1	1～2	烟能表示风向，但风向标不能转动	0.1	0.1
2	2～3	脸感觉有风，树叶有微响，普通风向标能转动	0.2	0.2
3	3～5	树叶和小树枝摇动不息，旗帜招展	0.6	1.0
4	5～8	灰尘，纸片飞舞，小树干摇动	1.0	1.5
5	8～11	有叶的小树摇动，内陆的水面有微波	2.0	2.5
6	11～14	大树枝摇动，电线呼呼有声，举伞有困难	3.0	4.0

（续）

风级	风速/（m/s）	地面物体征候	海浪高/m	
			一般	最高
7	14～17	全树摇动，人迎风走感觉有阻力	4.0	5.5
8	17～21	折毁小树枝，人员风走感觉阻力很大	5.5	7.5
9	21～24	普通屋顶上的烟囱等物易被摧毁	7.0	10.0
10	24～28	陆地上不常见，发生时往往可以拔树倒屋	9.0	12.5
11	28～33	陆地上很少见，发生时必有重大灾害	11.5	16.0
12	33 以上	陆地上极少见，其摧毁力极大	14	/

总之，在大多数作战模拟模型中，关于气象条件的描述多是半定量的、粗糙的，有的模型甚至忽略气象条件的影响。

4.2 地形条件建模

地形是对作战活动影响最大的环境因素。地形是军队陆战行动的客观基础，是各级指挥员定下决心的基本依据，是组织指挥军队作战的重要因素。

地面的起伏影响部队的运动速度；除了坡度之外，地表植被、山川、河渠等都会影响部队通行；地形平坦开阔或起伏山丘会影响部队的观察、射击及其杀伤；在山地或平原区使用武器，其杀伤效果也有很大不同。例如，同样的榴弹对平坦开阔地带的人员和对处于丘陵地或沟壕水网的人员具有明显不同效果。在山地或平原地区使用核武器的效果也大不一样。在灌林木中，炮弹爆炸后有 80%以上的弹片将被 6m 内的树木所阻挡，在高约 2m 的草地中，手榴弹地面爆炸的杀伤半径仅为 4～6m，比普通情况下减少 15%～30%。

4.2.1 地形状态的描述参数

地形情况极其复杂，在作战模拟中，要完全详细地描述地形变化和结构特点几乎是不可能的，目前所能做到的，只是在模型中对地形作近似的描述，抽象出其对作战行动影响最大的几个方面，如地形的起伏和植被、土质和水文等，用参数的形式定量化。

描述地形特点的主要参数如下：

1）标高

描述地面起伏，它影响作战单位的机动速度和通视性。

2）植被高

描述植被、树木、建筑物等的高度，主要影响观察者跟目标间的通视性。

3）通行性

描述道路等级、土质、水文、地貌、灌木丛、树木、障碍物和建筑物等，决定是否可以通行，主要影响作战单位的机动速度。

4）隐蔽性

主要描述地面可供隐蔽的地形地物（地面的起伏、沟渠、植物等），它影响目标的可视面积大小，从而影响对目标的搜索发现和杀伤效果。一般植被对隐蔽的影响用隐蔽系数α来描述，如无植被时$\alpha=0$；矮小灌木丛$\alpha=0.2$；高大灌木和零散树木$\alpha=0.5$；茂密森林$\alpha=1$。

5）掩蔽性

主要描述可供掩蔽目标使其不受弹丸或弹片杀伤的地形地物（地面起伏、沟壕、掩体等），它影响观察目标及目标被弹面大小，从而影响武器的杀伤效果。

最后的两个参数略有区别。一般来说，能提供掩蔽性的地形也可提供隐蔽性，反之则不一定。就多数的地形地物（如地面起伏、沟渠）来说，即可提供隐蔽性也可提供掩蔽性。有时模型对两个参数不进行区分。

并不是所有仿真模型都要描述这 5 种参数，可根据模型对地形描述的详尽程度要求来选用。

4.2.2　战场地形描述的量化方法

地形量化指的是对地形起伏状态的量化。由于模型规模大小不同，用途不同，采用的数学方法也各不相同，因而，对地形量化的精度要求也不一样。地形量化的方法大致可分为两大类：标高法和分类法。标高法是量化地形的精细微观定量描述方法；分类法是量化地形的粗略宏观半定量描述方法。

1. 标高法

在地形的定量描述方法中多采用标高法。所谓标高法，就是给出战场区域各点的标高，以此来确定地形的起伏。在标高法中，通常使用三维笛卡儿坐标系 $OXYZ$，其中 XY 轴在水平面上，Z 轴垂直该平面，指向地心相反方向。用 z 来表示点 (x,y) 处的海拔高度，如果 z 能够表示成 (x,y) 的函数，则曲面 $z=z(x,y)$ 可用来表示地面起伏。由于地形的复杂性，要准确地确定曲面 $z=z(x,y)$ 的解析式几乎是不可能的，多数情况下只能给出某些离散点处的标高，以近似地确定地形起伏。

标高法的主要方法有网格法、剖线法、参量法、型值点法。

1）网格法

将战场区域分成相同大小的正方形网格，对网格顶点给出标高值，利用这些数值再构造出近似表示地形的数学模型。

如图 4-1 所示，整个战场区域被划分为$n\times m$个方格，X 方向 n 格，Y 方向 m 格，分别用 $x_1,x_2,\cdots,x_{n+1}$ 和 $y_1,y_2,\cdots,y_{m+1}$ 表示 X 方向和 Y 方向上的划分坐标。

考虑到地形的复杂性，在对其进行量化时，还必须对地形做出一些简化假设。所作的假设不同，数学模型也不相同，在网格法中主要有下面几种。

（1）平均标高法。

假设在同一方格内的标高相同，其值一般取方格 4 个顶点标高的平均值，如图 4-2 所示，作战区域内任一点 (x,y) 处的标高为

$$z=z(x,y)=(z_{i,j}+z_{i+1,j}+z_{i,j}+z_{i+1,j+1})/4$$

式中：$z_{i,j}=z(x_i,y_j)$；$x_i\leqslant x<x_{i+1}$；$y_j\leqslant y<y_{j+1}$。

平均标高法是把地面近似为阶梯状，因而标高函数可能不连续、凹凸不平。

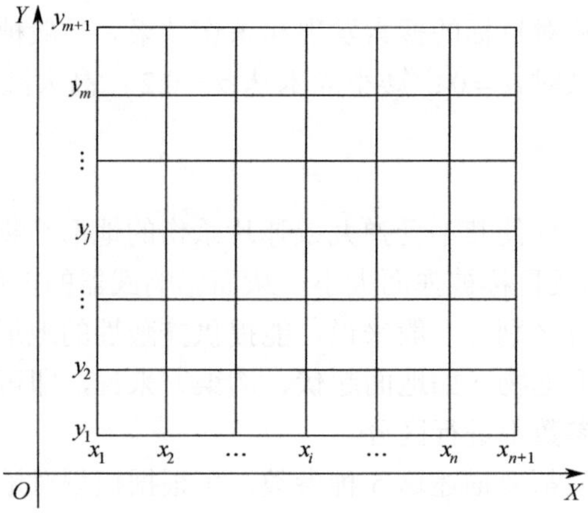

图 4-1　$n \times m$ 网格系统

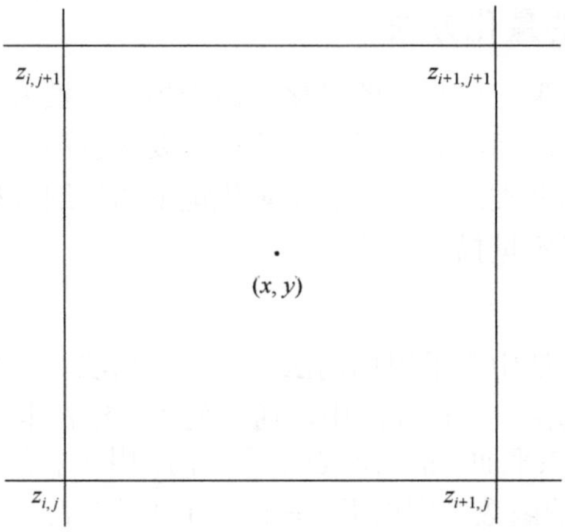

图 4-2　平均标高法

（2）线性插值法。

用二维线性插值来进行计算，假设同一方格内的标高沿 X 轴和 Y 轴方向呈线性变化，如图 4-3 所示。为了求方格内任一点 M 的标高 z，需要先求出两个过渡点 M_1、M_2 处的标高 z'、z''。首先确定 M_1 点处的标高 z'：

$$z' = z_{i,j} + (z_{i,j+1} - z_{i,j})\frac{y - y_j}{a}$$

$$z'' = z_{i+1,j} + (z_{i+1,j+1} - z_{i+1,j})\frac{y - y_j}{a}$$

从而，M 的标高 z 有

$$z = z' + (z'' - z')\frac{x - x_i}{a}$$

（3）三角形平面法。

假设方格由一条对角线分成两个三角形，如图 4-4 所示。

在对角线上点的坐标 x、y 满足关系式 $x - x_i = y - y_j$。那么，对左上三角形中的任意点都有 $x - x_i < y - y_j$。对右下三角形中的任意点都有 $x - x_i > y - y_j$。这两个关系式可用来判定方格内的点位于哪一个三角形内。

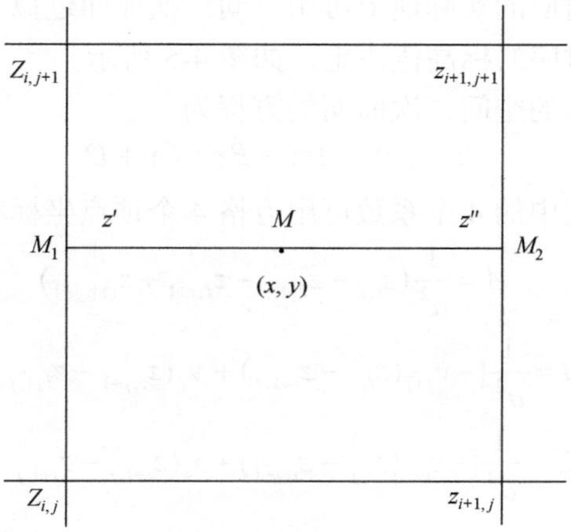

图 4-3　线性插值法

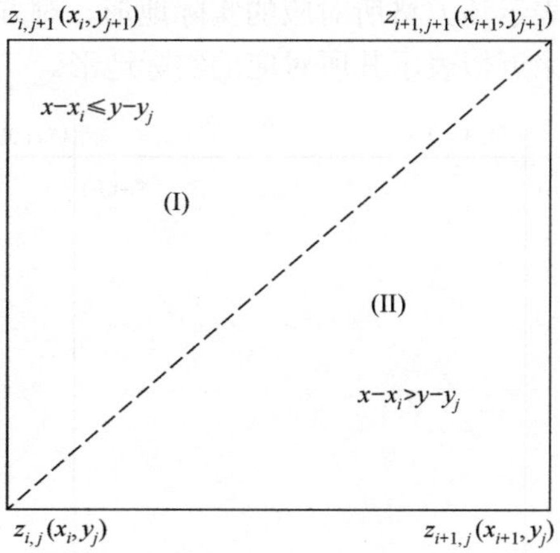

图 4-4　三角形平面法

再假设每个三角形所对应的地表面上的点在同一平面上，由于三点可决定一个平面，因而平面内各点的标高可由三角形三个顶点的标高所决定。

对于三角形（II）可建立如下的平面方程：

$$\begin{bmatrix} x & y & z & 1 \\ x_i & y_j & z_{ij} & 1 \\ x_{i+1} & y_j & z_{i+1,j} & 1 \\ x_{i+1} & y_{j+1} & z_{i+1,j+1} & 1 \end{bmatrix} = 0$$

整理后可得

$$z(x,y) = z_{ij} + (z_{i+1,j} - z_{ij})\frac{x - x_i}{a} + (z_{i+1,j+1} - z_{i+1,j})\frac{y - y_j}{a}$$

同理得到三角形（I）中点的标高：

$$z(x,y) = z_{ij} + (z_{i+1,j+1} - z_{i,j+1})\frac{x - x_i}{a} + (z_{i+1,j+1} - z_{i,j})\frac{y - y_j}{a}$$

（4）四点曲面法。

假设每一个方格所对应的实际地形可用空间二次曲面近似表示，该二次曲面由该方格的 4 个顶点坐标和其对应的标高值决定，如图 4-5 所示。

设近似表示实际地形的空间二次曲面的方程为

$$z(x,y)=Axy+Bx+Cy+D$$

在上述假设之下，式中的 4 个系数可用方格 4 个顶点坐标和标高表示：

$$A=\frac{1}{a^2}(z_{i,j}-z_{i+1,j}-z_{i,j+1}+z_{i+1,j+1})$$

$$B=\frac{1}{a^2}[-y_{j+1}(z_{i,j}-z_{i+1,j})+y_j(z_{i,j+1}-z_{i+1,j+1})]$$

$$C=\frac{1}{a^2}[-x_{i+1}(z_{i,j}-z_{i,j+1})+x_i(z_{i+1,j}-z_{i+1,j+1})]$$

$$D=\frac{1}{a^2}[x_{i+1}(y_{j+1}\cdot z_{i,j}-y_j\cdot z_{i,j+1})-x_i(y_{j+1}\cdot z_{i+1,j}-y_j\cdot z_{i+1,j+1})]$$

用这个曲面即可近似表示该方格所对应的实际地形。对方格网中的每一个方格，都要确定这样一个二次曲面来近似表示其所对应的实际地形。

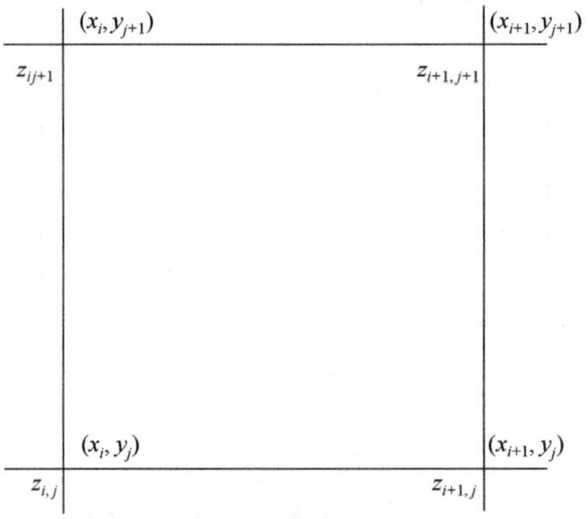

图 4-5　四点曲面法

对于网格法中的几种方法，平均标高法最简单，但精度低且边界不连续，线性插值法和三角平面法虽然保证了区域内的标高连续变化，但在方格交界处曲面不光滑，四点曲面法是用一系列曲面来近似表示实际地形。

在量化地形时，网格尺寸的大小要根据需要而定，主要考虑的因素是模型规模、地幅大小、模拟步长及计算机容量等。

上述公式适用于矩形网格、正方形网格，也有正三角形的，正六边形的网格，并有相应的计算公式。

2）剖线法

剖线法是在作战地域的一个方向上（如 X 轴方向）划分等间隔或不等间隔的点 x_1，x_2，…，x_{n+1}。过这些点作垂直于该方向的垂线，利用这些垂线同等高线的交点坐标及其标高，通过线性插值可求出作战地域内任一点 $M(x,y)$ 的标高，如图 4-6 所示。

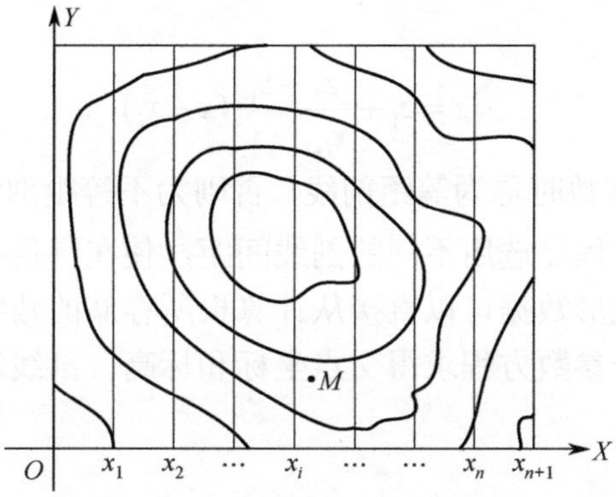

图 4-6　剖线法

设剖线 x_i 同等高线的交点序列为 $y_{i1}, y_{i2}, \cdots, y_{im}$，相应的标高为 $z_{i1}, z_{i2}, \cdots, z_{im}$。设 $M(x, y)$ 为量化区域中的任一给定点，其相邻的两条剖线分别为 x_i、x_{i+1}，则 M 点的坐标 x 满足 $x_i \leqslant x < x_{i+1}$。

过 M 点作 X 轴的平行线，与剖线 x_i、x_{i+1} 的交点分别为 M_1、M_2，为了清楚起见，画出 M 点所在区域的放大图，如图 4-7 所示。

可见，M_1 点的 x 坐标为 x_i，而 M_1 又在剖线 x_i 与某两等高线交点之间，不妨假设这两点的 y 坐标分别为 y_{ij}、$y_{i,j+1}$，则有

$$y_{ij} \leqslant y < y_{i,j+1}$$

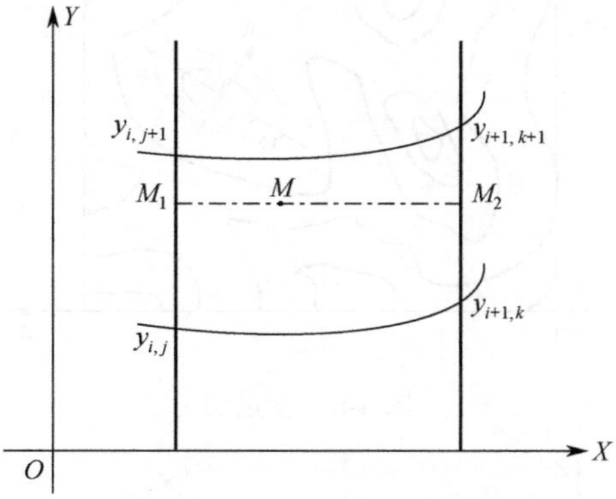

图 4-7　M 点所在的区域放大图

同样，M_2 点的 x 坐标为 x_{i+1}，而 M_2 又在剖线 x_{i+1} 与某两等高线交点之间，不妨设这两点的 y 坐标分别为 y_{ik}、$y_{i,k+1}$，从而

$$y_{ik} \leqslant y < y_{i,k+1}$$

在高度变化为线性的假设下，利用线性插值原理可得 M_1 点的标高为

$$z_1 = z_{i,j} + \frac{z_{i,j+1} - z_{i,j}}{y_{i,j+1} - y_{i,j}}(y - y_{i,j})$$

M_2 点的标高为

$$z_2 = z_{i+1,k} + \frac{z_{i+1,k+1} - z_{i+1,k}}{y_{i+1,k+1} - y_{i+1,k}}(y - y_{i+1,k})$$

于是点 M 的标高为

$$z = z_1 + \frac{z_2 - z_1}{x_{i+1} - x_i}(x - x_i)$$

说明：当 $x_{i+1} - x_i$ 为常数时称为等距剖线，否则为不等距剖线。不等距剖线可依据不同区域等高线的不同疏密程度选用不同的剖线间距，使在满足相同精度的要求下把剖线数减到最少。剖线法的地形数据可以直接从计算机所存储的数字化地图中获得，利用数字化地图中等高线的拟合参数方程求得交点坐标和标高。剖线法实际上是网格法中线性插值法的变种。

3）参量法

由于网格法和剖线法所需存储的地形数据量很大，参量法模型是为了减少数据量而设计的一种高解析度数字地形模型。

对量化区域内每一个山包状地形都用一个二维正态曲面进行拟合，拟合结果使每一条等高线都对应于一段或几段椭圆弧。

如图 4-8、图 4-9 所示，每一二维正态分布曲面可由 6 个参数所决定：中心点坐标 (x_c, y_c)，中心点高程 z_c，均方差 σ_x、σ_y，以及相关系数 ρ。从而任一点 $P(x, y)$ 处的标高 $z(x, y)$ 有

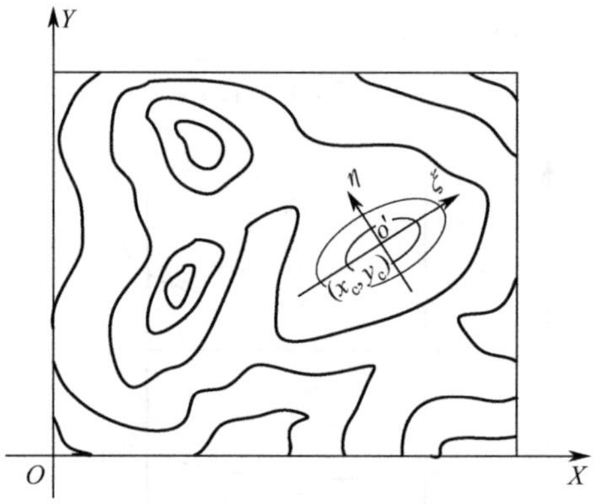

图 4-8　参量法

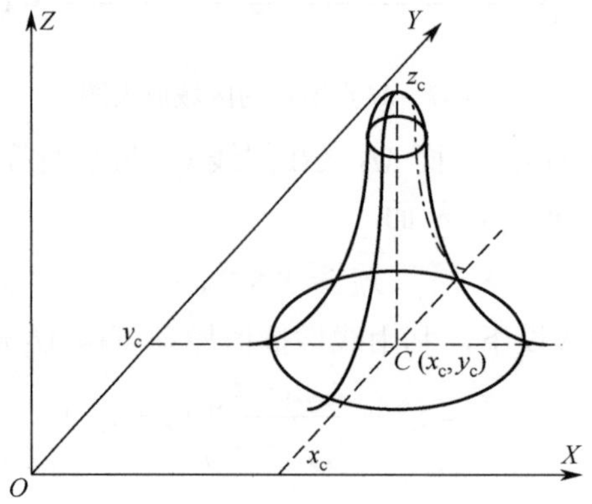

图 4-9　曲面图

$$z(x,y)=z_{\mathrm{c}}\cdot\exp\left\{-\frac{1}{2(1-\rho^2)}\left[\frac{(x-x_{\mathrm{c}})^2}{\sigma_x^2}-\frac{2\rho(x-x_{\mathrm{c}})(y-y_{\mathrm{c}})}{\sigma_x\sigma_y}+\frac{(y-y_{\mathrm{c}})^2}{\sigma_y^2}\right]\right\}$$

此外，如果对曲面进行一定的角度变换、调整，可以得到新的坐标系 $\xi\eta$。

如果量化区域内地形的高斯曲面个数为 m，对任意点 (x,y) 的高程近似值为

$$z(x,y)=\max\{z_1(x,y),z_2(x,y),\cdots,z_m(x,y)\}$$

4）型值点法

型值点法的基本原理是有理函数的局部逼近，即用通过一些点的拟合曲面来代替实际地形的标高。

这种方法是在作战地域内，取一组 N 个大致均匀分布的离散点 (x_i,y_i)，其相应的标高为 z_i，$i=1,2,\cdots,N$，如图 4-10 所示。

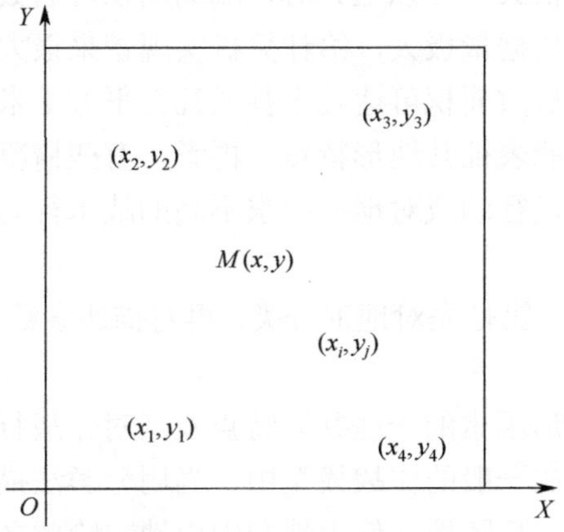

图 4-10 型值点法

设 $R>0$ 为常数，$M(x,y)$ 为区域内任一点，令

$$r_i=\left[(x-x_i)^2+\left((y-y_i)^2\right)\right]^{\frac{1}{2}}\quad(i=1,2,\cdots,N)$$

为 M 点至各离散点的距离，建立函数

$$f(r)=\begin{cases}\dfrac{1}{r} & (0<r<R)\\ 0 & (r>R)\end{cases}$$

又设 μ 为实数，且满足 $0<\mu<+\infty$，定义曲面方程

$$z=F(x,y)=\begin{cases}\sum\limits_{i=1}^{N}z_i\left[f(r_i)\right]^{\mu}/\sum\limits_{i=1}^{N}\left[f(r_i)\right]^{\mu} & (r_i\neq 0)\\ z_i & (r_i=0)\end{cases}\quad(i=1,2,\cdots,N)$$

式中：μ 一般选为大于 1 的常数，根据经验，μ 取 2 较为合适。

这样，空间曲面 $F(x,y)$ 在 (x_i,y_i) 处的标高恰好等于 z_i，而在非 (x_i,y_i) 处的值，仅依赖于那些以 M 为中心，R 为半径的圆形区域内的那一部分 r_i。而 $F(x,y)$ 的结构是一个有理多项式函数，故这个公式是一个有理函数的局部逼近公式，是在 M 点附近构造一个小曲面来近似实际地形，这是一种描述不规则多峰值地形精度较好的有效方法。上面的公

式实质是一个与距离有关的函数作为加权因子来求所有影响点标高的加权平均。

应用此法量化地形时，为了减少计算量，提高计算速度，要将整个量化区域划分为一些其内部地貌特点基本一致的小区域。在划分区域的基础上准确地选择离散数据点。离散数据点的数量要根据地形变化特征而定，一般原则是地形起伏较小的区域较稀疏，地形起伏较大的区域较密集，对多峰值地形，每平方千米需 600～800 个数据点。一般地，点的密度越大，精度越高，但占据内存也多，计算量大，计算速度下降。

此外，要正确地选择 R 的值，应保证有一定数量的数据点落在圆形区域中，一般以有 8～10 数据点为好，在每平方千米 600～800 个数据点的前提下，R 值为 60m±5m。

2. 分类法

在地形的半定量描述方法中多采用分类法。

当要模拟的作战规模很大（师以上）时，战场面积可达数百到数万平方千米。如果采用标高法量化地形，则数据量极大，给计算机实现带来很大困难。另外，这些模型中所描述的独立作战单位的疏散面积可达几十甚至几百平方千米，作战单位所在地域的标高含意已模糊不清，更不能表征其地形特点。再者，有些情况下，也不必对地形作如此详细地描述。因此，对战役行动或对地形要求不高的战术行动，常采用半定量的分类法来描述地形。

地形的分类法描述，一般是先对地形分类，再对描述参数定级，最后划分作战地域。

1）地形的分类

地形的分类是根据地形因素的一些共同特点及其对作战行动的不同影响，重点提出几类具有代表性的地形。在一般的作战模型中，当用分类法描述地形时，通常仅考虑 4 种类型的地形，即平坦地、丘陵地、低山地和中山地，除此之外还有不可通行山地、沼泽地等。由于除平坦地、丘陵地、低山地和中山地 4 类地形以外的其他地形，在一般的作战行动中不常见，或影响面较小，大多数情况都不把它们列入地形类中。地形的详细分类如表 4-8 所列。

表 4-8 地形分类及其主要特征

编号	类别	特 征
1	平地	地面平坦宽广，海拔一般在 200m 以下地区
2	丘陵地	地面起伏较缓，高差一般在 200m 以下的高地称为丘陵；许多丘陵错综连绵的地区称为丘陵地
3	山地	地面起伏显著，高差一般在 200m 以上的高地称为山；群山连绵的地区称为山地
4	山林地	许多树木聚生的山地称为山林地
5	石林地	石峰交错林立的地区称为石林地，又称岩溶地
6	高原	地面比较平缓宽广，海拔一般在 500m 以上地区
7	黄土地形	由黄土塬、梁、峁构成的千沟万壑地区称为黄土地形
8	岛屿和海岸	岛屿是散列于海洋、江、湖中的陆地、海水面与陆地接触的滨海地带称为海岸
9	居民地	人们按生产和生活需要而形成的聚集和定居的地区称为居民地。根据其性质和人口多少分为城市、集镇、村庄
10	水网稻田地	江河、沟渠纵横交错，湖泊、池塘众多，水稻田遍布的地区称为水网稻田地
11	江河与湖泊	江河指大的河流；湖泊是汇集于陆地上较大的水域

（续）

编号	类别	特 征
12	沙漠与戈壁	地表面覆盖着厚薄不一的沙层，形成广阔的沙砾地区称为沙漠。在硬土层上覆盖着砾石的广阔的荒漠地区称为戈壁
13	草原	生长繁茂草类和一些灌木的广大平原区称为草原
14	沼泽	地势低洼，土壤长期被水浸透，荒草丛生的泥泞地区

2）参数的定级

在地形分类后，还要对地形的描述参数进行定级，给出相应于地形类的参数值大小。

（1）不可测参数。主要指通行性和隐蔽性等。对通行性参数，可预先将其分为若干级，再建立各种地形与等级间的对应关系，然后定出其对人员和各种车辆机动速度的影响大小。

除坡度外，地貌、植物分布等也可能影响到通行性。

在实际应用中，通常是按作战模拟中划定的 4 个地形类，用 1 个参数值来修正作战单位的机动速度，以定量的方式体现出地形对通行性的综合影响。

对于隐蔽性，可在最差（完全暴露无隐蔽）和最好（3m 以上的隐蔽物）间分成若干个等级，然后给出相应的隐蔽系数值。

（2）可测参数。主要指地形的标高和植被高等。表明地面起伏状态的标高虽然是可测参数，但当战区较大或对地形量化的要求不高时，也可采用半定量法分级描述，此时，只需给出作战地域内相应的平均海拔高度和平均相对高度即可。对植被高的处理方式类似。

3）作战地域的划分

作战地域的划分就是把整个作战地域分为若干个小的区域，使每个小区域内的地形与地形分类标准中的某一类地形基本一致，以利于用相应的参数值进行描述。作战地域的划分方法有嵌套网格法、不规则多边形法和随机矩形法，如图 4-11 所示。

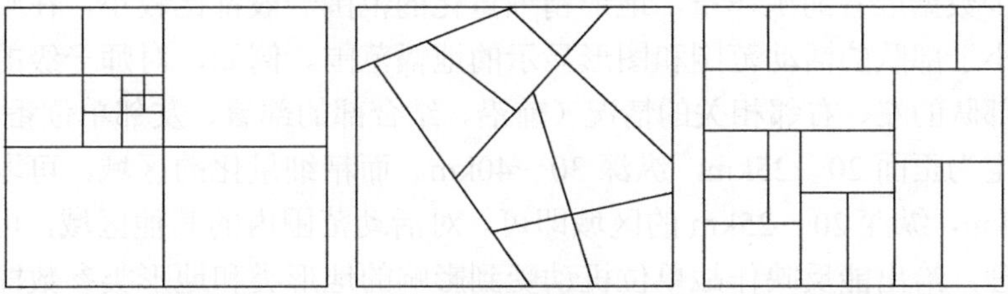

(a) 嵌套网格　　(b) 多边形网格　　(c) 随机网格

图 4-11 作战地域的划分结构

（1）嵌套网格法。是把量化区域分成正方形（或正六边形）网格，使划分后的每一小块区域的地形类基本一致，并给出相应的描述参数。为减少数据量，可采用嵌套网格，即在同一模型中，用尺寸不同的多种网格划分作战地域，其过程是，先把战区分成大尺寸网格，若某格地形类已基本一致，则不再细分，否则继续细分为中小网格，直至每一格中地形类一致为止。

这种方法的优点是简便易行，不足之处是效率不高，灵活主动性不够。

（2）不规则多边形法。用一些不规则多边形划分作战地域，使每个多边形内的地形类基本一致，用相应的参数描述其状态。其中多边形的边可看作为特征线，用两个端点坐标确定。

这种方法的优点是比较灵活主动，不足之处是计算烦琐，边界不易表达，数据采集不方便，坐标点位置的判定困难。

（3）随机矩形法。用一系列的随机矩形划分作战地域，随机网格系统的结构是大小不等、长宽各异、边界相连的一套矩形，在保证矩形4边平行于坐标轴的前提下，其每一边的位置可根据地形特点和需要随意划定。

这种方法的优点是简单，边界易于确定，灵活主动，数据量小，采集方便，效率高，适应性强等。

地形量化除上述方法外，还有圆锥近似法、离散矩形分区法（用离散矩形表示具有特殊地形的地区）等。

在地形量化中，还应考虑对不同障碍的描述。对地形的精细定量描述，通常要记录不同障碍的类型、位置、长度、宽度、走向等。对地形的半定量描述，可把障碍分成不同类型，在一定的区域内用某一参数描述其影响，对呈线性走向的障碍，也可用特征线描述。

4.2.3 地形量化方法的使用分析

1. 地形量化方法的选用

前面介绍的几种地形量化方法，在使用时应根据模型特点、精度要求、计算机内存容量及运行速度进行选择。通常，在师、团级别的模型中，主要依据地形的类别，采用分类法反映地形的影响，或在整体上采用分类法描述，而对发生战斗对抗的局部地区进行精细量化，以体现地形对作战行动的影响；而在营以下的分队战术模型中，多采用网格法或参量法对地形进行精细描述。

为了减少数据准备的工作量，地形精细量化的范围一般都比较小，在师、团级战术模型中，要小于部队的活动范围和图形显示的地幅范围。例如，对师一级的战术模型，为了反映出部队的左、右邻相关的情况（前沿、结合部的部署、友邻单位番号等），图形显示的范围定为正面20～25km，纵深30～40km。而精细量化的区域，可取中间一块正面为13～15km，纵深20～25km的区域即可。对活动范围内的其他区域，可根据需要按半定量法处理，给出能反映作战单位机动受到影响的地形类和地形类参数即可。

2. 地形量化时网格的选定

地形量化时应当根据作战模拟模型的特点选择网格的大小，若模型为战术级的，对作战单位描述达到单个人、单件武器，则方网格边长一般取10m；描述一个班，边长为50～100m；描述一个排，边长为250m，如表4-9所列。

表4-9　网格的选定

网格尺寸/m	部队的最大规模		最小活动范围		作战单位的大小			
	步兵	机械化步兵	正面/m	纵深/m	步兵	机械化步兵	炮兵	飞机
10	2个排	不适用	600	630	1人	不适用	1门	不适用

（续）

网格尺寸/m	部队的最大规模		最小活动范围		作战单位的大小			
	步兵	机械化步兵	正面/m	纵深/m	步兵	机械化步兵	炮兵	飞机
25	1 个连	1 个连	1500	1575	2 人	1 辆车	2 门	1 架
50	1 个营	1 个营	3000	3150	1/2 班	2 辆车	4 门	1 架
100	2 个营	2 个营	6000	6300	1 个班	3 辆车	6 门	2 架
250	4 个营	4 个营	15000	15750	1 个排	7 辆车	12 门	4 架

3. 各种地形量化方法的比较

常用地形量化方法的比较，如表 4-10 所列。

表 4-10　常用地形量化方法的比较

方法			数据存储量	运算速度	量化难易	精度	描述函数特征	适用范围
标高法	网格法	平均标高法	大	最快	易	低	阶梯状、间断	营以下
		线性插值法	大	快	易	较高	连续，但边界不光滑	
		三角形平面法	大	快	易	较高	连续，但边界不光滑	
		四点曲面法	大	快	易	较高	连续，但边界不光滑	
	剖线法		中	中	较难	较高	逐段线性	营以下
	参量法		小	慢	难	低	理想化的光滑曲面	营以下
	型值点法		中	中	难	较高	光滑曲面	营以下
分类法	网格法		小	快	易	低	阶跃，间断	团以上
	不规则多边形法		中	较慢	较难	低	阶跃，间断	团以上
	随机矩形法		小	快	易	低	阶跃，间断	团以上

4.2.4　战场地形对战斗行动的影响

1. 坡度

1）坡度计算

（1）给定两点计算坡度。给定 $A(x_A, y_A)$，$B(x_B, y_B)$ 两点，其高程分别为 Z_A 和 Z_B，则 A、B 连线间的坡度 α 为

$$\alpha = \arctan\frac{Z_A - Z_B}{\sqrt{(x_A - x_B)^2 + (y_A - y_B)^2}}$$

（2）给定某点和方向角计算坡度。给定 $A(x_A, y_A)$ 和方向角 β。目的是求以 A 为基准点，沿方向 α 的坡度。为此，取适当长度距离 S（30～50m），由此可得到一个新点 $B(x_B, y_B)$。其中：

$$x_B = S \times \cos\beta + x_A$$
$$y_B = S \times \sin\beta + y_A$$

利用地形量化模块，计算 A、B 两点的高程，分别为 Z_A 和 Z_B，用计算两点间坡度的公式计算坡度 α，则 α 可被看作是以 A 为基准点、沿方向角 β 的坡度。

2）坡度对通行的影响

坡度主要对徒步行军有影响。只要坡度较大时，才对搭乘机动车辆行军有影响。坡度对徒步行军速度的影响如表 4-11 所列，不同斜坡的可通行度如表 4-12 所列。

表 4-11　坡度对徒步行军速度的影响

等级	坡度	平均行军速度/（步/min）	平均行军速度/（km/h）		每天（8h）的平均行军距离/km
			上坡	下坡	
1	0°～3°	120	5	5	35
2	3°～5°	100	4	4.5	32 以内
3	5°～10°	90	3.5	4.5	28 以内
4	10°～15°	80	3	4	25 以内
5	15°～20°	60～70	2.5	3.5	20 以内
6	20°～25°	50～60	2	3	15～18 以内
7	25°～30°	40～50	1.5	2.5	10～12 以内
8	30°以上	不定			

表 4-12　坡度对行军速度的影响

等级	斜坡坡度	通行程度
1	4°以下	乘自行车可通过
2	6°以下	各兵种部队能以密集队形通过
3	8°以下	马车可以通过
4	15°以下	小汽车和一般卡车可通过
5	25°以下	驮载骡马、拉有拖车的牵引车和拖拉机可通过
6	30°以下	通行能力强的汽车、未拉拖车的牵引车和拖拉机可通过
7	35°以下	坦克、自行火炮可通过
8	35°以上	只有单人可通过

2. 局部地形特征判定

局部地形特征指的是小范围地域的地形大致状态，如山顶、平地、凹地等。下面讨论利用数字地图判定局部地形状态的方法。

给定点 $A(x_A, y_A)$，则 A 点周围的地形特征可根据 A 点的高程与 A 点附近一些点的高程关系来判定。

取适当距离 S（S 的大小根据需要定），以 A 点为中心选取 8 个点 P_i，$i=1,2,\cdots,8$，每个点与 A 点连线之间的夹角都是 45°，距离都是 S，一种 P_i 点坐标计算方便的取法如图 4-12 所示。

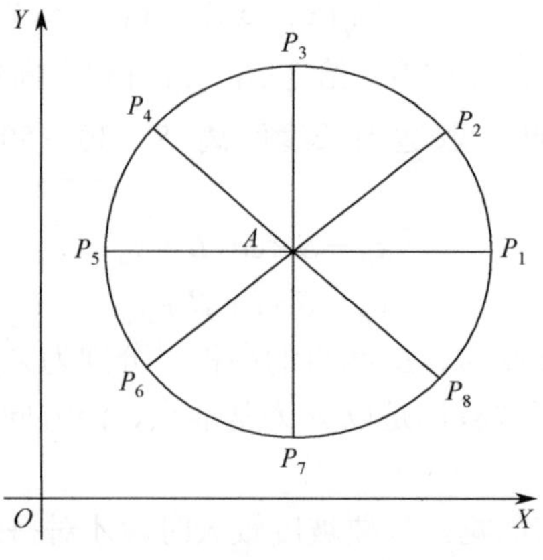

图 4-12　局部地形特征的判定

按图示取法，P_i 点的坐标分别为

P_1：　$P\left(x_A+s, y_A\right)$

P_2：　$P\left(x_A+\frac{\sqrt{2}}{2}s, y_A+\frac{\sqrt{2}}{2}s\right)$

P_3：　$P\left(x_A, y_A+s\right)$

P_4：　$P\left(x_A-\frac{\sqrt{2}}{2}s, y_A+\frac{\sqrt{2}}{2}s\right)$

P_5：　$P\left(x_A-s, y_A\right)$

P_6：　$P\left(x_A-\frac{\sqrt{2}}{2}s, y_A-\frac{\sqrt{2}}{2}s\right)$

P_7：　$P\left(x_A, y_A-s\right)$

P_8：　$P\left(x_A+\frac{\sqrt{2}}{2}s, y_A-\frac{\sqrt{2}}{2}s\right)$

分别计算 A 及各 p_i 点的高程，设其为 Z_A 和 Z_i，$i=1,2,\cdots,8$。于是：

若对一切 i 都有：

$Z_A \approx Z_i$，则 A 点附近为平地；

$Z_A > Z_i$，则 A 点附近为山顶或凸地；

$Z_A < Z_i$，则 A 点附近为盆地或凹地。

另外几种情况，如山谷、山坡、山背等的判定较为复杂。其中距离 S 的确定，要根据地形量化的特点和需要适当选取（一般可取 30～50m）。

3. 地形对作战单位战斗力的影响

地形对作战单位战斗力的影响用战斗力的下降率表示，表 4-13 只给出了一般的情况，事实上不同部队、不同作战样式，影响将不一样。

表 4-13　地形对作战单位战斗力的影响

地形类	山地	丘陵地	平坦地	沼泽地	居民地
下降率	25%～50%	0～20%	0～20%	20%～40%	10%～20%

4.3 电磁环境建模

电磁环境是信息活动的重要基础，是关联各种作战行动的纽带，但它易被忽视而又难以把握。如何夺取新的战争“制高点”——制电磁权，已经成为推进军事训练转变的紧迫课题。战争规律表明：战争形态的变化，源于作战主导因素的变化。战争在经历了线性作战、纵深防御和立体突击之后，战场空间的主体开始了从三维到多维、从有形到无形的转变。导致这些变化的重要根源，是电磁物理域发生了重大变化——第五维空间作为信息化战争的主体，不仅单独构成独特的电磁对抗空间，而且关联和影响其它作战区域和空间，已成为决定战争胜负的主导因素。我军目前正全力推进军事训练转变，并把复杂电磁环境作为重要切入点，使今天的训练与明天的战场接轨。

4.3.1 电磁环境概述

1. 电磁环境的概念

各个国家和军队对电磁环境的概念都有不同的描述。美军于20世纪80年代将电磁环境定义为“军队、系统或平台在预定工作环境中执行任务时，可能遇到的在各种频率范围内电磁辐射或传导辐射的功率和时间的分布状况”，“它是电磁干扰、电磁脉冲、电磁辐射对人体、兵器和挥发性材料的危害，以及闪电和天电干扰等自然现象效应的总和”。美国国防部对电磁环境的定义是“存在于防护区内的一个或若干个射频场”。

苏联《军事百科全书》中对电磁环境的定义是：“影响无线电装置或其部件工作的电磁辐射环境”，并且还认为：“电磁环境是指电子战双方在特定的感兴趣的区域内，由使用各自电磁能的电子战系统构成的信号和信号密度的总和。”

我军则认为电磁环境是存在于给定场所的所有电磁现象的总和，并进一步给出了战场电磁环境的定义：一定的战场空间内对作战有影响的电磁活动和现象的总和。

2. 电磁环境的特点

现实的电磁环境很复杂，尤其是战场电磁环境。现在的战场是电子战的战场。电子战是指敌我双方利用无线电电子设备或器材所进行的电磁信息斗争，电子战包括电子对抗和电子反对抗。电子对抗是指为了探测敌方无线电电子设备的电磁信息，削弱或破坏其使用效能所采用的一切战术和技术措施。电子对抗包括电子侦察、电子干扰、伪装、隐身和摧毁。电子反对抗是指在敌方实施电子对抗的条件下为保证我方有效地使用电磁信息所采用的一切战术和技术措施。与之相应的，电子反对抗包括电子反侦察、电子反干扰、反伪装、反隐身和反摧毁。

随着电子战的日益升级，对抗双方使用越来越多的电子设备，并增大电子设备的发射功率，这使得战场电磁环境信号日趋密集复杂。现代战争条件下，辐射源数量日益增多，雷达、导弹系统大量地纵深密集配置。往往在很小的地方雷达的数目能够达到几十个、数百甚至上千个。战场上所面临的电磁信号密度少则数万个每秒，多则数百万个每秒。在同一时刻可能会有很多信号出现，会出现信号交叠的现象。

除了雷达等电子设备发射出来的电磁波外，还有其他的电磁环境。这些包括电磁脉冲（EPM）、电磁干扰（EMI）、雷电和沉积静电。图4-13表示了这些电磁环境的简单频

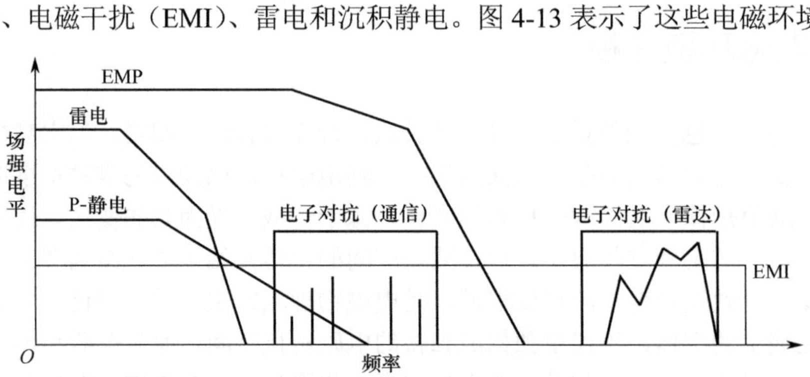

图4-13　各种干扰频率与场强的对比

谱对比。通常存在的多种类型的电磁脉冲，其中最重要的是高空（外大气层）爆炸产生的。这种脉冲是核爆产生的高能射线（如 Y 射线、X 射线等）与高空大气层地磁场相互作用而引起的。高空磁爆电磁脉冲有非常短的上升时间（毫微秒量级）和 10kHz～10MHz 的频谱场强电平达到 100kV/m 数量级。

4.3.2 战场电磁环境特征描述

虽然各种干扰来源不同，其基本性质也不同，但都是将能量耦合到电磁环境中来，从这个意义上来说，这些环境也有普遍性的问题，即有普遍性的特征描述参数。这些参数如下：

1）空间状态

空间状态是无形的电磁波在有形的立体战场空间中的表现形态，是战场电磁环境的空域描述结果。它的典型特征是无形无影，却纵横交错。在现代战场上，来自于陆、海、空、天的不同作战平台上的电磁辐射交织作用于特定的同一作战区域，形成了交叉重叠的电磁辐射态势。

在现代化战场的每一个阵地位置上，都分布着相类似的电磁波，而且由于战场上大功率军用电子设备的电磁辐射更为强烈、种类更为复杂，在战场空间的某一点上的电磁波交叉密集的程度也更为复杂。据统计，在冷战时期，东西德边境上空一架飞机会同时受到几十部不同类型雷达、数百台通信电台的照射。美国空军一个远程作战部队配备的电磁辐射源超过了 1000 个，美国陆军一个重型师超过 10000 个，一个航空母舰战斗编队则超过了 2000 个。

2）时间分布

时间分布是战场电磁辐射在时间序列上的表现形态，是战场电磁环境的时域描述结果，它的典型特征是持续连贯却集中突发。无论是平时还是战时，电磁辐射活动在整体上是连续不间断的，同一时间内，各种武器平台也将受到多种电磁波的同时辐射。

各种有用电磁辐射与敌方电磁辐射，加上双方恶意使用的电磁干扰，战场电磁辐射在时域上表现得更加密集，每一个作战平台都无法避免不同频率、不同制式、不同功率和形式的电磁波辐射。时间密集的电磁信号环境是现代战场电磁环境的显著特征。

3）频谱范围

频谱范围是各种电磁辐射所占用频谱的表现形态，是战场电磁环境的频域描述结果，它的典型特征是无限宽广却使用拥挤。在现代战场上，频谱范围直接与电磁波的全向传播、异频电磁波相互之间的非干涉性、同频电磁波的相干性等紧密联系。

电磁频谱是一种非常重要的作战资源，也是十分有限的资源。尽管电磁频谱的范围从零可以延伸到无穷大，但可供人们使用的电磁频谱还是集中于相对狭小的范围之内。

随着无线电设备数量的增加，频谱密度也越来越大，使得电磁环境日趋复杂，如果不对频谱进行有效的管理，在作战时就有可能造成无线通信系统间的互扰问题，从而影响战力的发挥。

4）能量密度

能量密度是战场电磁辐射强度的一种表现形态，是战场电磁环境的能域描述结果，它的典型特征是能流密集却跌宕起伏。在现代战场，运用电磁信号和电磁能的强大威力，控制着战场电磁环境的能量形态，使局部区域、在特定时间内的电磁辐射可能特别强大。以此为手段，一方面，可以更多、更远、更好地探测或者传递电磁信息；另一方面，可以对电子装备形成毁伤、压制、干扰或者欺骗的作用效果。

4.3.3 电磁环境建模

电磁环境模拟研究的目的是利用计算机来模拟现实环境中的电磁环境。如果电磁环境模拟成功，那么就可以在计算机虚拟世界里加上模拟的电磁环境，然后利用开发成功的雷达模拟器进行电子对抗训练。

实际的战场电磁环境是千变万化的，不可能用一个普遍使用的、精确的模型来仿真。所以对战场电磁环境只能建立一个粗略的带有统计性质的模型。在地球表面任一个区域，它的电磁场受到的干扰分为无源干扰和有源干扰。无源干扰是由环境或外界别的物体散射或反射辐射源的电磁波而引起的，自身无辐射源，不过它也是由辐射源引起的，是间接有源干扰。有源干扰是这个区域或这个区域外的各种辐射源发出的电磁波对这区域的电磁环境的影响。有源干扰分为有意干扰和无意干扰。有意干扰指的是对某一频段进行压制性干扰或欺骗性干扰，比如电子干扰机对雷达的干扰。有意干扰具有很大的不确定性和人为性，在此不作考虑。无意干扰是指由自然或其他因素无意识产生的干扰。

在这里，仅对无意的有源干扰进行建模，问题就可以简化为各种辐射源对战场电磁场的影响。辐射源很多，有天磁场、地磁场以及雷达等各种电子设备发射出的无线电等。对雷达影响最大的是电子干扰（雷达）和 EMI，因为发射频率相近。其余的电磁环境也有影响，但对于雷达的干扰来说可以忽略。也就是说在众多辐射源对电磁环境的影响中，主要考虑各种电子设备发射出的无线电和 EMI 对雷达的影响。在战场环境中，电子设备主要是雷达，于是电子设备对战场电磁环境的影响可以近似地认为是战场雷达的作用。针对雷达对战场电磁环境的作用，可以假设：在某一个区域中，随机存在一些雷达源，雷达源可以是任何一种，它们的位置也是随机的，然后计算这些雷达源对这个区域的电磁场的影响。雷达对战场电磁环境影响的物理模型的示意图如图 4-14 所示。

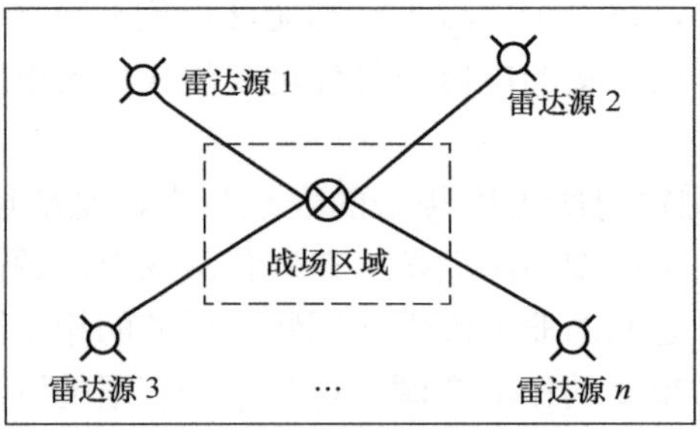

图 4-14　物理模型示意图

一般来说，电磁环境模拟有两种方法：一种是信号模拟；另一种是功能模拟。功能模拟对电磁环境的功能、特性参数进行模拟，并不对具体信号的频率、相位进行模拟，所以它建立的是统计模型；信号模拟建立的是精确的数学模型，对具体信号的频率、相位进行模拟。

1. 信号模拟

一般来说，电磁环境的信号模拟就是求解麦克斯韦尔（Maxwell）方程。求解 Maxwell 方程有三种方法。

1）解析法

解析法包括严格建立和求解麦克斯韦尔微分方程或积分方程。严格求解麦氏微分方程的经典方法是分离变量法，严格求解麦克斯韦尔积分方程的方法主要是变换数学法。

解析法的优点是：

（1）可将解答表示为已知函数的显式，从而可得出精确的数学解。

（2）可以作为近似解和数值解的检验标准。

（3）在解析过程中和在解的显式中可以观察到问题的内在联系和各参数对数学解结果所起的作用。

但是，解析法存在一定的缺点，那就是它只能解决极少数简单问题，大多数问题没法解出精确解。

2）近似法

在数理方法中，主要的方法有逐步逼近法、变分法、迭代变分法、几何光学法和物理光学法等。近似法也是一种解析法，但不是严格解析法，而是近似解析法。近似法可以求解一些严格解析法所不能解决的问题。当然，近似法中解析部分比严格解析法的解析部分要少一些，但计算量却较大，而且随着所期望的精度提高而增大。所以近似法存在计算精度与计算量的矛盾，而且也有很多问题也是无法用近似法解决的。

3）数值法

数值法可以解决前两种方法所不能解决的问题。在纯数值法中，通常用差分代替微分，用有限求和代替积分，这样就可以将问题化为差分方程或代数问题。数值法并加上实验验证是当前电磁场与电磁波工程的研究方法，被称为“软电磁场工程”。数值法的优点是能求解很多前两种方法不能求解的问题，而且可以得到需要的精确答案。缺点是所求得的答案正确与否需要实验验证或其他可靠的结果来证明。原则上，数值法可以求解任何复杂几何形状的电磁场问题，但是在实践中，往往受到计算机的限制，如计算机存储量、执行时间以及解的数字误差。

数值法有很多，如有限元法、有限差分法、矩量法、边界元素法等。近年发展起来的时域有限差分法（Finite-Difference Time-Domain，FDTD）很好地解决了这种限制。它是以差分原理为基础，将电磁场连续场域内的问题转变为离散系统的问题，即用各离散点上的数值解来逼近连续场内的真实解。它是一种近似的计算方法，根据目前的计算机的容量和速度，这种算法可以得到很高的精度。FDTD 突出的优点是所需要的存储量和计算时间与 N（N 为离散单元）成正比，这使得计算复杂的电磁场计算问题解决成为可能，而且还比较容易模拟各种复杂的金属和介质结构，使得用其他方法不能解决的问题有了新的处理方法。FDTD 适合于低频电磁环境分析。

2. 功能模拟

战场电磁环境是指到达电子战设备的所有雷达辐射信号的集合，而电子战设备接收机接收到的则是这些雷达信号形成的脉冲流。该脉冲流是由许许多多某一时刻来自某一雷达的射频脉冲组成。通常可用脉冲描述字（Pulse Describe Word，PDW）来描述射频脉冲的基本特征。因此，只需以 PDW 的形式建立射频脉冲的模型，便可以在此基础上模拟出电子战系统所需的战场电磁环境。可见，利用 PDW 的集合流描述战场信号环境是电磁环境建模的出发点。

PDW 一般包括以下 5 项主要内容：脉冲载频（RF）、脉冲宽度（PW）、脉冲前沿的到达时间（TOA）、脉冲到达角（AOA）、脉冲幅度（PA）。以 PDW 的形式建立射频脉冲的模型，就是以 PDW 的 5 项参数建立它们相应的模型。

1）RF 模型

雷达脉冲载频可以分为单载频和多载频两类。其中多载频又包括频率分集、频率捷变、脉组变载和脉内变频。脉内变频有线性调频、非线性调频等。

频率分集是指多部载频不同的发射机、接收机和处理器共用一部天线发射脉冲。有两种频率分集方式：一为不同频率信号由不同波束发射；二为多个频率信号在一个波束内同时或者间隔发射。

频率捷变是指脉冲载频在脉间作有规律的或随机的变化。

脉组变载是指一个周期内存在多个载频，每个载频发射多个脉冲，形成载频脉冲组，脉冲组间变载频。

脉内变频是指在一个脉冲内部的载频变化。

2）PW 模型

脉冲宽度主要有单脉宽和变脉宽两类，变脉宽又可分脉间变脉宽和脉组变脉宽，其变化规律可以是线性、非线性或其他函数。

脉内变脉宽是指在脉冲间脉宽进行随机的或有规律的变化。

脉组变脉宽是指在脉冲组间脉宽进行随机的或有规律的变化。

3）TOA 模型

脉冲前沿到达时间主要和该脉冲发射时间及其在大气中的传播距离和传播速度有关。而脉冲发射时间则与雷达的重频间隔 PRI 有关。因此，在进行 TOA 模拟时，必须先计算出 PRI，再由 PRI 求出脉冲发射时间 $t(n)$，然后才能根据 $t(n)$ 和距离 R 求出 TOA。

4）PA 模型

雷达威胁辐射源在指向电子战侦察系统方向的辐射幅度，不仅取决于威胁平台和电子战侦察系统平台的相对位置关系，也取决于威胁辐射源的工作状态。

对于处于跟踪状态的雷达，雷达脉冲幅度主要受雷达辐射功率和雷达与侦察系统间距离等因素的影响，而对于处于搜索状态的雷达来说，雷达脉冲幅度除了受上面两因素影响外，还将受雷达波束形状，天线扫描方式的影响。

在这些影响因素中，对于某一确定雷达，其雷达辐射功率是一个固定的值，所以不影响脉冲幅度的变化。而相对距离则是一动态变化的参量，受雷达平台和电子侦察系统平台运动的影响。对任一时刻两平台的相对距离的求取，只要根据两平台的运动要素及初始位置，求出该时刻两平台的空间相对位置，然后便可根据空间距离公式求取其相对距离。

由于模拟的信号环境与侦察系统内部无关，因此，脉冲幅度可用到达侦察系统处的辐射源功率密度表示。

5）AOA 模型

AOA 实际上就是雷达所发射的电磁波到达侦察机平台处的方位，由于电磁波是直线传播的，因此，AOA 也就是该脉冲发射时刻雷达平台相对侦察机平台的方位。此方位主要取决于两平台的空间相对位置，因而，只要求出两平台的瞬时空间相对位置，便可确定 AOA。

6）雷达发射信号模型

雷达发射信号模型可由下式来描述：

$$S_i(t) = \sqrt{\frac{P_t L_t}{4\pi}} g(\theta) \exp(jw_c t) v(t)$$

式中：w_c 为载频；P_t 为发射机峰值功率；L_t 为发射综合损耗；$g(\theta)$ 为发射天线方向图 $v(t)$ 为复调制函数，它是 N_p 个宽度为 T_r 的矩形脉冲构成的脉冲串。考虑到脉间捷变频和线性调频，则有

$$v(t) = \sum_{k=0}^{N_p-1} \text{Rect}\left[\frac{t-kT_r}{T_p}\right] \mu(t-kT_r) \exp(jw_k t)$$

式中：w_k 为第 k 个脉冲的角频率增量；T_r 为脉冲重复频率；u（t）为单个调制函数，矩形函数 Rect（t）定义为

$$\text{Rect}(t) = \begin{cases} 1 & (t \in (0,1)) \\ 0 & (\text{其他}) \end{cases}$$

3. 信号模拟与功能模拟的对比

与功能模拟相比，信号模拟能够模拟真实的信号，得到信号的相位、频率等具体信息。但是，信号模拟的算法一般比较复杂，而且信号模拟运算量极大。限于现在的计算机条件，电磁场的信号模拟不能实时模拟，能够模拟的时间也很短，往往模拟几微秒就需要比较长的运算时间（有时候达到分钟级别）。在不需要电磁场信号的具体信息的情况下，功能模拟应该是比较好的选择。功能模拟能够模拟电磁场的一些统计特性参数，如脉冲流密度的各种分布、功率密度分布等，其主要缺点就是无法获得电磁场信号的具体信息。

4.3.4　战场电磁环境模拟的实现

1. 我军的具体实现方法

1）外场全实物电磁环境模拟方法

外场全实物电磁环境模拟方法是利用真实装备进行全实物模拟环境的构建，其突出特点是逼真，因此是部队对作战训练和信息化装备进行评估校验最有效的方式。常用的方法包括实装一对一模拟和功能等效模拟等。

（1）实装一对一。就是利用本方的各型电子用频装备，从作战用途、技术性能、战术运用等方面，一对一地直接模拟对方军队的电子信息及信息战装备。

例如：EA-6B 是美军的主要电子战飞机，频率覆盖 64MHz～18GHz，单波段干扰功率达 100kW，而运-8 电子干扰飞机同样具备对地面雷达实施干扰压制的功能，就可以利

用运-8 电子干扰飞机来模拟美军 EA-6B 电子战飞机。

（2）功能等效模拟。在复杂电磁环境设置中，因受现役装备性能等因素限制，不能一对一模拟的，就利用装备的近似功能等效模拟。

例如：假如在没有专业通信干扰飞机的条件下，可以部署地面短波、超短波通信干扰系统，模拟美军 EC-130H 通信电子战飞机，对导弹阵地和地面防空作战集群的指挥通信实施干扰；利用 GPS 干扰机对敌方的导弹进行干扰。

2）外场半实物环境模拟方法

外场全实物模拟在使用中往往受到一定的限制。首先，由于大型的电子装备数量有限，将难以逼真地模拟战场上密集的信号环境；其次，全实物模拟耗费太高，难以作为经常性的训练模拟手段；再次，外场实验受气象和地理条件影响较大。相比较而言，半实物模拟的训练方法，可以作为外场全实物模拟的完善和补充。半实物模拟方法对关键的电磁辐射信号用实际设备产生，其他的信号则采用计算机模拟。

（1）模拟器模拟。为弥补实装性能和数量的不足，在构建复杂电磁环境时，可以采用模拟器材等效模拟。如开发专门的小型雷达干扰模拟器模拟美军的 EA-6B 电子战飞机，研制雷达模拟器模拟“爱国者”导弹的搜索、制导雷达。

（2）背景模拟。利用各型电子信息装备部署密集，电磁辐射信号复杂，易相互干扰的背景特点，可以模拟某个地区用频装备自扰互扰和民用背景电磁辐射环境。

3）全数字化计算机环境模拟方法

全数字化计算机环境模拟即通常所说的计算机模拟，它是利用计算机模拟再现战场电磁环境的一种重要方法。这种方法是依靠在计算机系统上建立的电磁环境和电子装备模型来进行各项训练的。

其特点是：

（1）环境模型与装备模型可通过程序块方便的拼装，而环境模拟又与装备模拟紧密结合，这就使训练模拟具有很大的灵活性，为方案论证、优化设计提供了廉价而有效的手段。

（2）用户建立系统模型时，只需根据需要拼装。

（3）有很强的扩展能力，能够方便地补充尚未建模的系统模块，而对原模型影响很小。

2. 外军电磁环境的模拟方法

1）利用真实的电子装备产生复杂的电磁威胁环境

电子信息装备尤其是电子对抗装备的作战针对性是比较具体的，真实的武器装备始终是构建逼真战场环境的首选，电子装备也是如此。但由于电子装备直接关系到战场上的制信息权，一般很难获取敌方的电子装备实体，通常是通过在战争中缴获或者从第三国购买。1989 年，德国统一使得北约波利冈电子战靶场获得了大量苏制 SA-6、SA-8 地空导弹系统、ZSU－23/4 四联火炮、SPN30 和 SPN40 地形匹配雷达干扰机等系统，使之一举成为北约靶场中承担针对苏式防空训练任务的主要基地。在 1999 年参加科索沃战争前，美国空军、意大利和法国等国家的电子干扰飞机都进行过相应训练，目的就是提高复杂电磁环境下的作战和生存能力。

2）利用大量模拟器产生复杂的电磁威胁环境

北约靶场装备了大量的模拟器。例如，安装在敞篷车上的战术雷达威胁模拟器可以模拟苏制 SA-8 地空导弹系统和 ZSU-23/4 四联火炮的“炮盘”雷达，能够为参训飞机提供充满机动威胁和具有规避机动能力威胁的环境，使得训练逼近实战。

美国中部的大西洋电子战靶场配备的威胁信号模拟器可模拟 SA-2、SA-3、SA-5、SA-6、SA-8、SA-11 地空导弹系统、ZSU-23／4、通信干扰机和 I/J 波段干扰机等信号。该靶场目前有 30 多个站点，每个站点部署一到多部模拟器，有的模拟器是机动的，需要时，可随便部署在场区的任何位置。

3）利用现代化计算机模拟技术创造逼真的电磁威胁环境

为了使训练场更加接近战场环境条件，采用计算机模拟与仿真技术来模拟未来战争中武器装备系统的性能指标、作战性能、战场背景、战场环境、兵力部署以及模拟战斗态势和战斗过程，也是比较常见的一种环境构建方法。美国的训练中心配备有各种性能先进、功能齐全、系统配套的模拟训练系统。如美国陆军电子靶场为了更有效地进行指挥信息系统的实验、鉴定和训练，开发了一套大型软件实验平台：星船系统，该系统可用于电子靶场或电子靶场之外的实验和训练，能够实现对实验仪器监视和控制。

4）利用分布式交互仿真技术构建联合作战条件下的复杂战场环境

现代联合作战条件下，为了构建更大规模的联合作战条件，还可采用分布式交互仿真技术。美军在“千年挑战 2002”演习中，利用分布式交互仿真技术将分散在美国的 26 个指挥中心和训练基地的各兵种指挥人员置于同一背景、同一战场态势，同一作战想定之下，成功地进行了一次实时同步的联合作战大演习。美军联合指挥和控制作战中心提出研制的联合“四项”电子战模拟系统，是一个指挥演习工具，主要是对空中战术作战和防空作战的电子战环境进行模拟。该模拟系统将电子战系统对训练想定结果的影响进行了量化，主要包括联合战役战术电子战模拟、联合网络模拟、联合作战信息模拟以及联合指挥和控制攻击模拟。使用户能够同时对敌我双方雷达、通信、干扰系统参数、实体种类和飞机进行描述；然后用户通过创建一个网络链接和网络结构建立一个指挥、控制和通信的体系框架，从而构建起联合作战条件下的复杂战场环境。

5）利用能够模拟假想敌的部队探索逼真战法

为了更加有效地训练电子战部队，1983 年，北约成立了一支规模很小但却在电子战训练方面拥有丰富经验的“假想敌部队”——北约多军种电子战支援大队。和平时期，该部队为北约部队的训练和演习提供逼真的电磁威胁环境；在危机爆发时，它还负责对派往危机或冲突地区的北约部队进行电子战强化训练。2000—2004 年中，该假想敌部队每年参加北约演习、多国邀请演习和北约国家训练约 80 次，从而丰富了电子战部队的训练手段。

第5章

5 经典的作战建模方法

对火力毁伤过程进行合乎实际的描述，科学地评估火力毁伤结果，是作战模拟研究中最重要的内容。这一描述过程一般都为作战双方的战损与战斗力的变化过程，作战过程中所有的其他行动都是为了这变化过程服务的。本书列举了三种典型的用以描述战损与战斗力变化过程的数学模型：兰切斯特方程、蒙特卡罗法和指数法。

5.1 兰切斯特方程

兰切斯特（Lanchester）是第一个对作战过程中对抗双方的力量关系进行系统数学描述的科学家。简明的兰切斯特方程是第一个用来描述和预测作战发展过程和发展趋势的数学方程。兰切斯特的工作开创了把定量分析的方法应用到当时尚无严格理论可循的作战研究。

兰切斯特方程模型，实质上是一个微分方程模型。他通过古代战争到现代战争的全面研究和宏观分析，引入了一种半经验半理论的方法描述作战过程，提出了用微分方程组描述作战双方军事力量的变化，即经典兰切斯特方程。在有大量成员参加的作战过程中，每一个作战单位被毁或不被毁的随机性对作战双方整体状态的影响很小，不会引起战斗力总量的剧烈变化。因此，每个作战阶段的实际总兵力，处于一种统计平衡状态，接近当时的兵力平均值，并且参战兵力的损耗可被看作连续变化，从而可用反映连续变量特点的微分方程形式予以描述，这就是可用兰切斯特方程描述带有众多随机因素的作战过程的基本依据。

兰切斯特所开创的工作，已发展成为一门独立的学科——兰切斯特战斗动力学，也称为战斗动态模型理论。这种理论研究如何用常微分方程（组）或偏微分方程（组）来描述作战双方的兵力损耗，所用的数学工具主要是马尔可夫随机过程理论。根据马尔可夫随机过程理论可以确定，在有大量作战单位参加的作战过程中，作战双方作战单位的瞬时剩余数，将接近于它们各自在该时间内的数学期望，由此可建立描述作战单位数量平均值的战斗动态模型，即兰切斯特方程。因此，兰切斯特方程有时也被称为战斗耗损的平均动力学方程。这种模型描述的虽然是随机现象，但模型形式一般是确定的，在相同条件下，计算一次即可得到所需要的结果。

目前，兰切斯特战斗动态方程的研究已成为军事运筹学的重要分支，是作战模拟数学建模中应用最广泛的方法之一，受到了各个方面的重视。

兰切斯特方程可用来对作战过程进行各种预测。例如，预测交战双方哪一方获胜；预测作战过程的大致持续时间；预测战斗结束时胜方战斗损失大小；预测初始总兵力和战斗力的变化会对作战结局带来哪些影响等。在各种不同条件下进行的作战过程，需要用不同形式的兰切斯特方程予以描述，但最基本的形式仍然是兰切斯特线性律和兰切斯特平方律。

5.1.1　兰切斯特第一线性律

1. 第一线性律方程

兰切斯特第一线性律是以古代战斗模型为基础得出的，战斗结局取决于双方的格斗水平。其假设条件是作战兵力相互暴露，可解释成人对人或武器对武器的交战，每一方的平均损耗率都为常值。对古代单兵作战或现代巷战、狭窄桥上作战，或在楼梯上、走廊上交战等，在这些情况下，满足兰切斯特第一线性律。

线性律的条件，兰切斯特称为“古代条件”。他的结论是，集中兵力并不能奏效，战斗只能是一对一地进行，战线不会被突破，包围也形不成。

设 x_0、y_0 为红、蓝双方在 $t=0$ 时刻的初始兵力，x、y 为红、蓝双方在 t 时刻的瞬时兵力（或剩余兵力），即

$$x_0 = x|_{t=0} = x(0)\,,\quad x = x|_{t=t} = x(t)$$
$$y_0 = y|_{t=0} = y(0)\,,\quad y = y|_{t=t} = y(t)$$

设 $\alpha\,(\beta)$ 为红（蓝）方单位时间内损失的作战单位数，即蓝（红）方对红（蓝）方的毁伤率，称为损耗系数。

$$\begin{cases}\dfrac{\mathrm{d}x(t)}{\mathrm{d}t} = -\alpha \\ \dfrac{\mathrm{d}y(t)}{\mathrm{d}t} = -\beta\end{cases} \tag{5-1}$$

2. 第一线性律的解

积分，利用初始条件可得到常微分方程组的解为

$$\begin{cases}x = x_0 - \alpha t \\ y = y_0 - \beta t\end{cases} \tag{5-2}$$

式（5-2）表明，任何一方的瞬时兵力，等于初始兵力减去兵力损耗（即损耗率系数与时间之积），即各方兵力都是时间 t 的线性函数。

从方程的解可知系统满足以下状态方程

$$\beta(x_0 - x) = \alpha(y_0 - y)$$

或

$$\alpha y - \beta x = \alpha y_0 - \beta x_0$$

式中：αy_0、βx_0 分别称为蓝方和红方的初始战斗力；αy、βx 分别称为蓝方和红方的瞬时战斗力。上述结果表明，在整个作战过程中，双方的战斗力之差为恒定，从而双方胜负结果完全取决于初始战斗力的比较。

既然 αy_0 为蓝方的（初始）总战斗力，y_0 为蓝方的（初始）作战单位总量，那么，$\alpha y_0 / y_0 = \alpha$ 就是蓝方每一个作战单位所具有的战斗力，称其为蓝方作战单位的平均战斗力，简称为蓝方的平均战斗力。同理，β 称为红方的平均战斗力。因此，一方的平均损耗率系数就是另一方的平均战斗力。

损耗系数可定义为己方对另一方的损毁率，是一方某类武器中一件对对方某类武器在单位时间内的平均击毁的数量。蓝方的损耗系数可写为

$$\beta = P_{\mathrm{r}}(h) \cdot P_{\mathrm{r}}(k/h) \cdot u_{\mathrm{r}} \tag{5-3}$$

式中：$P_{\mathrm{r}}(h)$为红方武器命中蓝方目标（或武器）的概率；$P_{\mathrm{r}}(k/h)$为红方武器在命中蓝方目标条件下的击毁蓝方目标的概率；u_{r}为红方武器的射击速率，即单位时间内的发射弹数。

3. 战斗结局预测

可以利用线性律的状态方程讨论战斗结局。

（1）当$\alpha y_0 > \beta x_0$，蓝方胜。

其剩余兵力为

$$y_{\mathrm{e}} = \frac{\alpha y_0 - \beta x_0}{\alpha}$$

战斗持续时间为

$$t_0 = \frac{x_0}{\alpha}$$

（2）当$\alpha y_0 < \beta x_0$时，红方胜。

其剩余兵力为

$$x_{\mathrm{e}} = \frac{\beta x_0 - \alpha y_0}{\beta}$$

战斗持续时间为

$$t_0 = \frac{y_0}{\beta}$$

（3）当$\alpha y_0 = \beta x_0$时，双方势均力敌，同归于尽。

战斗持续时间为

$$t_0 = \frac{y_0}{\beta} = \frac{x_0}{\alpha}$$

4. 兵力转机时刻

第一线性律表明：初始战斗力占优势的一方一定取胜，但初始兵力占优势的一方并不一定取胜。

由图 5-1 可看到，虽然$x_0 > y_0$，但蓝方取得胜利。在时刻T的前后差值$x-y$改变符号，T称为兵力转机时刻。求交叉点即可确定T。如图 5-1 所示。

对第一线性律，若令$f(t)=y(t)-x(t)$，则

$$f(t) = (y_0 - x_0) - (\beta - \alpha)t \tag{5-4}$$

令$f(t)=0$，若$\alpha \neq \beta$，则有

$$t_1 = \frac{y_0 - x_0}{\beta - \alpha} \tag{5-5}$$

所以，存在兵力转机时刻的必要条件是$t_1 > 0$，即分子、分母同号。

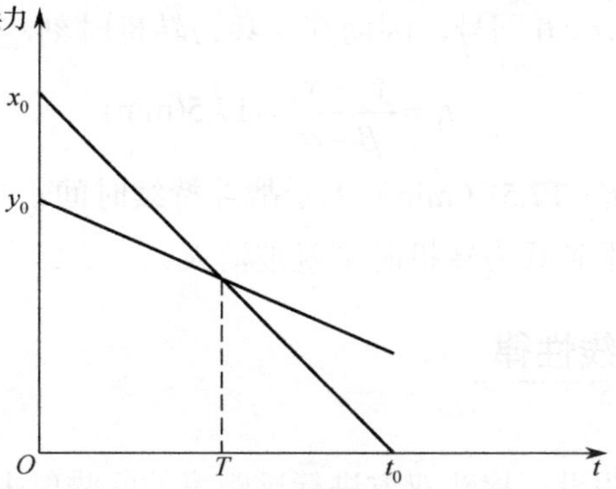

图 5-1　兵力转机时刻

（1）当 $y_0 > x_0$ 且 $\alpha < \beta$ 时，红方相对于蓝方的兵力将由少到多，其兵力转机时刻为 $T = t_1$。

（2）当 $y_0 < x_0$ 且 $\alpha > \beta$ 时，蓝方相对于红方的兵力将由少到多，其兵力转机时刻为 $T = t_1$。

（3）如果 $T > t_0$（战斗持续时间），则兵力少但战斗力强的一方坚持不到兵力转机时刻即被消灭。

第一线性律适用于同兵种、损耗系数为常数、能进行直接瞄准的一对一格斗的作战过程（如步兵对步兵、坦克对坦克的格斗）。第一线性律的基本特征是：在作战过程中，双方不断减员，兵力对比关系不断变化，但双方在单位时间内的对敌杀伤数却始终恒定，也就是说第一线性律所描述的战场态势具有这样的性质：在战斗进行过程中，双方各自的对敌杀伤率不因战斗减员而变化，不因兵力对比关系的变化而变化。

例 5-1　红方有 50 辆坦克向蓝方 15 辆坦克组成的防御阵地发动进攻，每单位时间内红方能消灭蓝方 1 辆坦克，蓝方能消灭红方 3 辆坦克，战斗采取一对一方式进行。问：哪方取胜？胜方剩余兵力为多少？什么时间胜方兵力为负方的 4 倍？确定兵力转机时刻。

解：由给定条件知：

$$x_0 = 50\ ,\ y_0 = 15$$
$$\alpha = 3\ ,\ \beta = 1$$

因为 $\alpha y_0 - \beta x_0 = 45 - 50 < 0$，所以，战斗结果为红方胜。

红方的剩余兵力为

$$x = \frac{\beta x_0 - \alpha y_0}{\beta} = 5(\text{辆})$$

战斗持续时间为

$$t_0 = \frac{x_0}{\alpha} = 15(\text{min})$$

由定义 $u = y / x$ 为双方兵力比，只需令

$$u = \frac{y_0 - \beta t}{x_0 - \alpha t} = \frac{1}{4}$$

解方程得 $t = 10$（min）。即在 10min 时红方兵力是蓝方的 4 倍。

由 $y_0 - x_0 < 0$ 与 $\beta - \alpha < 0$ 同号，因而存在兵力转机时刻，其值为

$$t_1 = \frac{y_0 - x_0}{\beta - \alpha} = 17.5(\text{min})$$

因为兵力转机时刻 $t_1 = 17.5$（min）大于战斗持续时间 $t_0 = 15$（min），所以，虽然蓝方的战斗力较强但坚持不到兵力转机时刻就被消灭。

5.1.2 兰切斯特第二线性律

1. 方程的基本形式

对第二线性律首先假设：战斗双方进行远距离的间瞄射击；火力集中在已知敌方战斗单位的集结地区，不对个别目标实施瞄准；集结地域大小几乎与部队的集结数量无关。

由于不转移火力，射击带有一定的盲目性，导致成功射击消灭对方目标的概率有所下降。如进行远距离间瞄射击时，火力集中在已知的敌方战斗单位的集结地区，并不针对具体的目标实施射击，而这个集结地区的大小几乎与敌方部队的数量无关（面射击模型）。因为射击为随机瞄准且不转移火力，在此情况下，双方的损耗率与己方部队数量成正比。这种情况下，作战双方都不能及时获取对方目标存亡的信息，不进行火力转移。

在上述假设之下可得兰切斯特第二线性律方程：

$$\begin{cases} \dfrac{\mathrm{d}x(t)}{\mathrm{d}t} = -\alpha x(t) y(t) \\ \dfrac{\mathrm{d}y(t)}{\mathrm{d}t} = -\beta x(t) y(t) \end{cases} \tag{5-6}$$

式中：α 为单位时间内蓝方每一战斗单位毁伤红方战斗单位的相对数量；β 为单位时间内红方每一战斗单位毁伤蓝方战斗单位的相对数量。

两式相除并积分，得

$$\beta(x_0 - x) = \alpha(y_0 - y)$$

这是对应于第二线性律战斗过程的状态方程，与第一线性律的状态方程形式完全一样。

第二线性律的解可表示为

$$\begin{cases} x(t) = \dfrac{-x_0(k-1)}{\mathrm{e}^{-ay_0(k-1)t} - k} \\ y(t) = \dfrac{-y_0(k-1)\mathrm{e}^{-ay_0(k-1)t}}{\mathrm{e}^{-ay_0(k-1)t} - k} \end{cases} \tag{5-7}$$

式中：$k = \beta x_0 / \alpha y_0$ 为红方对蓝方的初始总战斗力之比。

蓝方对红方的瞬时兵力比为

$$u = \frac{y(t)}{x(t)} = \frac{y_0}{x_0}\mathrm{e}^{-\alpha y_0 (k-1)t} \tag{5-8}$$

2. 战斗结局预测

利用第二线性律方程以及初始战斗力比可进行战斗结局预测：

（1）当 $k < 1$ 时，蓝方胜。

其剩余兵力为

$$y_e = \frac{\alpha y_0 - \beta x_0}{\alpha}$$

（2）当 $k>1$ 时，红方胜。

其剩余兵力为

$$x_e = \frac{\beta x_0 - \alpha y_0}{\beta}$$

（3）当 $k=1$ 时，双方势均力敌。

在计算剩余兵力时的公式中，假设了在战斗结束时一方兵力为零。但从理论上讲，对第二线性律来说，这种结果只有当 $t \to +\infty$ 时才能实现。因此，第二线性律中的“获胜”是一个相对概念，即作战过程发展到某一时刻时，负方兵力接近于零，胜方兵力接近某一常数。当用第二线性律描述作战过程时，最好能对双方各给出一个判定值标准，当该方的兵力小于这个判定值标准时，则该方为负，战斗结束。

3. 兵力转机时刻

设 $k \neq 1$，否则不存在兵力转机时刻。

若令 $f(t) = y(t) - x(t)$，则

$$f(t) = \frac{-(k-1)[-x_0 + y_0 \mathrm{e}^{-ay_0(k-1)t}]}{\mathrm{e}^{-ay_0(k-1)t} - k} \tag{5-9}$$

令 $f(t)=0$，得

$$x_0 = y_0 \mathrm{e}^{-ay_0(k-1)t}$$

解出 t，得

$$t_1 = \frac{1}{\alpha y_0 - \beta x_0} \ln\left(\frac{x_0}{y_0}\right)$$

存在兵力转机时刻的必要条件是 $\alpha y_0 - \beta x_0$ 与 $\ln\left(\frac{x_0}{y_0}\right)$ 同号。

如 $\alpha y_0 > \beta x_0$，且 $x_0 > y_0$，则可确定蓝方相对于红方兵力数量的一个由少变多的转机时刻 $T = t_1$。

如 $\alpha y_0 < \beta x_0$，且 $x_0 < y_0$，则可确定红方相对于蓝方兵力数量的一个由少变多的转机时刻 $T = t_1$。

例 5-2　蓝方和红方进行炮战，双方各有 18 门炮，都只知对方火炮的配置区域而不知其准确位置。1min 内蓝方每门火炮毁伤红方火炮的相对数量为 0.008，红方每门火炮毁伤蓝方火炮的相对数量为 0.001。问：这场炮战谁能取胜？30min 后双方各剩多少门火炮能继续战斗？

解： 由给定条件 $x_0 = y_0 = 18$，且 $\alpha = 0.008$，$\beta = 0.001$，得初始总战斗力之比为

$$k = \beta x_0 / \alpha y_0 = \frac{0.01 \times 18}{0.008 \times 18} = 1.25$$

战斗结果为红方胜。

用 t=30 计算双方剩余兵力

$$x(30) = \frac{-x_0(k-1)}{\mathrm{e}^{-ay_0(k-1)t} - k} = 4.91(\text{门})$$

$$y(30)=\frac{-y_0(k-1)\mathrm{e}^{-ay_0(k-1)t}}{\mathrm{e}^{-ay_0(k-1)t}-k}=1.64(门)$$

战斗结束时，红方的剩余兵力为

$$x_{\mathrm{e}}=\frac{\beta x_0-\alpha y_0}{\beta}=3.6(门)\text{（时间足够长的收敛解）}$$

5.1.3 兰切斯特平方律

兰切斯特线性律，没能反映出现代战争中集中优势兵力会影响作战进程这一重要因素，为此，兰切斯特又推广了已取得的结果，这就是兰切斯特平方律。

1. 方程的基本形式

对作战过程作如下假设：

（1）作战双方中每一方都拥有大量使用同类武器的成员参加。

（2）作战双方任何一个作战单位都处于暴露状态且在对方的视线和武器射程之内。

（3）每个作战单位射击对方任何一个作战单位的机会大体相等（不预先进行目标分配）。

（4）在给定时间内双方都进行了一定数量的有效射击并能确认双方哪些成员被消灭。

在上述条件下，每一方的损伤率既取决于对方战斗单位对己方战斗单位的毁伤率，又取决于对方战斗单位的数量，从而有微分方程组：

$$\begin{cases}\dfrac{\mathrm{d}x(t)}{\mathrm{d}t}=-\alpha y(t)\\[2ex]\dfrac{\mathrm{d}y(t)}{\mathrm{d}t}=-\beta x(t)\end{cases}\tag{5-10}$$

式中：α 为蓝方每一战斗单位在单位时间内平均毁伤红方战斗单位的数目；β 为红方每一战斗单位在单位时间内平均毁伤蓝方战斗单位的数目。

双方的初始兵力分别为 x_0、y_0，两式相除，在 $(0,t)$ 区间上积分并利用初始条件有

$$\frac{\alpha}{2}(y_0^2-y^2)=\frac{\beta}{2}(x_0^2-x^2)\tag{5-11}$$

整理后得

$$\alpha(y_0^2-y^2)=\beta(x_0^2-x^2)\tag{5-12}$$

式中：βx_0^2、αy_0^2 为红蓝双方的初始战斗力；αy^2、βx^2 为红蓝双方的瞬时战斗力，可见交战双方的有效战斗力正比于作战单位数的平方与每一个作战单位平均战斗力的乘积。

上述方程是双方兵力在作战过程中应满足的状态方程，由于双方兵力以平方的形式在方程中出现，因而称其为平方律。在平方律描述的作战过程中，任何一方的兵力都以平方的形式对战斗进程和结局产生作用和影响。

利用初始条件，可得兰切斯特方程的解：

$$
\begin{cases} x(t) = x_0 \mathrm{ch}(\sqrt{\alpha\beta}t) - (\sqrt{\alpha/\beta}y_0)\mathrm{sh}(\sqrt{\alpha\beta}t) \\ y(t) = y_0 \mathrm{ch}(\sqrt{\alpha\beta}t) - (\sqrt{\beta/\alpha}x_0)\mathrm{sh}(\sqrt{\alpha\beta}t) \end{cases} \tag{5-13}
$$

其中

$$
\mathrm{sh}x = (\mathrm{e}^x - \mathrm{e}^{-x})/2
$$

$$
\mathrm{ch}x = (\mathrm{e}^x + \mathrm{e}^{-x})/2
$$

2. 战斗结局的预测

可以利用平方律的状态方程来讨论战斗结局。

由状态方程可推出：

$$
\alpha y_0^2 - \beta x_0^2 = \alpha y^2 - \beta x^2 \tag{5-14}
$$

可以看出，双方战斗力之差在作战过程中保持恒定。

（1）当 $\alpha y_0^2 > \beta x_0^2$ 时，蓝方胜。

剩余兵力为

$$
y_{\mathrm{e}} = \sqrt{y_0^2 - (\beta/\alpha)x_0^2}
$$

取胜时间为

$$
T_y = \frac{1}{2\sqrt{\alpha\beta}} \ln\left[\frac{\sqrt{\beta}x_0 + \sqrt{\alpha}y_0}{-\sqrt{\beta}x_0 + \sqrt{\alpha}y_0}\right]
$$

（2）当 $\alpha y_0^2 < \beta x_0^2$ 时，红方胜。

剩余兵力为

$$
x_{\mathrm{e}} = \sqrt{x_0^2 - (\alpha/\beta)y_0^2}
$$

取胜时间为

$$
T_x = \frac{1}{2\sqrt{\alpha\beta}} \ln\left[\frac{\sqrt{\beta}x_0 + \sqrt{\alpha}y_0}{\sqrt{\beta}x_0 - \sqrt{\alpha}y_0}\right]
$$

（3）当 $\alpha y_0^2 = \beta x_0^2$ 时，双方势均力敌。

对这种情况，在战斗过程中始终有 $\alpha y^2 = \beta x^2$，开方可得 $\sqrt{\alpha}y = \sqrt{\beta}x$，因而在战斗过程中，双方兵力变化始终是呈线性关系，且表示其变化趋势的直线过原点，如图 5-2 所示。

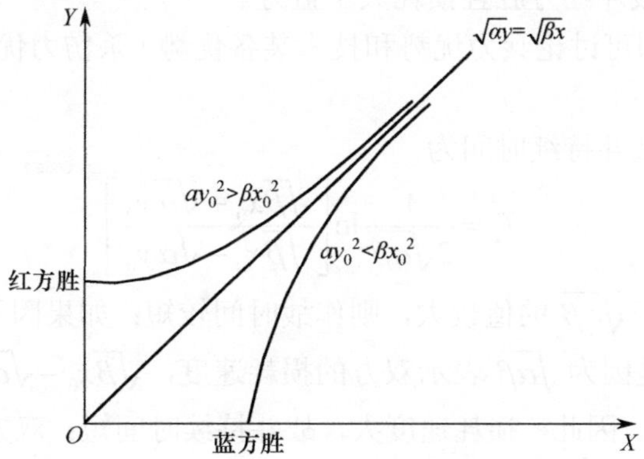

图 5-2　双方兵力变化趋势

由于 $\alpha y_0^2-\beta x_0^2=\alpha y^2-\beta x^2$ 可表示为

$$\frac{\alpha y^2}{\alpha y_0^2-\beta x_0^2}-\frac{\beta x^2}{\alpha y_0^2-\beta x_0^2}=1$$

$$\frac{y^2}{y_0^2-\beta x_0^2/\alpha}-\frac{x^2}{\alpha y_0^2/\beta-x_0^2}=1$$

这是一个双曲线方程。

当 $\alpha y_0^2>\beta x_0^2$ 时，蓝方胜，战斗过程将沿左上双曲线进行，且与 Y 轴交点为 $(0,y_e)$。

当 $\alpha y_0^2<\beta x_0^2$ 时，红方胜，战斗过程将沿右下双曲线进行，且与 X 轴交点为 $(x_e,0)$。

3. 平方律的其他有关情况讨论

1）损耗情况讨论

当一方取胜时，可以讨论双方的损耗情况，认识到这次战斗双方的兵力损失，什么情况下胜方兵力损耗小，比如红方胜且损耗小于蓝方，则

$$\begin{cases}\Delta x=x_0-x_e<y_0\\ \beta x_0^2>\alpha y_0^2\end{cases}\tag{5-15}$$

也即

$$\begin{cases}x_0>\dfrac{\alpha+\beta}{2\beta}y_0\\ x_0>\sqrt{\dfrac{\alpha}{\beta}}y_0\end{cases}\tag{5-16}$$

因为 $\dfrac{\alpha+\beta}{2\beta}\geqslant\sqrt{\dfrac{\alpha}{\beta}}$，所以式（5-16）又可写作 $x_0>\dfrac{\alpha+\beta}{2\beta}y_0$。也就是说，只要保证 $x_0>\dfrac{\alpha+\beta}{2\beta}y_0$ 成立，那么本次战斗将以红方取胜结束且红方胜且损耗小于蓝方。

同样，如果红方胜且损耗大于蓝方，那么就有

$$\frac{2x_0}{y_0}-1<\frac{\alpha}{\beta}<\frac{x_0^2}{y_0^2}$$

上式保证了本次战斗红方胜且损耗大于蓝方。

利用上述结果，即可讨论兵力优势和技术装备优势（杀伤力优势）之间的相互关系。

2）战斗激烈因子

若红方取胜，则战斗持续时间为

$$T_x=\frac{1}{2\sqrt{\alpha\beta}}\ln\left[\frac{\sqrt{\beta}x_0+\sqrt{\alpha}y_0}{\sqrt{\beta}x_0-\sqrt{\alpha}y_0}\right]\tag{5-17}$$

可看到：如果因子 $\sqrt{\alpha\beta}$ 的值较大，则作战时间较短；如果因子 $\sqrt{\beta}x_0-\sqrt{\alpha}y_0$ 大，作战时间就也较短。这是因为 $\sqrt{\alpha\beta}$ 表示双方的损耗速度，$\sqrt{\beta}x_0-\sqrt{\alpha}y_0$ 表示的是双方兵力（战斗力）的悬殊程度。因此，损耗速度大，战斗持续时间短；双方兵力悬殊大，战斗结束得也快，这与从战争经验中所总结出的结论是吻合的。因此，如果蓝方的情况一定（兵力 y_0 不变，平均战斗力 α 不变），红方想在战斗中速战速决尽快取得胜利，应该从两个

方面努力：一是增大 β，即增强己方的战斗力（包括火器威力和指战员素质）；二是增大 x_0，即利用一切手段集中强大的优势兵力。

如果蓝方获胜，则可得到类似的结论。

通过对上述两种情况的分析可看到作战取胜时间长短，直接由 $\sqrt{\alpha\beta}$ 和 $|\sqrt{\beta}x_0-\sqrt{\alpha}y_0|$ 所决定。因此，$\sqrt{\alpha\beta}$ 和 $|\sqrt{\beta}x_0-\sqrt{\alpha}y_0|$ 被定义为“战斗激烈因子”。

3）最佳分割

对于一个整体的敌方，如果能够将其分割为两个部分逐一予以歼灭，相对于一次性从整体上歼灭敌方，可以大大地提高作战效益，降低取胜代价。但当以不同的比例把敌方从整体上分割为两部分时，胜方的取胜代价也是不一样的，下面分析胜方对敌方的最佳分割问题。

设红方的初始兵力有 x_0 人，蓝方被分割的两部分兵力之和为 y_0 人，其中一部分为 y 人，则另一部分为 y_0-y。红方有足够兵力逐一全歼两部之敌，即

$$\beta x_0^2-ay^2-a(y_0-y)^2>0$$

于是完成两次歼灭敌方后，红方的剩余兵力 x_e 满足关系式：

$$\beta x_e^2=\beta x_0^2-ay^2-a(y_0-y)^2$$

若要求红方的取胜代价最小，实质上等价于求 y 值，使下式成立：

$$\max_y f(y)=\max\{\beta x_0^2-a[y^2+(y_0-y)^2]\}$$

其中，$0<y<y_0$，上式又等价于求 y，使下式成立：

$$\min_y[y^2+(y_0-y)^2]$$

根据高等数学中有关定理和结论知，当 $y=y_0/2$ 时，$y^2+(y_0-y)^2$ 可达到最小值，此时 $\beta x_e^2=\beta x_0^2-ay^2-a(y_0-y)^2$ 达到最大，即红方的剩余战斗力达到最大，红方取胜的代价最小。由此可得结论：如果要把敌方分割为两个部分逐一歼灭，则把敌方分割为相等的两个部分时为最佳分割。在实际战斗中实施分割围歼任务时，应争取使两部分敌方数量尽量相近。

4. 平方律的推广

兰切斯特平方律在一定程度上反映了近代战斗的特点，但现代战斗中所包含的各种复杂因素远远超出平方律赖以建立的简化了的假设条件，因此人们对平方律进行了各种推广和扩展。

1）有兵力补充和非战斗减员的情况

在战斗过程中，如果进一步地考虑到双方的兵力补充和非战斗减员等因素时，平方律可作进一步推广。假设：

L 为红方兵力补充速度；

K 为蓝方兵力补充速度；

δ 为红方兵力的非战斗损失率；

ρ 为蓝方兵力的非战斗损失率；

L、K、δ、ρ 为常数，α、β 意义同平方律。

则下式

$$\begin{cases}\dfrac{\mathrm{d}x}{\mathrm{d}t}=-\alpha y-\delta x+L \\ \dfrac{\mathrm{d}y}{\mathrm{d}t}=-\beta x-\rho y+K\end{cases} \tag{5-18}$$

称为兰切斯特平方律的推广型。

（1）当$\alpha=\beta$且$\delta=\rho$，即双方兵力的损失率相等，非战斗减员的损失率也相等，则上述推广型方程具有下面形式的解：

$$x=\frac{K\times\beta-L\times\rho}{\beta^2-\rho^2}-E\times \mathrm{e}^{(\beta-\rho)t}+F\times \mathrm{e}^{-(\beta+\rho)t} \tag{5-19}$$

$$y=\frac{L\times\beta-K\times\rho}{\beta^2-\rho^2}+E\times \mathrm{e}^{(\beta-\rho)t}+F\times \mathrm{e}^{-(\beta+\rho)t} \tag{5-20}$$

式中：

$$E=\frac{1}{2}\left[\left(y_0+\frac{K}{\beta-\rho}\right)-\left(x_0+\frac{L}{\beta-\rho}\right)\right]$$

$$F=\frac{1}{2}\left[\left(y_0-\frac{K}{\beta-\rho}\right)+\left(x_0-\frac{L}{\beta-\rho}\right)\right]$$

从解析解中可以看到：当$E>0$时，蓝方胜；当$E<0$时，红方胜；当$E=0$时，双方势均力敌。下面考虑方程的一个特殊情况。

（2）当$\delta=\rho=L=0$时，即双方都没有非战斗消耗，红方也无兵力补充，方程形式变为

$$\begin{cases}\dfrac{\mathrm{d}x}{\mathrm{d}t}=-\alpha y=-\sqrt{\alpha}(\sqrt{\alpha}y)=-MH/\sqrt{\beta} \\ \dfrac{\mathrm{d}y}{\mathrm{d}t}=-\beta x+K=-\sqrt{\beta}(\sqrt{\beta}x-K/\sqrt{\beta})=-MG/\sqrt{\alpha}\end{cases} \tag{5-21}$$

式中

$$M=\sqrt{\alpha}\beta \qquad G=\sqrt{\beta}x-K/\sqrt{\beta} \qquad H=\sqrt{\alpha}y$$

对G、H微分有

$$\mathrm{d}G=\sqrt{\beta}\mathrm{d}x \qquad \mathrm{d}H=\sqrt{\alpha}\mathrm{d}y$$

代入原方程得

$$\begin{cases}\dfrac{\mathrm{d}H}{\mathrm{d}t}=-MG \\ \dfrac{\mathrm{d}G}{\mathrm{d}t}=-MH\end{cases}$$

与兰切斯特平方律有着极相近的形式。利用平方律中判定取胜的条件，类似的可有：当$H_0^2>G_0^2$时，蓝方取胜；当$H_0^2<G_0^2$时，红方取胜；当$H_0^2=G_0^2$时，势均力敌。

对该方程组可得到与平方律中相类似的作战过程状态方程：

$$H_0^2-G_0^2=H^2-G^2$$

当$H_0^2=G_0^2$时，有$H=G$。结果表明：H、G同时趋于零，因而在战斗中红方除与蓝方基本兵力作战外，也能消灭蓝方的补充兵力，且消灭速度恰好等于补充速度。

下面在 $\alpha=\beta$，$\delta=\rho$ 的条件下，讨论用兰切斯特平方律推广形式描述的作战过程的兵力转机时刻。

令 $f(t)=y(t)-x(t)$，则 $f(t)$ 可表示为

$$f(t)=\frac{L-K}{\beta-\rho}+2E\exp[(\beta-\rho)t]$$

令 $f(t)=0$，得

$$\frac{K-L}{\beta-\rho}=2E\exp[(\beta-\rho)t]$$

解得

$$t=\frac{1}{\beta-\rho}\ln\left(\frac{K-L}{\beta-\rho}\times\frac{1}{2E}\right)$$

若存在兵力转机时刻，则必有 $t>0$。

因为在一般情况下，作战过程的作战损失率都大于非作战损失率，所以 $\beta>\rho$。因而 t 有正值解的必要条件是 $K-L$ 与 E 同号，且

$$\frac{K-L}{\beta-\rho}\times\frac{1}{2E}>1$$

当 $K-L>0,E>0$ 时，由 $\frac{K-L}{\beta-\rho}\times\frac{1}{2E}>1$，用 E 的表达式代入得

$$K-L>(\beta-\rho)(y_0-x_0)+(K-L)$$

即

$$(\beta-\rho)(y_0-x_0)<0$$

但 $\beta-\rho>0$，所以必有 $y_0<x_0$。

上面结果表明：当 $K-L>0,E>0$，$y_0<x_0$ 时，在作战过程中存在着蓝方的兵力由少变多（对比红方）的时刻，可用 $T=t_1$ 表示，T 即为蓝方的兵力转机时刻。如果 $y(t)$ 在 $(0,t_1)$ 区间内的最小值为正值，则蓝方可坚持到兵力转机时刻。

用同样的方式可讨论红方的兵力转机时刻。其结论为：当 $K-L<0,E<0$，$y_0>x_0$ 时，则红方存在着兵力转机时刻 $T=t_1$，如果 $x(t)$ 在 $(0,t_1)$ 内的最小值为正值，则红方可坚持到兵力转机时刻。

对上面两条结论，前者表示蓝方以劣势兵力取胜，后者表示红方以劣势兵力战胜蓝方优势兵力。

2）多兵种交战时平方律的形式

当兰切斯特平方律在确定性多兵种直瞄射击条件下使用时具有如下形式。

首先假设：红方有 m 种不同类型武器，蓝方有 n 种不同类型武器；各不同武器对同一类目标的损耗效果是可加的；每一类目标的损耗率与对其射击的武器数成正比。

在上述条件之下，可直接得出多兵种交战条件下各类武器的损耗方程组：

$$\begin{cases}\dfrac{\mathrm{d}x_i}{\mathrm{d}t}=-\sum\limits_{j=1}^{n}\psi_{ji}\alpha_{ji}y_j & (i=1,2,\cdots,m)\\[2ex]\dfrac{\mathrm{d}y_j}{\mathrm{d}t}=-\sum\limits_{i=1}^{m}\varphi_{ij}\beta_{ij}x_i & (j=1,2,\cdots,n)\end{cases}\tag{5-22}$$

式中：x_i 为红方第 i 类武器的瞬时数；y_j 为蓝方第 j 类武器的瞬时数；α_{ji} 为蓝方第 j 类单件武器对捕捉住的红方第 i 类目标的损耗系数；β_{ij} 为红方第 i 类单件武器对捕捉住的蓝方第 j 类目标的损耗系数；ψ_{ji} 为蓝方第 j 类武器对红方第 i 类目标的火力分配系数；φ_{ij} 为红方第 i 类武器对蓝方第 j 类目标的火力分配系数。

而 $x_i(0)=x_i^0$，$y_i(0)=y_i^0$。

下面给出火力分配系数的计算方法。

对火力分配系数显然有

$$0\leqslant\psi_{ji}\leqslant 1,\quad 0\leqslant\varphi_{ij}\leqslant 1$$

火力分配系数依赖于武器的射程、对方目标的重要程度、发现目标多少等。

（1）从考虑射程角度确定火力分配系数，由于距离越近射击效果越大，分配射击数应该越多。

$$\varphi_{ij}=\begin{cases}[R_i-R_{ij}(t0]/\sum\limits_{j=1}^{n}[R_i-R_{ij}(t)] & (R_i>R_{ij}(t))\\ 0 & (R_i<R_{ij}(t))\end{cases}$$

式中：φ_{ij} 为红方第 i 类武器对蓝方第 j 类目标的火力分配系数；R_i 为红方第 i 类武器的最大射程；R_{ij} 为 t 时刻红方第 i 类武器与蓝方第 j 类目标的瞬时距离。

（2）从目标多少和对方目标的重要程度角度确定火力分配系数。

在进行火力分配时还需要考虑军事上的战术原则。在实际问题中，火力系数的分配一般利用上面的公式计算再加上一些战术原则综合而成。

5. 平方律与若干军事原则

兰切斯特平方律，可以被用来从定量的角度证明已被实践验证、行之有效的若干军事原则。

（1）集中优势兵力的有利效果。在作战过程中，当一方的兵力在数量上占有优势时，则该方总的战斗力将以平方的形式获得一个更大的增量。

为了方便，假设 $\alpha=\beta$，即双方的平均战斗力相等。

设红方的兵力在数量上占有一定的优势，即 $x_0>y_0$，那么可令 $x_0=ky_0$，其中 $k>1$ 为一比例常数，于是 $\dfrac{x_0}{y_0}=k$，双方的兵力比是一个大于 1 的数值。

而双方的战斗力之比为

$$\frac{\beta x_0^2}{\alpha y_0^2}=\frac{x_0^2}{y_0^2}=k^2$$

因为 $k>1$，所以 $k^2>k$，因而有 $\dfrac{\beta x_0^2}{\alpha y_0^2}>\dfrac{x_0}{y_0}$。

也就是说，优势方在战斗力方面所获得的优势大于其兵力优势。

利用兰切斯特方程平方律，从定量的角度证明了“集中优势兵力”军事原则的正确性。

（2）无论是在战役还是战术行动中，武器效能处于劣势的一方，可以通过集中兵力的途径以抵消另一方在武器性能上的优势。

假设 $\alpha = k\beta$，即蓝方由于武器效能上的优势所获得的平均战斗力是红方平均战斗力的 k 倍，其中是 $k>1$ 为常数。设 $x_0 = \sqrt{k} y_0$，即红方的战斗单位数量仅是蓝方战斗单位数量的 $\sqrt{k}$ 倍，那么，双方战斗力之比为

$$\frac{\beta x_0^2}{\alpha y_0^2} = \frac{\beta(\sqrt{k} y_0)^2}{k\beta y_0^2} = 1$$

因而，双方的战斗力相等，根据前面的结论，战斗结局应是势均力敌。也就是说，只要平均战斗力较弱的一方能集中 $\sqrt{k}$ 倍的兵力，就能抵消平均战斗力为其 k 倍的一方所占有的优势。如 $k=4$，则 $\sqrt{k}=2$，$k=9$，$\sqrt{k}=3$，效果非常明显。

（3）各个击破军事原则的效果。若战斗的一方能将对方分割成彼此不能相互增援的几部分，然后实施各个击破，那么该方就能以较小的代价去换取较大的作战效果，甚至能以在总体上占劣势的兵力去战胜在总体上占优势的兵力。

下面讨论一种双方兵力和总的战斗力都相等，而一方通过分割另一方而达到取胜的情况。

为了方便，令 $\alpha = \beta$，$x_0 = y_0$，$\alpha y_0^2 = \beta x_0^2$，即双方兵力、战斗力都相等，则 $\dfrac{\beta x_0^2}{\alpha y_0^2} = 1$，因而，作战过程应是势均力敌。

若其他条件不变，仅是红方把蓝方分成不能互相支援的两部分，其中一部分为 y 人，另一部分为 $y_0 - y$ 人，并分别进行战斗，其中 $0<y<y_0$，那么：双方的战斗力之比为

$$\frac{\beta x_0^2}{\alpha(y_0 - y)^2 + \alpha y^2} = \frac{x_0^2}{y_0^2 + 2y(y - y_0)}$$

因为 $0<y<y_0$，因而 $2(y-y_0)<0$，所以

$$\frac{x_0^2}{y_0^2 + 2y(y - y_0)} > 1$$

也就是说，当红方把蓝方分割成两部分并分别歼灭时，红方的总战斗力将变得大于蓝方的总战斗力，战斗结局由势均力敌变为对红方有利。这就是各个击破的军事原则的效果。

（4）平方律还说明了在开阔地域不宜使用小股部队与大部队相对抗的原则。

为了方便同样设 $\alpha = \beta$，$x_0 >> y_0$，则

$$\beta x_0^2 >> \alpha y_0^2$$

红方一定取胜。而红方取胜后的剩余兵力应为

$$x = \sqrt{x_0^2 - (\alpha/\beta) y_0^2} = \sqrt{x_0^2 - y_0^2} > x_0 - y_0$$

也就是说，红方取胜后的剩余兵力大于红方与蓝方的初始兵力之差。因而一支小部队与占有压倒优势的大部队在开阔地域进行对抗，小部队不但将被全歼，而且不能给大部队造成与小部队数量相当的损失。这是由于在开阔地域便于大部队展开和发挥火力集中优势的结果。

（5）在适合平方律描述的作战过程中，逐次使用兵力的战术是不可取的。除了应付

意外情况而适当留有预备队外，应尽可能集中使用兵力，否则有可能被逐个消灭（各个击破）。

兰切斯特平方律还从定量的角度进一步表明了提高部队总战斗力的两种途径：一是提高作战单位的战斗力（包括人员素质和人力强度）；二是增加作战单位数量，而后一种途径的效果明显且速度快。

5.1.4 梯曲曼游击战模型

梯曲曼（S. J. Deitch-man）改进了兰切斯特方程，目的在于探索正规军和游击队的战斗过程。正规军采用边搜索边前进的战术，而游击队则在隐蔽条件下，通过伏击来反击正规军的攻击。他在这个模型中指出，游击队可以借助于特定的战术去弥补兵力的不足，打败在人员和武器数量上占优势的正规军；另外，正规军适当选择武器，采用反击战术，集中兵力对付游击队也能取胜。

1. 反映游击战的梯曲曼方程

从兰切斯特平方律、第二线性律的微分方程中各取一式，以描述游击战中正规军与游击队的毁伤情况。

假设红方是游击队，蓝方为正规军；蓝方向有游击队埋伏的预定地点发动进攻，红方则阻止正规军接近。于是，正规军兵力的损失率与向其射击的游击队作战成员数成正比；而正规军的回击只能对游击队的设伏区域进行盲目射击。因此，游击队的损失率与游击队本身的作战成员数和正规军作战成员数之积成正比。在上述假设下可得

$$\begin{cases}\dfrac{\mathrm{d}x(t)}{\mathrm{d}t}=-\alpha x(t)y(t)\\[2ex]\dfrac{\mathrm{d}y(t)}{\mathrm{d}t}=-\beta x(t)\end{cases}\tag{5-23}$$

式中：β 为单位时间内红方单位成员对蓝方的毁伤数目；α 为单位时间内蓝方单位成员对红方毁伤的相对数量。

初始条件满足：$t=0$ 时，$x(0)=x_0$，$y(0)=y_0$。

由上述方程看出，蓝方的变化律取决于消耗率系数与红方数量的乘积，红方的变化率不仅随损耗率系数和蓝方的数量而变化，而且也随埋伏的红方的人数而变化。埋伏的游击队人数越多，游击队的损失率就越大。因此，减少埋伏游击队数目，或把部队进行疏散，采用掩蔽、掩护和警戒等措施，对游击队是有利的。相对地说，都能有效地将总消耗数保持在较低的水平上。只有如此，游击队才能取得对正规军的优势，从而延长战争的进程，或取得局部的优势，进而消灭比己方兵力大的正规军。

2. 梯曲曼方程的解

梯曲曼方程的状态方程为

$$\beta(x_0-x)=\frac{\alpha}{2}(y_0^2-y^2)$$

双方势均力敌的条件为

$$2\beta x_0=\alpha y_0^2$$

能保证整个战斗进程满足 $2\beta x=\alpha y^2$，持续到同归于尽。

（1）当 $2\beta x_0>\alpha y_0^2$，红方胜，红方的剩余兵力为

$$x_e=x_0-\frac{\alpha}{2\beta}y_0^2$$

（2）当 $2\beta x_0<\alpha y_0^2$，蓝方胜，蓝方的剩余兵力为

$$y_e=\sqrt{y_0^2-\frac{2\beta}{\alpha}x_0}$$

5.1.5　兰切斯特方程的进一步推广

兰切斯特方程自提出以后，得到不断改进。为了适应各种作战模型的需要，人们对兰切斯特方程进行了广泛的研究，取得了许多新的结果。这里给出了部分推广改进的结果。

1. 一方抢先进攻，而另一方有一个反应过程的兰切斯特方程

在现实作战中有时会有一方突然进攻，另一方逐渐增强己方反击力量（投入兵力和增加发射率），在数学上的表示就是红方的抗击强度 U_R 一开始 t_0 就达到稳定值并一直保持着，而蓝方抗击强度 U_B 从初始的零逐步增大，在实力动员结束时刻 t_1 才达到稳定值。如图 5-3 所示。

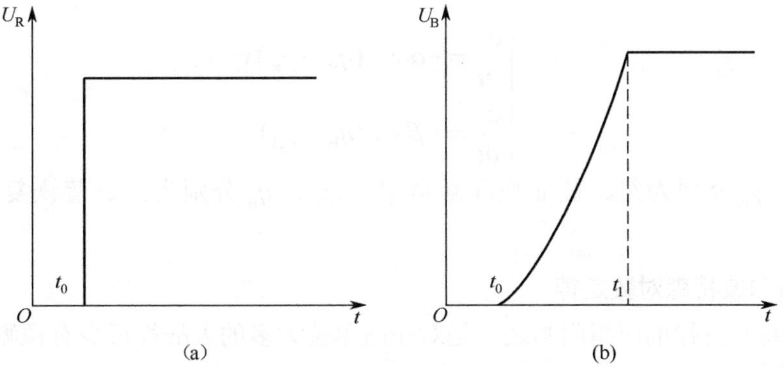

图 5-3　红蓝双方抗击强度随时间变化关系图

（a）红方；（b）蓝方。

根据发射率 U 的表达式或数值表，可以得到损耗系数的表达式或数值，从而来求解，一般情况下不能得到解析解时，就需要求数值解。

2. 考虑战斗强度随时间变化的兰切斯特方程

在实际作战过程中，弹药消耗、有火力支援和其他多种原因都会引起战斗强度随时间变化。如考虑弹药消耗的兰切斯特方程，双方在作战中都要消耗大量弹药，当弹药储备、弹药补给能满足时，就可以维持恒定的发射速率；当弹药储备耗尽后，仅靠补给有时就不能维持高发射率；若补给又停止，则发射率为零，单位战斗力特征图如图 5-4 所示。

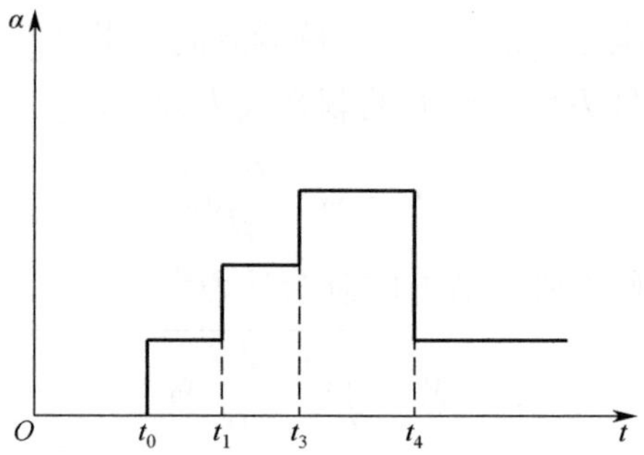

图 5-4　单位战斗力特征图

对于弹药储备、补给有如下几种考虑：

（1）各战斗单位非共用弹药库，弹药不可相互转移，随战斗单位消灭而被毁。

（2）各战斗单位有共同弹药库，或弹药可互相转移。

（3）由源源不断的弹药库，或阶段补给。

上述考虑都会对单位战斗产生细微影响。

3. 有非战斗减员和修复情况的兰切斯特方程

当战斗持续时间较长时，可能会出现非战斗减员（由于病伤、事故、故障等造成）削弱战斗力，也因此对人员实行医疗和对兵器装备维修而增强了战斗力，则兰切斯特方程变为

$$\begin{cases} \dfrac{\mathrm{d}x}{\mathrm{d}t} = -\alpha y + (\eta_{\mathrm{R}} - \gamma_{\mathrm{R}})x \\ \dfrac{\mathrm{d}y}{\mathrm{d}t} = -\beta x + (\eta_{\mathrm{B}} - \gamma_{\mathrm{B}})y \end{cases} \tag{5-24}$$

式中：γ_{R}、γ_{B}分别为红、蓝非战斗减员率；η_{R}、η_{B}分别为红、蓝恢复（治愈、修复）率。

4. 威斯和彼特森对数定律

兰切斯特平方律的应用限制之一是对作战单位太多的大战役很少有预测价值。

1）对数律方程

威斯在利用兰切斯特方程研究美国的南北战争时发现，对于战斗人员为 1500 人以上的大型战斗，应用线性律或平方律进行计算的结果都不够理想。与此相反，每一方在每个时期内的损失率或损失数目似乎直接与他们的战斗人员数目有关。彼特森对第二次世界大战中，在西欧进行坦克战所作的研究中还发现，在坦克战中某一方第一批被毁的坦克似乎取决于它所拥有的坦克数量，而毁伤的坦克近似服从兰切斯特平方律。看来利用“对数定律”更适用于第一批被毁伤的坦克。这大概与最初发射的第一批弹有某些关系，这第一批弹的优点在于能够突然较准确地命中敌方。

综合考虑，提出了下面的方程组：

$$\begin{cases} \dfrac{\mathrm{d}x}{\mathrm{d}t} = -\alpha x \ln y \\ \dfrac{\mathrm{d}y}{\mathrm{d}t} = -\beta y \ln x \end{cases} \tag{5-25}$$

方程表明，一方兵力的损耗率与对方兵力的依赖程度较小，而与己方兵力的密度却有较大关系。上述结果也称为兰切斯特方程对数律。下面分析彼得森方程的一个特殊情况。

$$\begin{cases}\dfrac{\mathrm{d}x}{\mathrm{d}t}=-\alpha x\\[2mm]\dfrac{\mathrm{d}y}{\mathrm{d}t}=-\beta y\end{cases}$$

方程组称为简化的彼得森方程。

2）威斯—彼特森对数律的解及其讨论

积分，利用初始条件可得方程的解析解：

$$x=x_0\mathrm{e}^{-\alpha t},\quad y=y_0\mathrm{e}^{-\beta t} \tag{5-26}$$

所以，对彼得森方程，一方战斗单位的损失或剩余兵力完全取决于己方的初始兵力和平均消耗率。双方的损失是相互无关的。

并且有

$$\frac{x}{y}=\frac{x_0}{y_0}\mathrm{e}^{(\beta-\alpha)t}$$

当$\alpha<\beta$时，x/y将随着战斗时间的延长而增大，蓝方很快被消灭，红方可能迅速取胜；当$\alpha>\beta$时，x/y将随着战斗时间的延长而减少，红方可能为此而被迫停战，否则将被消灭；当$\alpha=\beta$时，双方兵力比保持不变，可以认为双方僵持不下，从另一角度讲，战斗可能迅速停止。

利用初始条件，得到

$$x=x_0\left(\frac{y}{y_0}\right)^{\frac{\alpha}{\beta}},\quad y=y_0\left(\frac{x}{x_0}\right)^{\frac{\beta}{\alpha}}$$

因此，战斗单位的损耗按指数规律变化。

5.1.6　关于损耗系数（损耗率）的讨论

兰切斯特在建立预测伤亡大小的数学方程时，考虑了两种独立的因素：作战双方作战单位的数量和单个作战单位的平均战斗力。而一方单个作战单位的平均战斗力表现为对方的平均损耗率系数。当把兰切斯特方程应用于作战模型时，恰当地确定损耗率系数是其中必不可少的环节。

1. 直瞄武器的损耗系数

一件武器对目标的毁伤率取决于该武器的性能、环境条件、射手战斗素质等一系列因素。除去人为因素，毁伤率一般是依赖于武器到目标距离的一个函数，而在给定距离上，它又是随机的。在一定的假设前提条件下，可以把每件武器所引起的目标损耗看作一个更新过程。每发生一次伤亡，状态更新一次。通过推导，可得出损耗系数为单件武器杀伤对方单个目标所需时间平均值的倒数：

$$\begin{cases}\alpha_{ji}=\dfrac{1}{E[T_{B_jR_i}]}\\[2mm]\beta_{ij}=\dfrac{1}{E[T_{R_iB_j}]}\end{cases} \tag{5-27}$$

式中：$E[T_{B_jR_i}]$为蓝方第 j 类单件武器毁伤一个红方第 i 类目标所需平均时间；$E[T_{R_iB_j}]$为红方第 i 类单件武器毁伤一个蓝方第 j 类目标所需平均时间。

2. 间瞄射击的损耗系数

若有 B 门火炮（或火箭炮）对某一面目标射击，目标区域内配置有 A 件同类武器，则对面目标实行间瞄射击时的毁伤系数为

$$\alpha = \frac{S \times L \times v \times S_{\mathrm{C}}}{S_{\mathrm{T}} \times S_{\mathrm{F}} \times \omega} \tag{5-28}$$

式中：S 为目标区域内目标的毁伤幅员；L 为每门火炮身管数；v 为火炮发射速度；ω 为毁伤工事或装甲目标平均所需命中弹数，对破片杀伤型目标 ω=1；S_{T} 为目际配置幅员；S_{F} 为 1 次齐射的平均射弹散布幅员；S_{C} 为 1 次齐射的平均覆盖面积。

5.1.7 兰切斯特方程的综合分析

1. 兰切斯特方程的基本假设和情况

建立兰切斯特方程时使用了一些基本假设：

（1）作战双方都拥有一定数量的同类作战单位。

（2）在作战过程中的任何时刻，每个基本作战单位或具有同一战斗力，或战斗力为零。

兰切斯特方程中使用的两个基本变量——兵力和损耗系数——是作战过程中最为主要、最为直接的因素。兵力（即基本作战单位总数）是作战的客观物质基础，而损耗系数（平均战斗力）是人和武器综合效能的反映。指挥实质上就是科学的使用兵力兵器和最大程度地发挥作战潜能，它可间接地由损耗系数所体现。因而，兰切斯特方程也综合地反映了作战过程中的其他因素。

兰切斯特方程是以单个作战单位的作战能力为基础建立起来的，它能方便迅速地建立数学模型，计算量不大，能给出较清晰的对抗结果。但它较大的缺陷在于没有反映随机性因素的作用和各种因素间的相互影响。下列因素在兰切斯特方程中体现的不明显：

（1）双方指挥员的经验和部队的训练水平。

（2）双方作战单位的士气、疲劳程度和使用战术。

（3）环境条件，如气象、地形等。

因此，在使用兰切斯特方程模拟作战过程或计算兵力损耗时，必须了解它的这些假设和局限性，以给予必要的修正，取得满意的结果。

2. 综合战斗力的计算

在作战单位不同的场合，双方各自总兵力的计算可通过下式完成，红方为

$$x = \left(\sqrt{\beta_1 x_1^2} + \sqrt{\beta_2 x_2^2} + \cdots + \sqrt{\beta_i x_i^2} + \cdots + \sqrt{\beta_n x_n^2}\right) \tag{5-29}$$

由此所得到的结果称为双方的综合战斗力，式中各符号的意义同前。

3. 对兰切斯特方程的小结

（1）兰切斯特方程能在一定程度上模拟两军的对抗作战。它是利用微分方程组来描

述作战系统的，并对有关因素进行了充分的量化。兰切斯特方程有丰富多彩的各种形式，还可以对各方程的假设做出这样那样的修改和组合，就能得出新的形式，例如，一次成功射击可击毁对方多个目标的情况、多个武器射击对方同一个目标的情况、考虑武器弹头飞行时间的影响、考虑随机性的兰切斯特方程等。

（2）在一些较简单的方程的情况下，兰切斯特方程才有解析解，更多情况下需要数值方法；不管如何，兰切斯特方程的解都给我们许多有益的启示，如集中优势兵力的大小、胜负条件、战斗结束时间等，可以研究战法和战术。

（3）在兰切斯特方程中，双方兵力可以表达为人员、武器装备数量，或用指数法将兵力表达为各种类型的指数。

（4）对于较为复杂的多兵种合同作战的兰切斯特方程，可以讨论如何协同作战的问题，最佳火力分配问题，提高自己和降低对方损耗系数的问题。

5.2 蒙特卡罗法

著名军事家克劳塞维茨说过："战争是充满偶然性的领域，人类的任何活动都不像战争那样给偶然性这个不速之客留有这样广阔的活动天地，因为没有一种活动像战争这样从各方面和偶然性经常接触。偶然性会增加各种情况的不确定性，并扰乱事件的进程。"这说明战争是充满偶然性因素的领域，随机性是作战过程的重要特点。

无论是发现、射击，还是命中、毁伤，从本质上讲都是随机的。因此，作战过程的模拟就是对随机现象的模拟；而解决随机现象模拟的基本方法是蒙特卡罗法。

5.2.1 蒙特卡罗法概述

1. 蒙特卡罗法

1）蒙特卡罗法的发展

蒙特卡罗法起始于 20 世纪 40 年代，并以著名赌城命名此方法。其原因是这一方法以随机变量的抽样为其主要手段，以概率统计理论为基础，与牌戏、博弈有许多相似之处。

其实在蒙特卡罗法出现以前，早在 18 世纪就已经有学者利用与蒙特卡罗类似的思想来研究现实问题了，只不过受限于当时技术条件的限制，没法进行大量实验。1777 年，法国学者蒲丰[①]（Buffon）发现了利用随机投针方法来求圆周率 π 的值。这是一个构思巧妙的实验，它在一张足够大的纸上画了距离为 $2a$ 平行线束，用一根长 $2l$ 的针上抛落在纸上。蒲丰从数学上证明了如下公式：

$$\pi = \frac{2lN}{an}$$

式中：N 为投针总次数；n 为针与平行线来相交的次数。后人作了多次实验，但精度并不高。投针实验结果如表 5-1 所列。

① 蒲丰（1707—1788），法国博物学家，他的经典著作《自然史》（36 卷，1749—1788 年，另外 8 卷由助手完成），1804 年出版，为以后的植物学、动物学和比较解剖学的研究奠定了基础。

表 5-1 求圆周率 π 值的几个投针实验结果

时间	实验者	a	l	实验次数	相交次数	π 实验值
1853 年	Wolf	45	36	5000	2532	3.1596
1911 年	Lazzarini	3	2.5	3408	1808	3.1415929
1950 年?	裴鹿成、张孝泽			几十万		3.14

尽管 1911 年 Lazzarini 达到了较高的精度，与 1000 多年前我国伟大的科学家祖冲之的π密率 355/113 相合，但完全是偶然的。蒙特卡罗理论证明，要达到三位有效数字，需投针 88.7 万次，裴鹿成、张孝泽的实验倒是合理的。事实上，Lazzarini 的实验相交次数只要多一次，他的π实验值的有效数字就只剩两位了。

蒙特卡罗法作为一种有效的统计试验方法，只有在计算机上大量试验才有较精确的结果。因此，在 20 世纪 40 年代计算机出现后，蒙特卡罗法有了发展的基础。当时，具有代表性的工作是研制原子弹工作中的中子扩散计算，1946 年 Von Neumann 等在计算机上用随机抽样方法模拟了中子链式反应。蒙特卡罗法直接模拟中子的行为，一个一个地“跟踪”它们，它们被介质散射（包括弹性散射和非弹性散射）、吸收和引起裂变，都是随机过程。就是散射，其散射角也是服从一定分布的随机变量在应用中，蒙特卡罗法获得了进一步的发展，出现了很多技巧，如“重要性抽样”“俄罗斯轮盘”等方法；这一类关于粒子输运问题，在核动力反应堆和核武器的理论和实践中起了重大作用，直到今天，蒙特卡罗法仍是核原理研究的基本方法。

蒙特卡罗法还能适用于所有随机事件的模拟计算，例如武器打击目标、排队系统，以至战斗行动、战役过程等，它能普遍有效地解决这类问题。蒙特卡罗法的发展，使它成了计算数学的一个重要分支，是计算物理学的理论基石之一。由于蒙特卡罗法对付随机过程特别有效，因此也是作战模拟的最重要一个方法。

1950 年，美国人约翰逊最早提出了用蒙特卡罗法来描述作战过程。蒙特卡罗法是用随机数来模拟作战过程中的随机因素，能充分体现随机因素对作战过程的影响和作用，更确切地反映出作战活动中的动态过程，是一种统计试验的定量方法。由于蒙特卡罗法应用起来相当简单，使其已成为最有价值的作战模拟手段之一，30 多年来，蒙特卡罗法在作战模拟中已取得了极大的成功。蒙特卡罗法是用随机性模型描述作战过程的标准方法。

2）蒙特卡罗法的基本思想

蒙特卡罗法的基本思想是，针对要求解的数学、物理、工程技术以及生产管理等方面的问题，首先建立一个该问题随机过程的概率模型，确定问题解的指标；然后，通过对模型或过程的观察或抽样试验，来计算解的指标的统计特征，给出解的近似值和它的精度（用标准误差表示）。蒙特卡罗法常用来解决较复杂的随机过程。在解决某些复杂的军事运筹学、作战模拟问题时，统计试验是一种基本有效的方法。而且研究经验表明，过程中随机因素越多，就越适合采用蒙特卡罗法。

现代战争环境条件和战场系统因素一般相当复杂，瞬息万变的随机因素的作用广泛存在共同时起作用，因此要建立描述它的数学解析模型极其困难，甚至是不可能的。蒙特卡罗法建立一种概率模型来研究战斗过程，并反复实现该过程（试验）。最后对试验的结果作统计分析，从而决定所研究的战斗过程的特征，即效率指标的数学期望值和统计分布。因此，解题的关键是建立与实际问题有相同概率特性的简单而易于实现的概率模型。

使用蒙特卡罗法模拟作战过程的思路，是把所要描述的战术现象分解为一系列的基本活动和事件，如机动、搜索、发现、目标选择、目标分配、射击、命中、毁伤等，然后用随机性的方法模拟每一项基本事件和活动，最后再按事件或活动它们组合一起，从而达到模拟作战过程的目的。

2. 蒙特卡罗法的求解

假设所要求的量 x 为随机变量 ξ 的数学期望 $E(\xi)$，那么近似确定 x 的方法是对 ξ 进行 N 次重复抽样，产生相互独立的 ξ 值序列 $\xi_1,\xi_2,\cdots,\xi_N$，并计算其算术平均值

$$\overline{\xi}_N=\frac{1}{N}\sum_{i=1}^{N}\xi_i \tag{5-30}$$

根据柯尔莫哥洛夫加强大数定理有

$$P(\lim_{N\to+\infty}\overline{\xi}_N=x)=1 \tag{5-31}$$

因此，当 N 充分大时，下式

$$\overline{\xi}_N\approx E(\xi)=x \tag{5-32}$$

成立的概率等于 1，以及可用 $\overline{\xi}_N$ 作为所求量 x 的估计值。

蒙特卡罗法解决一个最简单的情况是模拟发生概率为 p 的随机事件 A，设

$$\xi=\begin{cases}1 & (A\text{出现})\\ 0 & (A\text{不出现})\end{cases}$$

则的期望值和方差分别为

$$E(\xi)=1\cdot p+0\cdot(1-p)=p \tag{5-33}$$

$$\sigma^2=E[\xi-E(\xi)]^2=p-p^2 \tag{5-34}$$

具体试验时，由伪随机数 r 与 p 相比较，若 $r<p$，则 A 出现；否则 A 不出现。设总试验次数为 N，有 n 次 A 出现，则

$$\overline{p}=\frac{n}{N}\approx p \tag{5-35}$$

由上面的模拟过程可以看出，用蒙特卡罗法解决实际问题的基本步骤为：

（1）根据实际问题的特点，构造简单而又便于实现的概率统计模型，使所求的解恰好是所建立模型的概率分布或数学期望。

（2）给出模型中各种不同分布随机变量的抽样方法。

（3）统计处理模拟结果，给出问题解的统计估计值和精度估计值。

3. 蒙特卡罗法模拟步骤

蒙特卡罗法是一种用来模拟随机现象的数学方法，这种方法在作战模拟中能直接反映作战过程中的随机性。在作战模拟中能用解析法解决的问题虽然越来越多，但有些情况下却只能用蒙特卡罗法。使用蒙特卡罗法的基本步骤如下：

（1）根据作战过程的特点构造模拟模型。

（2）确定所需要的各项基础数据。

（3）使用能提高精度和收敛速度的方法。

（4）估计模拟次数。

（5）编制程序并在计算机上实现。

（6）统计处理数据，给出问题的模拟结果及精度估计。

在蒙特卡罗法中，对同一个问题可有多种不同的模拟方法，它们有好有差，精度有高有低，计算量有大有小，收敛速度有快有慢，在方法上有相当高的技巧问题。

4. 作战模拟应用蒙特卡罗法时的特点

（1）适用范围广，原则上没有什么限制，能解决解析法难以解决甚至无法解决的复杂问题。

（2）特别适用于随机因素较多的问题，随机因素多时，蒙特卡罗法比非解析的数值计算方法工作量小。

（3）各种因素对最终结果的影响不如解析法直接明了，这就是所谓的蒙特卡罗法的“盲目性”。

（4）对同样的兵力部署和作战条件，用蒙特卡罗法模拟时，每一次试验都产生不同的结果，这正是实战中随机现象的概率特性的反映。比如前面的试验做的次数不一样，结果就不同，重做若干次试验又得到另外一个结果，然而这些结果并非是无规则的，而是围绕战斗过程平均结果以一定概率出现。原则上做的次数越多，误差就越小。

（5）对于小概率事件要达到一定精度则很费时间，计算机的发展使蒙特卡罗法有了推广应用的物质基础，使大量的试验和统计分析能很快获得结论。

5.2.2 随机事件的模拟

当用蒙特卡罗方法来模拟作战行动时，需要使用最基本的均匀分布的随机数，来实现表示作战过程中随机因素的随机事件的模拟，产生具有一定概率特性的随机数。

1. 简单事件的模拟

1）单个事件的模拟

给定随机事件 A，且 $P(A)=p$，$0<p<1$。设 ξ 为［0, 1）区间中均匀分布的随机数若 $\xi \leqslant p$，则认为事件 A 发生，否则为不发生。

随机事件 A 的发生，与［0, 1）区间上均匀分布的随机数 $\xi \leqslant p$ 是两个不同的随机现象，但它们具有完全相同的随机特性和概率分布，而在一般情况下，判定随机数 $\xi \leqslant p$ 较容易且能方便地在计算机上实现。因而蒙特卡罗法模拟的基本思想，就是用一个易于实现的随机现象，去模拟另外一个随机特性完全相同但不易实现的随机现象。

2）事件组的模拟

给定相互独立的事件 $A_1, A_2, \cdots, A_N$ 组成的事件组，且 $P(A_i)=p_i$，$p_i \geqslant 0$，$i=1,2,\cdots,N$；$\sum_{i=1}^{N} P_i = 1$。把区间［0, 1）分成 N 个小区间，使第 i 个小区间的长度恰好等于 p_i。

设 ξ 为区间［0, 1）中均匀分布的随机数，若 ξ 落在第 i 个小区间内，则认为事件 A_i 发生。

若用代数式表示则为：当满足以下不等式时

$$\sum_{j=1}^{i-1} p_j \leqslant \xi < \sum_{j=1}^{i} p_j$$

则认为 A_i 发生。

例 5-3　火炮对目标射击的命中率为 $p=0.4$，现对目标射击 N 发，试求火炮命中的弹数。

解：生成 N 个［0，1）的随机数 $r_1,r_2,\cdots,r_N$，定义如下函数

$$f(x)=\begin{cases}1 & (0<x\leqslant 0.4)\\ 0 & (x>0.4)\end{cases}$$

则本次模拟的命中弹数为

$$N_{\mathrm{H}}=\sum_{i=1}^{N} f(r_i)$$

2. 复合事件的模拟

在作战模拟中，对有些随机现象，有时需用两个或更多的随机事件来共同表示，如射击毁伤目标，是由射击命中目标和命中条件下毁伤目标这样两个事件来表示的。因此，在解决了简单事件模拟的基础上，还需要实现复合事件的模拟。

复合事件又可区分为独立事件和非独立事件。

1）独立事件

设事件 A、B 为两个相互独立的事件，它们的概率分别为 P_{A} 和 P_{B}，其联合试验的结果有 4 种：$AB,\bar{A}B,A\bar{B},\bar{A}\bar{B}$，分别用 $C_i(i=1,2,3,4)$ 表示，如表 5-2 所列。

表 5-2　独立事件复合的概率分布

i	1	2	3	4
C_i	AB	$\bar{A}B$	$A\bar{B}$	$\bar{A}\bar{B}$
p_i	$P_{\mathrm{A}}P_{\mathrm{B}}$	$(1-P_{\mathrm{A}})P_{\mathrm{B}}$	$P_{\mathrm{A}}(1-P_{\mathrm{B}})$	$(1-P_{\mathrm{A}})(1-P_{\mathrm{B}})$

判定哪种结果出现的模拟方法有两种：

（1）采用事件组的模拟方法，抽取［0，1）上均匀分布的随机数，按照事件组计算公式来决定。

（2）产生两个［0, 1）上均匀分布的随机数 ξ_1、ξ_2，由表 5-3 决定哪一结果出现。

表 5-3　随机试验结果表

随机数状　态	$\xi_1 \leqslant P_{\mathrm{A}}$ $\xi_2 \leqslant P_{\mathrm{B}}$	$\xi_1 > P_{\mathrm{A}}$ $\xi_2 \leqslant P_{\mathrm{B}}$	$\xi_1 \leqslant P_{\mathrm{A}}$ $\xi_2 > P_{\mathrm{B}}$	$\xi_1 > P_{\mathrm{A}}$ $\xi_2 > P_{\mathrm{B}}$
试验结果	$C_1(AB)$	$C_2(\bar{A}B)$	$C_3(A\bar{B})$	$C_4(\bar{A}\bar{B})$

2）不独立事件

如果事件之间不相互独立，就要用到条件概率。设事件 A 发生条件下事件 B 发生的概率为 $P(B|A)$，A 和 B 联合试验的可能结果仍用复合事件 $C_i(i=1,2,3,4)$ 来表示，则 C_i 的概率 p_i 如表 5-4 所列。表中（全概率公式）

$$P(B|\overline{A})=\frac{P_{B}-P_{A}P(B|A)}{1-P_{A}} \tag{5-36}$$

表 5-4　非独立事件复合的概率分布

i	1	2	3	4
C_i	AB	$\overline{A}B$	$A\overline{B}$	$\overline{A}\overline{B}$
p_i	$P_A P(B\|A)$	$(1-P_A)P(B\|\overline{A})$	$P_A[1-P(B\|A)]$	$(1-P_A)[1-P(B\|\overline{A})]$

判定模拟结果的方法仍有两种：

（1）抽取［0, 1）上均匀分布的随机数ξ，然后用事件组的模拟方法来决定。

（2）产生两个［0, 1）上均匀分布的随机数ξ_1、ξ_2，由表 5-5 决定哪一结果出现。

表 5-5　随机试验结果表

随机数 状　态	$\xi_1\leqslant P_A$ $\xi_2\leqslant P(B\|\overline{A})$	$\xi_1>P_A$ $\xi_2\leqslant P(B\|\overline{A})$	$\xi_1\leqslant P_A$ $\xi_2>P(B\|A)$	$\xi_1>P_A$ $\xi_2>P(B\|\overline{A})$
试验结果	$C_1(AB)$	$C_2(\overline{A}B)$	$C_3(A\overline{B})$	$C_4(\overline{A}\overline{B})$

例 5-4　火炮对目标射击的命中概率为P_H，现射击两发，$P(A)$、$P(B)$分别表示前后两次的射击命中概率。试用蒙特卡罗方法模拟射击结果。

解：首先产生两个［0, 1）区间中的随机数ξ_1、ξ_2。

① 若两次射击独立，于是

若$\xi_1<P_H=P(A)$，则第一次射击命中，否则不命中；

若$\xi_2<P_H=P(B)$，则第二次射击命中，否则不命中。

② 若两次射击不独立，并设$P(B|A)=P_K$，于是$P(B|\overline{A})=\dfrac{P_H-P_HP_K}{1-P_H}$：

若$\xi_1\leqslant P_H$，$\xi_2\leqslant P_K$，则两发都命中；

若$\xi_1\leqslant P_H$，$\xi_2>P_K$，则第一发命中，第二发不命中；

若$\xi_1>P_H$，$\xi_2>P(B|\overline{A})=\dfrac{P_H-P_HP_K}{1-P_H}$，则第一发不命中，第二发不命中；

若$\xi_1>P_H$，$\xi_2\leqslant P(B|\overline{A})=\dfrac{P_H-P_HP_K}{1-P_H}$，则第一发不命中，第二发命中。

例 5-5　我方反坦克火力系统对由 4 辆坦克和 2 辆步战车组成的敌方装甲分队实施射击，其结果可用离散变量(X,Y)表示，共有 15 种不同的结果，其概率分布由表 5-6 所列。试模拟我方火力系统对敌方装甲分队的射击结果。

表 5-6　概率分布表

X（坦克） Y（步战车）	0	1	2	3	4	$P\{Y=y_j\}$
0	0.05	0.12	0.18	0.06	0.03	0.44
1	0.03	0.11	0.13	0.04	0.02	0.33
2	0.02	0.07	0.09	0.03	0.02	0.23
$P\{X=x_i\}$	0.10	0.30	0.40	0.13	0.07	1.00

解：表中的边缘分布，分别表示了毁伤敌方坦克和步战车的概率。

因为$P\{X=x_i,Y=y_i\} \neq P\{X=x_i\} \cdot P\{Y=y_i\}$，所以变量$X$、$Y$并不相互独立，这是因为敌方坦克和步战车能以火力互相支援的结果。因此要用复合事件的模拟方法。

以随机的方式从随机数表中产生两个随机数$\xi_1=0.162$，$\xi_2=0.837$，分别用来模拟对坦克和步战车的射击结果。

由于两个变量不独立，首先用ξ_1决定有坦克的射击结果。

以表中最下面一栏的累加值为端点，把［0, 1）区间分成若干小区间。

由于$0.1 \leqslant \xi_1 < 0.40$落入第 1 个小区间，因此模拟结果是$X=1$，毁伤 1 辆坦克。

再用ξ_2模拟对步战车的射击结果：由于X、Y间不独立，因而必须用条件概率来决定Y的取值情况。利用表计算每一个条件概率值如下：

$$P\{Y=0 \mid X=1\}=\frac{P\{X=1,y=0\}}{P\{X=1\}}=\frac{0.12}{0.30}=0.40$$

$$P\{Y=1 \mid X=1\}==\frac{0.11}{0.30}=0.367$$

$$P\{Y=2 \mid X=1\}==\frac{0.07}{0.30}=0.233$$

以累加值为端点划分［0, 1）区间。

由于$0.767 \leqslant \xi_2 < 0.873$，因而模拟结果是$y=2$，即毁伤全部步战车。

上述结果出现的概率为

$$P\{X=1,Y=2\}=0.07$$

在实际的作战行动中，任何一个战斗动作或作战过程都是非常复杂的，在对其进行模拟时，一般要先将其进行合理地分解，用随机数模拟每一个事件，然后根据概率论原理求解所需要的概率值，如对敌方目标的打击，是由发现、射击、命中、毁伤等一系列动作组成，对每一个步骤都要用单个或复合事件的方法进行模拟，最后才能达到模拟战斗动作和作战过程的目的。

5.2.3　效率指标和模拟精度

1. 决定效率指标

在掌握了基本模拟技术的基础上，蒙特卡罗法可用来确定定量描述作战过程的效率指标。

1）概率性的效率指标

某些情况下，事件A（可理解为某种作战行动结果）发生的概率是未知的，此时，可用蒙特卡罗法对事件A发生的概率进行估计，其实施步骤如下：

（1）给出事件A及一组（或一个）判定事件A发生与否的条件。

（2）产生一组随机数。

（3）用随机数来模拟条件是否实现；若模拟结果是这一组条件实现，则认为事件A发生，否则，为不发生。

（4）反复模拟N次，若A发生的次数为n，则有

$$P(A) \approx \frac{n}{N} \tag{5-37}$$

2）平均特性的效率指标

设 $x_1, x_2, \cdots, x_n$ 为用蒙特卡罗法模拟作战过程中某效率指标的随机数值，则

$$\overline{x} = \frac{1}{n}\sum_{i=1}^{n} x_i \tag{5-38}$$

式中：$\overline{x}$ 可作为该效率指标的近似值，如平均毁伤率、平均杀伤率、平均覆盖率等，也可理解为效率指标的数学期望或均值的估计值。

3）离散特性的效率指标

在作战过程的模拟中，有时需要对模型某效率指标的随机观察值的离散特性进行估计。

设 $x_1, x_2, \cdots, x_n$ 为某效率指标的一组随机实现（统计抽样），也可认为是服从给定分布的随机数，则描述随机观察值离散特性的估计公式为

$$\hat{D} = \frac{1}{n-1}\sum_{i=1}^{n}(x_i - \overline{x})^2 \tag{5-39}$$

式中：$\overline{x} = \frac{1}{n}\sum_{i=1}^{n} x_i$ 为效率指标（均值）的估计值；实质上 $\hat{D}$ 就是效率指标方差估计值，而 $\sigma = \sqrt{\hat{D}}$ 为均方差的估计值。

2. 模拟精度的估计

1）影响精度的主要因素

对不同的模拟方法有不同的精度估计，但影响蒙特卡罗法模拟精度的因素却只有两个，即方差和模拟次数。

设随机变量 X 的分布为给定，其均值和方差分别用 μ 和 D 表示。$X_1, X_2, \cdots$ 是一列与 X 同分布的随机变量，由同分布的中心极限定理得到

$$\lim_{n\to+\infty} P\left\{\frac{\sum_{i=1}^{n} X_i - n\mu}{\sqrt{nD}} \leqslant x\right\} = \int_{-\infty}^{x} \frac{1}{\sqrt{2\pi}} \mathrm{e}^{-\frac{t^2}{2}} \mathrm{d}t \tag{5-40}$$

对常数 a、b 有

$$P\left\{a \leqslant \frac{\sum_{i=1}^{n} X_i - n\mu}{\sqrt{nD}} \leqslant b\right\} \approx \int_{a}^{b} \frac{1}{\sqrt{2\pi}} \mathrm{e}^{-\frac{t^2}{2}} \mathrm{d}t \tag{5-41}$$

由于 $\overline{X} = \frac{1}{n}\sum_{i=1}^{n} X_i$，则得

$$P\left\{a \leqslant \frac{\overline{X} - \mu}{\sqrt{D/n}} \leqslant b\right\} \approx \int_{a}^{b} \frac{1}{\sqrt{2\pi}} \mathrm{e}^{-\frac{t^2}{2}} \mathrm{d}t \tag{5-42}$$

即

$$P\{a\sqrt{D/n} \leqslant \bar{X}-\mu \leqslant b\sqrt{D/n}\} \approx \int_a^b \frac{1}{\sqrt{2\pi}} \mathrm{e}^{-\frac{t^2}{2}} \mathrm{d}t \tag{5-43}$$

若取 $a=-2$ ，$b=-2$ ，由概率论中的“3σ”原则得

$$\int_{-2}^{2} \frac{1}{\sqrt{2\pi}} \mathrm{e}^{-\frac{t^2}{2}} \mathrm{d}t \approx 0.95 \tag{5-44}$$

也就是说以 0.95 的概率成立，即

$$|\bar{X}-\mu| \leqslant 2\sqrt{D/n} \tag{5-45}$$

在多数问题中，方差 D 一般都是未知的，这时可用它的估计量来代替：

$$\hat{D} = \frac{1}{n-1}\sum_{i=1}^{n}(X_i - \bar{X})^2 \tag{5-46}$$

相应地，则以 0.95 的概率有

$$|\bar{X}-\mu| \leqslant 2\sqrt{\hat{D}/n} \tag{5-47}$$

模拟精度与 $\frac{1}{\sqrt{n}}$ 成正比，因此要使精度提高一位小数（10 倍），则试验次数就要增加 100 倍，通过这条途径来提高精度计算量太大。

模拟精度还依赖于方差，用具有较小方差的方法产生随机数，可在不增加计算量的条件下使精度提高，这就是方差缩减技术。

2）精度和模拟次数的估计

在蒙特卡罗法中为了保证结果具有给定的精度，必须进行次数足够多的试验，下面给出估计公式。

（1）事件发生概率的精度估计。如果从 n 次模拟试验中所得出的事件 A 的频率为 P^*，则事件 A 的概率真值 P 将处于下列范围：

$$P = P^* \pm 2\sqrt{\frac{P^*(1-P^*)}{n}} \tag{5-48}$$

用蒙特卡罗法估计事件 A 的概率时，为了使最大的实际可能误差不大于给定的 ε，所必须的模拟次数不应少于：

$$n = \frac{4P(1-P)}{\varepsilon^2} \tag{5-49}$$

式中：$P = P(A)$。

但由于 P 为未知，此时可用前面几批的试验结果对 P 值予以估计，然后再随着试验次数的不断增加进行修正。

（2）平均效率指标的精度估计。如果从 n 次模拟试验中所得到的某效率指标观察值的算术平均值为 $\bar{x}$，则效率指标（数学期望）的真值将在下列范围内：

$$\mu = \bar{x} \pm \frac{2}{\sqrt{n}}\sqrt{\hat{D}} \tag{5-50}$$

式中：

$$\bar{x} = \frac{1}{n}\sum_{i=1}^{n} x_i \tag{5-51}$$

$$\hat{D}=\frac{1}{n-1}\sum_{i=1}^{n}(X_i-\bar{X})^2 \tag{5-52}$$

用蒙特卡罗法估计随机变量调的数学期望 P 时，如果要求误差不超过规定的 ε，则必须的最低模拟次数不应少于 $n=\frac{4\hat{D}}{\varepsilon^2}$。

对 p 可用前几批的试验结果进行预先粗略估计，然后随着试验的进行再不断予以修正。

例 5-6 从 20 次的模拟试验中所得到的武器射击的命中概率为 $P^*=0.30$。

试求：（1）最大的估计误差；

（2）若要求误差不大于 $\varepsilon=5\%$，最低应进行多少次的模拟试验？

解：（1）由题设 $n=20$，$P^*=0.30$，有

$$P=P^*\pm 2\sqrt{\frac{P^*(1-P^*)}{n}}=0.3\pm 2\sqrt{\frac{0.3(1-0.3)}{20}}=0.30\pm 0.205$$

模拟结果误差太大（68%），是由于模拟次数太少造成的。

（2）若要求误差为 ε=0.05，则最低的模拟试验次数（近似结果）为

$$n=\frac{4P^*(1-P^*)}{\varepsilon^2}=\frac{4\times 0.3(1-0.3)}{0.05^2}=336$$

即至少进行 336 次以上的模拟试验才能保证结果有 5%的精度。

5.2.4 蒙特卡罗法模拟举例

1. 对集群目标射击的模拟

用蒙特卡罗法模拟火炮间瞄射击地面集群目标的毁伤结果时，其大致过程如下。

（1）对集群目标中的每一个单位目标输入坐标值 $(x_i,z_i), i=1,2,\cdots,n$。

其中：(x_i,z_i) 为第 i 个单位目标坐标；n 为集群目标中所含单位目标的个数。

（2）对集群目标中的每一个单位目标赋予一个特征值 T_i，如为了方便可取全部特征值为 0，即 $T_i=1,2,\cdots,n$。

（3）利用集群目标中各单位目标的坐标，计算集群目标中全部单位目标的散布中心：

$$X=\frac{\sum_{i=1}^{n}x_i}{n},\quad Z=\frac{\sum_{i=1}^{n}z_i}{n}$$

（4）以 (X,Z) 为原点建立笛卡儿坐标系，其中 x 轴与火炮的基准射向一致，如图 5-5 所示。

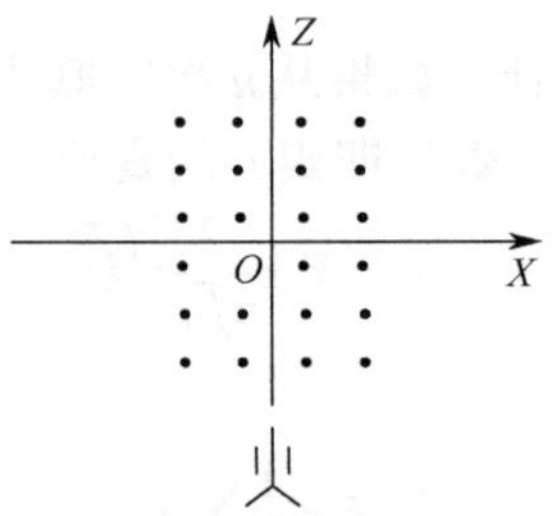

图 5-5 射击示意图

火炮射击的瞄准点在坐标原点，即集群目标中单位目标的散布中心。

（5）根据火炮的类型、装药量、射击单位坐标、目标类型、目标坐标、火力分配方式等参数，计算射击误差，毁伤幅员等参数。

（6）根据射击单位的诸元中间误差E_{d}、E_{f}，计算射击单位（一般为连）对目标射击时的炸点散布中心。

① 产生［0,1）区间上均匀分布的随机数ξ_1、ξ_2。

② 用适当的方法把ξ_1、ξ_2转换成标准正态分布的随机数。一种常用而又简单的方法是Box—Muller方法，即

$$\begin{cases}\eta_1=(-2\ln\xi_1)^{\frac{1}{2}}\cos 2\pi\xi_2\\ \eta_2=(-2\ln\xi_1)^{\frac{1}{2}}\sin 2\pi\xi_2\end{cases}$$

式中：η_1、η_2为标准正态分布的随机数。

③ 计算炸点散布中心坐标：

$$W_1=\sqrt{2}\cdot\rho\cdot E_{\mathrm{f}}\cdot\eta_1+\mu_1$$

$$W_2=\sqrt{2}\cdot\rho\cdot E_{\mathrm{d}}\cdot\eta_2+\mu_2$$

式中：ρ为正态常数，其值为0.476936；μ_1、μ_2为射击单位在选定的坐标系中的瞄准点，在此处取$\mu_1=X$，$\mu_2=Z$。

（7）若实施适宽射向和多距离射击，则要根据射向间隔和距离差，求出射击单位中每一门火炮在每一个射击方向和每一个射击距离上的散布中心：

$$W_3=W_1+(L-P_i/2-0.5)\cdot I$$

$$W_4=W_2+(J-2)\cdot h$$

式中：P_i为射击单位中的火炮数量；I为射向间隔；L为火炮序号，其取值为1，2，…，P_{s}；h为距离差（零距离射击时，$h=0$）；J为射击距离序号，取值一般为1或3。

其中射向间隔I和距离差h一般不能超过火炮战术运用的规定。射向间隔，对线膛炮一般不超过25m，对迫击炮，依口径不同而有所区别，最大值在30～50m间；而距离差一般取最大、最小值的1/4～1/3为宜。

（8）根据射击兵器的散布中间误差B_{d}、B_{f}，求每发射弹的实际炸点。

① 产生［0，1）区间上均匀分布的随机数ξ'、ξ''。

② 把ξ'、ξ''转换成标准正态分布的随机数η'、η''。

③ 计算每发弹的炸点坐标：

$$W'=\sqrt{2}\cdot\rho\cdot B_d\cdot\eta'+W_3$$

$$W''=\sqrt{2}\cdot\rho\cdot B_f\cdot\eta''+W_4$$

式中：B_{d}、B_{f}为火炮射击时的纵向和横向散布中间误差。

若为集火射击，则用W_1、W_2代替W_3、W_4即可。

（9）设弹丸的等效杀伤圆半径为R，则利用炸点坐标(W',W'')和R即可判定该发射弹是否毁伤某个单位目标，实际上相当于对集群目标中的所有单位目标判定：

$$\sqrt{(W'-x_i)^2+(W''-z_i)^2}\leqslant R\quad(i=1,2,\cdots,n)$$

是否成立。

如若不等式对某个(x_i, y_i)成立，则认为该单位目标被毁伤，否则没被毁伤。对被毁伤的单位目标，其特征值改变为1。

为了说明问题，在此处仅简单地认为弹丸的杀伤半径R为单一固定值，实际上相当于假设集群目标是由相同类型的单位目标所组成。如若目标的类型为多样，一种解决办法是分别对每类目标用其相应的毁伤半径判定毁伤（用各种不同的特征值予以区分）；另一种较方便的近似方法，是根据每类目标数量的多少，求各种目标杀伤半径的加权平均值，以其为准进行毁伤判定。

另外，还简单假设了只要某个单位目标在毁伤幅员内，则该目标被毁伤，实际上相当于假定了命中条件下的毁伤概率为1，或毁伤目标的平均必须命中弹数为1；否则，则要在最后的毁伤目标数结果中，用条件毁伤概率值相乘，或用毁伤目标的平均必须命中弹数相除。

（10）对除第一发射弹之外的各发射弹，首先要对单位目标的特征值进行检验，凡特征值为1的单位目标不再对其判定毁伤。

（11）一次模拟的全部射击完成后，对各单位目标的特征值求和，即

$$T = \sum_{i=1}^{M} T_i$$

式中：T为集群目标中被毁伤的单位目标个数；T/n为此次模拟的相对毁伤目标数。

（12）若总计模拟次数为M，则平均毁伤目标数为

$$T' = \sum_{i=1}^{M} T_i' \ / M$$

式中：T'为第i次模拟毁伤的目标数，而平均相对毁伤目标数为

$$T'' = \sum_{i=1}^{M} T_i'/(M \cdot n)$$

（13）用下述公式估计模拟精度

$$\hat{D} = \frac{1}{M-1}\sum_{i=1}^{M}(T - T_i) \text{ 和 } \mu = T' \pm \frac{2}{\sqrt{M}}\sqrt{\hat{D}}$$

（14）用下述公式估计模拟次数，即

$$M = \frac{4 \times \hat{D}}{\varepsilon^2}$$

式中：ε为给定的精度要求，一般可取5%。

如在对集群目标射击的蒙特卡罗法模拟模型中，单位目标个数为1，则模型就转变为对地面各个固定目标射击的蒙特卡罗法模拟模型。

2. 对面积目标射击的模拟

不规则分布在较大面积地域内的一群目标（如居民村、工业区、军事基地、铁路枢纽、仓库、步兵集结区等），把它们当作一个整体对待，着眼于毁伤尽可能多的面积，称为面积目标。

对面积目标的射击任务，一般要事先约定毁伤标准，并假设目标的毁伤程度与被毁

伤的面积成正比，若用相对毁伤面积作为效率指标，则要求相对毁伤面积不能低于 S_0。面积目标已按约定被规范成标准的几何图形（矩形、圆、椭圆）。射击兵器的弹着点服从一定的概率分布，对面积目标射击的毁伤结果，可以用蒙特卡罗法模拟，也可用其他方法计算。

现假设某种火炮间瞄射击矩形面积目标如图 5-6 所示，当用蒙特卡罗法模拟毁伤结果时，其大致过程如下（其他兵器类似）。

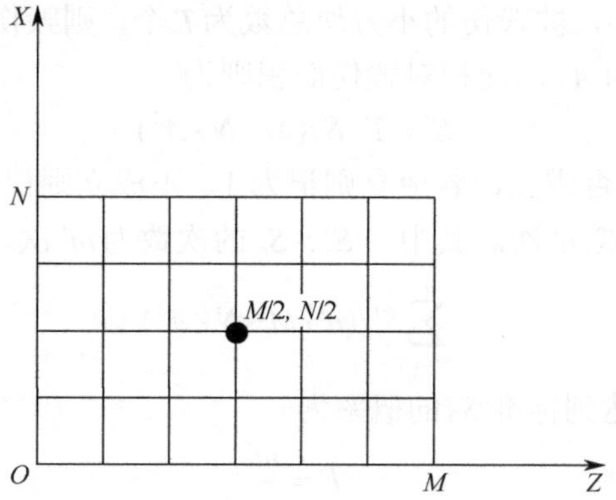

图 5-6　面积目标与坐标系

（1）把面积目标幅员划分为若干标准小方块（矩形或其他形状也可），设每一个小方块的边长为 A，L_d 为面积目标幅员的纵深，L_f 为面积目标幅员的正面，则

$M=[L_f/A]$，$N=[L_d/A]$（[]表示取整运算）分别表示面积目标在横向和纵向上所包含的方格数量。

（2）以面积目标左下角为原点建立坐标系，两坐标轴与面积目标的两条边重合。

在该坐标系中，取方格边长为坐标单位，于是，面积目标的横坐标的取值为 0 到 M，纵坐标的取值范围为 0 到 N。

（3）设火炮的基准射向与 OX 轴一致，射击单位的瞄准点在目标区中心 $(M/2,N/2)$ 点处根据 M、N 的奇偶性，该点可以在交点处（图 5-6），也可能在方格边上或方格中心。

（4）根据射击火炮的类型、装药号、射击单位坐标、目标类型、面积目标幅员、面积目标中心点坐标、火力分配方式等参数，计算射击误差（诸元误差、散布误差）、毁伤幅员等参数。

（5）根据射击单位的诸元中间误差 E_d，E_f，计算射击单位（营、连）对目标射击时的炸点散布中心。

（6）若实施适宽射向和多距离射击，则要根据射向间隔和距离差，求出射击单位中，每门火炮在每个射击距离和每个射击方向上的散布中心，方法与射击集群目标情况相同。

（7）根据射击兵器的散布误差 B_d、E_f，求每一发弹的实际炸点 (w',w'')，方法与射击集群目标情况相同。

（8）用覆盖法判定毁伤，即对矩形面积目标中的每个小方块与炸点间的关系进行判定，并记录结果。

如果下式成立，则认为该小方块被毁伤，否则不被毁伤。记录毁伤结果的方法，也可用引入特征值的方式进行。

$$\sqrt{(W'-I_1)^2+(W''-J_1)^2} \leqslant R/A$$

式中：(I_1,J_1)为每一个小方块的中心点（或其他代表点）坐标，I_1的取值为0～M，J_1的取值为0～N。R为弹头的等效杀伤圆半径，而R/A相当于把以普通长度单位（m）表示的杀伤半径，转换成以方格边长为单位表示的形式，保持与坐标单位同步。

（9）设在全部射击中，被毁伤的小方块总数为T个，则毁伤面积为$T \times S$，式中S为每个小块的面积，此处为A^2。而相对毁伤面积则为

$$S' = T \cdot S / (M \cdot N \cdot A^2)$$

（10）判定$S' > S_0$是否成立，若成立则记为1，不成立则记为零。

（11）对上述过程模拟n'次。其中，$S' > S_0$的次数为m'次，则平均相对毁伤面积为

$$\sum_{i=1}^{n'} S'_i / (n' \cdot M \cdot N \cdot A^2)$$

平均相对毁伤能够达到标准S_0的概率为

$$P = \frac{m'}{n'}$$

从模拟过程中可以看到，相当于简单的假设，是同类兵器射击，面积目标中的单位目标类型相同，命中条件下的毁伤概率为1等。如不属于这种情况，其处理办法与对集群目标射击中的解决方法类似。

对本模型稍加改造即可变为对线目标射击的蒙特卡罗模拟模型。

3. 对面积目标射击的快速模拟

间瞄射击面积目标时，用蒙特卡罗法模拟毁伤结果的传统方法是：用划分面积目标的每个小方块的中心点坐标（或其他特征点坐标）到炸点坐标的距离与毁伤幅员的等效杀伤半径进行比较，以判定该小方块是否被毁伤。当面积目标较大、射弹数量较多时，所耗机时之长，能够达到令人难以容忍的地步。当面积目标在纵深和正面上的尺寸各增加1个数量级时，所消耗的机时，将以平方的形式（几何级数）增加，绝对数量会极大。正因如此，在某种程度上，限制了蒙特卡罗法的广泛灵活使用，在很多情况下使人望而却步。

针对这种情况，在保留蒙特卡罗法优长的基础上，在对面目标的射击中设计了一种能够大大降低机时的独特处理方法，使模拟效率提高几倍到几十倍。下面以圆形杀伤幅员为例说明其实现原理（对矩形杀伤幅员更为方便）。

（1）情况一：杀伤幅员与面积目标幅员全部重合（图 5-7）时，首先确定一个能够覆盖杀伤幅员的最小矩形区域；然后，仅对这个最小矩形区域中的小方块进行毁伤判定，对其余的小方块不再处理。

（2）情况二：杀伤幅员与面积目标幅员部分重合（图 5-8）时，同样也是确定一个能够覆盖杀伤幅员与面积目标幅员重合部分的最小矩形区域，并仅对该区域内的小方块进行毁伤判断，对矩形区域外的小方块和不与面积目标重合的杀伤幅员不予以处理。

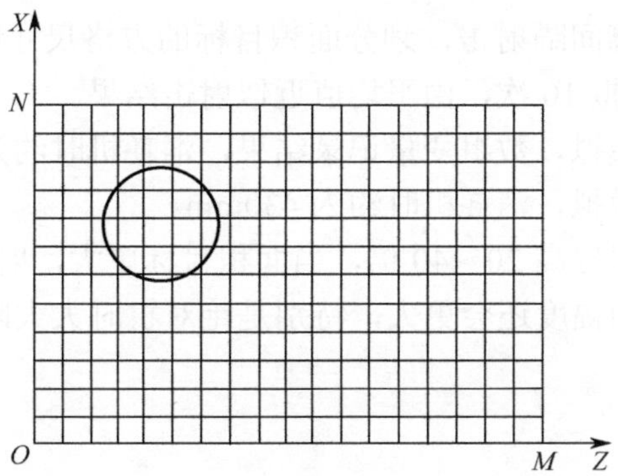

图 5-7　全部重合射击

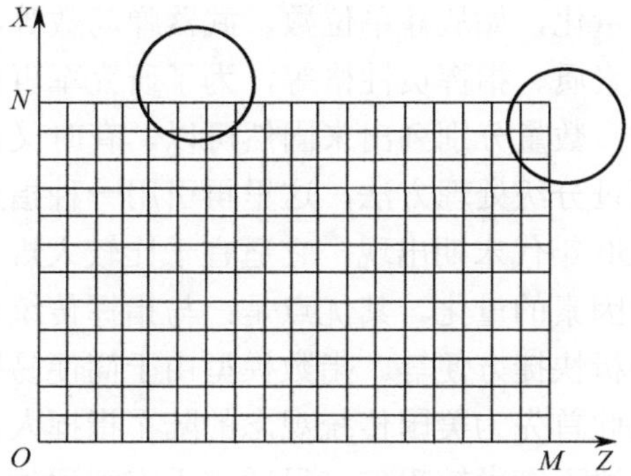

图 5-8　部分重合射击

（3）情况三：杀伤幅员与面积目标幅员不重合的情况时（图 5-9），在所设计的模型中，能进行自动识别，不作任何处理就自动转入下一发弹的模拟。

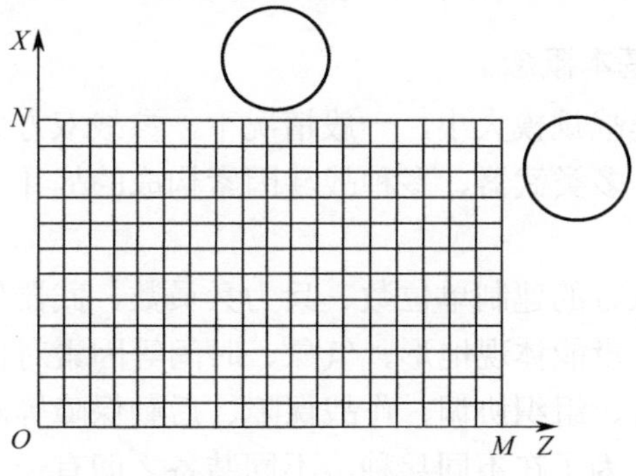

图 5-9　不命中射击

从上面所描述的处理过程可以看到，对每一发弹，仅处理与其有关的一小部分面积目标幅员中所含的小方块，从而使要处理的方格数量降到了最低的限度。因此，无论面积目标的尺寸大小如何，仅有 1 个与毁伤幅员有关的小区域中的方块需要处理，而与面积目标的大小和变化无关。这样，当面积目标尺寸较大时，与传统方法相比，显示了极大的优越性，大大减少了计算时间，提高效率几倍到几十倍。例如，1 个炮兵营（含 3 个炮兵连），12 门火炮编制，每炮射击 6 发炮弹，总计耗弹量 72 发，对 100m×100m 的矩形面积目标进行远距离间瞄射击，划分面积目标的方格尺寸边长为 1m，炮弹杀伤幅员的等效半径为 5m，模拟 10 次，由平均值近似射击结果。

若用快速模拟方法模拟，数组变量记录结果，消耗机时约为 11min。

若用传统比较方法模拟，消耗机时约为 430min。

比较后可看到，效率提高 20～40 倍，当面积目标更大，射弹数量和模拟次数更多，方格尺寸更小时，提高的幅度还会更大，特别是绝对机时大大降低。

5.3 指数法

在作战模拟中，如何定量描述武器的战场效能是一个非常困难的问题。影响作战效能的诸因素中，有些容易量化，如战斗单位数、武器弹药数等，有一些不易量化，如训练水平、士气、战斗人员素质、指挥员性格等，为了研究军事问题有些需要量化处理。此外，武器装备多种多样，数量分别列出来固然可以，有时又需要统一比较，怎么办？前面对地形、气象等介绍过分级处理方法，这里再引用一种指数方法。

指数方法在 20 世纪 50 年代末期出现，它适宜于比较大规模的，如军、师以上战役战斗（对抗作战）中作战因素的量化。其优点是：与指挥传统分析法相近，易被接受和掌握；结构简单；估计分析快捷方便等。指数模型由于简便易行，反映军事人员的作战经验，模型数据适中，因此首先为美国传统观念的陆军指挥人员接受，并很快推广到其他部门。其局限性是：描述不细微较粗糙，只适宜于宏观评估，有的近乎牵强附会。尽管对指数方法褒贬不一，但自 20 世纪 60 年代编入美国陆军《机动演习野战手册》以来，该方法一直在不断应用与发展之中。

5.3.1 战斗效能指数

1. 战斗效能指数的基本概念

现代战争中，不论作战规模大小，一般情况下，参战双方大都是诸兵种合成结构。为了比较双方由多兵种、多类武器、多种战斗因素构成的战斗力，就需要有一个统一的评定标准。

传统的方法，是用双方的建制单位数、兵力兵员数、武器件数的比值来表示。这种比较方法是不精确的，它没能体现地形、气象、时间等因素对作战能力的作用，也没能反映出指挥、训练、士气、组织协调、作战保障、后勤保障等对作战能力的影响。

为了统一度量标准，为了在不同兵种、不同装备之间有一个比较的基础，达到综合体现诸因素对作战能力的影响和作用，便出现了“指数”的概念。

指数就是把作战过程中的相关数据化为可以对比的相对于同一个量（或基础）的数字。在作战模拟中经常用到的指数有火力指数、武器指数、杀伤力指数、机动力指数等。

指数法在比较各类武器效能时，在事先选择的一个基准点上（规定为 1 或 100），将其他各量表达为这个基础量的倍数。例如，初步假设 7.62mm 半自动步枪的杀伤力为 1，而 60mm 迫击炮是与半自动枪性能和结构都不一样的另一种兵器，但经过靶场实验和战争统计资料的分析，大致可认为 60mm 迫击炮的杀伤力为半自动枪的 m 倍。这个 1 和 m

就可分别作为半自动枪和迫击炮的火力指数。

其中，半自动枪的火力指数“1”，是假设的事先选择好的比较标准或基准点，它是建立指数的前提，是任何指数建立的基础。而 m 则是迫击炮的杀伤力对半自动枪杀伤力的一种相对比较值。任何其他武器或武器类指数的建立也都需如此进行。

当某种武器的指数，用其在战场上的重要性和作用进行修正后的结果，被称为加权指数。假设半自动枪指数为 1，某种火炮的指数为 100，在正常情形下这无疑是正确的，但在近距离交战时，火炮的作用甚至可能不如步枪，这样就必须对火炮的指数用一个适当的系数（权重因子）加以修正，才能比较合理地体现其作用和重要性。在动态的作战过程中，不加权的指数没有多大的使用价值。

2. 战斗效能指数的基本类型

1）火力指数

（1）基本火力指数。也称单项火力指数，简称火力指数（Firepower Score）。

火力指数是衡量武器杀伤力的一个指标值，所表示的是在某种条件下各种武器的杀伤力与某一特定的基准武器杀伤力的比值，一般可由人工计算或模拟产生，也可由实验而得。火力指数能够实现不同种类、不同效能武器的“等价”对比；它既在数量上又在质量上反映了作战双方武器杀伤力的差异。常规兵器火力指数如表 5-7 所列。

表 5-7　常规兵器火力指数

武器名称	火力指数	武器名称	火力指数
7.62mm 半自动步枪	1	82mm 无后坐力炮	10
7.62mm 冲锋枪	1	60mm 迫击炮	7
7.62mm 班用机枪	4	82mm 迫击炮	12
7.62mm 轻重两用机枪	6	反坦克导弹（HJ-73）	30
12.7mm 高射机枪	10	73mm 炮（步战车）	28
40mm 火箭筒	9	T-59，T-72 中型坦克	34

（2）合成火力指数。合成火力指数是一个建制单位所拥有的各类武器的单项火力指数与该类武器数量乘积之和，即

$$W=\sum_{i=1}^{n}W_iZ_i \tag{5-53}$$

式中：W 为建制单位的合成火力指数；W_i 为第 i 类武器的火力指数；Z_i 为第 i 类武器的件数；n 为建制单位内武器的种类数。

合成火力指数体现了一个作战单位所装备武器的总实力，是比较作战双方战斗力的物质基础。

例 5-7　在对抗演习中，红方 1 个步兵排、59 式中型坦克两辆、82 无后坐力炮两门，向蓝方 1 个摩步班、T-72 坦克 1 辆坚守的阵地发动进攻。其中红方步兵排的配备为：有 3 个步兵班，每班有 7.62mm 步枪、冲锋枪 9 支，班用机枪 1 挺，40mm 火箭筒两具；蓝方摩步班的配备为：步枪、冲锋枪 7 支，班用机枪 1 挺，40mm 火箭筒 1 具，73mm 步战车炮 1 门，反坦克导弹发射架 1 具。求双方各自的合成火力指数。

解：红方：

步兵班的火力指数为

$$W_{RB}=9\times1+4+9\times2=31$$

步兵排的火力指数为

$$W_{RP}=31\times3=93$$

中型坦克的火力指数为

$$W_{RT}=34\times2=68$$

无后坐力炮的火力指数为

$$W_{RW}=10\times2=20$$

总火力指数为

$$W_R=W_{RP}+W_{RT}+W_{RW}=93+68+20=181$$

蓝方：

摩步班的火力指数为

$$W_{BB}=7\times1+4\times1+9\times1+28\times1+30\times1=78$$

T−72 坦克的火力指数为

$$W_{BT}=34$$

总火力指数为

$$W_B=W_{BB}+W_{BT}=78+34=112$$

（3）单位火力指数。从上面的例子中可以看到，计算合成火力指数很麻烦，对一些较大规模的作战模拟，如果其合成火力指数都从基本火力指数起进行计算是很不方便的；另外，由于同兵种部队有基本一致的配置，不同兵种的部队借助于火力指数也有了相互比较的基础，这样就使得有可能根据需要选定 1 个基本建制单位，把其火力指数之和定义为 1 个新的度量单位，并以此为标准来计算其他所需要的火力指数，从而大大减少了计算量。这样的度量单位称为单位火力指数。下面以步兵班为单位说明单位火力指数的计算方法。

对一个基本配备为步枪、冲锋枪 9 支，班用机枪 1 挺，40mm 火箭筒 2 具的步兵班，其火力指数和为 31。现把该步兵班的火力指数和作为 1 个度量单位，则任何其他兵器在这个新的度量单位体系中的火力指数为该兵器的基本火力指数与 31 的比值，这个比值就是该武器系统的班单位火力指数，即

$$W_D=W_j/31$$

式中：W_D 为某种武器的班单位火力指数；W_j 为某种武器的基本火力指数。

例如，60mm 迫击炮的基本火力指数为 7，则其班单位火力指数为 $7/31\approx0.2$。一个基本编配为 3 个步兵排 2 门 60mm 迫击炮的步兵连，其班单位火力指数为

$$W_{LD}=3\times3+0.2\times2=9.4$$

这样做的结果，使运算数据减小到原来的 1/31，简化了运算。在更大型的模型中，可根据需要选用相应的建制单位的火力指数作为度量单位，如连、团等，以建立相应的单位火力指数体系。

2）武器指数

一种（件）作战武器自身的防护力和机动力对武器作战能力的发挥有重要影响，在

武器火力指数的基础上，再考虑武器的防护力和机动力的影响之后所得到的结果称为武器指数（Weapon Index），也称为武器的基本战斗力指数。

表 5-8 中的武器指数是西方几个主要军事强国所使用的几种常见兵器的基本战斗力指数。表中的数值是在武器火力指数的基础上，用武器的机动力系数和防护力系数修正后的结果。

表 5-8　武器指数

国家 武器	美国	苏联	德国
步枪	1	1	1
机枪	3	2	3
反坦克火箭筒	30	80	80
中型迫击炮	220	150	220
重型迫击炮	360	240	360
反坦克导弹	300	200	300
轻型反坦克导弹	75	45	75
运输车	20	10	20
装甲运输车	120	200	320
坦克	1100	1000	1200
自行榴炮	900	500	900
高炮	200	400	500
自行防空导弹	400	300	400

武器指数的计算公式为

$$W_{\mathrm{W}}=\sum_{i=1}^{3}h_i C_i \tag{5-54}$$

式中：h_i 为第 i 个要素对武器指数的加权系数；C_i 为以标准武器为参照的第 i 个要素的评分。

确定陆军装备指数时，可将火力、机动力和生存能力（防护力）作为三项要素，分别给以评分，然后用层次分析法将三项综合为一个统一的武器指数。

通常对陆、海、空军的常规武器装备分别建立各自的指数系列。实在需要建立三军武器装备统一指数时，可在各军种装备中各选一种作为典型装备，求出它们之间的指数比值，各系列中其他装备指数用同样比值换算即可求得，该比值称为不同指数系列间的等价系数。

将一个建制单位内各类武器装备的数量与该类装备的武器指数相乘再累加，可得到这个建制单位总的武器指数。

3）战斗力指数和战斗力系数

（1）战斗力指数。基本火力指数和单位火力指数只能表明作战单位一定数量和一定质量的武器所具有的客观战斗效能，是作战单位作战能力的一种理想情况下的静态描述。考虑到作战过程中，其实际的战斗效能要受到作战单位人员素质、指挥、士气、战术运用、战斗状态、地形、气象、作战保障等各种因素的综合影响。因此，只有求出这些因素对作战单位武器战斗效能的影响后，才能表达作战单位的实际战斗能力。定量描述这种实际战斗能力的数值称为综合战斗力指数，一般称为战斗力指数。

火力指数和战斗力指数是不同性质的两个量。火力指数是一种客观相对值，也是一种理想状态下的理想值，它不会随战斗环境的变化而变化，只要一个单位所具有的武器数量和类型不变，其火力指数也不会变。而战斗力指数却要根据不同的战斗环境因地制宜而得到。它不是一成不变的，它要随天、地、时的变化而变化。同样一个作战单位，在不同的客观环境中，其战斗力指数会有很大的差异。

战斗力指数是对双方作战单位的作战能力进行全面而又统一衡量的综合性数量指标。它反映了作战双方在各方面的实际作战能力。

此处所说的战斗力是作战双方的战斗实力与武器质量、作战指挥、战术运用、战场气象、地形、作战保障、后勤保障、战斗性质等各种因素结合起来，而在作战过程中最终表现出来的一种综合作战能力。除战斗实力外，其他各种影响战斗能力的因素，如作战指挥、环境条件等被量化后的数值，称为战斗力系数。

（2）战斗力系数。为了计算战斗力指数，还需给出能体现各种因素对战斗力影响的战斗力系数。

根据哪些因素去选择和确定战斗力系数，选择多少个系数，每个系数的值如何确定等也各不相同。它要受到计算单位大小、作战空间、作战时间等条件的制约。其取值一般来自三个方面：一是理论分析；二是战争经验；三是实兵演习或靶场实验。常用的战斗力系数有下面几个。

① 战术运用等级系数。战术运用的优劣，较粗略的可划分为三等：较好、一般、较差。战术运用等级的确定由有经验的军事人员给出或判定。一组可供参考的数值如表 5-9 所列。

表 5-9 战术运用等级系数

战术运用等级	较好	一般	较差
系数值	1.3	1	0.7

② 战斗性质系数。作战单位在进攻和防御作战中，其战斗能力是不同的。防御是一种较强的作战样式。在防御作战中，可以少胜多。当作战单位处于防御状态时，其战斗性质系数可参考防御战斗性质系数如表 5-10 所列。

表 5-10 防御战斗性质系数

部队类别	苏军、美军	日军	我军
系数值	3	2.53	1.5（2.5）

我方内部演习时取 2.5，对付美军和苏军进攻时取 1.5。

③ 地形系数。主要依据地形的起伏、植被的疏密等自然状况而定。一般说来复杂的地形易守不易攻，可以增强防御一方的战斗力，防御一方的地形系数粗略的取值如表 5-11 所列。

表 5-11　防御作战地形系数

地形种类	平坦地	丘陵地	山地
比高/m	小于 50	50～200	大于 200
系数值	1	1.1	1.2

④ 阵地系数。主要依据阵地的工事、障碍等设施来确定。防御准备越充分，其战斗能力的增强越大。以野战阵地一般防御工事、障碍准备程度为基准所确定的阵地系数可参考表 5-12。

表 5-12　野战阵地防御阵地系数

防御准备时间	无准备	半天准备	2～3 天准备	2 周以上准备
系数值	0.8	0.9	1.0	1.25

⑤ 训练系数。主要依据作战人员的训练程度来确定，一组供参考的数值如表 5-13 所列。

表 5-13　训练系数

训练程度	严格训练	一般训练	简单训练
系数值	1.2	1	0.8

⑥ 气象条件系数。主要依据作战时刻和作战地域内的气象条件来确定。恶劣的天气能大大削弱作战单位的战斗力、影响武器火力的发挥。气象对战斗力影响的系数值如表 5-14 所列。

表 5-14　气象条件系数值

气象条件	恶劣气象	较差气象	一般气象	较好气象
系数值	0.7	0.9	1	1.1

除此之外，还有人的精神因素（士气）等主观因素和战斗保障、后勤保障等客观因素对战斗力的影响，对这些因素同样可用上述划分等级的方法确定。当作战过程在较狭窄的地域内进行时气象条件对双方的影响等效，此时气象条件可不予考虑。在确定了各项战斗力系数后，计算作战单位战斗力指数的公式可表述如下：

战斗力指数等于火力指数与相应的战斗力系数的乘积，它实际上就是前面所提到的火力加权指数。计算作战单位战斗力指数的公式为

$$Q = W \cdot \prod_{i=1}^{n} K_i \tag{5-55}$$

式中：Q 为作战单位的战斗力指数；W 为作战单位的总火力指数；K_i 为第 i 个战斗力修正系数。

当某一种因素对不同兵器的效应不一致时，可分别计算再求和。

例 5-8　对上例中红蓝双方计算战斗力指数。其中：红方战术运用得当，蓝方运用一般，地形系数为 1.1，阵地系数为 1。

解：由上例，红方的合成火力指数为 181，蓝方的合成火力指数为 112。

对红方：战术运用系数为1.3；红方为进攻方，其战斗性质系数为1，因而有

$$Q_R = 181 \times 1.3 \times 1 = 235.3$$

对蓝方：战术运用系数为1，守方的战斗性质系数为2.5，地形系数为1.1，阵地系数为1，因而有

$$Q_B = 112 \times 2.5 \times 1.1 \times 1 = 308$$

在双方战斗力指数的基础上，就可以对战斗结局做出大致估计。

令

$$V = Q_R / Q_B$$

若$V > 1$，战局发展对红方有利；

$V < 1$，战局发展对蓝方有利；

$V = 1$，势均力敌或不能判定。

已知$Q_R = 235.3$，$Q_B = 308$，则$V = Q_R / Q_B = 235.3/308 < 1$。

因而战斗结局大致为：红方进攻受挫，蓝方可以守住阵地。

4）战斗效能指数的比较（表5-15）。

表5-15　战斗效能指数比较

类型	符号	概念
火力指数	W	基准武器杀伤力的倍数
单位火力指数	W_D	以某一建制单位的火力指数和为单位形成的指数
战斗力指数	Q	用指挥和环境等主客观因素修正火力指数的结果
基本战斗力指数（武器指数）	W_W	用防护力和机动力因素修正火力指数的结果

5.3.2　指数的产生

当把7.62mm半自动步枪的火力指数定为1后，其他各种类型武器的火力指数，是按其杀伤力为半自动枪杀伤力的倍数来确定的。这个倍数是该武器自身威力的一种相对比较值，它是对武器系统进行等价研究的基础。但是，这样一个倍数的确定却是十分困难的，国内外的研究者们对此提出了不少解决的办法。

1. 专家评估法

1）专家评估法的概念

专家评估法也称德尔菲法（Delphi method），是直观预测中最有代表性的方法。所谓专家评估法，就是首先由军事、兵器等方面的专业人员，对需要评定的各种武器杀伤威力的大小和水平，在独立的情况下提出各自的初步方案，然后由工作人员对初步方案进行整理，对那些不一致和分歧较大的意见再进行第二轮的方案征求。经过几次反复，除少量情况外，对大多数问题都能取得一致的意见，对那些少量不一致的意见在适当时机再组织讨论，以求问题得到妥善解决。

在上面工作的基础上，再用历史数据的统计结果和线性组合的理论分析方法对初步方案进行再分析，做出必要的修正和调整，最后得到一批大家认可的数据和火力指数体系。

2）专家评估法的实施步骤

（1）确定评估目标。

（2）选择相关专家。由于专家意见是统计的基础，因而专家的选择是全部工作成败

的关键。

（3）拟定征询意见表。主要要求是紧扣目标，严格单义性，简明扼要，保证应答填表时间短。

（4）意见征询。

（5）数据统计处理。主要内容是数据排列和确定下值、中值、上值。所谓下值、中值、上值，是将所有专家给定的数据，按由小到大的顺序排成一列，在其 1/4、1/2、3/4 处所取出的三个数值，分别称为下值、中值和上值。

（6）散布特性判断。对下值、中值、上值三个值，中值表示专家意见最集中的数值，而下值和上值则可用来判断专家意见的散布情况。

（7）数据修正处理。用科学的方法修正因素间的关联和影响。

（8）预测结果评估。主要内容是数据的产生过程和可靠性。

在第一轮工作的基础上，将下值、中值、上值三个值再反馈给专家，请专家们再重新进行估量，或修正或坚持自己的意见。如此反复三到四轮，专家意见会基本趋于一致。

德尔菲统计法适合于专家人数不太多，意见又不一致的情况。德尔菲统计法由于统计的科学性、反馈的准确性、简易的普及性、匿名的客观性，使其迅速发展成为解决众多领域中问题的科学评估方法。上述过程可大致表示如图 5-10 所示。

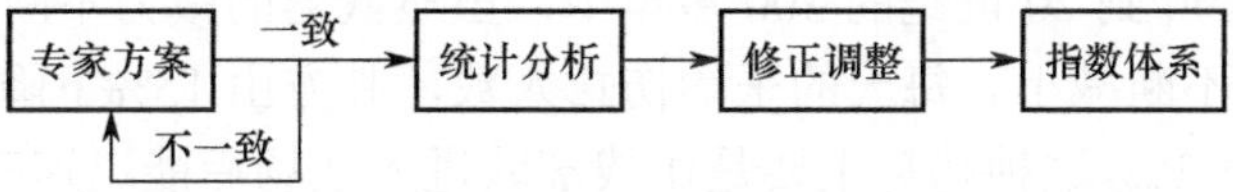

图 5-10 专家评估法

我军的各种武器的有关指数数据，就是先让专家参考美军、苏军的武器指数，再结合自己的经验和认识，给出自己认为最合适的指标，并经修正和调整后得到的。

在军事领域中，这种方法的优点很多，能广泛集中军事、兵器等有关方面专家的意见，特别适用于难以定量描述的情况和必须凭直觉给以判定的领域。当然，这种方法也有一定的局限性，如对于一些新武器，就很难靠经验和定性判断做出合适的结论。

2. 杜派经验法

由于战场情况的复杂和千变万化，定量描述武器的战斗效能（火力指数和战斗力指数）是很困难的。单靠专家评估法还满足不了各种情况的要求。美国陆军退休上校杜派（Dupuy）提供了一种经验的方法，表明这类量化工作可以做得足够精确，并能很好地应用于军事行动的计划和作战模拟中去。

1）假设杀伤力指数

从 1964 年开始，杜派和他的同事们执行了一项旨在定量描述武器战斗效能的研究计划，从军事历史发展的角度提出了一种比较武器固有杀伤力的计算程序。

在这项研究中，首先假设目标是一宽度、纵深都无限的阵列队形，每平方米一名士兵，如图 5-11 所示。

然后，考虑在单位时间内，每种兵器能在这个假想的队形中使多少名士兵失去战斗力，由此比较出各种武器对人员杀伤的相对能力。用这种方法得到的结果称为“假设杀伤力指数”，简记为 TLI（理想致命指数 Theoretical Lethality Index）。

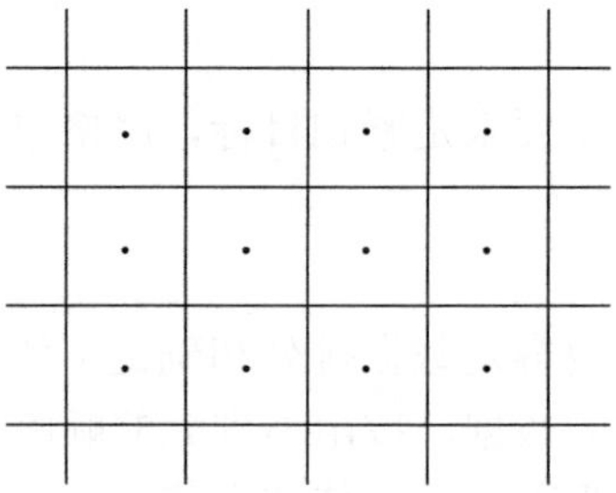

图 5-11　队形队列

由于每平方米一名士兵无穷阵列的实现和各种武器对无穷阵列中士兵杀伤效果的确定在实际中是很难实现的，甚至是不可能的，因而在假设杀伤力指数的确定中，模拟的方法显得特别有意义。

2）实际杀伤力指数——火力指数

由于假设杀伤力指数还不能确切反映武器的实际作战效能，兵器的机动性、兵器分布的疏密程度都会对武器火力的发挥产生直接的影响。为此，杜派又提出用疏散因子对假设杀伤力指数予以修正，从而得到武器的近似战斗效能值，即实际杀伤力指数或火力指数，用 OLI 表示（实际致命指数 Operational Lethality Index）。

从 17 世纪上半叶到 20 世纪的 300 多年中，虽然武器的威力不断增大，但战场上人员的伤亡比例却在不断减小。每天的平均伤亡人数，胜方由 15%下降为 1%～2%，负方由 30%下降为 2%～3%。这种趋势主要是作战部队进入战场后能迅速疏散展开所造成的。因而，疏散已成为制约对方火力发挥的重要因素。

为了定量描述疏散在现代战争中的作用，杜派提出了疏散因子的概念。疏散因子是描述作战部队在作战地域内疏密程度的量值。

如果把一名士兵在作战地域内占有 $10m^2$ 时的疏散因子定义为 1，则对任何一场战争，根据任何一名士兵所占有的平方米的大小，就可计算出其疏散因子。一名士兵平均占有的平方米越大，则疏散因子越大，反之则小。疏散因子与作战地域内部队集结的密度成反比。

疏散因子也在随武器威力的不断发展而不断增大，从而降低了武器的杀伤力。表 5-16 表示疏散因子发展变化的趋势。表中所反映的是 10 万陆军部队在战场上的配置密度和疏散因子。

表 5-16　疏散因子

项目 \ 战争	古代战争	拿破仑战争	美国国内战争	第一次世界大战	第二次世界大战	中东 10 月战争
部队所占面积/km^2	1.0	20.12	23.75	247.5	3000	4000
阵面宽度/km	5.67	8.05	8.56	12	50	60
纵深/km	0.15	2.50	3.0	20.83	60	70
每平方千米士兵数/人	100 000	4790	3883	404	33	25
每名士兵平均占有面积/m^2	10	200	257.5	2475	30000	40000
疏散因子	1	20	25	250	3000	4000

由表 5-16 可看出武器的实际杀伤力（火力指数）与疏散因子成反比。

武器的实际杀伤力、假设杀伤力、疏散因子之间的关系为

$$\mathrm{OLI}=\frac{\mathrm{TLI}}{疏散因子} \tag{5-56}$$

实际杀伤力指数（火力指数）表示了武器在得到最有效使用的理想条件下，每种武器的最大杀伤力。

美军和苏军主要兵器的 OLI 值是武器性能（或杀伤力）的一种靶场实验值，它是计算作战单位作战能力的基本出发点。

在现代战争中，当把这些 OLI 值应用于作战过程时，还要考虑到战场环境对作战过程的影响，这就是战斗力系数。

战斗力系数与一方拥有的全部武器的 OLI 值相乘，就可得出一方的总战斗力。

3）战斗实力

在有了理想条件下武器实际杀伤力指数（火力指数）的概念和修正这些数值使之适合各种战场环境的战斗力系数概念的基础上，杜派提出了如何把这两个概念结合在一起成为计算战斗力指数的方法。杜派分两步完成其计算过程：首先考虑客观环境对火力发挥的影响，计算结果被称为战斗实力；第二步再考虑机动、指挥等因素对战斗实力的影响，其结果杜派称为战斗力指数。

杜派在计算过程中，考虑了 6 种不同类型的常规武器：步兵武器、反坦克武器、炮兵武器、防空武器、装甲兵武器、空中支援武器。为便于考虑环境的影响，步兵武器和反坦克武器取相同的环境因子值，炮兵武器和防空兵为其取相同的环境因子值。

经过修正能够反映战斗环境影响的一支部队的武器火力指数值的总和，称为这支部队战斗实力。总实力的计算公式为

$$\begin{aligned}S=&(W_{\mathrm{s}}+W_{\mathrm{mg}}+W_{\mathrm{hw}})\cdot r_{\mathrm{n}}+W_{\mathrm{gi}}\cdot r_{\mathrm{n}}+\\&(W_{\mathrm{g}}+W_{\mathrm{gy}})\cdot(r_{\mathrm{wg}}\cdot h_{\mathrm{wg}}\cdot z_{\mathrm{wg}}\cdot w_{\mathrm{wg}})+W_{\mathrm{i}}\cdot(r_{\mathrm{wi}}\cdot h_{\mathrm{wi}})\\&+W_{\mathrm{y}}\cdot(r_{\mathrm{wy}}\cdot h_{\mathrm{wy}}\cdot z_{\mathrm{wy}}\cdot w_{\mathrm{yy}})\end{aligned}$$

式中：S 为战斗实力；W_{s} 为小型武器的火力指数（OLI）；W_{mg} 则为机关枪的火力指数（OLI）；W_{hw} 为步兵重武器的火力指数（OLI）；W_{gi} 为反坦克武器的火力指数（OLI）；W_{g} 为大型火炮的火力指数（OLI）；W_{gy} 为防空武器的火力指数（OLI）；W_{i} 为装甲武器的火力指数（OLI）；W_{y} 为近空支援武器的火力指数值（OLI）；r_{n} 为与步兵武器有关的地形因子；r_{wg} 为与炮兵武器有关的地形因子；h_{wg} 为与炮兵武器有关的气象因子；z_{wg} 为与炮兵武器有关的季节因子；w_{wg} 为与炮兵武器有关的空中优势因子；r_{wi} 为与装甲兵武器有关的地形因子；h_{wi} 为与装甲兵武器有关的气象因子；r_{wy} 为与空中支援武器有关的地形因子；h_{wy} 为与空中支援武器有关的气象因子；z_{wy} 为与空中支援武器有关的季节因子；w_{yy} 为与空中支援武器有关的空中优势因子。

各种不同情况下，地形因子、气象因子、季节因子、空中优势因子的取值也不尽相同。

4）战斗力指数（战斗潜力）

按战斗实力公式计算出的部队总实力，再用战斗状态系数进行第二次修正，就可得

出一支部队在战斗环境中的战斗力指数，其计算公式为

$$Q=S\cdot m\cdot l_{\mathrm{e}}\cdot t\cdot o\cdot b\cdot u_{\mathrm{s}}\cdot r_{\mathrm{u}}\cdot h_{\mathrm{u}}\cdot z_{\mathrm{u}}\cdot v$$

式中：Q为战斗力指数；m为作战部队的机动因子；l_{e}为指挥因子；t为训练因子；o为士气因子；b为后勤因子；u_{s}为与实力有关的态势因子；r_{u}为与态势有关的地形因子；h_{u}为与态势有关的气象因子；z_{u}为与态势有关的季节因子；v为易损性因子。

上面的各系数值，除机动系数和易损性系数外都可通过评估的方法得到。其中士气因子如表 5-17 所列。

表 5-17　士气因子

最佳	1.0	很差	0.7
良好	0.9	惊慌	0.2
一般	0.8		

（1）机动系数。

① 机动特性值计算。

对于一支进攻的部队，其机动特性值可按下式计算

$$M_{\mathrm{a}}=\sqrt{\frac{(N_{\mathrm{a}}+KJ_{\mathrm{a}}+W_{\mathrm{ia}})\cdot m_{\mathrm{ya}}/N_{\mathrm{a}}}{(N_{\mathrm{d}}+KJ_{\mathrm{d}}+W_{\mathrm{id}})\cdot m_{\mathrm{yd}}/N_{\mathrm{d}}}} \tag{5-57}$$

式中：下标a表示进攻方，d为防守方；N为人员数量；J为运载器（坦克、步战车）数量；K为修正J的因子（计算第二次世界大战中机动特性M时$K=20$，20 世纪 70 年代中期为$K=12$）；W_i为装甲兵器的火力指数；m_{y}为空中优势对机动性的效应系数。

确定J值的主要依据为：全部无装甲的运载器，加上 2 倍的装甲非战斗运载器（如自行装甲火炮的平台），加上 10 倍的可供使用的全部建制飞机（因定翼或旋转翼）。

对防御一方，一般M_{d}的值常取 1。

② 机动系数计算。

有了机动特性值M_{a}之后，就可计算机动系数m_{a}，其公式为

$$m_{\mathrm{a}}=M_{\mathrm{a}}-(1-r_{\mathrm{m}}\cdot h_{\mathrm{m}})(M_{\mathrm{a}}-1) \tag{5-58}$$

式中：r_{m}为艰难地形对机动性的降级系数；h_{m}为恶劣气象对机动性的降级系数。

对防御一方，一般m_{d}的值常取 1。

（2）易损性系数。

下面以红方为例进行计算，对蓝方同样。

① 易损特性值V的计算。易损特性值的计算公式为

$$V=N\cdot C\sqrt{S_{\mathrm{y}}/S_{\mathrm{x}}}\cdot V_{\mathrm{y}}\cdot V_{\mathrm{x}} \tag{5-59}$$

式中：N为人员数量；S_{x}、S_{y}为双方战斗实力，下标x为红方，y为蓝方；V_{y}为空中优势能力对易损性的影响系数；V_{r}为两栖或越河作战对易损性的影响；C为暴露值，可由下面公式计算：

$$C=u_{\mathrm{v}}/r_{\mathrm{u}}$$

其中，u_{r}为态势对易损性的影响；r_{u}为与态势有关的地形因子。

② 易损性系数 v 的计算。

由于在易损特性值 v 的计算公式中包含有人员总数 N，因而其结果是个相当大的基数，通过下面的式子，可转变为易损性系数 v。

$$v = 1 - V / N \tag{5-60}$$

从以上的整个计算过程可以看出，杜派提供了一种经验的理论，他首先说明了战场环境是如何影响武器的杀伤力的，继而又用战斗状态系数反映了作战单位应用其武器的能力，战场环境系数和战斗状态系数的综合影响就表现为战斗力系数。当把上面给出的各种公式和系数的经验值应用到各方的编制武器总数中，就可得到代表一个作战单位的战斗力指数值。用这些战斗力指数就可对作战过程的发展趋势给出预测。

5.3.3　战斗效能的定量判定

为了对作战过程的结果做出判定或预测，杜派经验理论提出了以下两种途径。

1. 比值法

假设红、蓝双方的战斗力指数（战斗潜力）分别为 Q_x、Q_y，求出他们的比值 Q_x / Q_y。如果比值大于 1，战斗进程将对红方有利；当比值小于 1 时，战斗进程对蓝方有利；当比值等于 1 时，双方势均力敌，或结果不能判定，一般认为比值在 0.9～1.1 之间时，交战结局不可确定。

2. 合成值法（定量判断模型 QJM）

杜派经验理论认为，一场战斗的结果可以通过以下三个方面进行估价。

1）使命完成程度的评估

在合成值法度量标准中，最难确定的是使命完成程度的评估。使命完成程度的估价，一般只能用专家评估法，如表 5-18 所列。

表 5-18　任务因子

完成任务情况	幅度	通常
完全完成任务	7～10	8
基本完成任务（比较满意）	5～7	6
部分完成任务（不满意）	3～5	4
基本未完成任务	1～3	2

这种评估，通常要由有经验的军事分析人员对战斗情况进行详细分析，对各种战斗评论报告进行认真研究，并进行加权平均实验。做出主观的判断，最后给出评估值。在大多数情况下，用上述方法对使命完成程度都能取得比较一致的意见，给出恰当的估价。这个估价一般用任务因子（MF）来衡量，MF 在 1～10 之间。

2）空间争夺效能的评估

每一方能够夺取或扼守阵地的能力用空间争夺效能来衡量。通过战力分析与拟合、反复调整，可知它与双方力量对比有关；与双方所占大于纵深有关；与每日平均前进（或撤退）距离有关；还与双方态势有关。下式给出红方计算空间效能的估计公式：

$$E_{\text{xsp}}=\text{sign}(4Q+D_{\text{y}})\sqrt{\frac{S_{\text{y}}+U_{\text{sy}}}{S_{\text{x}}+U_{\text{sx}}}\cdot\frac{|4Q+D_{\text{y}}|}{3D_{\text{x}}}}$$

式中：下标为 x 的量代表红方，下标为 y 的量代表蓝方；S 为战斗实力；U_{s} 为与实力有关的态势因子；D 为各方占据区域的纵深；Q 为各方每天平均进展或退后的距离，对一方为正值，对另一方则为负，同样可计算蓝方的空间效能度量值。

3）人员伤亡效率的评估

表达人员伤亡可以用不同方式，例如：

伤亡率＝伤亡/最初战斗力

伤亡比＝敌方伤亡人数/己方伤亡人数

上面的式子都能描述伤亡效率。杜派没有沿用原有概念，可以肯定，伤亡效率与双方伤亡人数、实力强弱、力量大小、态势因素和易损性因素均有关系。一方面应反映出给对方造成的、用每日伤亡数字表示的相对杀伤能力；另一方面还应能反映出己方部队人员的日伤亡率。对蓝方，这个公式的形式为

$$E_{\text{y}}=V_{\text{x}}^2\left[\sqrt{\frac{C_{\text{x}}\times U_{\text{sy}}/S_{\text{x}}}{C_{\text{y}}\times U_{\text{sx}}/S_{\text{y}}}}-\sqrt{\frac{100C_{\text{y}}}{N_{\text{y}}}}\right]$$

式中：下标为 x 的量代表红方，下标为 y 的量代表蓝方；E_{y} 为蓝方伤亡效率的估价；V_{x} 为红方的易损性系数；C 为伤亡人数/每日；U_{s} 为与实力有关的态势因了；S 为战斗实力；N 为部队的总兵力（人数）。

对于红方伤亡效率的估价有类似的公式。

4）定量化战斗结果综合评估

有了上面三个评估值，对战斗双方的每一方，求三者之和，得到一个合成值（综合评估值）：

$$R=\text{MF}+E_{\text{SP}}+E$$

式中：MF 为使命完成程度的估价值；E_{SP} 为空间争夺效能估价值；E 为伤亡效率的估价值；R 为定量化战斗结果的合成值。

可根据合成值结果进行胜负判断：

$$\begin{cases}R_{\text{x}}-R_{\text{y}}<0 & \text{(蓝方胜)}\\ R_{\text{x}}-R_{\text{y}}>0 & \text{(红方胜)}\\ R_{\text{x}}-R_{\text{y}}=0 & \text{(势均力敌或不确定)}\end{cases}$$

当用比值法或合成值法对同一场战斗进行定量判定时，有时会出现不一致的结果，这时可对其中一些系数做少许修改后再重复这种比较过程，直到取得一致结果。

运用定量判定模型，杜派经验理论表明了如何通过经验的途径把影响战斗结果的各种因素定量化，以确定在可能出现的各种战斗环境中战斗结果的大致范围。

如果军事规划人员能够较准确地估价出双方武器的杀伤力及各种不同情况对杀伤力的影响，那么他就可以预计战斗结局的大致趋势，就可以较大地把握对未来战争结果的种种可能性进行规划和计划；如果军事人员能够对历史上各种战争的经验进行合理地外推，就能得到一些有关现代和未来战争的有用结论。

海湾战争前夕，杜派对其作了预测。他的结论是地面战争将持续 3 个月，多国部队将伤亡 4000 人，以伊拉克的失败而告终。结果当然不尽符合：实际地面战争之进行了 100h，美国部队伤亡仅 292 人（整个战争美国伤亡 613 人，误伤倒有 107 人）。究其原因：首先，在战前估计数字到地面战争发生时已有了变化，如伊拉克部署在科威特的部队人数在海湾战争前为 54.7 万，到战争发生时估计仅有 18.3 万。此外，多国部队的空袭的作用；开展广泛的广播宣传（心理战）的作用可能估计不足。杜派未料到 38 天猛烈空袭后的这几十万伊拉克部队竟如此不堪一击。无论如何，杜派可从这次战争中得到新的启示，并改进其模型。

5.3.4 指数法的军事应用

由于指数法简单易行，统一衡量了部队武器火力或部队战斗力，因而便于指挥员进行双方实力对比，以辅助决策。

1）静态对比分析

分析双方兵力、武器火力指数的对比，一般要取胜，至少要 3∶1，即红方胜要求满足

$$Q_{\mathrm{x}}/Q_{\mathrm{y}}>3$$

式中：Q_{x}、Q_{y} 分别为红、蓝两方综合战斗力指数。

2）动态对比分析

指挥员可利用作战过程中不同时间模型计算结果或战场侦察结果，来动态地评估双方战斗力指数之比的变化。

3）武器装备作战效能评估

特别在研制、设计新武器装备时，进行论证时应用，应要求新武器装备的火力指数大于原有武器的火力指数。

4）指数法与兰切斯特方程相结合

1962 年美国人维拉对历史上 1500 次古典战斗利用兰切斯特方程分析，发现计算结果不符合实际情况。20 世纪 70 年代简尼斯·费茵引用第二次世界大战中在意大利的 60 次战斗，也发现兰切斯特方程计算结果与实际不符。进一步研究表明红方兵力 x，蓝方兵力 y，如果利用战斗力指数值来表示，则结果比较好，比较接近实际。

把指数法和兰切斯特方程理论相结合，就可得到一个指数——兰切斯特方程。该方法的基本思想是：用交战双方部队的战斗力指数作为基本变量来代替经典兰切斯特方程中的兵力或武器数量，并以战斗力指数的变化来描述部队的战斗损耗情况。它适用于参战军兵种多、武器种类多、规模大、层次高的对抗模拟，如师（军）级以上的模型。这种模型尽管粗糙一些，但简单易行，计算速度快，便于反映军事人员的作战经验，易于被军事人员理解和接受。

实践表明，如果各种因素和各项系数处理得当，计算出来的结果还是可用的。因此，该方法是传统的战斗效能定量判定方法和半经验半理论描述的兰切斯特方法的结合。其方程为

$$\begin{cases}\dfrac{\mathrm{d}x_i(t)}{\mathrm{d}t}=\displaystyle\sum_{j=1}^{m}V_{ji}(t)\cdot L_{ji}(t)\cdot T_{ji}(t)\cdot \alpha_{ji}(t)\cdot y_j(t) & (i=1,2,\cdots,n)\\ \dfrac{\mathrm{d}y_j(t)}{\mathrm{d}t}=\displaystyle\sum_{i=1}^{m}V_{ij}(t)\cdot L_{ij}(t)\cdot T_{ij}(t)\cdot \beta_{ij}(t)\cdot x_i(t) & (j=1,2,\cdots,m)\end{cases}$$

式中：$x_i(t)$为红方第i个作战单位在时刻t的战斗力指数；$y_j(t)$为蓝方第j个作战单位在时刻t的战斗力指数；n为红方的作战单位数；m为蓝方的作战单位数；$V_{ji}(t)$和$V_{ij}(t)$分别为蓝方和红方的通视率；$L_{ji}(t)$和$L_{ij}(t)$分别为蓝方和红方的兵力分配率；$T_{ji}(t)$和$T_{ij}(t)$分别为蓝方和红方的兵力投入率；$\alpha_{ji}(t)$和$\beta_{ij}(t)$分别为蓝方和红方的指数损耗系数；$\alpha_{ji}(t)$和$\beta_{ij}(t)$的意义和确定方法都类似于兰切斯特方程中的损耗系数。

指数法模型（更确切地说是指数——兰切斯特方程模型）的描述比较粗糙。它的所有描述参数，诸如火力指数、作战环境条件的战斗力系数、损耗过程的损耗系数等都具有明显的“平均意义”。由于模型比较粗，数据量（不包括寻求各种指数的过程）较少，模型规模也就较小，运行速度快，适用于在微型机上进行作战模拟的推广与应用。

第6章

6 典型作战行动的建模

针对各种作战应用，可以抽象出一些典型的作战行动，包括各种作战单元的机动、对目标的搜索与侦察行动、各种兵种及武器的射击与打击行动、相关作战保障单元的战斗行动等，这些典型的行动是构成作战的基本过程，同时也是建立作战模拟模型的基础，本章主要介绍这些典型作战行动的数学描述和建模方法。在此基础上，综合前面几章所介绍的知识，抽取一种典型的作战行动（炮兵分队战斗行动）作为研究对象，分析其作战任务的特点和基本行动流程，并建立其军事概念模型，进而建立相关行动过程的数学描述，最后构建其作战仿真模型。

6.1 作战单位机动的描述

6.1.1 机动模型的建模假设

作战单位在战场上的实际机动状况，在一定的范围内是随时间连续变化的，并且有众多随机因素的影响，因此，当采用离散数学模型描述时（如各种计算步长），必须进行简化，这种简化合理性的基础就是机动描述的基本假设，不同的机动模型，其基本假设不同，在进行建模时应具体考虑。

一般来说，建立机动模型的基本假设主要包括以下几方面：

（1）使用笛卡儿坐标系，以点描述机动单位，动点与机动单位有相同的含义。机动单位中的所有内部单元（如不同车辆等）以同一速度机动。

（2）用若干个首尾相接的直线段所构成的折线表示机动路线，当机动单位向目标或目的地机动时，机动路线为直线，通常不考虑可能的曲线运动。

（3）在机动路线的同一线段上，机动单位的机动速度相同。

（4）机动计算步长选择满足精度要求。

（5）在量化地形方格网的同一方格内，障碍类所描述的障碍遍及整个方格。当机动单位在机动过程中遇到障碍时，不是排除障碍后再机动，而是以该类障碍条件下的机动速度机动。在有些情况下，障碍可与地形一并考虑。

（6）仅考虑地形、气象、火力干扰等因素对机动的影响。

6.1.2 作战单位的机动类型和速度

作战单位为了进行战斗，首先要向战斗区域机动。因此，在模拟作战单位的作战行动时，必须从机动开始。关系到作战单位机动状况的主要因素有机动能力、机动队形、组织指挥等主观因素，以及机动条件、机动方式、地形、气象、敌方火力干扰等客观因素。作战单位机动的量化，实际上就是要计算出每一个作战单位在任何指定时刻的坐标和机动状态（速度、方向等），或者计算出机动单位到达任何指定位置的时刻。

1. 作战单位的机动类型

作战单位的机动类型，宏观上可以分为陆地、空中、水上 3 种形式。在模拟陆战单位的机动时，主要分以下三种类型。

（1）沿道路的机动。作战单位在己方纵深内的行军、输送、开进多采取该类型，即沿道路成纵队机动，通常按事先拟定好的计划有组织地进行，保障工作较充分。对这种机动形式，影响机动速度的主要因素为道路等级、路面性质、质量和机动工具等。

（2）在各种地形上的越野机动。在接近到距敌方前沿一定距离时，为展开成某种战斗队形，便于执行作战任务，作战单元往往要离开道路，在各种地形上采取越野机动。影响越野机动的主要因素则包括地形地貌、地表土质和植被情况等。

（3）在敌方火力威胁下的冲击机动。在向敌方前沿冲击时，除仍具有越野机动的特点外，作战单元通常还会受到敌方火力的威胁，这是一种边进行战斗动作（冲击、观察、射击、克服障碍等）边机动的形式。此时，影响机动速度的因素，除越野机动的各因素之外，还包括敌方火力威胁等。

作战单位在陆地上的机动类型与机动方式的区分大致如图 6-1 所示。

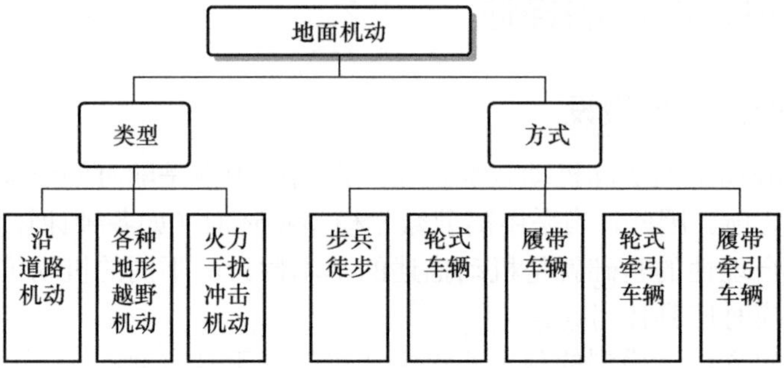

图 6-1　机动类型与机动方式的区分

2. 作战单位的机动速度

作战单位的机动速度是量化作战单位机动时最主要的效率指标，是机动量化描述中的一项基本参数。机动单位的机动方式和能力（如步行、乘车、队形、破障能力等），一般都采用机动速度来体现，常见的作战单位在不同情况下的机动速度如表 6-1～表 6-3 所列。

表 6-1　作战单位沿道路机动速度/（km/h）

机动类型		序号	沿道路纵队机动		
所考虑的主要条件			路面性质		
序号			1	2	3
区分			公路干线、改良公路（柏油水泥路面）	碎石、沙土路面	天然路面
步兵、摩托化机械化步兵	徒步	1	5	5	4.5
	乘车	2	45	40	20
坦克、自行火炮		3	40	35	30
炮兵火箭兵	履带式车	4	40	35	30
	轮式车	5	40	40	15

表 6-2 作战单位越野机动速度/（km/h）

机动类型		序号	在干燥坚硬地面上越野机动			
所考虑的主要条件			地形类别			
序号			1		2	3
区分			平坦地	丘陵地	低山地	中山地
步兵、摩托化机械化步兵	徒步	1	4	3.5	3	2.5
	乘车	2	15	12	8	5
坦克、自行火炮		3	15	12	8	5
炮兵	履带式车	4	12	10	6	4
火箭兵	轮式车	5	15	12	8	5

表 6-3 作战单位冲击机动速度/（km/h）

机动类型	进攻冲击机动				
应考虑的主要条件	抵抗与火力对比情况				
序号	1	2	3	4	5
区分	徒步冲击 500m 以内；乘车、坦克冲击 1500m 以内	小规模零星抵抗，火力对比 5∶1 或对方炮兵临时性压制下	一般性抵抗，火力对比 4∶1～3∶1 或在对方炮兵一般性压制下	较强烈的抵抗，火力对比 2∶1 或在对方炮兵压制之下	激烈抵抗，火力对比小于 2∶1 或在对方炮兵歼灭射击之下
各兵种部队	换算系数（即将各项乘以下列系数）				
	2	0.7	0.5	0.3	0.1～0

在师以下的战术模型中，作战单位使用各种不同的机动方式，沿道路机动、越野机动和冲击机动的速度取值如表 6-1～表 6-3 所列。注意在使用表中各数据时，还应考虑路面损坏、降水（雪）、夜暗、坡度、大风、能见度、烟幕、天然障碍、海拔高度等因素的影响。

在粗略的作战模拟中，如果不考虑环境条件和火力威胁的影响，其沿道路的机动和越野、冲击机动的平均速度如表 6-4～表 6-6 所列。

表 6-4 沿道路行军平均速度

兵种 \ 区分		平均时速/（km/h）		1 昼夜行程/km	
		白天	晚上	正常行军	强行军
摩托化步兵部队	徒步	4～5	4～5	30	可达 45
	乘车	30～40	25～30	200～250	250～300
坦克部队		20～30	15～20	200～250	250～300
炮兵部队	履带式车	20～30	15～20	200～250	250～300
	轮式车	30～40	25～30	200～250	250～300
火箭部队		20～30	15～20	200～250	

表 6-5 越野、冲击机动平均速度

兵种及机动方式		平均速度	
		km/h	m/min
摩托兵	徒步越野机动	4～5	60～80
	徒步冲击	8～10	130～170
	乘车越野机动	15～20	250～300
	乘车冲击	25～30	400～500
坦克兵	越野机动	15～20	250～300
	冲击	25～30	400～500
	平均速度	10～25	170～400

表 6-6 夜间行军统计速度

区分 / 时间与条件	车炮数		人数	行程/km	行军时间/h	速度/（km/h）
	车辆	火炮				
8 月夜行昼宿	116	48	917	400	31	13
10 月夜行昼宿	146	51	939	360	35	10.3
平均						11.5

3. 机动速度的修正系数

机动单位的机动速度是在一定条件下的标准速度（或平均速度），在具体使用时，还必须针对各种环境条件进行修正，此时，需要综合考虑影响机动单位机动速度的因素及其描述参数，主要包括地形和道路的影响、气象条件的影响、火力干扰的影响三方面。

1）地形和道路对机动速度的影响

在精细的地形量化描述中，地形和道路对机动速度的影响可以采用解析项来近似描述。在粗略的地形量化描述中，地形和道路对机动速度的影响，则可采用一个系数 D 来进行修正，其中 $0 \leqslant D \leqslant 1$。地形条件越复杂，道路情况越不好，则 D 的值越小，反之则越大。在单纯考虑地形条件对机动速度影响时，可以分为 2 种机动类型和 4 种地形情况，对应的修正系数取值如表 6-7 所列。

表 6-7 地形影响修正系数

地形 / 机动类型	平坦	丘陵	低山	中山
徒步	1	0.85	0.75	0.6
摩托	1	0.8	0.5	0.3

2）气象条件对机动速度的影响

各种气象条件（如雨、雪、雾、冰、风等）对机动单位的机动速度也会产生很大的影响，可采用修正系数 U 来表示，其中 $0 \leqslant U \leqslant 1$。$U$ 的取值需要根据作战地域内气象状况而定，气象条件越恶劣，则 U 的值就越小。气象条件对机动速度的影响，可以粗略分为 4 种情况，其对应的修正系数值如表 6-8 所列。

表 6-8　气象影响修正系数

气象条件分类	较好	一般	较差	恶劣
综合修正系数 U	1	0.9	0.7	0.5

在更粗略的作战模拟中，有时可以把地形（含障碍）和气象条件的影响统一考虑，此时，不再区分机动类型而统一取值。令综合修正系数 $\alpha = D \cdot U$，则地形（含障碍）、气象的综合影响系数 α 的取值如表 6-9 所列。

表 6-9　地形、气象综合修正系数

地形、气象条件分类	无影响	较小	一般	较大	严重
综合修正系数 α	1	0.7	0.5	0.3	0.1～0

地形（含障碍）、气象、道路等条件对机动速度综合影响的详细情况及相应的修正系数值如表 6-10 所列。

表 6-10　地形、气象、道路等条件对机动速度的影响

情况	地形、气象、道路等影响			
序号	1	2	3	4
区分	（1）路面损坏在 10%以下； （2）土路、越野机动、小到中雨及雨后 12h 内； （3）地面（路面）积雪达 20cm； （4）越野机动、遇杂草丛生荒地、多草墩的草地； （5）涉水深在 0.3m 以下； （6）夜间机动且有夜视器材； （7）海拔 2500～3000m	（1）路面损坏在 10%以下； （2）大雨及雨后 24h 内； （3）地面（路面）积雪达 30cm； （4）在泥泞黏土地（可通行）、沼泽地越野机动； （5）遇多尘土大风（6 级）； （6）涉水深在 0.5m 以下； （7）在冰面上机动； （8）乘车机动，能见度不足 10m； （9）轻度烟幕，夜间无夜视器材机动； （10）海拔高 3500m 以上	（1）遇到暴雨后 12h 内； （2）雪厚达 30～50cm； （3）坦克在网状阵地机动； （4）沿障碍物中开辟的通路机动； （5）重度烟雾迷茫； （6）坡度 15°～20°	（1）遇到无法徒步的水深； （2）冰厚不允许通行； （3）遇雷场反坦克壕崖壁未开辟通路； （4）积雪达 60cm； （5）坡度达 30°
各兵种部队	换算系数			
	0.7	0.5	0.3	0

3）火力干扰对机动速度的影响

敌方火力干扰对机动单位机动速度也将造成很大影响，可以采用系数 W 予以修正，其中 $0 \leqslant W \leqslant 1$，$W$ 值的确定由军事人员根据实战情况给出，火力干扰越大，则 W 取值就越小。火力干扰对机动速度影响的分类情况及相应的修正系数取值如表 6-11 所列。

表 6-11　火力干扰修正系数

火力干扰情况分级	无火力	零星	一般	较强	激烈
修正系数 W	1	0.7	0.5	0.3	0.1

6.1.3　几种典型的作战单位机动计算模型

1. 给定节点坐标和到达节点时间时的机动计算

如图 6-2 所示，假设机动单位的机动路线为折线，包含有 N 个节点，其节点坐标为 $(x_i, y_i), i = 1,2,\cdots,N$，其中，$(x_1, y_1)$ 为机动单位的机动起始坐标，由作战单位的位置（或部署）坐标给出，作战单位的机动路线由 $N-1$ 条线段所构成，设 T_i 为动点 (x, y)，即机动单位到达第 i 个节点 (x_i, y_i) 的时间。

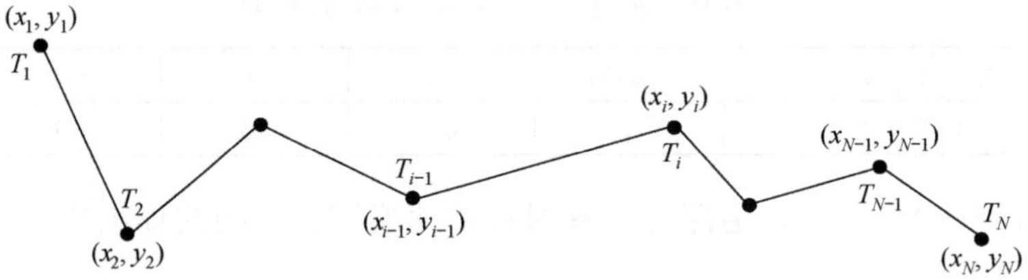

图 6-2　机动路线示意图

此时，机动单位在机动路线的第 i 段上的机动速度为

$$v_i = \frac{\sqrt{\left(x_{i+1} - x_i\right)^2 + \left(y_{i+1} - y_i\right)^2}}{T_{i+1} - T_i}$$

机动单位在指定时刻 T（$T_i < T \leqslant T_{i+1}$）的坐标为

$$x = x_i + \frac{T - T_1}{T_{i+1} - T_i}\left(x_{i+1} - x_i\right)$$

$$y = y_i + \frac{T - T_1}{T_{i+1} - T_i}\left(y_{i+1} - y_i\right)$$

机动单位的机动方向角可按以下方式计算：

（1）如果 $x_{i+1} = x_i$，且 $y_{i+1} = y_i$，则 $\theta = \frac{\pi}{2}$。

（2）如果 $x_{i+1} = x_i$，且 $y_{i+1} < y_i$，则 $\theta = -\frac{\pi}{2}$。

（3）如果 $x_{i+1} > x_i$，则 $\theta = \arctan\frac{y_{i+1} - y_i}{x_{i+1} - x_i}$。

（4）如果 $x_{i+1} < x_i$，则 $\theta = \pi + \arctan\frac{y_{i+1} - y_i}{x_{i+1} - x_i}$。

反之，根据给定的条件，利用下述公式中的任一个，则可计算出机动单位到达某个指定位置的时刻为

$$T = T_i + \frac{x - x_i}{x_{i+1} - x_i}\left(T_{i+1} - T_i\right) \quad \text{或} \quad T = T_i + \frac{y - y_i}{y_{i+1} - y_i}\left(T_{i+1} - T_i\right)$$

式中：T 为机动单位到达指定位置 (x, y) 的时刻，(x, y) 为指定位置的坐标，而且该位置必须在机动单位机动路线的第 i 段上。

给定节点坐标和到达节点时间时的机动计算，具有指令性，即机动单位在机动过程中，无论遇到什么样的地形、道路、火力等干扰情况，都必须在指定时间到达指定地点

（节点）。因此，在这种条件下的机动计算时，不考虑地形量化情况、道路、气象、火力干扰等因素。

当采用计算机对机动过程进行模拟计算时，程序模型要能计算出作战单位的机动距离、机动时间、机动速度、机动方向等数据及其他有关参数，还要记忆各作战单位的具体坐标位置，并能够与显示子模型相配合，实时显示作战单位的动态情况。

2. 给定节点坐标和机动速度时的机动计算

1）基本计算条件

如图 6-3 所示，假设机动单位的机动路线为一折线，包含有 N 个节点，其节点坐标为 $(x_i, y_i), i=1,2,\cdots,N$，其中，$(x_1, y_1)$ 为机动单位的机动起始坐标，可由作战单位的位置（或部署）坐标给出，作战单位的机动路线由 $N-1$ 条线段构成，v_i 为动点 (x, y) 机动单位在机动路线第 i 段上的机动速度。此时，对机动速度 v_i 仅考虑徒步和摩托行军两种情况。在徒步机动时，v_i 取其平均速度 4km/h；在摩托机动时，v_i 取其平均速度 15km/h。另外，假设 D_i、W_i 为机动单位在机动路线的第 i 段上机动时，地形、火力干扰对机动速度的影响系数，U 为作战地域内统一考虑的气象对机动速度的影响系数。

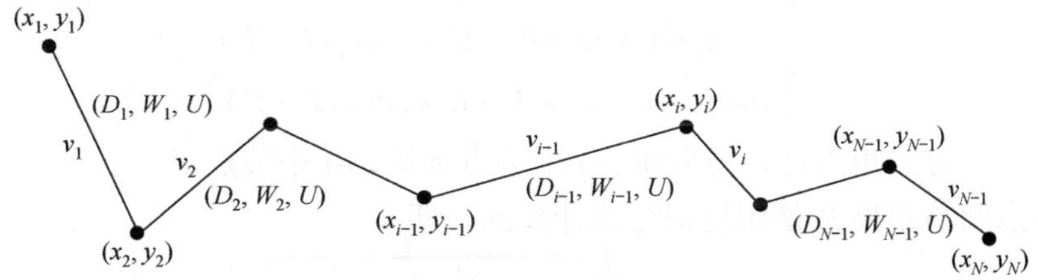

图 6-3　机动速度与方向示意图

下面针对不同的地形量化方法，分别计算机动路线上节点间的距离。

（1）用分类法量化地形时节点间距离的计算。

设机动路线的第 i 段所对应的地形类对机动距离影响的修正系数为 A_i。对分类法量化地形的情形，机动路线上第 i 个节点到第 $i+1$ 个节点间的距离，由其平面距离近似表示为

$$R_i = \sqrt{(x_{i+1} - x_i)^2 + (y_{i+1} - y_i)^2}$$

用对应的地形类距离修正系数 A_i 修正后，可近似表示为

$$R_i = A_i \times \sqrt{(x_{i+1} - x_i)^2 + (y_{i+1} - y_i)^2}$$

（2）标高法量化地形时节点间距离的计算。

设机动路线上第 i 个节点所对应的地形标高为 $z_i, i=1,2,\cdots,N$，则对标高法量化地形的情形，机动路线上第 i 个节点到第 $i+1$ 个节点间的距离，由节点间的空间直线距离近似地表示为

$$R_i = \sqrt{(x_{i+1} - x_i)^2 + (y_{i+1} - y_i)^2 + (z_{i+1} - z_i)^2}$$

2）到达节点时间和指定时刻动点坐标的计算

若用 T_i 表示机动单位到达第 i 个节点的时间，则动点到达第 $i+1$ 个节点的时间为

$$T_{i+1}=T_i+\frac{R_i}{v_i\times D_i\times W_i\times U}$$

式中：R_i 为用任何一种方法计算出的机动路线上第 i 个节点到第 $i+1$ 个节点间的距离；D_i、W_i、U 分别为机动单位在机动路线的第 i 段上机动时所对应的地形、火力、气象对机动速度影响的修正系数。

当 $i=1$ 时，如果机动单位的机动开始时间 T_1 给定，那么利用上述递推公式和给定的条件就可计算出动点到达每一个节点的时间 $T_2,T_3,\cdots,T_N$。机动开始时间 T_1 通常由上级机关指定或按下式计算：

$$T_1=T_0+t$$

式中：T_0 为作战单位接到机动命令的时间；t 为作战单位受命后的反应时间。步兵轻装条件下的取值如下：由驻止状态转入机动状态时，$t=4\ \text{min}$；由一种机动方向转入新的方向时 $t=0$；由一种机动状态转入另一种机动状态（如摩托机动转为徒步机动或相反时），$t=0.5\sim1\ \text{min}$。摩托机动或其他特种兵作战单位机动状态转移时间的有关参数，可由专用数据表查到。

由此，可以计算出动点在任何指定时刻 T 的坐标为

$$\begin{cases}x=x_i+v_i\times D_i\times W_i\times U\times\cos\theta_i\left(T-T_i\right)\\y=y_i+v_i\times D_i\times W_i\times U\times\sin\theta\left(T-T_i\right)\end{cases}$$

其中，机动方向角为 θ_i，方向由第 i 个节点到第 $i+1$ 个节点。

如果节点间的距离 R_i 是用近似公式计算的，即

$$R_i=A_i\times\sqrt{\left(x_{i+1}-x_i\right)^2+\left(y_{i+1}-y_i\right)^2}$$

则坐标的计算公式为

$$\begin{cases}x=x_i+v_i\times D_i\times W_i\times U\times\cos\theta_i\left(T-T_i\right)/A_i\\y=y_i+v_i\times D_i\times W_i\times U\times\sin\theta\left(T-T_i\right)/A_i\end{cases}$$

在模拟中使用上述公式计算作战单位在某时刻的位置时，时刻 T 的值，通常以模拟计算步长的倍数 $n\times\Delta T$ 的形式出现。其中 ΔT 为总体模型中统一选用的计算步长，此时，为正确使用上述公式计算坐标值，首先要确定 T 或 $n\times\Delta T$ 所对应的以 T_i 为端点的时间区间，如若 T 或 $n\times\Delta T$ 的计算起始点与机动开始时刻相同，则判定 $T\in(T_i,T_{i+1}]$ 或 $n\times\Delta T\in(T_i,T_{i+1}]$ 即可，直接使用以 i 为下标的各参数值进行坐标计算。如果给定的时间 T 或 $n\times\Delta T$ 的计算起始点不是机动开始时刻 T_1，则要进行区间位置的判定。如果给定的 T 或 $n\times\Delta T$ 是以天文时间的形式出现的，则要转换成相对时间后再进行判定。

作战单位在机动路线的第 i 段上的实际机动速度为

$$v_i'=V_i\times D_i\times W_i\times U$$

$$v_i'=V_i\times D_i\times W_i\times U\times A_i$$

3）到达指定位置时间的计算

根据给定的条件，利用下述公式中的任一个，可以计算出机动单位到达某指定位置的时刻。

$$T = T_i + \frac{x - x_i}{x_{i+1} - x_i}\left(T_{i+1} - T_i\right) \quad 或 \quad T = T_i + \frac{y - y_i}{y_{i+1} - y_i}\left(T_{i+1} - T_i\right)$$

式中：T 即为要计算的机动单位到达指定位置的时刻，(x, y) 为指定位置的坐标，而且该位置必须在机动单位机动路线的第 i 段上。

例 6-1　早 8:00，红方团指挥所命令当前位置在 163 高程点（78200，84225）的团二梯队三营，立即经 155 高程点（77725，83875）、2 号高地（77450，83175），向 218 高地方向机动（77080，82400），方式是轻装徒步，在 218 高地北侧做好加入战斗的准备，环境影响较小，无火力威胁，地形量化情况不考虑。试计算作战单位到达指定地域的时间。

解：首先由作战模拟中的军事人员或三营指挥员的人员填写机动命令表 6-12。表中的机动开始时间如果没有特别指定，则以计算结果为准，节点不计出发点。地形量化方式分定量、半定量和不考虑 3 种情形，地形的不同量化方法直接影响到机动距离的计算。每一个机动单位填写表格一份。

给定的初始条件如下：

- 营的初始位置坐标：x_0=78200，y_0=84225
- 作战单位的反应时间：$t = 4$ min=0.077h
- 机动标准速度：v_i=5km/h，$i = 1,2,3$
- 火力干扰系数：$W_i = 1$，$i = 1,2,3$
- 环境条件系数：$\alpha_i, q = 0$，$i = 1,2,3$

表 6-12　机动命令表

机动单位		3Y	命令时间		8 : 00	
节点数量		3	机动开始时间			
地形量化方式						
节点状态		节点坐标		机动方式	环境条件系数	火力干扰系数
序号	地名	X	Y			
1	155 高程点	77725	83875	徒步	0.7	1
2	2 号高地	77450	83175	徒步	0.7	1
3	218 高地北侧	77080	82400	徒步	0.7	1
4	—	—	—	—	—	—
到达终点时间						

根据上述条件，采用计算机即可计算出所需要的结果，其中地形量化情况不考虑。下面以手工方式进行模拟计算。

起始位置到第一个节点的距离为

$$\begin{aligned} R_1 &= \sqrt{\left(x_1 - x_0\right)^2 + \left(y_1 - y_0\right)^2} \\ &= \sqrt{\left(77725 - 78200\right)^2 + \left(83875 - 84225\right)^2} \\ &= 590(\text{m}) \end{aligned}$$

到达第一个节点的时间为

$$
\begin{aligned}
T_1 &= T_0 + \frac{R_1}{v_1 \times W_1 \times \alpha_1} \\
&= 8.07 + \frac{590}{5000 \times 1 \times 0.7} \\
&= 8.07 + 0.1686 \\
&= 8.2386
\end{aligned}
$$

若用计算机计算，则上述结果被存储备用。由于节点数量为 3 个，因此，可按上述步骤依次计算到达第 2、3 号节点的时间。

计算第二个节点情况：

$$
\begin{aligned}
R_2 &= \sqrt{(x_2 - x_1)^2 + (y_2 - y_1)^2} \\
&= \sqrt{(77450 - 77725)^2 + (83175 - 83875)^2} \\
&= 752(\mathrm{m})
\end{aligned}
$$

$$
\begin{aligned}
T_2 &= T_1 + \frac{R_2}{v_2 \times W_2 \times \alpha_2} \\
&= 8.2386 + \frac{752}{5000 \times 1 \times 0.7} \\
&= 8.2386 + 0.2148 \\
&= 8.4534
\end{aligned}
$$

计算第三个节点情况：

$$
\begin{aligned}
R_3 &= \sqrt{(x_3 - x_2)^2 + (y_3 - y_2)^2} \\
&= \sqrt{(77080 - 77450)^2 + (82400 - 83175)^2} \\
&= 859(\mathrm{m})
\end{aligned}
$$

$$
\begin{aligned}
T_3 &= T_2 + \frac{R_3}{v_3 \times W_3 \times \alpha_3} \\
&= 8.4534 + \frac{859}{5000 \times 1 \times 0.7} \\
&= 8.4534 + 0.2454 \\
&= 8.6988
\end{aligned}
$$

由上可得作战单位到达指定位置时间为 8 点 42 分。

3. 给定特征线时的机动计算

特征线是在作战地域内，事先划定的、具有某些特定物理意义的线段，如第一线堑壕、战斗分界线、铁丝网、区域边界等。

1）机动单位与特征线相对位置的判定

如图 6-4 所示，假设在时刻T，动点的位置坐标为(x_1, y_1)，目标坐标为(x_2, y_2)，某特征线的两个端点位置坐标分别为$A(x_3, y_3)$，$B(x_4, y_4)$。

则动点与目标的运动方程为

$$
\frac{x - x_1}{x_2 - x_1} = \frac{y - y_1}{y_2 - y_1}
$$

或者可以写为

$$(y_2-y_1)(x-x_1)=(x_2-x_1)(y-y_1)$$

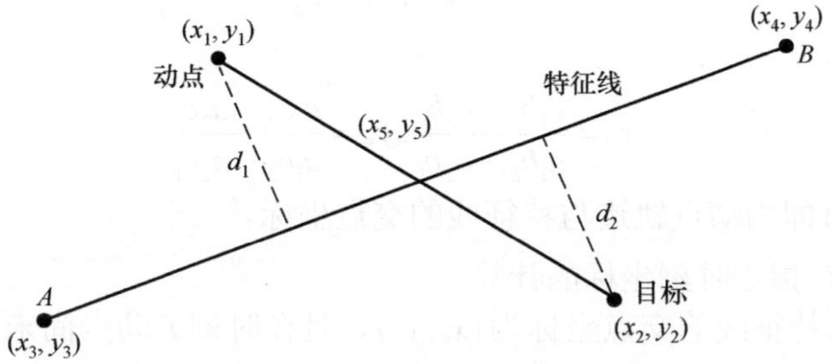

图 6-4　动点目标相对位置示意图

类似地，可以得到特征线方程为

$$\frac{x-x_3}{x_4-x_3}=\frac{y-y_3}{y_4-y_3}$$

用 d_1 、 d_2 分别表示动点和目标到特征线的距离，则可得

$$d_1=\frac{(y_4-y_3)(x_1-x_3)-(x_4-x_3)(y_1-y_3)}{\sqrt{(y_4-y_3)^2-(x_4-x_3)^2}}$$

$$d_2=\frac{(y_4-y_3)(x_2-x_3)-(x_4-x_3)(y_2-y_3)}{\sqrt{(y_4-y_3)^2+(x_4-x_3)^2}}$$

此时可知，如果 d_1 、 d_2 同号，则动点和目标在特征线的同侧，即动点与目标的连线与特征线不相交；如果 d_1 、 d_2 异号，则动点和目标在特征线的异侧，即动点与目标的连线与特征线有交点。除此之外还有以下几种特例：

（1）若 $d_1=0,d_2\neq 0$ ，则表示动点在特征线上，目标不在特征线上。

（2）若 $d_1\neq 0,d_2=0$ ，则表示动点不在特征线上，但目标在特征线上。

（3）若 $d_1=0,d_2=0$ ，则表示动点和目标都在特征线上。

在上述判定过程中，主要用到的是 d_1 、 d_2 的符号性质，为方便起见，只需计算距离因子就能达到目的，此时，距离因子仍采用符号 d_1 、 d_2 表示，则可得

$$d_1=(y_4-y_3)(x_1-x_3)-(x_4-x_3)(y_1-y_3)$$

$$d_2=(y_4-y_3)(x_2-x_3)-(x_4-x_3)(y_2-y_3)$$

如果将特征线的两个端点坐标代入运动方程，同样可以判定出特征线的两个端点在运动直线的同侧或异侧，即特征线与动点和目标间连线是否相交。无论哪种情况，都能判断出动点在给定的时刻 T 是否已越过特征线。

2）交点坐标的计算

设在时刻 T 动点尚未越过特征线，而且动点轨迹与特征线有交点，由以下联立方程即可求出交点坐标：

$$\begin{cases}(y_1-y_3)(x-x_3)-(x_1-x_3)(y-y_3)=0\\(y_2-y_1)(x-x_1)-(x_2-x_1)(y-y_1)=0\end{cases}$$

则方程形式可化为

$$\begin{cases}a_1x+b_1y=c_1\\a_2x+b_2y=c_2\end{cases}$$

方程组的解为

$$x_5=\frac{c_1b_2-c_2b_1}{a_1b_2-a_2b_1},y_5=\frac{a_1c_2-a_2c_1}{a_1b_2-a_2b_1}$$

其中，(x_5,y_5)即为动点轨迹与特征线的交点坐标。

3）机动单位在指定时刻坐标的计算

设运动直线与特征线的交点坐标为(x_5,y_5)，且在时刻T动点尚未越过特征线。首先计算动点(x_1,y_1)到交点(x_5,y_5)的距离R，根据地形分类量化的不同，分为三种情况：

（1）当用分类法量化地形时，有

$$R=A\times\sqrt{(x_5-x_1)^2+(y_5-y_1)^2}$$

（2）当用标高法量化地形时，有

$$R=\sqrt{(x_5-x_1)^2+(y_5-y_1)^2+(z_5-z_1)^2}$$

（3）不考虑地形时，有

$$R=\sqrt{(x_5-x_1)^2+(y_5-y_1)^2}$$

式中：A为相应地形类的距离修正因子；z_1为动点在时刻T时所在位置的高程，z_5为交点高程。则可得动点到达特征线的时间为

$$T_1=T+\frac{R}{v\times D\times W\times U}$$

式中：v为T时刻动点作冲击机动时的标准速度；D、W、U分别为地形、火力、气象修正系数，体现地形（含障碍）、火力、气象等条件对冲击机动速度的影响。

利用动点的瞬时坐标(x_1,y_1)，交点坐标(x_5,y_5)，按前面给定的方法，可以计算出机动单位作冲击机动时的方向角θ，其机动方向是由动点指向交点。

设需要计算动点瞬时坐标位置的指定时刻为T_2，且$T<T_2<T_1$，则动点的瞬时坐标为

$$\begin{cases}x=x_i+v\times D\times W\times U\times\cos\theta_i(T_2-T)\\y=y_i+v\times D\times W\times U\times\sin\theta(T_2-T)\end{cases}$$

如果$T_2<T$，则冲击机动尚未开始；如果$T_2\geqslant T_1$，则动点已到达或越过特征线，此时要考虑动点在通过特征线时是否被耽搁了一段时间，且不能再用上述公式中的参数值直接计算时间和坐标。如需要计算动点通过特征后的机动情况，一方面对时间T要给出一个因通过特征线而需要的修正量；另一方面，对机动速度 v、机动距离R和有关参数D、W、U 要用越过特征线后的新值，其中R不再是动点与交点间的距离，而变为交点与目标间的新距离，此时的计算方法，可作为给定节点坐标和到达时间或给定节点坐标和机动速度情况的特例处理。最后得到动点到达目标点的时间。

4）机动单位到达指定位置时间的计算

为了能够随时了解作战单位作冲击机动时的情况，根据给定的条件，可计算出作战

单位到达冲击机动路线上任何指定位置的时刻，其计算公式为

$$T_2 = T + \frac{x - x_1}{x_5 - x_1}(T_1 - T) \quad \text{或} \quad T_2 = T + \frac{y - y_1}{y_5 - y_1}(T_1 - T)$$

式中：T_2 为所要计算的到达指定位置的时刻，(x, y) 为指定位置的坐标，指定点必须在机动路线上。

6.2 目标发现的描述

目标发现是指找到并确认所要打击的目标，目标发现是遂行目标打击的前提。目标发现由观察、搜索、测定等一系列战斗动作所组成的，其内容包括分清目标性质、种类、具体位置、特点等。武器系统和作战单位在各种状态下发现目标的能力以及被对方发现的程度，是进行作战模拟不可缺少的数量指标。

一个作战单位或一个武器系统，发现一个目标的事件发生与否取决于许多随机因素，包括武器与目标之间或作战单位相互之间的通视程度、目标可见程度、搜索与发现目标的能力等。其中，前两条体现了战场环境对发现的影响，后一条反映了作战单元的主观能力。

6.2.1 通视性和通视率

1. 基本概念

发现一个目标的基本条件是观察系统对目标要能通视。通视是阵地和观察所选址的重要依据，是直瞄武器射击的前提。通视有通视性和通视率之分，其基本概念如下：

（1）通视性。描述点对点的通视状态，分为地形通视性和一般通视性。地形通视性仅考虑地形起伏对通视性的影响；而一般通视性则考虑更多因素的作用。

（2）通视率。描述点对面的通视程度，分为地形通视率和综合通视率。地形通视率是地形通视概率的简称，仅考虑地形对通视率的影响；而综合通视率则要考虑地形通视率、战场环境系数和能见度限定值等因素。

（3）平均（地形）通视率。描述整个区域的通视特性。

影响通视的主要因素有地形的自然起伏、地表面的植被、建筑等地物、大气能见度、烟雾和炸点、车辆行驶扬起的尘土等多种条件，在判定通视的时候要综合考虑。

2. 通视性及其判定方法

1）地形通视性判定方法

（1）离散判定法。

离散判定法是在观察者与目标连线上取等间隔的点进行判定，如果这些点处的标高值均低于连线上相应点的高度，则为通视；如果至少有一点的标高高于连线上相应点的高度，则判定为不通视。

如图 6-5 所示，假设观察者的位置在 $A(x_A, y_A, z_A)$ 点，目标位置在 $B(x_B, y_B, z_B)$ 点，其中 z_A、z_B 分别为 A、B 点的标高，观察器材的高度为 S_A，目标的高度为 S_B。

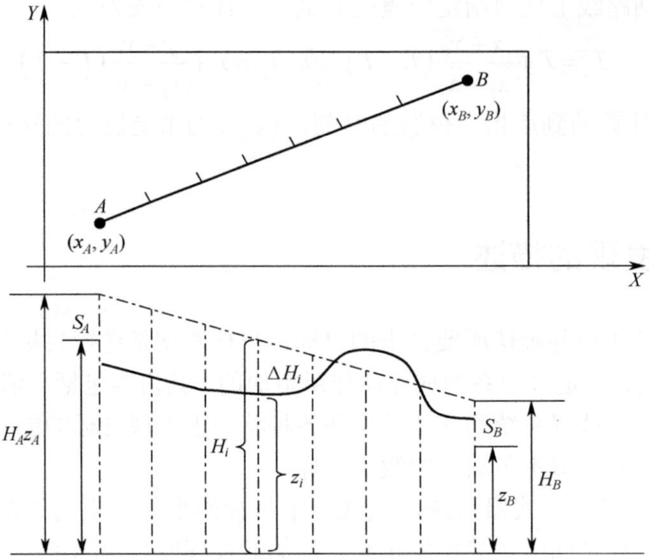

图 6-5　地形通视判定示意图

首先把 A、B 两点的连线分成 N 等分，第 i 个分点在坐标平面上的投影坐标为 (x_i, y_i)，其标高为 z_i，连线上的对应高度为 H_i，于是有

$$\begin{cases} x_i = x_A + \dfrac{i}{N}(x_B - x_A) \\ y_i = y_A + \dfrac{i}{N}(y_B - y_A) \end{cases}$$

$$H_i = H_A + \frac{i}{N}(H_B - H_A) \qquad (i = 1, 2, \cdots, N-1)$$

其中，$H_A = z_A + S_A$，$H_B = z_B + S_B$。

值 z_i 可以利用量化地形标高法中给定的相应公式确定。

如果对所有的 i 均有 $H_i > z_i$，则判定 AB 间为通视，否则为不通视。分点个数 N 的选取，其中，N 的选取方法如下。

在网格法中

$$N = \max\left\{\left(\frac{|x_B - x_A|}{\alpha}\right), \left(\frac{|y_B - y_A|}{\alpha}\right)\right\} + 1$$

式中：α 为方格边长，可以保证一个方格中有一个分点（个别情况为两个）。

在等距剖线法中

$$N = \frac{\sqrt{(x_A - x_B)^2 + (y_A - y_B)^2}}{\alpha} + 1$$

式中：α 为剖线间距。采用这种方法确定的 N，可以保证每两条剖线间有一个分点（个别两个）。显然，上述方法确定的通视性是对称的，且通视性也仅分为通视和不通视。离散判定法计算简单，精度能满足基本要求，特别适用于量化地形标高法中的网格法和剖线法。由于计算量大等问题，并不是最好的方法。

（2）连续判定法。

由于参量法采用函数形式表示地形，因此，有可能通过寻找各正态分布曲面上对视线影响最大点的办法来判定通视性。假设观察者为 A 点，目标为 B 点，过 A、B 两点连线（A 为观察者，B 为目标）作水平面的垂直平面，该平面与每一个近似表示地面标高的二维正态曲面的交线都是一条正态曲线，其方程为

$$H(r)=H_{\mathrm{c}}\exp\left\{Gr^2+2F\times r+C\right\}$$

式中：r 是新坐标系中的自变量坐标，该坐标系以 A 在水平面上的投影为原点，$\overline{AB}$ 在水平面上的投影为横轴（A 到 B 为正向），纵轴垂直于水平面，$\overline{AB}$ 的投影长度取为单位长，显然，A 点投影坐标为 $r=0$，B 点的投影坐标为 $r=1$，如图 6-6 所示。

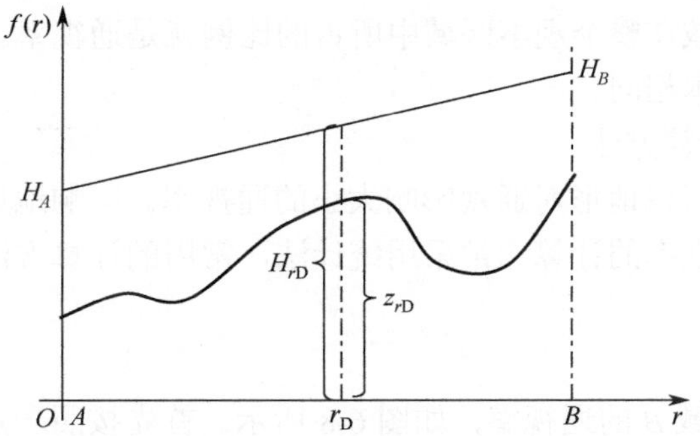

图 6-6　地形通视示意图

令 $H'(r)=0$ 可求得曲线顶点的坐标 r_{D}，曲线顶点在新坐标系中的标高为 $H(r_{\mathrm{D}})$，由此确定了某个近似二次曲面上可能影响 AB 间通视的最高点坐标和高程。对拟合作战地域的全部正态曲面都要逐一进行计算判定，如果对所有的正态曲面都有 $z_{\mathrm{D}}<H_{\mathrm{D}}$，则 AB 间通视，否则为不通视。

2）地球曲率对通视性的影响

当观察者与目标间的距离大于 10km 时，必须考虑地球曲率对通视性的影响。地球曲率对水平面两点间直视距离的影响如图 6-7 所示。

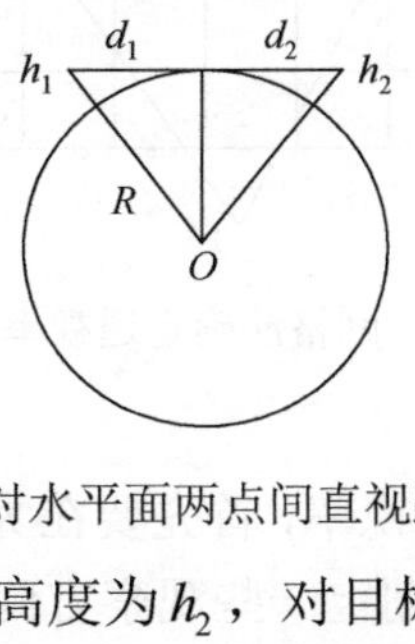

图 6-7　地球曲率对水平面两点间直视距离的影响示意图

设观察者的高度为 h_1，目标的高度为 h_2，对目标的可观察距离记为 $d=d_1+d_2$。其中 h_1、h_2 单位为 m，d_1、d_2 单位为 km，地球半径 R=6370km，则有

$$d_1=\sqrt{(R+h_1)^2-R^2}$$

$$d_2 = \sqrt{(R+h_2)^2 - R^2}$$

由于 $R >> h_1$，$R >> h_2$，故可得

$$d = d_1 + d_2 = \sqrt{2R(h_1 + h_2)} \approx 3.57(\sqrt{h_1} + \sqrt{h_2})$$

大气折射可使光学、电子等器材可观察距离略有增加 15%，可得

$$d = 4.1(\sqrt{h_1} + \sqrt{h_2})$$

在实际应用中，有时需要根据已知的观察距离反过来求观察点或目标的高度值。

3. 通视率及其计算方法

通视率是观察点对某个区域通视程度的一种定量描述，是在某种环境条件下，衡量某个点对某个区域通视程度好坏的一种尺度。当某个观察点对某个区域进行观察时，受客观环境的影响，部分区域内的目标能直视可见。另外，部分区域内的目标不能直视可见，能直视可见的区域在整个观察区域中所占的比例就是通视率。影响通视率的因素与影响通视性的因素基本相同。

1）地形通视率计算方法

地形通视率是仅考虑地形对通视影响大小的通视率。影响地形通视率的主要因素是地形的起伏。地形通视率的计算通常采用统计法，常用的计算方法包括网格法、展望线法以及实地测量法。

（1）网格法。

要确定 A 点对地域 B 的通视率，如图 6-8 所示。首先按照一定的方式把待观察区域 B 分成若干个小区域，然后逐一判定 A 点对每一个小区域中一个有代表性点的通视性。若能通视的小区域有 n 个，不能通视的有 m 个，则 A 点对区域 B 的通视率为

$$Q = \frac{n}{m+n}$$

其中 A 点可在区域 B 的外部也可在区域 B 的内部。

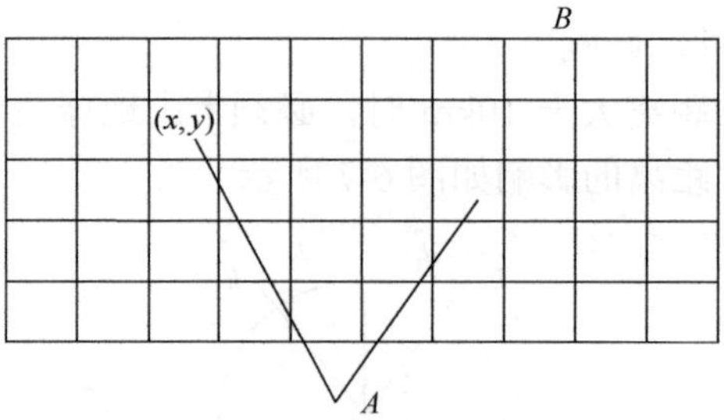

图 6-8　网格法确定通视率示意图

（2）展望线法。

假设要确定 A 点对区域 B 的通视率，首先要在大比例尺的地图上（1∶25000 以上），以 A 为中心，以一定的角度间隔，划定一些观察方向线，称其为展望线，如图 6-9 所示。

对每条展望线绘制直断面图，以 A 为基准点确定每一条展望线上的通视和不通视区域。综合每条展望线上的通视情况，则按以下公式计算得到通视率：

$$Q = \frac{\sum_{i=1}^{n} \Delta x_i}{\sum_{i=1}^{n} \Delta x_i + \sum_{j=1}^{m} \Delta y_j}$$

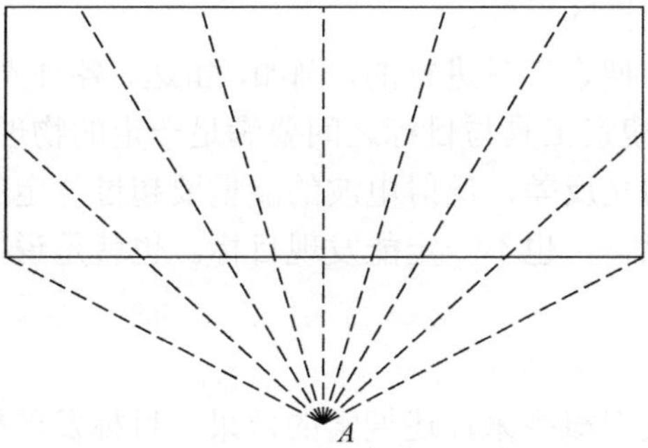

图 6-9　展望线法确定通视率示意图

（3）实地测量法。

在测量仪器的帮助下，利用样点法的原理，可以通过实际测量的方法来确定某点对某区域的通视率，如图 6-10 所示。

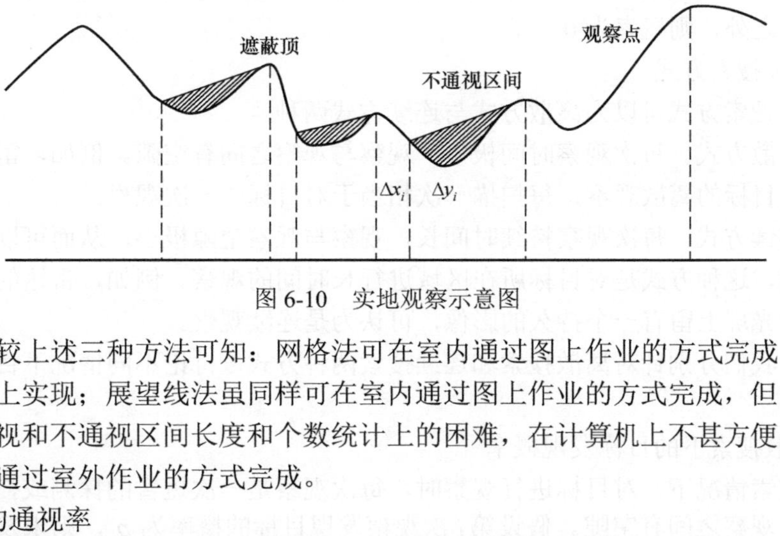

图 6-10　实地观察示意图

综合比较上述三种方法可知：网格法可在室内通过图上作业的方式完成，而且很容易在计算机上实现；展望线法虽同样可在室内通过图上作业的方式完成，但由于剖面图的制作及通视和不通视区间长度和个数统计上的困难，在计算机上不甚方便；而实地测量法则只能通过室外作业的方式完成。

2）平均通视率

由于计算通视率的工作量一般都很大，我们不可能对全部地形和每一类地形中的每个区域都计算通视率。为方便起见，通常可以采取典型抽样的方法，得到一些有代表性的结果，然后综合成每类地形的平均通视率。

平均通视率就是典型地形通视率的统计平均值，其统计方法是在大比例尺地形图上，选择一定数量的有代表性的观察点，对每一个点求其对该区域的通视率，然后用这些通视率的平均值作为该区域的平均通视率。

6.2.2　搜索与侦察

搜索和侦察是发现目标的主要方式，下面分别对这两种作战行动进行数学描述。

1. 目标搜索

对目标的搜索已经形成了一套较为成熟的方法学，称为搜索论。搜索理论是一种数学方法，其主要内容是研究和分析目标出现的可能性和发现目标的可能性等有关概念。在搜索活动中，被搜索的对象称为目标。观察者以各种侦察手段和各种观察方式对目标进行观察，以达到发现目标的目的。

搜索目标是通过各种搜索工具进行的，例如，雷达、各种光学观察器材以及人的眼、耳等都是称为搜索工具。搜索工具与目标之间要满足一定的物理条件才有可能发现目标，如目标与背景要有一定的光反差，反射电波的能量要超过一定的水平等。但是，即使这些物理条件都满足的情况下，也不一定能发现目标。也就是说，在一定物理条件下，对目标的发现具有概率性。

1）目标发现概率

通常我们采用目标发现概率来描述搜索的效果。目标发现概率与观察设备的状态，观察时的气象条件、环境条件以及观察者的状态等多种因素密切相关。

在简化情况下，目标发现概率和观察者与目标之间的距离 r 有关，可采用下式描述：

$$P(r)=\begin{cases}0 & (r>R)\\ 1 & (r\leqslant R)\end{cases}$$

式中：P 为目标发现概率；R 为平均发现距离。在发现距离内，发现目标的概率为 1；在发现距离之外，则概率为 0。

2）目标搜索方式

通常，搜索方式可以为离散方式与连续方式两种。

（1）离散方式。每次观察时间极短，观察与观察之间有空隙。例如，雷达的慢速扫描，就是对目标的离散观察，每扫描一次相当于对目标的一次观察。

（2）连续方式。每次观察持续时间长，观察与观察空隙极小，从而可以认为观察是连续进行的，这种方式是对目标所在区域进行长时间的观察。例如，雷达的快速扫描，目标会在荧光屏上留有一个持久的影像，可认为是连续观察。

下面，我们分别针对离散搜索和连续搜索两种方式，讨论不同情况下目标发现概率的计算方法。

3）离散搜索下的目标发现概率

离散搜索情况下，对目标进行观察时，每次观察是一次短暂的探测或扫视，时间很短，观察与观察之间有空隙。假设第 i 次观察发现目标的概率为 p_i，则未发现目标的概率为 $q_i=1-p_i$。显然，每次观察都是相互独立的事件，记 X 为首次发现目标所用的观察次数，是一个离散型随机变量，则经过 n 次观察后发现目标的概率为

$$P(X=n)=p_n\cdot\prod_{i=1}^{n-1}(1-p_i)$$

观察并发现目标所用的平均次数为

$$E(X)=\sum_{n=1}^{\infty}n\cdot P(X=n)$$

当第 i 次观察发现目标的概率为常量，即 $p_i=p,i=1,2,\cdots$ 时，有

$$E(X)=\sum_{n=1}^{\infty} n\cdot p\cdot(1-p)^{n-1}=\frac{1}{p}$$

4）连续搜索下的目标发现概率

假设观察者对目标区连续长时间观察，进行不间断观察，观察与观察的时间间隔极小，则可以认为观察是连续进行的，那么他有可能在任意时刻发现目标。此时，目标发现概率是时间的函数，观察时间越长，发现可能性也越大。设 t 表示观察者对目标进行连续观察时最早发现目标的时刻，显然，t 是一个在 $(0,\infty)$ 范围内取值的连续型随机变量。

假设观察者与目标之间的距离保持不变，在 t 时刻以前未能发现目标，而在 t 时刻后的 Δt 时间区间内发现目标的概率记为 $P(t<T\leqslant t+\Delta t)$，则称 $r(t)$ 为在 t 时刻发现目标的概率密度，即瞬时概率密度，如下式所示：

$$r(t)=\lim_{\Delta t\to 0}\frac{P(t<T\leqslant t+\Delta t)}{\Delta t}\qquad (t\geqslant 0)$$

则在 t 时间内，首次发现目标的概率为

$$F(t)=P(T\leqslant t)=1-\exp[-\int_0^t r(t)\,\mathrm{d}t]\qquad (t\geqslant 0)$$

显然，$F(t)$ 就是首次发现目标时间 T 的分布函数，而在 t 时间内，首次发现目标的概率密度为

$$f(t)=F'(t)=r(t)\cdot\exp[-\int_0^t r(t)\,\mathrm{d}t]\qquad (t\geqslant 0)$$

当 $r(t)=r$ 为常量时，可以得到在 t 时间内首次发现目标的概率为

$$P(t)=1-\mathrm{e}^{-rt}\qquad (t\geqslant 0)$$

根据概率论可知，首次发现目标所需的平均时间为 T 的数学期望，即

$$E(T)=\int_0^{\infty} t\cdot f(t)\,\mathrm{d}t=\int_0^{\infty} t\cdot r(t)\cdot\exp^{-\int_0^t r(t)\mathrm{d}t}\,\mathrm{d}t$$

如果连续观察发现目标的瞬时概率密度 $r(t)$ 为常数 r，则可得

$$E(T)=\frac{1}{r}$$

$$D(T)=\frac{1}{r^2}$$

可以看出，首次发现目标时间 T 服从指数分布。

5）运动目标的发现概率

上面的情况都是观察者和目标之间距离不变情况下的结果。而当搜索者与目标发生相对运动时，假设搜索者位于坐标原点，目标的相对运动轨迹曲线为 $\varGamma$。不妨设目标的相对运动轨迹为平面曲线，$\varGamma$ 上的点坐标为 $(\xi(t),\eta(t))$，则目标与观察者的距离为

$$R(t)=\sqrt{\xi(t)^2+\eta(t)^2}$$

此时，瞬间发现目标的概率密度 $r(t)$ 不是常数，从 $t=0$ 时刻起，目标从起点 $A_0(\xi(0),\eta(0))$，沿曲线 $\varGamma$ 运动，到时刻 t 被发现的概率为

$$F(t)=P(T\leqslant t)=1-\exp[-\int_0^t r(t)\,\mathrm{d}t]$$

不妨，定义 $S(t)$ 为沿曲线 $\varGamma$ 的目标在 $(0,t)$ 时间内的发现势，即

$$S(t)=\int_0^t r(t)\mathrm{d}t$$

假设目标的相对运动曲线由两段曲线 $\varGamma_1(A_0A_1)$ 和 $\varGamma_2(A_1A_2)$ 组成，其中 $A_1(\xi(t_1),\eta(t_1))$，$A_2(\xi(t_2),\eta(t_2))$，则对于曲线 $\varGamma_1$、$\varGamma_2$，其发现势分别为

$$S_1(t)=\int_0^{t_1} r(t)\mathrm{d}t$$

$$S_2(t)=\int_0^{t_2} r(t)\mathrm{d}t$$

对于整段曲线 $\varGamma_1+\varGamma_2$ 而言，总发现势为

$$S(t)=\int_0^{t_2} r(t)\mathrm{d}t=S_1(t)+S_2(t)$$

可见，采用发现势可以方便地计算目标相对运动路线由多段线段构成时的发现概率。

2. 战场侦察

1）侦察的内容与目的

现代战争条件下，获取敌方的情报和信息是取得战争胜利的重要因素。因此，必须采取侦察手段对敌方进行侦察。侦察活动的目的是为了获得敌方作战活动的有关情报，为正确的指挥决策提供依据。

侦察的内容一般包括：

（1）查明某地域内是否有敌方的兵力和武器装备存在。

（2）查明敌方目标的类型、数量、番号。

（3）查明敌方目标部署及运动情况，包括目标的坐标位置、机动兵力及机动方向。

（4）查明敌方目标受损失的情况等。

（5）有关敌我双方的态势。

情报机关和各部门将侦察情报上报首长，用于作战指挥和决策，主要包括查明战区情况，以决定是否采取某种军事行动；或决定是否对己方制定的作战行动计划进行修正。

2）侦察的方式和手段

侦察的方式主要包括：空间侦察与监视、空中侦察与监视、地面侦察与监视。其中，空间侦察与监视手段是航天技术与信息技术相结合的产物，是战略情报的主要来源，并且也逐渐触及到战役和战术的范围。其主要优点包括：①速度快，是车辆的几百倍，是飞机的几十倍；②范围广，其能监视的面积是飞机的几万倍，定点轨道卫星可监视 42%的地球表面积；③限制少，可飞越任何地区，且不受地面防空火力的威胁。

侦察的类型可以分为对空侦察、对地侦察和派出侦察等；侦察的手段可以分为警戒雷达、侦察机、侦察卫星、侦察气球、侦察大队等。因此，按侦察手段可以划分为目视侦察、光学侦察、红外侦察、雷达侦察、飞机侦察、气球侦察、卫星侦察和人员近区侦察等多种类型。

目标的特性、状态和活动规律直接影响到侦察的效果。可视面积大的目标、颜色与背景反差大的目标、活动目标、无伪装的目标、处于战斗状态的目标等都更容易被侦察到。与目标的物理状态和特性相对应，如果能掌握目标的战术特性和规律，会有助于提高侦察效果，例如，武器的射程和作用距离、武器装备的级别、作战中使用的方向与时机等，都决定了其配置在战斗队形中的大体位置。在掌握这些规律的基础上，就可进行

有目的的侦察，从而提高侦察效率。

3）侦察效率指标的计算

侦察效率指标根据侦察目的的不同而有所不同。对敌方兵力集结地区的侦察，可以用平均有效侦察面积或相对有效侦察面积作为侦察效率的指标。而对用于修正决策的监视性侦察，则可以用作战行动效率指标的绝对增长值或相对增长值作为侦察行动的效率指标。

例 6-2　飞机侦察效率指标计算实例

假设在某个地域内有敌方部队集结，我方利用一架或数架侦察机实施派出侦察，其任务是尽可能多地获取对方情报，即侦察到尽可能大的敌方面积。当用一架侦察机进行侦察时，采用的效率指标为平均有效侦察面积为

$$M_{\mathrm{p}}=\frac{S_{\mathrm{P}}}{S_{\mathrm{D}}}P$$

式中：S_{P} 为侦察到的面积；S_{D} 为要侦察区域的总面积；P 为被侦察区域内发现目标的概率。概率 P 的取值通常与探测设备的技术性能、大气状态、敌方伪装程度等因素相关。

当采用 n 架飞机同时侦察时，如果侦察区域互不重叠，则总的平均有效侦察面积为

$$M_{n\mathrm{p}}=\sum_{i=1}^{n}M_{\mathrm{p}i}$$

式中：$M_{\mathrm{p}i}$ 为第 i 架飞机的平均有效相对侦察面积。

在一般情况下，如果采用 n 架侦察机错综交织地对某个地区进行侦察时，则总的平均相对侦察面积为

$$M_{n\mathrm{p}}=\frac{1}{S_{\mathrm{D}}}\sum_{k=1}^{n}S_{\mathrm{p}}^{k}P_{k}$$

式中：S_{P} 为要侦察区域 D 的面积；S_{p}^{k} 为被第 k 架侦察机侦察到的面积；P_k 为被第 k 架侦察机侦察目标的发现概率。

6.3 武器射击和目标毁伤描述

6.3.1 射击与毁伤的基本概念

射击是各种作战武器完成战斗任务的基本手段，是作战单位作战行动的核心，是最基本的战术动作，而毁伤则是射击效果的最终体现。

1. 射击的制约因素

在实际的作战过程中，认清了目标之后，还要判定对目标能否射击、是否射击、何时射击、由哪些单位射击以及射击次数问题。对目标的射击，取决于作战指挥、火力区分与协调等许多因素，既受战术条件制约（如任务、战术原则和规定、目标状况、战场环境条件等），又关联到一些技术条件（如武器性能等）、后勤保障程度等因素也决定着射击质量和射击数量。在现代作战中，射击的数量和质量直接关系到作战任务的完成。

1）战术条件的制约

在武器系统射程允许时，是否进行射击要受到战术原则的制约。在作战过程中，不同武器系统射击的分工和动作的协同，包括目标、地点和时间三个要素，即各作战单位

射击对象的确定，要么以目标（射击任务）来划分，要么以地点（区域、空域）来划分，要么以时间来划分。

2）目标状况的制约

很多情况下，对目标是否进行射击还取决于目标状况。目标状况包括目标的重要性、目标对射击武器的威胁程度、目标数量、暴露时间、易损性等因素。在实际作战过程中，往往没有充足的时间按上述原则区分射击与否，加上实际问题本身的模糊性，都给量化带来了困难。因此，在作战模拟中，往往采用一般性规律和原则，即先打重要目标；重要性相同时先打威胁大的目标；威胁性相同时，则先打易消失和易损坏的目标。

3）环境条件的制约

环境条件中关系到对目标能否进行射击的主要因素是地形条件。对于射程较远的武器，地形起伏能造成一些近方或远方的“射击死角”，从而会影响到射击质量和射击效率。例如，对于地形介于丘陵和低山地间的情况，当炮兵按实际战斗队形展开后，经统计计算，一个加农炮营有近 40％的地区为射击死角，一个榴弹炮营有近 5%是射击死角。另外，地形还影响到直瞄武器射击时的射击机会大小。

4）武器性能的制约

从武器性能方面看，影响到可否射击与射击次数的因素主要是武器的射程、射速、射界、引信等条件。引信影响到最小射击距离，它主要对射程较近的直射武器起作用，对间瞄武器则不构成限制。下面重点分析射程、射速对射击的影响。

（1）武器的射程。武器射程关系到武器对目标能否射击和射击效果等。在作战模拟中，应将各种武器的射程数据作为基础数据输入计算机，建库存放，对于直射武器还应给出直射有效射程。在模拟模型中，各种武器射击距离的确定可按如下顺序处理：规定开火距离；武器有效射程；武器最大射程。在有些情况下，还要考虑到武器的最小射程，如对线膛炮最小射程影响到杀伤能力和跳弹，对迫击炮影响到最大射界，从而形成一个圆形射击死角。对于武器的射程，都是在标准条件下给出的，如火炮射击的标准条件是：气温±15℃，1 个大气压、无风条件。而在实际应用中，若战场环境条件与标准条件差别太大，或对作战模拟有很高要求时，则要对标准条件下的数据加以必要的修正才能使用。

（2）武器的射速。射速的情况比较复杂，一般武器性能表中给出的射速多为理论射速，而在实际战斗中，武器的射速有时达不到理论射速的指标，有时又要受到理论射速的限制。当武器连续射击时，射速还要受到各种限制，如 40 管火箭炮，发射完 40 发弹只需 30s，但再次装填则要耗费很多时间。此外还有烟尘、直瞄武器射击结果的判定和偏差修正、发射振动后瞄准工作的恢复、由目标转移带来的火器转动等，所以，实际射速与理论射速有时会相差很大，如坦克炮的理论射速为 6～8 发/min，但由于上述原因的影响，有时仅能达到 2 发/min 左右。因此，在作战模拟中，只能以理论射速作为参考，每一种武器的实际射速和获取的射击机会，都应在近似实战的条件下通过实验去求取。

2. 射击效率、射击误差与毁伤的概念与指标

1）射击效率指标

射击的目的是为了获得一定的射击效果，射击效果可以用数字表示。反映射击效果的这些数字一般是随机变量。因此，只能采用它们的数学期望作为评定射击效果的指标，称其为射击效率指标。射击效率指标可以通过实验求取，也可在有关射击基础数据的基础上，以理论计算方法确定。

射击效率指标应依据研究目的、射击任务、目标性质、武器性能、弹药消耗量有无限制、在射击过程中能否观察到射击效果等有关条件来选定。错误的选择效率指标，有可能导致错误的结论。射击效率指标的选定，依据目标性质而定，通常可以分为：

（1）单个目标。

① 若目标不能观察，或者虽能观察到但发射弹数和射击时间受限制，可选择目标毁伤概率。

② 若目标是能观察的，且发射弹数和射击时间不受限制时，可选弹药消耗量的数学期望和均方差。

（2）集群目标。

① 毁伤单位目标数或相对毁伤单位目标数的数学期望和均方差。

② 毁伤不少于给定单位目标数或相对单位目标数的概率。

（3）面积（线）目标。

① 毁伤目标面积（长度）或相对毁伤面积（长度）的数学期望和方差。

② 毁伤不小于给定目标面积（长度）或相对面积（长度）的概率。

2）射击误差指标

射击误差是指在射击中，任意一次发射的炸点对瞄准点的偏差，如图 6-11 所示，瞄准点是火器瞄准或决定射击开始诸元的依据点。

在图 6-11 中，OX 轴与基准射向一致；O 点为目标中心，也是瞄准点；A 为炸点，A 对 O 点的偏差即为射击误差，用矢量 $\overline{OA}$ 表示。矢量 $\overline{OA}$ 可以分解为矢量 $\overline{OX}$ 和 $\overline{OZ}$ 之和，即

$$\overline{OA} = \overline{OX} + \overline{OZ}$$

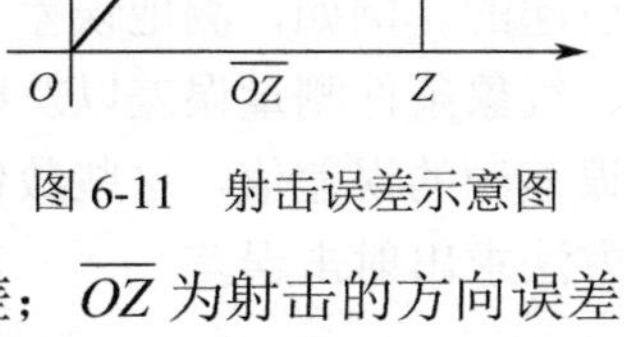

图 6-11　射击误差示意图

式中：$\overline{OX}$ 称为射击的距离误差；$\overline{OZ}$ 为射击的方向误差，它们都有正负之分。射击误差是诸元误差和散布误差的综合值。

（1）诸元误差。武器在计算射击开始诸元和诸元装定过程中，由于各种因素的影响而造成的散布中心对瞄准点的偏差量称为诸元误差。诸元误差是个二维随机向量，起点在瞄准点，终点在散布中心，这个二维随机向量在 X 轴上的投影称为诸元的距离误差，在 Z 轴上的投影称为诸元的方向误差（还有高低误差）。诸元误差服从二维正态分布，

如果按图 6-11 所表示的方式选定坐标系，且诸元的距离和方向误差又相互独立，则它的分布密度形式为

$$\varphi(x,z)=\frac{\rho^2}{\pi E_{\mathrm{d}}E_{\mathrm{f}}}\exp\left[-\rho^2\left(\frac{x^2}{E_{\mathrm{d}}^2}+\frac{z^2}{E_{\mathrm{f}}^2}\right)\right]$$

式中：x、z 为散布中心坐标；ρ 为正态常数，其值为 0.4769；E_{d}、E_{f} 为诸元的距离和方向中间误差，即诸元（距离、方向）误差的半数中界值。

射击准确度指的是散布中心对瞄准点的偏离程度，用诸元误差的大小衡量。因此，射击准确度也称为诸元精度。

（2）散布误差。武器在射击过程中，有各种因素影响而造成的，炸点对散布中心的偏差量称为散布误差。散布误差在 X 轴上的投影称为散布的距离误差，在 Z 轴上的投影称为散布的方向误差。此外还有散布的高低误差。通常认为，散布的距离误差和方向误差是相互独立且服从正态分布，若以散布中心为原点选择坐标系，则散布误差的分布密度可表示为

$$\varphi(x',z')=\frac{\rho^2}{\pi B_{\mathrm{d}}B_{\mathrm{f}}}\exp\left[-\rho^2\left(\frac{x^2}{B_{\mathrm{d}}^2}+\frac{z^2}{B_{\mathrm{f}}^2}\right)\right]$$

式中：x'、z' 为炸点坐标；B_{d}、B_{f} 为散布的距离和方向中间误差，即散布（距离、方向）误差的半数中界值。

射击密集度是指炸点对散布中心的偏离程度，用散布误差的大小来衡量，所以射击密集度也称为散布精度。

对单炮射击而言，诸元误差对每发炸点的影响是相同的，因此也称其为全部炸点的重复（共同）误差，而散布误差则因每发弹而异也称其为非重复（单独）误差。

（3）射击误差。射击误差也称为发射误差，它是散布中心对瞄准点偏差和炸点对散布中心偏差的总和。若用 E_X、E_Z 表示射击的距离和方向中间误差、则根据向量运算法则可得

$$E_X=\sqrt{E_{\mathrm{d}}^2+B_{\mathrm{d}}^2}$$

$$E_Z=\sqrt{E_{\mathrm{f}}^2+B_{\mathrm{f}}^2}$$

射击精度表示的是炸点对瞄准点的偏离程度，用射击误差的大小来衡量，因此，射击精度同时含有射击准确度和射击密集度的概念。

射击误差是由许多误差源引起的。例如，测地误差、对目标测量（距离）误差、射击武器技术准备（装定）误差、气象条件测量误差以及射弹散布误差等。

数据准备就是要给出各种误差源的误差值，这些数值必须经过大量实验得出，然后按射击效率评定原理中的一些方法求出射击误差。

3）毁伤及毁伤幅员

（1）毁伤的概念。毁伤是射击结果的表现形式；是压制、歼灭、伤害、破坏、妨碍等的总称；是一个笼统的、模糊性的概念。毁伤可能指直瞄射击使目标失去战斗力；也可能指间瞄射击减弱目标的战斗力；毁伤可能指使集群步兵受到 50%～60%的杀伤，也可能指使某个人死亡或受伤；毁伤可能指使对方火器受到破坏，毁伤也可能指使对方战斗成员在一定时间内无法执行任务等。因此，毁伤的具体含义要在具体问题中给以具体

说明。

（2）毁伤标准。由于毁伤概念的笼统和模糊性，因此很难对其下一个严格的定量标准，在大多数情况下不得不采用描述性的定性标准。

毁伤标准的确定与战术目的有关。例如在近距离格斗的条件下，为了尽快消除对方给我方造成的威胁，对直瞄兵器的射击要规定严格的毁伤标准；而在远距离拦阻射击条件下，目的仅仅是给对方以一定的扰乱作用，此时对间瞄兵器射击的毁伤标准可以较低。

（3）毁伤概率。目标的毁伤分两种情况：一是必须直接命中目标才能毁伤目标，此时毁伤目标的概率与命中弹数有关；另一种是只要炸点距目标一定的范围内就能毁伤目标，此时，毁伤目标的概率与炸点的坐标有关。

（4）毁伤半径。只要炸点落在距目标幅员边缘的一定距离内就能毁伤目标，则称该距离为毁伤半径。

（5）毁伤幅员。设幅员的中心点是目标中心，只要有一发弹落在该幅员内，则目标必然被毁伤；而落在该幅员外，目标肯定不被毁伤，则称该幅员为毁伤幅员。毁伤幅员的大小取决于目标幅员、目标性质、目标状态、射击方式、火力单位、弹头威力、掩蔽工事等级等因素。

毁伤幅员是计算毁伤效果和评定射击效率的重要数据。不同武器、不同火力单位对不同目标，以不同方式射击其毁伤幅员差异很大，主要分为以下几种情况：

① 点状目标。如单兵、二、三人操作的小型武器等，由于目标面积很小，可以忽略不计，则毁伤幅员的大小就是弹头的效力幅员。弹头的效力幅员就是以炸点为中心能够对目标造成毁伤的区域。

② 坚固地面目标。对于与地表高度近似的坚固工事，深入地下并与地面同高的装甲目标等射击，几乎只有直接命中目标才能将其毁伤。此时，毁伤幅员就是目标幅员，至多以目标幅员为准，再向四周扩大 2/3～3/4 个弹坑单位。

③ 易损地面目标。如牵引炮兵连、迫击炮兵连等，由于目标可以被破片在一定的距离上所毁伤，其毁伤幅员应以目标幅员再向外扩大到弹片对目标的毁伤半径的范围。目标幅员是计算毁伤幅员的基本依据。

④ 直瞄射击目标。对于高于地面的直射目标，只有直接命中才能造成毁伤。这类目标的毁伤幅员近似地等于目标对于射击武器的可视面积。

对于直射武器和精确制导武器，由于其打击的目标基本上是体积小，有较厚装甲防护的静止或运动目标，一般只有直接命中目标才能造成毁伤。而且这些装甲目标的外形尺寸变化不大。因此，只需收集各种武器对这类目标的命中概率数据即可，不再需要目标幅员的数据和毁伤幅员的数据。命中概率数据，一般由专用数据表提供，也可依据某些基础数据由解析公式计算。目标的毁伤幅员数据，除通过数据表获取外，也可由解析公式计算而得，其中，要用到很多有关目标尺寸、形状、性质、分布特性等各个方面的详细数据。而这些数据的获取一般都比较困难。在精细度要求不高的作战模拟中，只需查用上述毁伤幅员简表即可，而在精细的作战模拟模型中，则要收集各种目标特性数据，通过解析公式的精细计算以获得高精度的毁伤幅员数据。

4）必须命中弹数

武器对目标进行射击，有时虽然命中了目标，但不一定就能给目标造成毁伤，往往要命中数发才能达到毁伤的目的。

若用 X 表示毁伤目标所需要的命中弹数，则 X 是一个随机变量。令

$$\omega = E[X]$$

则 ω 是毁伤目标所需命中弹数在概率意义下的平均值，即数学期望。这个期望值为毁伤目标的平均必须命中弹数，简称必须命中弹数；其大小，主要取决于目标的毁伤幅员，目标要害部位所占的比例，及武器弹丸的威力等因素。

平均必须命中弹数数据，可以通过武器性能实验的方式获取，也可通过理论计算求取。在实际工作中，多数是通过相应的数据表查取。根据目标和射击条件的不同，这种类型的数据很多，在使用时，要以数据库的形式把数据输入计算机供调用。

如果在某种条件下，能够得到武器对目标射击命中条件下的毁伤概率数据，则利用它和毁伤目标的平均必须命中弹数互为倒数的关系，也可比较方便地获取必须命中弹数数据。在准备作战模拟数据时，必须有每一种参战武器对每一种目标的平均必须命中弹数数据，并存入计算机。

6.3.2 几种典型兵种的杀伤计算

1. 地面炮兵的杀伤计算

炮兵由地面炮兵和高射炮兵组成，本节重点介绍地面炮兵射击毁伤的计算方法。

1）地面炮兵射击的几个基本问题

（1）射击分类。

炮兵射击分直接瞄准射击和间接瞄准射击，炮兵射击毁伤效果的计算，主要是按这两种不同的形式进行。

（2）射击任务。

依据战术目的和目标毁伤程度的不同，射击任务可以区分为歼灭射击和压制射击两种。压制射击又可分为重点压制射击、一般性压制射击和临时性压制射击等几种形式。炮兵射击任务的区分标准是要求达到一定的毁伤程度。而毁伤程度的达到又是通过目标区内落达弹数的多少来实现的。这里不考虑炮兵射击中参加射击的炮数、目标不同、射程远近、诸元精度等因素，只以单位时间内落达单位面积中的弹数为指标，平均地把射击任务标示出来。在火力压制等级表中，通过对战场上三种常见目标的分别计算，在最后一栏中给出各种不同情况下，每分钟在每 1hm^2（100m×100m）地幅上落达弹数的平均值。在粗略的作战模拟中，可以用它来标志火力压制等级。

（3）射击过程。

炮兵射击分射击准备和射击实施两个阶段。射击准备阶段主要是指决定射击诸元和选定射击手段，包括：

① 决定射击诸元。决定炮兵射击时所需要的方向、高低、表尺分划等各种参数。

② 选定射击手段。主要包括：决定参加射击的兵力和单位；选择能发挥最大毁伤效果的弹种，引信（瞬发、短延期、延期、空炸）和装药号；确定总的弹药消耗量和每炮的弹药消耗量；确定火力分配方式；确定射击开始时间、持续时间和发射法（急促射、齐射、等速射、单发射等）。

③ 确定火力分配方式。主要内容有：为炮兵群（营）选用射击手段，即重迭射击还是分段射击；在正面上为炮兵连选定射向。射向通常以炮兵连为单位构成，分集火射向和适宽射向两种。对适宽射向通常取相等的射向间隔；在纵深上为炮兵连选定几距离射击。纵深上一般行一距离或三距离射击（一个或三表尺分划），距离差一般为 1/4～1/3 个目标纵深。

射击实施阶段分为试射和效力射两个步骤。试射是为了获得最有利的射击诸元。效力射的方法有集中射击和拦阻射击之分，集中射击是集中两个连以上的兵力同时对一个地段实施射击。拦阻射击通常是以营、群的火力在选定的阻击线或阻击点上，对运动目标（坦克、装甲步战车、步兵、舰艇等）实施射击。

2）直瞄射击杀伤效果计算

直瞄射击是兵器直接瞄准目标所进行的射击；是摧毁敌方点状坚固目标和装甲目标的一种重要手段。直瞄射击的杀伤效果，主要由武器类型、使用弹种、射击距离、目标状态（尺寸、运动或静止、航路角）、命中概率、毁伤概率（平均必须命中弹数，目标掩蔽情况）等因素决定。其杀伤效果，可由数据表直接查到，也可根据若干基本数据由公式计算推得。

（1）参数准备。直瞄射击中需要准备的参数有两种：射击参数和目标参数。射击参数包括武器类型、弹药类型、射击单位、射击距离等。

① 武器类型。不同类型兵器射击有不同射击效果。在炮兵各类兵器中能行直瞄射击的兵器有火箭筒、无后坐力炮、直瞄火炮、反坦克导弹等。

② 弹药类型。为了取得最大的射击效果，对不同类型的目标要使用不同的弹种，各类兵器可选用的弹种有穿甲弹、破甲弹、榴弹、特种弹等。

③ 射击单位。地面炮兵行直瞄射击时，一般以连或单炮为单位实施射击，射击单位的弹药消耗量，可根据模拟需要输入。

④ 射击距离。对直瞄射击的命中概率有重大影响，命中概率随射击距离的增加明显下降。各种兵器在行直瞄射击时，其有效射程有一个最大和最小的限定值，在限定值范围之外，一般不实施射击（虽然有时也在射程范围之内）。限定值的大小，一般由兵器类型和使用弹种共同决定。

按目标的性质，直瞄射击目标分为点状固定坚固目标和装甲目标两大类。

① 点状固定坚固目标，主要参数有目标的可见高度 H、目标的可见宽度 W、毁伤目标的平均必须命中弹数。

② 装甲目标。主要参数包括：目标类型，如坦克、步战车、自行火炮等；目标状态，指运动或静止和航路角（或偏转角）。

另外，还需要计算目标可视面积。在完全暴露的条件下，若目标的实际高度为 H、宽度为 W、长度为 L 则在航路角为 θ 时，目标的可见宽度为

$$W' = L \times \sin\theta + W\cos\theta$$

对于射击单位而言，目标的暴露面积实际为

$$S = H \times W'$$

对装甲目标一般取：H=2.3m，L=7m，W=3.4m。

最后，对点状固定坚固目标和装甲目标还需要输入目标数量，从而计算目标的被

毁率。

（2）命中概率和条件毁伤概率的求取。命中概率和条件毁伤概率的计算方法有多种，常用的是查表法和解析计算法。

查表法。根据给定射击条件，由相应数据表直接查取命中概率和条件毁伤概率。

解析法。根据给定射击条件，由相应解析公式来计算命中概率和条件毁伤概率。

① 命中概率的计算。需要采用的参数包括射击的高低和方向误差。不同武器、使用不同弹种射击目标有不同的射击误差，这些误差需要通过专用数据表查取。当瞄准点在目标中心时，其命中概率可由下式计算：

$$P=\hat{\Phi}\left(\frac{H}{2E_y}\right)\times\hat{\Phi}\left(\frac{W}{2E_x}\right)$$

式中：E_y 为高低概率偏差；E_x 为方向概率偏差；$\Phi(x)$ 为简化的拉普拉斯函数；H 为目标可见高度；W 为目标可见宽度，如图 6-12 所示。

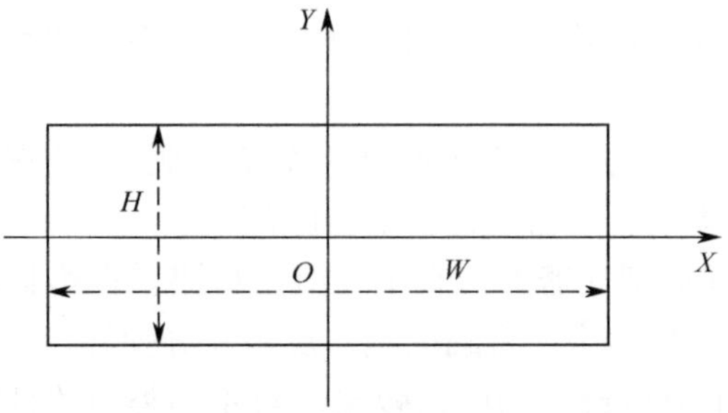

图 6-12　目标可视面积示意图

② 条件毁伤概率计算。根据目标性质的不同，条件毁伤概率有不同的计算方法。如果直瞄射击点状固定坚固目标，则条件毁伤概率等于平均必须命中弹数的倒数；如果直瞄射击装甲坦克目标，则条件毁伤概率计算公式为

$$P_{\mathrm{h}}=\begin{cases}\dfrac{P_{\mathrm{f}}\times W\times\cos\alpha}{W\times\cos\alpha+L\times\sin\alpha} & (\alpha<\alpha_{\mathrm{g}})\\[2ex] \dfrac{P_{\mathrm{g}}\times L\times\sin\alpha}{W\times\cos\alpha+L\times\sin\alpha} & (\alpha>\alpha_{\mathrm{f}})\\[2ex] \dfrac{P_{\mathrm{f}}\times W\times\cos\alpha+P_{\mathrm{g}}\times L\times\sin\alpha}{W\times\cos\alpha+L\times\sin\alpha} & (\alpha_{\mathrm{g}}<\alpha<\alpha_{\mathrm{f}})\end{cases}$$

式中：α_{f} 为坦克正面航路角限定值；α_{g} 为坦克侧面航路角限定值；P_{f} 为坦克正面命中条件下的毁伤概率；P_{g} 为坦克侧面命中条件下的毁伤概率；W 为坦克正面宽度；L 为侧面长度；α 为运动坦克的航路角，即炮弹飞行路线与坦克运动路线在平面上投影的夹角。所谓航路角限定值，是指直瞄武器为避免跳弹，能够射击或不能射击坦克侧面或正面的一种角度限定值或界限值。

（3）毁伤计算。毁伤计算包括毁伤概率计算、毁伤目标数目计算以及相对毁伤目标数计算。

① 毁伤概率计算。无论采用查表法还是解析法，都可得到直瞄射击目标的命中概

率 P 和条件毁伤概率 P_h。直瞄射击目标的毁伤概率 P_H 为

$$P_H = P \times P_h$$

P_H 是在给定的射击条件下，单件武器对单个目标的毁伤概率，实际上是一种一对一条件下的毁伤概率。当 N 件直瞄武器对 M 个目标，特别是对多个装甲运动目标射击时，则情况比较复杂，需要进一步考虑到火力分配和目标选择等问题，有时需要计算多个毁伤概率值 P_{Hij}，即第 i 件武器射击第 j 个目标时的毁伤概率 $i=1,2,\cdots,N; j=1,2,\cdots,M$，每个 P_{Hij} 的计算都要依据战场条件和战术原则分别进行。在一般情况下，可用一个平均意义下的 P_H 值代表所有的 P_{Hij} 使用。

另外，在 P_H 的获取和计算过程中，仅考虑到了射击条件，而没有考虑战场环境因素的影响，在武器论证中可以直接使用，而在作战模拟中，要经过适当的战场环境影响修正系数修正后才能使用。一般战场环境条件可使命中概率下降 20%～30%。因此，修正 P_H 的系数值可在 0.7～0.8 间取值。

② 毁伤目标数的计算。设在直瞄射击过程中，某武器的总弹药消耗量为 N，各件武器对各个目标射击的毁伤概率都用 P_H 表示，则毁伤目标数为

$$m = n \times P_H \times 0.7$$

其中，0.7 为战场环境因素影响的修正系数。但 m 不能大于目标数 M，因而有

$$m = \min\left[n \times P_H \times 0.7, M\right]$$

对点状固定坚固目标，判断其是否被毁伤的条件为

$$n \times P_H \geqslant \omega$$

摧毁点状固定坚固目标的最低弹药消耗量为

$$n' = \frac{\omega}{P}$$

式中：n 为毁伤目标的平均必须命中弹数；P 为命中概率。

③ 相对毁伤目标数。即毁伤目标数的百分比。其计算公式为

$$m' = \frac{m}{M} \times 100\%$$

式中：m 为目标毁伤数；M 为目标总数；m' 的值在 [0,1] 区间内。

3）间瞄射击杀伤效果计算

地面炮兵间瞄射击毁伤效果的模拟计算方法有多种，但最常用、最有效的仍是解析法。用解析公式计算地面炮兵间瞄射击时的毁伤效果，具有速度快、程序量小、结果明确、透明度好、精度易于控制、可手工计算等特点。也可用查表法、蒙特卡罗法、兰切斯特方程法等来模拟计算间瞄射击的毁伤结果。

用解析法模拟计算火炮间瞄射击的毁伤效果时，与射击过程相对应，可分为参数准备和模拟计算两大步。

（1）参数准备。参数准备包括射击参数、目标参数、火力分配参数和坐标参数。

① 射击参数。主要包括火器种类、射击单位数量、弹药消耗量等参数。

- 火炮种类及装药号。我军常用的火炮种类有迫击炮、线膛炮。火箭炮共三大类 14 种不同型号。各种火炮都有各自的装药号，对确定的火炮类型和装药号，可以通过表格

查取其相应的最大射程值。

• 射击单位数量。地面炮兵射击时，一般以营、连或单炮为单位实施射击，计算射击误差和射击效果。

• 弹药消耗量。是实施最有利火力分配的要素之一（另外两要素是射向和射距）。每门炮的弹药消耗量，可根据模拟需要输入。

需要注意的是，在火炮进行多距离射击时，每门炮的弹药消耗量一定要是射击距离个数的整倍数，因为每门炮要在每个射击距离上发射等量的弹药。利用射击单位数量，每个射击单位内所含火炮数量和每门炮的弹药消耗量，即可计算出每个射击单位的弹药消耗量和弹药消耗总量。另一种计算弹药消耗量的方法是根据火炮的发射速度和射击持续时间进行。

② 目标参数。包括目标幅员参数和目标类型参数。

• 目标幅员参数。目标幅员的纵深 L_{D1} 和正面 L_{F1} 是基本参数之一，$L_{\mathrm{D}} = L_{\mathrm{D1}}/2$，$L_{\mathrm{F}} = L_{\mathrm{F1}}/2$ 用于各种情况下射击效率指标和射击误差的计算。

• 目标类型参数。对于单个目标，它一定是某一种具体目标；对集群目标和面积目标，其中可能包含各种不同的具体目标，这些不同的具体目标和射击火炮的类型共同决定着火炮射击的毁伤幅员 S。

利用毁伤幅员 S，可近似的计算等效杀伤圆半径为

$$R = \sqrt{S/\pi}$$

其等效杀伤矩形区域边长为

$$L_x = L_y = \sqrt{S}$$

上述毁伤幅员参数，仅适用于要求不高，精度稍差的作战模拟模型。对一些精度高、要求高的作战模拟模型，要在给定更多参数的条件下，针对各种不同情况分门别类计算。

③ 火力分配方式参数。主要包括射向区分参数和射击距离区分参数。

• 射向区分参数。如果目标幅员较小且弹散布不大，一般采用集火射向，即所有火炮具有相同射向。如果目标幅员较大，或目标幅员虽小但射弹散布较大，可采用适宽射向，形成人工散布。对适宽射向，射击单位中的每门火炮各自有 1 个射向，一般取相等的射向间隔。射向间隔的计算，可由目标幅员的正面和射击单位内的炮数共同决定，如可取为

$$射向间隔 = \frac{目标正面}{射击单位内炮数}$$

上述射向间隔不能超过各类火炮在各种射击条件下的最大射向间隔，否则只能以目标中心为准进行设定。

• 射击距离区分参数。如果目标幅员较小，且射弹散布不大时，宜采用一距离射击。如果目标幅员较大，或者目标幅员虽小但射弹散布较大，宜采用多距离射击，以形成人工散布。在多距离射击中，最常用的是三距离射击。在对三距离射击，火炮在每个射击距离上的弹药消耗量都是 1/3。其距离差一般为目标幅员纵深的 $1/4 \sim 1/3$。

④ 坐标参数。主要包括坐标参数、射击距离参数和射程百分比参数。

• 坐标参数。射击单位之坐标和目标坐标，是计算射击单位与目标间实际距离的基本依据，而实际射击距离对命中概率和射击误差有重大的影响。射击单位坐标，一般可用基准炮坐标或射击单位配置地域中心点坐标代表；目标坐标可用目标或目标区中心坐标代表。

• 射击距离参数。利用射击单位坐标和目标坐标可以计算实际的射击距离。射击距离的计算，根据地形量化情况的不同，可以有各种不同的方法：若不考虑地形，则可用平面距离近似；若用标高法量化地形时，则可用空间距离近似；若用参量化地形时，则可用修正的平面距离近似。

• 射程百分比参数。由实际射程和相应火炮装药号的最大射程得到射程百分比，如下：

$$\text{射程百分比} = \frac{\text{实际射程}}{\text{最大射程}}$$

对线膛炮，其射程百分比应在 0.3～1 之间，对迫击炮和火箭炮，其射程百分比应在 0.5～1 之间；否则超出火炮能实施射击的范围，不能射击。

⑤ 射击误差。确定计算射击效果的诸元中间误差和散布中间误差的方法，常用的主要有以下几种：

• 射程百分比法。通过查表查取营、连射击时的诸元中间误差和散布中间误差，由上述类型表中查到的数据，实际上是一种射距百分数，要与实际射程相乘之后，才能得到计算射击效率时所需要的实用误差。例如，连射击时，决定诸元的纵向中间误差应为

$$E_{\mathrm{d}}^{l} = \text{实际射程} \times Z/100$$

式中：Z 为误差表中查到的射距百分数的数值。

• 查表法。不同武器、使用不同号的装药射击目标有不同的射击误差。这些误差值可以通过专用的数据表查取。

对于不同的模型、不同的模拟计算方法和不同的模拟目的，参数的设置可能会有不同的要求。例如，有的模型还可能要用到发射速度、引信状态、射击时间（开始时间和持续时间）、发射方法（急促射/等速射、单发射）等参数，在具体使用时，只要按某种方式把它们引入到模型中即可。

（2）模拟计算。为便于计算射击效率指标，通常把目标分为单个目标、集群目标、面积目标三类。其中，那些具有一定长度，而宽度可以忽略不计的目标（不妨称其为线目标），可视为面积目标的特例予以处理。下面根据目标的不同类型，给出相应的计算效率指标（毁伤）的解析公式。

① 单个目标的毁伤计算。具有一定作战能力、单独出现而幅员又较小的目标称为单个目标，如单个坦克、火力点等。计算火炮对单个目标间瞄射击效率指标的方法有数值积分法、统计实验法、近似方法等，现介绍一种最常用的近似计算方法——最有利散布法。

最有利散布法是指射击时的火力分配（表尺、射向、弹药）能够保证获得最佳射击效果的一种计算方法。此时所形成的炸点分布称为最有利散布。在对单个目标射击时，计算射击效果的最有利散布法中所采用的效率指标是单个目标的毁伤概率。其计

算公式为

$$P = 1-(1+\rho\times\sqrt{2K/\pi})\times\exp(-\rho\times\sqrt{2K/\pi})$$

$$K=\frac{N\times S\times\tau}{E_{\mathrm{d}}\times E_{\mathrm{f}}\times\omega}$$

式中：$\rho=0.476936, \pi=3.14159265$为常数；$N$为射击单位的弹数发射量；$S$为矩形目标幅员，其纵深为$2L_{\mathrm{d}}$，正面为$2L_{\mathrm{f}}$；$E_{\mathrm{d}}$、$E_{\mathrm{f}}$为决定诸元的中间误差；$\omega$为毁伤目标的平均必须命中弹数；$\tau$为参数，其值通过查表得到。

从计算公式中可以看出，影响毁伤概率数值大小的是K，决定K值变化规律的参数有：弹药消耗量N、目标幅员S、参数τ、诸元中间误差E_{d}、E_{f}和毁伤目标的必须命中弹数ω等6种。其中，除弹药消耗量N外，其余5个参数随射击条件和目标性质的确定而确定，基本上属于不可控参数，因而也不会对P的变化带来影响。唯一能够对P的变化带来影响而又可控的参数是弹药消耗量N。因而，指挥员可通过对弹药消耗量N的控制，来决定对单个目标的射击效果。

在获得K的基础上，毁伤概率也可采用以下经验公式计算：

$$P=\frac{1}{21.3+0.91K}$$

计算结果的绝对误差一般不超过0.1～0.2。

② 集群目标的毁伤计算。计算对集群目标射击效率的常用方法有：依据每个单位目标的毁伤概率进行计算、依据目标数的分布律进行计算、将集群目标化为“散漫目标”进行计算、将集群目标化为“单个目标”进行计算等。这里选用其中较为简单常用的一种，即将集群目标化为“单个目标”的方法进行计算。采用最有利散布法，对集群目标射击的效率指标是平均相对覆盖，即毁伤目标数的百分比。根据集群目标分布地域幅员的大小，可分为小尺寸集群目标和大尺寸集群目标两种情况。

• 小尺寸集群目标的情况。当目标幅员不很大时（$2L_{\mathrm{d}}\leqslant 15E_{\mathrm{d}}, 2L_{\mathrm{f}}\leqslant 15E_{\mathrm{f}}$），即目标纵深$2L_{\mathrm{d}}$不大于诸元中间误差$E_{\mathrm{d}}$的15倍，目标正面$L_{\mathrm{f}}$不大于诸元中间误差$E_{\mathrm{f}}$的15倍时，宜采用集火射击，瞄准点在目标中心，与坐标原点重合，基准射向与X轴重合，射弹散布规律服从正态分布。采用最有利散布法近似计算平均相对毁伤的解析式为

$$M_{\mathrm{u}}=1-(1+\rho\times\sqrt{2K/\pi})\times\exp(-\rho\times\sqrt{2K/\pi})$$

• 大尺寸集群目标的情况。当目标幅员较大时（$2L_{\mathrm{d}}>15E_{\mathrm{d}}, 2L_{\mathrm{f}}>15E_{\mathrm{f}}$），采用适宽射向多距离射击方式，可认为其射弹散布规律服从均匀分布。其他假设条件与小尺寸目标情况相同。当采用最有利散布法近似计算对集群目标射击时的平均相对覆盖时，其计算公式为

$$M_{\mathrm{u}}=1-\exp\left(-\frac{N\times S\times\tau}{4\times L'_{\mathrm{d}}\times L'_{\mathrm{f}}}\right)$$

③ 面积目标的毁伤计算。对面积目标射击时，计算毁伤结果的效率指标是平均相对毁伤面积。根据目标性质的不同，面积目标射击效率的计算又可分为线状目标和矩形目标等，有时还考虑圆形目标的情况。

对线状目标射击时的效率指标是平均相对覆盖长度。设线状目标与X轴重合，长度

为 $2L_{\mathrm{d}}$，中心在坐标原点，瞄准点与目标中心重合。弹头的效力幅员在 X 轴方向的线长度为 $2L_x$，且与 X 轴重合。则发射 1 发炮弹，对线目标的相对覆盖长度为

$$M_x = \frac{E_x}{2L_{\mathrm{d}}}\left[\hat{\psi}\left(\frac{L_{\mathrm{d}}+L_x}{E_x}\right)-\hat{\psi}\left(\frac{L_{\mathrm{d}}-L_x}{E_x}\right)\right]$$

对矩形目标射击时，平均相对覆盖面积的计算公式为

$$M = \frac{E_x E_z}{2L_{\mathrm{d}}L_{\mathrm{f}}}\left[\hat{\psi}\left(\frac{L_{\mathrm{d}}+L_x}{E_x}\right)-\hat{\psi}\left(\frac{L_{\mathrm{d}}-L_x}{E_x}\right)\right]\times\left[\hat{\psi}\left(\frac{L_{\mathrm{f}}+L_z}{E_z}\right)-\hat{\psi}\left(\frac{L_{\mathrm{f}}-L_z}{E_z}\right)\right]$$

上述公式的使用条件是瞄准点与目标要重叠，坐标原点在瞄准点，集火射击方式。

上面的两个公式给出了两种情况下发射：发弹的射击结果，当独立发射 N 发弹时，其毁伤结果可利用下述公式计算。

对线目标：

$$M_n = 1-(1-M_x)^N$$

对矩形目标：

$$M_n = 1-(1-M)^N$$

在前面的几个问题中，介绍了地面炮兵进行直瞄射击或间瞄射击时的几个基本问题，需要准备的若干基本参数和射击效果的计算方法。这些都是炮兵作战模拟中最基础的内容，基本上可以满足一些较为粗略的、单边、静态模拟的需要。在一些要求高，或双边动态对抗模型中，上述情况都很复杂，需要考虑的条件和方面更多。例如：火炮射击时的遮蔽度；火炮射击时的安全界；各种火炮的弹药携行量；各种火炮在公路上的机动速度等多种因素。这些数据都是提高模型质量和模型真实性必不可少的，在实际应用时可以通过专门文献查到。

2. 防空兵作战效率的简易计算

防空兵是反空袭的重要力量，防空作战的任务是保卫重要目标，如机场、地面飞机、雷达及其他控制系统、弹药库、运输线和交通枢纽、指挥机构等。防空作战的目的，是力求消耗和威慑敌方的空袭机群，扰乱其飞行、降低其作战效率并尽可能的使其遭受损失。防空作战的过程包括探测、捕获、跟踪和射击敌方机群，任何一个环节上的迟疑，都可能贻误战机。防空作战是一场短促、紧张而又争分夺秒的战斗。

下面主要以一个 37 高炮营和一个 HQ-61 地空导弹营的防空作战为例，说明防空作战效率的简易计算方法。

1）基本假设

（1）关于敌机突袭情况的假设。

① 以飞行中队为单位实施突袭，一个中队为 1 个攻击波次，含 4 架飞机，分为 2 个编队，每个编队 2 架飞机，有长机和僚机。假设每个编队中的 2 架飞机，其飞行路线、状态、战术动作等完全一致。

② 飞行距离间隔。中队与中队间 7km，编队与编队间 1.5km，长机与僚机间 250m。

③ 投弹时的飞行速度。一般在 600～900km/h（约 170～250m/s）。

④ 投弹时的飞行高度。突袭敌机投弹时的飞行高度只要飞机性能和战术规定允许即可，为了计算上的方便，对 37 高炮设定在 100～3000m 之间；对 HQ-61 地空导弹设

定在 300～6000m 之间。

⑤ 敌机的攻击方式。敌机对目标的攻击为一次完成。其方式为“进入—俯冲投弹—爬高退出”。

（2）关于火力分配方式的几项约定。

① 对单一的防空导弹阵地，HQ-61（HN-5）导弹一般只打长机。

② 对防空导弹和高炮混合编成的防空阵地，HQ-61 导弹打长机，37 高炮打僚机。

③ 对单一的高炮防空阵地，用一半以上的兵力打长机，其余兵力打僚机。

（3）关于射击方式的几项规定。

① 高射兵器对空射击时，弹着区中心与飞机航路基本重合，且弹群能与目标相遇。

② 37 高炮营采用等边三角形的配置方法，每边长约 1000m。37 高炮的射击方法采用营集火射击，根据目标的到达情况，对一个波次的敌机攻击，一般只有两个集火点。

③ 37 高炮采取长点射的方式对目标射击，每次点射时间长度为 2s，射弹 5 发，射击间隔 2s，在 10s 长的射击时间内可打 3 个长点射，每门炮耗弹 15 发。对 37 高炮约定，当可射击时间不足 10s 时，不实施射击。

④ HQ-61 导弹阵地的配置方法按战术规定执行。HQ-61 导弹对目标的射击，采用 2 发齐射 1 个目标的方式。

⑤ 一个由 37 高炮和 HQ-61 混合编成的防空阵地，对 1 个波次的敌机攻击（1 个飞行中队、2 个飞行编队、4 架敌机），HQ-61 导弹营各用 2 个发射装置（每个发射装置射击 1 发弹）射击 2 个编队的长机，37 高炮营在其 2 个集火点射击 2 个编队的僚机，对每 1 架僚机只在 1 个集火点射击 1 次。

⑥ 对单一的 37 高炮营防空阵地，可采用 2 个连打长机、1 个连打僚机的方式射击，一般对每 1 架敌机也只能在 1 个集火点射击 1 次。假设火力转移和装弹时间，允许依次对每个波次的敌机实施上述相同方式的射击。

（4）关于射击参数的假设。

① 发现概率。侦察系统可采用目视、雷达、光学器材等几种方式搜寻目标，其综合平均发现概率如下：对在 400m 以上高度实施攻击的敌机，其发现概率设定为 $P_{\mathrm{f}}=0.7$；对 400m 以下超低空攻击的敌机，给侦察情报系统对目标的发现带来了困难，降低了发现概率，减少了对目标的可射击时间。当敌机的攻击高度在 100～400m 之间时，可用如下公式计算发现概率：

$$P_{\mathrm{f}}=0.2+(0.7-0.2)\times\frac{h-100}{300}$$

式中：h 为攻击敌机的实际高度。

② 指挥系统的可靠性概率。指挥防空兵器对目标进行捕捉和跟踪的系统工作可靠性概率设定为 0.7。

③ 武器系统的可靠性概率。对 37 高炮设定为 0.9，对 HQ-61 导弹设定为 0.95。

④ 毁伤概率。①对于 HQ-61 导弹。设其中 P_{m} 为 HQ-61 导弹的命中概率，$P_{\mathrm{m}}=0.64$；P_{h} 为 HQ-61 导弹在命中条件下的毁伤概率，设 $P_{\mathrm{h}}=1$；②对于 37 高炮。由于 37 高炮营的 3 个连，分布在边长为 1000m 的等边三角形的 3 个顶点上，它们与突袭机群间的平均航路捷径一般不相同，因而每个连在每 1 个集火点处的毁伤概率也不完全一样，一个平

均的估计值如表 6-13 所列。

表 6-13　37 高炮射击毁伤概率（K_{ij}）

射击单位＼分类	第一集火点	第二集火点
一连	0.01	0.029
二连	0.011	0.04
三连	0.013	0.019

2）作战效率与毁伤计算

（1）飞机编队平均到达间隔时间的计算。

根据假设，2 个编队间的飞行距离间隔为 1500m，其平均到达间隔时间为

$$T_1 = \frac{1500}{v}(\text{s})$$

式中：v 为敌机在投弹时的飞行速度，单位为 m/s，值在 170～250 间，因而 T_1 的取值大致在 6～9s 之间。

（2）飞行中队平均到达间隔时间的计算。

根据假设，中队与中队间的飞行距离间隔为 7000m，其平均到达时间间隔为

$$T_2 = \frac{7000}{v}(\text{s})$$

式中：T_2 的取值一般在 28～42s 之间。

（3）可射击时间的计算。

对 37 高炮。由于 37 高炮的最大射击斜距离为 3500m，战术规定只对 3000m 以下的敌机实施射击。另外，发现概率和指挥系统的可靠性都对可射击时间有影响，一个平均可射击时间的估计公式为

$$T_3 = P_{\text{f}} \times P_{\text{K1}} \times \frac{2 \times \sqrt{3000^2 - h^2}}{v}$$

式中：P_{f} 为发现目标的概率；P_{K1} 为指挥系统的可靠性概率；h 为敌机投弹时的飞行高度，其取值在 100～3000m 之间；v 为投弹时的飞行速度（m/s）。

在上述估计公式中，假设突袭飞机的航路在地面上的投影通过防空射击阵地，对不同的 h 和 v 有不同的 T_3 值，其取值范围约在 0～21s 间。根据约定，当 $T_3 < 10\,\text{s}$ 时，37 高炮不对目标实施射击。

对 HQ-61 导弹。由于 HQ-61 导弹的最大射击斜距离为 8000m，战术规定只对 6000m 以下的敌机实施射击，一个可射击时间的平均值估计公式为

$$T_3 = P_{\text{f}} \times P_{\text{K1}} \times \frac{2 \times \sqrt{6000^2 - h^2}}{v}$$

式中：h 的取值范围在 300～6000m 间。其余要求同 37 高炮，T_3 的取值范围一般约在 0～42s 之间。

（4）毁伤目标数的计算。

对 37 高炮。毁伤目标数的计算公式为

$$S = Z \times \sum_{j=1}^{2}\left[1 - \prod_{i=1}^{3}\left(1 - \frac{P_j \times K_{ij}}{T_0}\right)\right]$$

式中：Z 为入侵敌机的中队数；P_j 是发现概率、指挥系统可靠性概率、武器系统可靠性概率的乘积；j 为集火点序号，根据假设，j 只取 1 和 2；i 为射击单位序号，以连为单位计算，因而 i 取 1,2,3 三个值；T_0 为 1 次营集火射击的目标数，在前面假设 1 个集火点只射击 1 个目标的条件下，$T_0 = 1$。当分别射击长、僚机时，$T_0 = 2$，但 Z 则为入侵敌机的编队数；计算公式也要作相应的改变；K_{ij} 为第 i 个射击单位在第 j 个集火点处射击目标时的毁伤概率。

对 HQ-61 导弹。射击毁伤目标数的计算公式为

$$S = Z \times P_{\mathrm{f}} \times P_{k1} \times P_{k2} \times 2 \times \left[1 - (1 - P_{\mathrm{m}} \times P_{\mathrm{h}})^2\right]$$

式中：P_{m} 为单发导弹射击时的命中概率；P_{h} 为单发导弹射击时命中条件下的毁伤概率。

根据假设，HQ-61 导弹的射击方式为对 1 个目标 2 发 1 次齐射，其毁伤概率为

$$1 - (1 - P_{\mathrm{m}} \times P_{\mathrm{h}})^2$$

一个导弹营 4 具发射架一次射击 1 个飞行中队中的两架敌机，毁伤数为

$$2\left[1 - (1 - P_{\mathrm{m}} \times P_{\mathrm{h}})^2\right]$$

3. 步兵陆战单元的杀伤计算

步兵和装甲兵在陆地作战行动中起着决定性的作用，是陆地作战行动中的基本作战兵种。步兵作战单位作战行动的基本形式有预备队、机动、工事构筑、巡逻放哨、防御战斗、进攻战斗、追击等。核心是防御战斗和进攻战斗。以苏军为例，进攻战斗和防御战斗的正面和纵深如表 6-14 所列。

表 6-14　进攻战斗和防御战斗的正面和纵深

项目		师/km	团/km	营/km	连/m	排/m	班/m
正面	主攻方向	10～15	5～7	1～2	500～800	150～200	50
	助攻方向	20～30	10～15	2～2.5	800	200	
	突破地段	4～8	2～4	1～2			
纵深	当前任务	20～30	7～10	2～4	1000		
	后续任务	50～70	20～30	7～10			

步兵各级作战单位疏散地域面积如表 6-15 所列。

表 6-15　步兵各级作战单位疏散地域面积

单位	面积/km^2	单位	面积/m^2
陆军师	450	步兵连	40000
步兵团	38～42	步兵排	4200～10000
步兵营	5～10	步兵班	200

1）步兵武器性能参数

步兵武器装备的类型可分为：

（1）轻步兵武器。主要有手枪、步枪、刺刀、手榴弹等。

（2）重步兵武器。主要有机枪、火箭筒、反坦克武器、迫击炮、轻型防空武器等。

（3）特种装备。主要有地雷等爆破武器、通信器材、照明器材等。

手榴弹的作用距离 40m 左右，对暴露人员的杀伤率如表 6-16 所列。

表 6-16 手榴弹对暴露人员的杀伤率

半径/m	2	4	6	10	15	20
杀伤率	100%	75%	50%	25%	5%～10%	1%

若各种枪支的射击方式为短点射，则对暴露目标的命中率如表 6-17 所列。

表 6-17 步兵枪支对暴露目标的命中率

目标尺寸		直径 1.8m 圆目标			直径 2.7m 圆目标	
距离/m		300	400	600	700	1000
命中率	5.56mm	81%	73%	55%	67%	52%
	7.62mm	81%	77%	41%	33%	30%

2）杀伤计算

步兵轻武器在防御战斗中以火力毁伤敌步兵的能力是以防御正面前每 1 纵长米上，每 1min 的子弹密度表示。

（1）首先要确定防御作战单位火力保障正面宽度，其计算公式为

$$L = L_0 + 0.5(L_1 + L_2)$$

式中：L 为作战单位火力保障正面的宽度（m）；L_0 为防御阵地正面宽度（m）；L_1、L_2 为防御作战单位间的间隙（m）。

（2）利用轻武器的战斗射速和轻武器的装备 v 数量确定每分钟发射的子弹数量：

$$N = N_1 v_1 + N_2 v_2 + \cdots + N_k v_k$$

式中：N 为作战单位轻武器在 1min 内的射击子弹数（发/min）；N_i 为第 i 种轻武器的数量（阵）；v_i，$i = 1,2,\cdots,k$ 为第 i 种轻武器的发射速度（发/min）。

（3）计算防御正面上每 1 纵长米每分钟的子弹密度，其公式为

$$D = \frac{N}{L} \quad (\text{发/min·m})$$

若 $D \geqslant 5$，能毁伤大约 50%的进攻步兵。

6.4 典型作战行动描述实例

本节以“炮兵分队战斗行动”这一个具体的实例来说明作战模拟中作战行动的建模，包括分析炮兵分队的基本作战任务流程、建立军事概念模型和数学描述，最后形成作战仿真模型。

6.4.1 炮兵分队战斗行动建模——概念模型

根据前面几章的介绍可知，概念模型是对真实世界军事行动的一致性描述，主要包括对一项作战任务的组织、过程、指挥、装备、环境、通信等方面信息的描述。建立军事概念模型需要首先对炮兵分队作战行动进行分解，并描述其行动的军事背景条件、影响因素、逻辑流程、行动控制规则和输入、输出数据需求等。

1. 军事背景

炮兵分队是支援步兵、坦克分队战斗的主要火力分队，它装备有各种压制火炮、反坦克火炮、反坦克导弹和地对地战役战术导弹，具有强大的火力、较远的射程、良好的精度、较高的机动能力和广泛的适应性，能迅速、准确、突然、连续地对地面、水面目标实施火力突击。通常协同步兵、坦克和其他兵种战斗，也可独立地进行火力战斗。这里讨论的是地面火炮分队，对战役战术导弹部队不做描述。

在现代战斗中，战场上需要炮兵分队打击的目标很多，因此，炮兵分队的作战任务复杂，其基本任务包括：

（1）压制、摧毁敌炮兵、防空兵、导弹和 C^4ISR 系统。

（2）击毁敌坦克和其他装甲战斗车辆以及水面舰艇。

（3）压制、歼灭敌有生力量。

（4）破坏、封锁敌交通枢纽、机场、港口、空降场、桥梁和渡口等。

（5）破坏敌工程设施、仓库及其他重要目标。

（6）必要时，在障碍区开辟通路。或者发射特种炮弹，遂行照明、释放烟雾、发传单等任务。

根据战斗需要和武器性能，炮兵分队可以作为支援炮兵、伴随炮兵或反坦克预备队炮兵使用。支援炮兵，是指编入各级炮兵群或者由团以上合成军队指挥员直接掌握，用以遂行火力支援任务的炮兵，主要由装备压制火炮的炮兵分队担任，通常以营为基本单位，也可以连、排或单炮为单位执行射击任务；伴随炮兵，是指在步兵分队的战斗编成内行动，以火力直接支援步兵战斗的炮兵。它通常由迫击炮、反坦克炮、反坦克导弹分队担任，可以连、排或班为单位遂行战斗任务。

为确保炮兵的战斗行动，在炮兵编成内还有侦察、测地、气象、通信、雷达、声测、照相、工程、电子对抗、防化、技术保障和后勤保障等分队。

地面炮兵以分队（营）为基本的作战单位。不同隶属的炮兵分队的编制、装备及任务不同，炮兵分队主要装备炮种有：130mm 加农炮，一个营编制 18 门；152mm 加榴炮，一个营编制 18 门；155mm 加榴炮，一个营编制 18 门；122mm 火箭炮，一个营编制 18 门；120mm 自行滑膛炮，一个营编制 18 门；152mm 自行榴弹炮，一个营编制 18 门；122mm 自行榴弹炮，一个营编制 18 门；反坦克导弹营（连）装备红箭系列反坦克导弹。其中 66 式 152 加榴炮是最典型的装备。

炮种不同其战术、技术性能有很大的区别。我军的地炮种类与美军相比总体上存在种类、型号繁多性能参差不齐的问题，这也给不同炮兵分队的作战模拟带来一定的复杂性。我军炮兵分队现有的几种主要火炮的装备性能参数如表 6-18 所列。

表 6-18 炮兵分队主要火炮性能表

种类 \ 性能	口径/mm	射程/m	直射距离/m	射界/（°）		发射速度/（发/min）	行军速度	弹药基数/发	配用弹种
				高低	方向				
83 式 122 榴弹炮	121.92	15600	762	−3～+65	−27～+27	7～8	35～60	80	榴弹破甲
89 式 122 自行榴炮	121.92	15600	762	−3～+70	360	7～8	最大 60	80	杀爆榴弹
88 式 155 榴弹炮	154.94	39000		−5～+72	−30～+40	8～10	15～60		杀爆榴弹
83 式 152 自行榴炮	152.4	17230	800	−5～+65	360	4～5	55	60	杀爆榴弹
82 式 130 火箭炮	130.64	10217		0～+50	−102～+70	30 发/17s	10～55	150	杀爆榴弹
87 式 82 迫击炮	82	4500		+45～+80	−3.5～+3.5	15～25		120	榴弹发烟
89 式 100 迫击炮	100	6505		+45～+80	−4～+4	15-20			榴弹照明
66 式 152 加榴炮	152.4	17230	800	−5～+45	−32～+26	6～8	15～60	60	杀爆榴弹

2. 基本逻辑流程

本节对炮兵分队战斗行动的建模主要指支援炮兵。炮兵分队投入战斗的作战流程包括从受领任务、投入战斗位置、侦察发现目标、进行战斗准备、战斗实施直至结束战斗的整个流程，如图 6-13 所示。

主要过程包括：

（1）受领任务、战斗准备。通过电话或文电，受领预先号令，明确任务，下发指示，分队立即进行各种物资及保障准备工作。

（2）进入战斗位置。选择机动路线，组织分队开进指定位置，占领阵地，完成战斗准备。

（3）展开侦察。组织本分队现地勘察，包括指挥所观察所的选择，炮阵地的布置，通信组织，侦察研究敌情，指挥员分配作战任务、下达作战命令。

（4）战斗实施。包括确定打击目标、测定气象条件、进行火力分配、确定射击诸元、下达射击指令、开火射击、评估打击效果、阵地机动等一系列过程。

3. 行动规则描述

按照基于 EATI 的建模方法，对于炮兵分队的作战过程，其基本作战单元是炮兵分队，因此，每个炮兵分队可以设定为一个实体，按照不同的要求，也可以将实体的分辨率设定为连、排或单炮。这里为了简要起见，实体粒度为分队级。

在作战模拟过程中，炮兵分队实体的具体活动可以分解为多个基本行动，包括机动、侦察、射击等，对每一个基本行动，都要进行概念描述，这里限于篇幅，主要以炮兵分队的机动行为为例，建立炮兵机动军事概念模型的行动规则，其他行为可以以此为参考由读者自己尝试构建。

例 6-3 炮兵分队机动军事概念模型实例

在作战模拟系统中，机动模型是最重要的基础模型之一，炮兵战术机动就是炮兵分队实体由作战空间的一点到另外一点的位置移动。其概念模型需要描述实体的机动过程和结果，以及实体在机动过程中战斗力指数的动态变化，还要体现不同的地形、道路、天候、障碍、敌情等因素对炮兵战术机动的影响等。

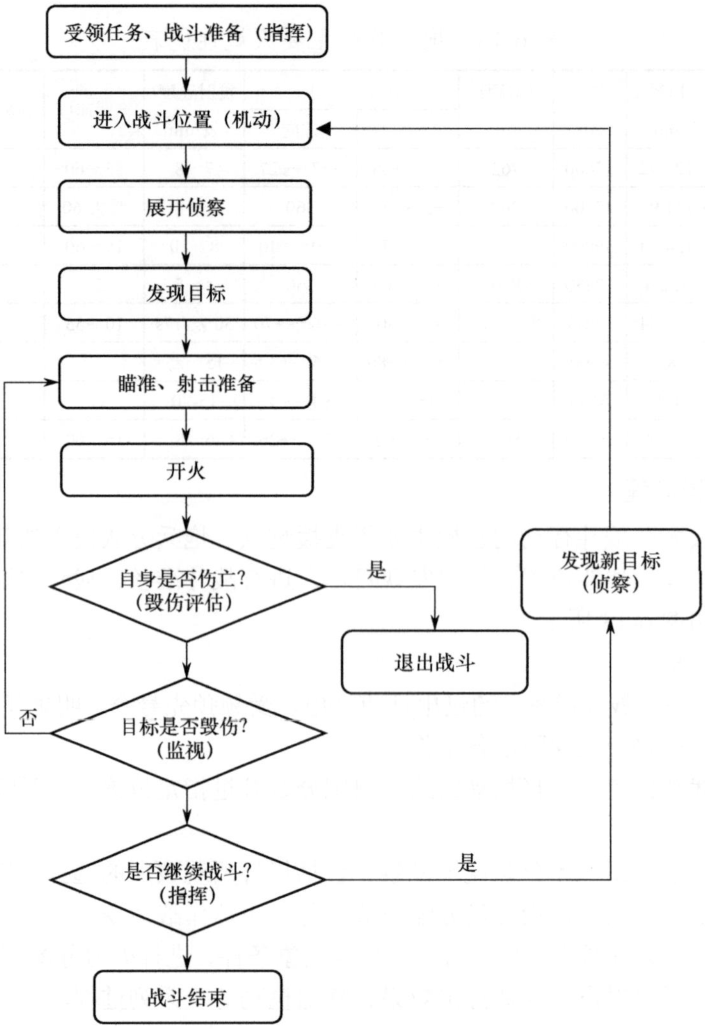

图 6-13　炮兵分队作战流程图

炮兵机动军事概念模型可以具体描述如下：

1）行动的执行条件

触发条件：炮兵分队接收到上级出发命令或到达上级指定的机动出发时间；

机动方式：摩托化、机械化、徒步；

机动路线：以 3 点以上的折线来表示；

开始执行命令的时间：人工输入或取默认值。

2）军事规则、影响因素

从输入条件中获取执行战术机动任务的单位名称，该单位的当前状态，包括单位性质、战斗力指数、装备的车辆种类、当前车辆数量、此单位当前的空间位置与状态（静止、机动、攻击或执行其他任务）等信息。

当分队正在执行其他任务时，要给出是否终止当前任务的提示，当用户选择终止任务时，命令继续向下执行；当用户选择非终止任务时，命令终止。

根据输入条件中的机动样式判断当前单位是否具有该机动能力，炮兵分队只能实施徒步和摩托化机动。

从输入条件中，获取机动开始时间，当达到开始机动时间后，机动单位由原军标转换为机动军标，并按指定的机动路线开始机动，机动速度按不同时间以及不同机动样式的机动速度计算，并按不同地形条件、不同道路、不同天候下的机动速度修正值修正。

（1）当在机动路线上发现临时设置的雷场时，通过期间机动速度按50%修正，无战损。

（2）当在机动路线上发现染毒地带时，通过期间机动速度按50%修正，无战损。

（3）当在机动路线上发现预先设置的雷场时，当障碍物的面积小于$0.2km^2$时，机动单位应自行绕过，并给出报告；自动绕过的方法如下：以机动路线和障碍物的交叉点为基点，分别算出到障碍物左、右两边的距离，攻击单位沿较短边障碍物的边缘线继续机动，如果障碍物的幅员形状为椭圆（含圆形），则机动至原机动路线与椭圆的另一个交叉点后，继续按原路线机动；如果障碍物的幅员形状为长方形（含正方形），机动到第二个拐点后，按第二个拐点与下一个机动路线上的点的连线为现有机动路线继续机动；当障碍物的面积大于$0.2km^2$时，机动单位原地等待，并给出选择报告无法通过，请选择要求执行的命令：工兵支援、强行通过；当选择工兵支援时，机动单位原地等待，工兵排障后，机动单位继续按正常情况下机动；当选择强行通过时，机动单位继续机动，机动速度按50%修正，战损按20%计算。

（4）当在机动路线上发现水系时，两栖机械化单位可渡过，机动速度按50%修正；当水深2m以下时，徒步可强行渡过，机动速度按30%修正；当水深1.5m以下时，履带式战车可渡过，机动速度按50%修正；当水深0.5m以下时，摩托化可渡过，机动速度按50%修正；否则，以机动路线和水系的交叉点为基点，分别算出到障碍物左、右两边的距离，当较短的一边距离小于1km时，机动单位沿较短边水系的边缘线继续机动，如果水系的幅员形状为椭圆（含圆形），则机动至原机动路线与椭圆的另一个交叉点后，继续按原路线机动；如果水系幅员形状为长方形（含正方形），机动到第二个拐点后，按第二个拐点与下一个机动路线上的点的连线为现有机动路线继续机动；当无法绕过时，机动单位原地等待，并给出报告无法通过；当工兵架桥后，机动单位继续按正常情况机动。

（5）当在机动路线上发现较大坡度时（当机械化机动在机动路线上遇到32°以上的坡度时、摩托化机动在路线上遇到25°以上的坡度时、所有机动方式遇到断绝地时），应判断障碍物的面积大小，当障碍物的面积大于$0.2km^2$时，机动单位原地等待，并给出报告无法通过，请求工兵支援；当工兵排障后，机动单位继续按正常情况下机动；当障碍物的面积小于$0.2km^2$时，机动单位应自行绕过，自动绕过的方法同上。

（6）当损伤达到50%时，要给出报告因遭敌袭击，我部已损伤过半。

当机动单位遭敌炮火打击且没有与敌交火，在遭到敌袭击开始一个步长过后，机动单位的战损按占用幅员计算，机动速度在相应速度的60%修正；当敌炮火打击过后，计算战损的队形幅员和机动速度恢复原来值；当机动途中与敌遭遇时，则判断正面遇敌时，终止命令，给出报告；其战损按占用幅员计算；翼侧遇敌时，机动速度按50%修正，其战损按占用幅员计算；给出报告，脱离接触后，速度恢复正常。

（7）当机动单位到达机动路线指定的最后一点时，应给出机动结束的报告。

3）逻辑流程图

炮兵分队战术机动行动的逻辑流程图可以描述如图6-14所示。

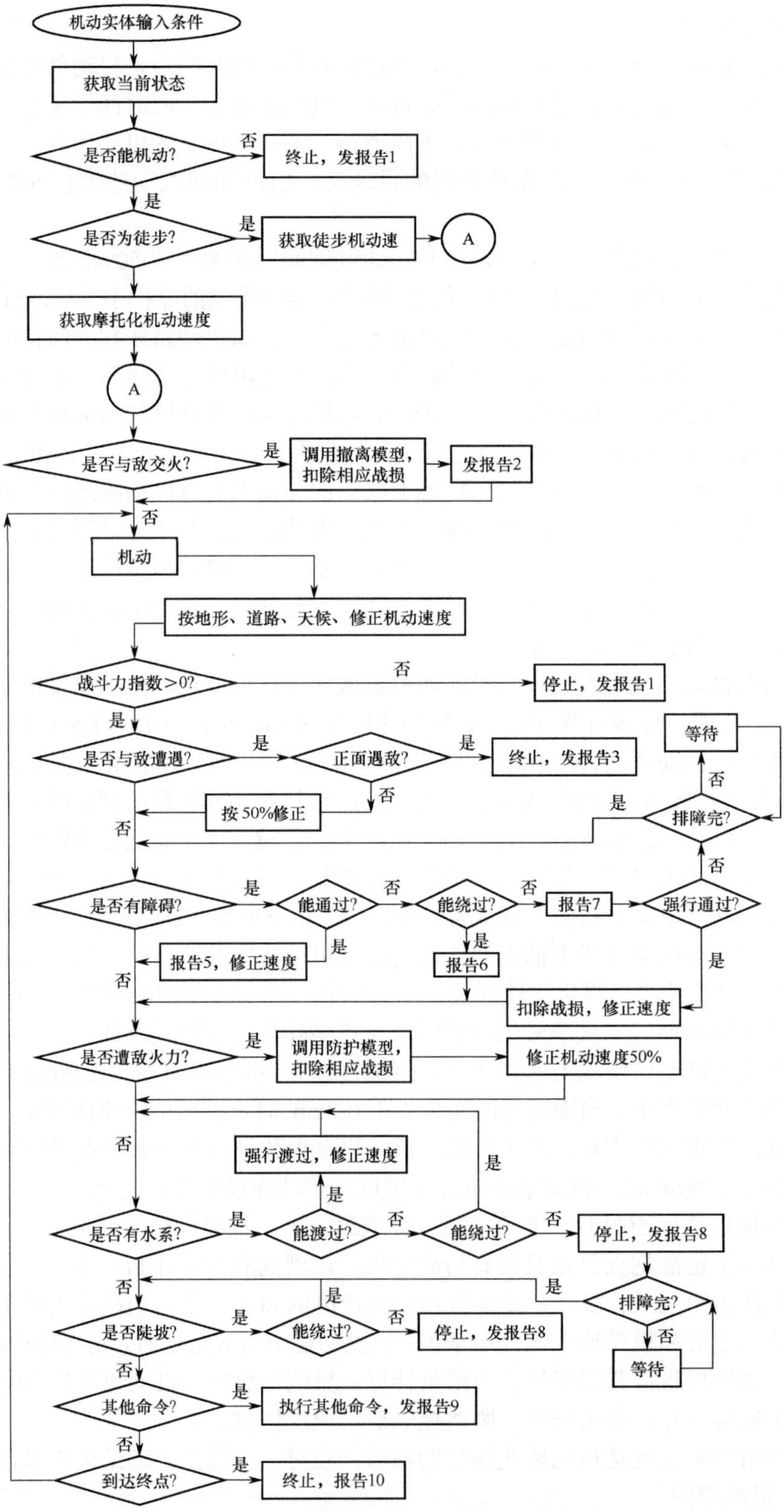

图 6-14　炮兵分队机动行动逻辑流程图

4）行动的结果

炮兵分队机动单位的坐标；单位当前状态。

5）数据需求

（1）输入数据，如表 6-19 所列。

表 6-19　机动行为的输入数据表

<table>
<tr><th colspan="2">数据名称</th><th>数据形式</th><th>实例</th></tr>
<tr><td rowspan="6">机动单位当前状态</td><td>单位名称</td><td>代字</td><td>5MHS</td></tr>
<tr><td>单位性质</td><td>兵种属性</td><td>炮兵</td></tr>
<tr><td>单位坐标</td><td>军事坐标</td><td>（12010，34150）</td></tr>
<tr><td>军标号</td><td>军标代码</td><td>134</td></tr>
<tr><td>军标号方向</td><td>度</td><td>120º</td></tr>
<tr><td>当前任务</td><td>任务种类</td><td>攻击</td></tr>
<tr><td rowspan="5">机动路线</td><td>第一点</td><td>军事坐标</td><td>（12010，34150）</td></tr>
<tr><td>第二点</td><td>军事坐标</td><td>（12010，34150）</td></tr>
<tr><td>第三点</td><td>军事坐标</td><td>（12010，34150）</td></tr>
<tr><td></td><td></td><td></td></tr>
<tr><td></td><td></td><td></td></tr>
<tr><td colspan="2">机动方式</td><td></td><td>摩托化</td></tr>
<tr><td colspan="2">开始机动时间</td><td>日期</td><td>第×天××时××分</td></tr>
</table>

（2）所涉及的中间数据，如表 6-20 所列。

表 6-20　机动行为所涉及的中间数据表

<table>
<tr><th colspan="3">单位名称</th><th>数据形式</th><th>实例</th></tr>
<tr><td rowspan="5">目标当前状态</td><td colspan="2">单位名称</td><td>代字</td><td>116SBU</td></tr>
<tr><td colspan="2">性质</td><td>兵种属性</td><td>摩托化步兵</td></tr>
<tr><td colspan="2">坐标</td><td>军事坐标</td><td>（12010，34150）</td></tr>
<tr><td colspan="2">军标方向</td><td>角度</td><td>120º</td></tr>
<tr><td colspan="2">战斗力指数</td><td>数值</td><td>1000</td></tr>
<tr><td rowspan="12">机动速度</td><td colspan="2">徒步</td><td>km/h</td><td>5km/h</td></tr>
<tr><td colspan="2">摩托化</td><td>km/h</td><td>25km/h</td></tr>
<tr><td colspan="2">机械化</td><td>km/h</td><td>30km/h</td></tr>
<tr><td rowspan="5">各种地形的修正系数</td><td>平原</td><td>%</td><td>/</td></tr>
<tr><td>丘陵</td><td>%</td><td>80%</td></tr>
<tr><td>山地</td><td>%</td><td>60%</td></tr>
<tr><td>高寒山地</td><td>%</td><td>40%</td></tr>
<tr><td>水系</td><td>%</td><td>50%</td></tr>
<tr><td rowspan="4">各种道路修正系数</td><td>等级公路</td><td>%</td><td>/</td></tr>
<tr><td>简易公路</td><td>%</td><td>90%</td></tr>
<tr><td>大车路</td><td>%</td><td>80%</td></tr>
<tr><td>人畜道</td><td>%</td><td>/</td></tr>
</table>

（续）

单位名称			数据形式	实例
机动速度	各种天候修正系数	雨	%	80%
		雾	%	80%
		冰	%	80%
		雪	%	80%
战损参数	机动队形		面积	
	战损系数		%	5%
障碍物	类型		类别	反步兵地雷
	位置		军事坐标	（12010，34150）
	形状控制点		军事坐标	（12010，34150）
	幅员		面积	$1200m^2$
	强行通过时速度修正系数		%	50%
	强行通过时战损修正系数		%	3%

（3）输出数据，如表 6-21 所列。

表 6-21　机动行为的输出数据

数据名称		数据形式	实例
机动单位	当前位置	军事坐标	（12010，34150）
	军标号	军标代码	123
	军标号方向	角度	120°
	战斗力指数	数值	800

（4）报告的时机与内容，如表 6-22 所列。

表 6-22　炮兵分队机动报告的时机与报告内容表

序号	报告时机	报告内容
1	无机动能力时	无法执行命令
2	与敌交火	与敌交火，正在撤离
3	遇敌正面攻击	遇敌攻击，无法完成机动
4	遇敌侧面攻击	翼侧遇敌攻击
5	遇临时障碍	遇**障碍，正在排除
6	遇预先障碍，可绕过	遇**障碍，正在绕过
7	遇预先障碍，不可绕过	遇**障碍无法机动，请选择工兵支援或强行通过
8	遇预先障碍，不可绕过	遇**障碍无法机动，等待支援。
9	执行其他命令	正在执行机动命令，是否执行**命令？
10	到达目的地时	到达某地，机动完毕!

6.4.2 炮兵分队战斗行动建模——数学模型

从炮兵分队的作战流程和概念模型来看，炮兵分队的作战行动主要包括机动、目标发现、火力分配、开火射击、毁伤评估等过程，需要分别建立相应行动的数学模型。在本书前面的章节中，已经对一般情况下的机动、搜索发现、火力杀伤计算的数学模型有详细的介绍，这里就简要讨论炮兵分队战斗中的目标发现、火力分配、射击和毁伤评估的数学模型。

1. 目标发现模型

1）发现目标平均时间

当炮兵分队的观察所以某种方式搜索给定区域时，发现目标所需要的时间为随机变量，其数学期望是发现目标平均时间。

发现目标平均时间 T 通常取作服从指数分布，其概率密度函数为

$$f(t)=\begin{cases}\exp(-t/T_0)/T_0, & (t\geqslant 0)\\ 0, & (t\geqslant 0)\end{cases}$$

式中：T_0 为发现目标的平均时间。

在时间 t 内发现目标的概率为

$$P_{\mathrm{D}}=P(T\leqslant t)=\int_0^t f(x)\mathrm{d}x=1-\exp(-t/T_0)$$

而在平均时间 T_0 内发现目标的概率为

$$P_{\mathrm{D}}=1-\mathrm{e}^{-1}$$

2）发现目标平均距离

当炮兵分队观察所以某种方式来搜索运动目标时，发现目标的距离 R 为随机变量，其数学期望就是发现目标的平均距离。

R 的分布类型主要有负指数分布和正态分布两种，当 R 的分布取负指数分布时，其密度函数为

$$P(x)=\begin{cases}\dfrac{1}{R_0}\mathrm{e}^{-x/R_0} & (x\geqslant 0)\\ 0 & (x<0)\end{cases}$$

此时，在距离 r 上发现目标的概率为

$$P_{\mathrm{D}}=P(R\geqslant r)=\int_r^{\infty}P(x)\mathrm{d}x=\mathrm{e}^{-r/R_0}$$

而在平均距离 R_0 上发现目标的概率为 $P_{\mathrm{D}}=\mathrm{e}^{-1}$。

当 R 的分布取正态分布时，其密度函数为

$$P(x)=\frac{1}{\sqrt{2\pi}\sigma_{\mathrm{R}}}\exp\left(-\frac{(x-m_{\mathrm{R}})^2}{2\sigma_{\mathrm{R}}^2}\right)$$

式中：m_{R} 为平均发现距离；σ_{R} 为均方差。

由于发现目标距离 $R>0$，因此一般有 $m_{\mathrm{R}}>3\sigma_{\mathrm{R}}$，此时，在距离 r 上发现目标的概率为

$$P_{\mathrm{D}}=\int_r^{\infty}P(x)\mathrm{d}x=1-\Phi\left(\frac{r-m_{\mathrm{R}}}{\sigma_{\mathrm{R}}}\right)$$

式中：$\Phi(\cdot)$ 为标准正态分布函数。

2. 火力分配模型

在炮兵分队中，通常具有多种火力发射单元，在进行射击时，每个单元可以把敌方好几类武器作为射击目标，因此，需要规定每门火炮或者每个火力发射单元的打击目标，这就是火力分配。在实际过程中，炮兵分队确定火力分配可以采用人工干预分配的方式，也可以采用最优化的方法，确定优化的火力分配方案。

常用的火力分配模型是加权平均火力分配，它是根据目标的重要程度和发现目标数来确定平均火力分配系数，其具体公式如下：

$$\psi_{ij}(t)=\begin{cases}p_{ij}(t) & (\sum_{i=1}^{m}p_{ij}(t)\leqslant 1)\\ \min\left(p_{ij}(t),\dfrac{p_{ij}(t)x_i w_{ij}}{\sum_{i=1}^{m}p_{ij}(t)x_i w_{ij}}\right) & (\sum_{i=1}^{m}p_{ij}(t)\leqslant 1)\end{cases}$$

式中：$\psi_{ij}(t)$ 为我方炮兵分队第 j 类战斗单元攻击敌方第 i 类战斗单元的兵力百分比；$x_i(t)$ 为敌方第 i 类战斗单元的瞬时数目；$w_{ij}(t)$ 为我方炮兵分队第 j 类战斗单元对敌方第 i 类战斗单元的火力分配加权值；$p_{ij}(t)$ 为我方炮兵分队第 j 类战斗单元在时间 t 内对敌方第 i 类战斗单元的发现概率。

3. 射击模型

在作战过程中，为了确定目标是否被命中，需要计算火炮对目标射击的命中概率 P，在本书的 6.3.2 节中，已给出了地面炮兵的杀伤计算方法，具体公式如下：

$$P=\hat{\Phi}\left(\frac{\rho H}{2E_{\mathrm{H}}}\right)\times\hat{\Phi}\left(\frac{\rho W}{2E_{\mathrm{W}}}\right)$$

式中：E_{H} 为垂直方向的概率偏差；E_{W} 为水平方向的概率偏差；H 为目标可见高度；W 为目标可见宽度；$\Phi(x)$ 为简化的拉普拉斯函数，通常可以选择如下：

$$\Phi(x)=\frac{2}{\sqrt{\pi}}\int_0^x \exp(-t^2)\mathrm{d}t$$

又有

$$\begin{cases}E_{\mathrm{W}}=B_{\mathrm{W}}S^{A_{\mathrm{W}}}\\ E_{\mathrm{y}}=B_{\mathrm{H}}S^{A_{\mathrm{H}}}\end{cases}$$

式中：S 为火炮与目标的距离；B_{W}、B_{H}、A_{W}、A_{H} 为火炮射击的战术偏差参数。

4. 毁伤评估模型

给定命中概率 P，利用随机抽样得到在 $0\sim1$ 之间分布的随机数 R_i，就可以决定目标是否被命中，假设第 i 发炮弹命中的目标数为 H_i，则具体如下：

$$H_i=\begin{cases}1 & (R_i\leqslant P)\\ 0 & (R_i>P)\end{cases}$$

由此可以得到火炮 N 次射击命中的目标数量为

$$I_H=\sum_{i=1}^{N}H_i$$

在火炮射击之后，敌方目标的生存概率模型为

$$P_a = P_1 \cdot P_2 \cdot P_3 \cdot P_4 \cdot P_5$$

式中：P_1 为目标被发现的概率；P_2 为目标被发现后遭到射击的概率；P_3 为被命中的概率；P_4 为被命中后的毁伤概率；P_5 为被毁伤后不可修复的概率。

6.4.3　炮兵分队战斗行动建模——仿真模型

1. 建模原理

仿真模型力图对作战单元在作战过程中发生的事件按照时间顺序进行详细的描述。因此，作战仿真模型一般采用以实体为基础，在建模时，根据军事概念模型，把作战范围内的有关作战单位都作为模型的实体加以定义和描述，并把作战单元的作战行动分解为一系列实体的活动加以描述。实体根据其接受的作战命令进行活动，并通过活动与其他实体产生相互作用和影响，这种相互交互过程或交战过程会导致实体的某些状态或全部状态发生变化，这种变化在仿真中称为事件。在作战仿真中，逐一描述各个实体的活动，按照真实事件出现的顺序，把各个实体的活动有效地联系在一起就形成了对作战过程的仿真。

以炮兵分队火力打击敌坦克的战斗仿真为例，仿真模型的实体包括炮兵分队和敌单辆坦克，实体可以进行运动、搜索、目标选择、射击等活动，每次射击后，会产生一定的仿真事件：目标毁伤或者不毁伤，如果目标毁伤，则重新搜索目标或者分配目标进行打击。实体的活动和事件按照性质可以分为物理过程和行为过程，物理过程包括火炮射击的效果、地形的通视性、实体的运动、时间等，其描述有明确的规则。行为过程包括坦克目标选择和分配、火炮射击控制、地面运动决策、目标发现等。其中涉及一些人的主观因素，需要在一定条件下进行简化，例如发现目标就是辨认了目标，选定了目标就是决策射击等。

另外，仿真模型的结构还取决于仿真过程的推进控制机制，通常包括两种机制：事件推进机制和时间推进机制。事件推进是面向事件的模拟控制机制，它利用事件表把应当在未来某一时间出现的实体事件（如发现目标、命中目标）按照先后顺序排在一起，当仿真事件推进到与某一事件时间重合时，则执行与事件相关的子程序；而时间推进机制是面向过程的模拟控制机制，它按照固定的时间步长来推进仿真时间，根据该时间段内是否有事件发生或者系统状态变化，执行有关的子程序，改变系统的状态。

2. 模型结构与功能

对于一般的炮兵分队战斗仿真模型来说，通常会包括以下基本程序模块：作战决策模块、兵力机动模块（包括机动方式选择、机动时间选择、机动路线选择）、火力规划模块（包括目标选择、瞄准点选择、火力分配、发射弹数计算）、毁伤评估模块（命中评估模型、炮弹毁伤半径模型、目标易毁性模型），根据仿真的具体精度要求，这些程序模块的功能可以有不同的实现粒度。这里，只给出一个简单的炮兵分队作战仿真模型结构，如图 6-15 所示。

在图 6-15 所示的仿真系统模型中，采用时间推进机制，根据作战任务的基本需求，炮兵分队作战仿真模型共有 10 个特定功能模块，其中，前 6 个是战斗行动描述模块，后 4 个是用于作战仿真的运行支持模块，各仿真模块的基本功能如下：

（1）运动模块。根据炮兵分队的机动模型，决定炮兵分队在给定时刻的坐标位置。

（2）通视判定模块。根据地形环境，计算两点间通视的可能性。

（3）目标发现模块。按照给定公式计算目标发现概率，并根据此概率决定目标是否被发现。决定目标发现概率的重要因素包括目标是否正在射击，在具体实现仿真时，需要引入哪个目标进行射击的信息。同时，发现目标只有在地形通视条件下才能实现，因此，还应该把通视判定模块的信息发送给目标发现模块。

（4）火力分配模块。主要实现炮兵分队武器间分配火力。还需要确定不同火炮的目标。应该满足三个条件：①位于火炮的瞄准范围内；②该目标被发现；③在火炮射程内。如果满足上述条件，则可以按照一定的原则和优化指标来选择火力打击目标。

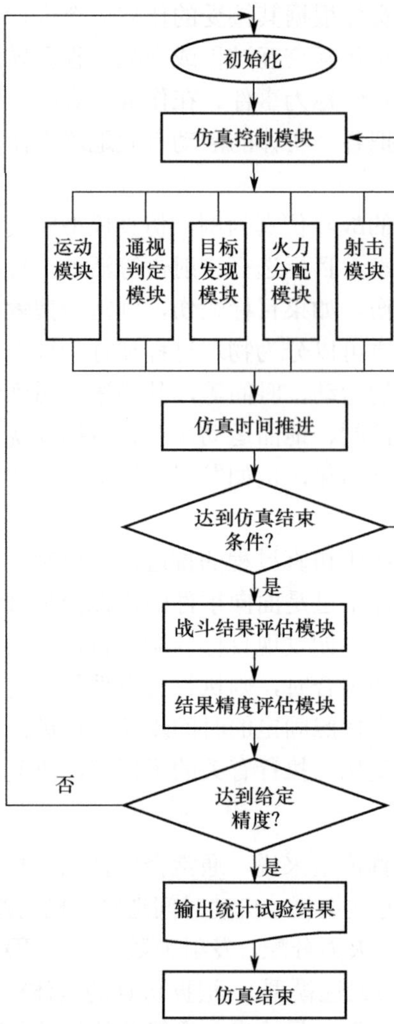

图 6-15　炮兵分队作战仿真模型的基本结构示意图

（5）射击模块。根据相关计算公式或模型来确定目标遭到火炮打击后的毁伤概率，并决定目标是否被毁伤。

（6）获取命令模块。获取外部关于炮兵分队行动路线的命令。

（7）随机数产生模块。按预先确定的分布规律来产生随机数，利用该随机数来决定仿真过程中某个实体的状态。例如，如果某个坦克目标遭到火炮射击一次的毁伤概率是 p，而随机数产生模块所生成的随机数小于 p，则认为该坦克目标毁伤；反之，则认为该目标没有毁伤。

（8）仿真控制模块。可以按照时间步长或者事件来推进仿真的进行，并根据仿真运行逻辑来调用相应的仿真功能模块，同时根据外部输入确定仿真的开始、暂停以及结束。

（9）战斗结果评估模块。对本次模拟的各项实验结果进行统计处理，计算炮兵分队战斗效能指标的期望估值。

（10）结果精度评估模块。计算仿真结果的精度特性，并根据精度要求决定仿真是否结束。

3. 参数准备

在具体进行作战模拟时，作战仿真模型还需要详细的输入参数，对于炮兵分队战斗来说，主要需要以下五类参数。

（1）地形和气象数据。地形和气象条件是影响地面作战单位的机动能力和目标发现能力的主要因素，在进行仿真时，需要获取作战地区的地形数据。地形数据的描述可以按照本书第 4 章中介绍的地形建模方法准备。另外，有些数据例如覆盖程度、隐蔽程度、通行性、障碍物等，只能给出相应的等级。而各个等级所对应的机动速度和平均发现概率则可以由专门的表格或炮兵战术手册给定。

（2）武器装备性能数据。包括炮兵分队的火炮类型、射程、运动速度、发现目标概率、武器易损性概率以及对不同目标的命中概率和毁伤概率等。

（3）作战单位数据。包括炮兵分队编制、武器装备数量、人员数量、弹药携行量、战斗队形配置、指挥关系、机动能力等。

（4）战斗规则。包括开火距离、射击方式、炮阵地配置原则、武器选择规则、火力组织原则、炮兵指挥组织原则、目标优先等级、兵力机动规则等。

（5）兵力部署和战斗命令数据。包括仿真初始的各个武器、炮兵阵地的配置位置、运动路线、火力分配方案等。

可以看出，对于作战模拟来说，只有给出详细的输入数据，仿真模型才有可能真实地反映作战过程中各个作战单位的相互作用和交互关系。例如：地形和气象数据会影响到作战单位的运动计算；如果炮兵分队观察所视线被遮挡，还会影响对目标的发现概率和命中概率的计算；地形隐蔽程度等级同样影响发现概率的计算等。所以，为了实现有效的作战模拟，模型的输入数据准备必不可缺。

上面建立的仿真模型还十分简单，只能完成一些基本的炮兵分队作战仿真计算功能。对于更复杂的大规模战斗仿真、炮兵分队战术训练仿真或者武器系统效能评估仿真等，还需要建立更加完善的作战仿真模型，并且在严密的条件下进行模拟实验，才能得到更为可信的实验结果，从而为作战指挥决策和实际应用提供科学的依据。

第7章

7 兵棋模拟及其应用

兵棋推演被誉为导演战争的“魔术师”，推演者可以充分运用统计学、概率论、博弈论等科学方法，对战争全过程进行仿真、模拟与推演，并按照兵棋规则研究和掌控战争局势，其创新与发展历来为古今兵家所重视。兵棋的历史可以追溯到4500多年前，中国人使用石块和木条等在地面上对弈的方法演示阵法、研究战争。然而，近现代兵棋则是由普鲁士的宫廷战争顾问冯·莱斯维茨于1811年发明的，它由一幅地图、一套代表军队的硬方块、一本详细规则手册、一张概率表和骰子组成。用这套战棋，可以逼真地反映当时战场的实际作战活动。

目前，作战模拟面临的主要难题有两方面：一是计算机作战模拟软件的开发，特别是战役级以上计算机作战模拟软件的开发应用远远不够。将兵棋应用到作战模拟中，对信息的人为处理过程进行研究，从而把大量的指挥信息交给人脑处理，而计算机只需处理兵棋推演者的决策对作战的影响，就可较好地解决这一难题。二是对作战模拟结果与真实结果符合程度的评定。美国作战模拟专家认为，提高作战模拟客观性的方法，就是将运筹分析、兵棋和军事演习相结合。军事演习关注“行动”，提供军队行动的实际能力；运筹分析关注“数据”，将部队的能力和作战的环境转化为数据；兵棋则关注“决心”，依据作战规律和作战“数据”裁决作战双方指挥员的决策，而决策的结果又为部队的“行动”提供依据，从而构成了一个完整的循环。可见，兵棋在作战模拟的发展过程中，其作用是军事运筹与实兵演习所不能替代的。

7.1 兵棋概述

7.1.1 兵棋的概念

兵棋，是指可供对弈双方依据各自决策和一定规则，以对抗形式进行作战过程推演的工具。兵棋的英文名称为Wargame，直译为战争游戏。人们通过兵棋更深入的理解历史，并尝试推断未来。一套兵棋通常包括地图、推演棋子和规则，通过回合制进行一场真实或虚拟战争的模拟。

典型的手工兵棋地图是反映真实地形的带有网格的纸质地图；推演棋子（算子）是印有机动力、战斗力、防御力等各种参数，代表诸军兵种作战单位的方形小纸块；规则是总结战争历史经验并结合概率论与统计原理设计出来的查表、掷骰子等裁决方法。

目前，很多手工兵棋都通过计算机编程，制成了以计算机软件形式表现的计算机兵棋（或电脑兵棋）。然而不论兵棋的形式如何发展，有一点不会变，这就是一套真正的兵棋必须由起决定性作用的人类推演者为主导。

美国著名作战模拟权威，海军分析中心彼得·波拉（Peter.P.Perla）博士在其名著《兵棋推演艺术》（The Art of War-gaming）中指出："兵棋推演需要人类决策与兵棋事件的互动；这种以人类推演者为中心的主动过程是兵棋的特性，使兵棋能够区别于其他类型的模型与模拟。"兵棋推演区别于其他作战模拟方法的一个基本特征是由对立双方的人进行推演。作战模拟中的运筹分析是一种"人不在回路"的方法，在本质上就与兵棋推演不同。兵棋将军事内容用博弈方式进行，或对作战进行模拟与推演预测。它是"兵""棋""戏"的艺术性融合。当它用于游戏目的时，是纯粹的游戏；当它用于战争目的时，就是纯粹的作战推演。在发展历史上，二者是同时存在，互相促进的。例如：20 世纪 50 年代，兵棋推演开始在美国民间盛行，1953 年，查尔斯罗伯特斯设计了名为"战术"的地图推演游戏。同年，罗伯特斯干脆开办了"希尔"游戏公司。推出了"战术 2"等流行一时的第一代经典战略游戏。海湾战争前，由于时间紧迫，美军没有来得及设计专门的兵棋，就从民间买了一套近似海湾战争的游戏，花了 50 万美金，结果推演的结果与海湾战争的结果基本吻合。

1. 兵棋的功能

1）教育训练

当兵棋作为训练器材时，它迫使参与者将他们的战略战术变为可执行的任务。兵棋的核心是规则，获取兵棋规则有两种方法：一是通过对历史上作战经验的深刻理解，将作战环境和作战规律进行量化得出；二是通过广大的推演者在推演的过程中进行修正和完善得来。一套成熟的兵棋规则是由成千上万个专业人员制定的，而不是由少数人琢磨出来。因此，兵棋推演越深入、越广泛，兵棋规则就越接近战争规律。由于兵棋推演是严格按照规则行棋，并严格按照规则进行裁决的。而规则来自战争经验，是对战争规律的反映。因此，兵棋推演过程实际上就成了推演双方熟悉作战规则，进而把握作战规律的过程。

如果兵棋最初的设计将影响战争的一些重要因素融入模型和程序中，那么就能通过兵棋推演发现那些被忽略或低估的重要因素。基于不完整的信息，包含随机事件和"运气"的反复无常，在时间压力下定下明确的决心，兵棋推演比任何其他形式的指挥能力训练更接近作战的动态过程。因此，在训练过程中，如果借助兵棋，"战争局势"更容易设置，战略格局更容理解，通过反复变化的"战场情况"来达到训练指挥人员灵机处理突发事件的能力。

2）战术战法研究

兵棋能够为指挥员提供寻求最新作战问题可行解决方案的测试环境。因此，兵棋能够进行战术战法的研究与验证。战场可以在兵棋中被重新构建，以使推演者与研究者能从一个崭新的视角，观察为什么当时他们的行为会导致那样的结果，并因此帮助他们分析战法。美军在 1993 年出版的《定下战术决心的过程》教材中，专门将兵棋推演作为分析战术决心正确与否的重要工具。美军指出，"兵棋推演就是依据所给定的己方实力与配置、敌方兵力兵器和可能的行动方案，以及一定的地形条件，有意识地显现一场战斗的过程"；"兵棋推演是为了动态化地预见一场战斗中一方的行动、对方的反应及一方对反应的对抗"；"战斗中不好进行实验，兵棋推演是通过显现战斗来检验行动方案的最好方法"；"兵棋推演可以促进对作战的思考，使参谋人员得出用别的方法得不出的主意和认识”。

3）辅助决策

兵棋与一般的棋类游戏有本质的不同。兵棋的棋盘是对现实地图的科学抽象，兵棋的棋子是对作战力量和战争事件的科学抽象。而兵棋的规则是对战争规律的科学抽象，兵棋是建立在现实世界、历史数据和数学的基础之上。因此，兵棋的模拟结果具有很高的可信度，能够为作战提供辅助决策。第二次世界大战时，兵棋已经作为辅助决策的重要工具在德国、日本、美国等国家中运用，为战争提供了科学的决策依据。

4）预测功能

一般而言，兵棋具有两种功能：一是向后，解释以往发生过的事情，说明其原因；二是向前看，预测未来可能发生的事情，说明其发展趋势。兵棋推演是严格地依照规则进行的，而规则则是对战争规律的总结，这一点前面已经说明。因此，在作战行动前，可以通过兵棋推演在一定程度上预测未来作战的进程、结局和可能发生的重要事件。

2. 兵棋的特点

（1）“每战一棋，从不重样”是兵棋设计的最大特点，每一款兵棋都针对具体的一场交战行动（战斗、战役或战争）来设计，而不是像围棋、中国象棋、国际象棋、军棋等棋戏那样总是使用一套走棋规则。尽管如此，兵棋仍然有其基本的对阵方法，也就是说，所有的兵棋都遵循大体相仿的设计思路。

（2）以战争经验为基石。西方国家研发的兵棋，约 80%用于模拟战史，用于模拟未来的不足 20%。形成这种局面的原因主要在于，战史有一个确定的结果，只有所研发的兵棋能够准确再现已有战争的过程，才意味着其规则是成熟的，否则必须进行调整。事实上，战争中的确有一些永恒不变的规律，如果不能把已经发生过的战争搞透，要想把握这些规律，并在此基础上预测未来是不可思议的。所以，以战争经验为基石，不仅不会降低兵棋的可信度，而且还会提高兵棋的可信度。

（3）以军事人员为主导。兵棋的核心是规则和相应的作战参数，规则和作战参数不是由技术人员决定的，而是由军事人员决定的。军事人员和兵棋推演者始终处于兵棋研发的主导地位。即便是由民间研制的用于军事训练的兵棋，也是依据军事人员提供的相关数据进行的。

（4）贴近实战。美国著名作战模拟权威彼得·波拉博士在《兵棋推演艺术》一书中指出：“基于不完美的信息，包含随机事件和‘好运’的反复无常，在时间压力下定下明确的决心，兵棋推演比任何其他形式的指挥能力训练更接近作战的动态过程。”

（5）效费比高。对于部队而言，制定一套科学严密的对抗规则，并在此基础上组织对抗训练是比较困难的。而兵棋由于本身具备了完备的对抗规则，因此，它可以很方便地在部队普及推广，进行对抗训练，这与兵棋的研发费用相比，效费比是非常高的。

3. 兵棋的分类

（1）兵棋按制作方式的不同，分为手工兵棋和电脑兵棋。手工兵棋中棋盘、棋子都是实物，规则一般以说明的形式提供给对战双方；电脑兵棋是建立在计算机技术和系统理论之上的兵棋，又称为现代兵棋。

（2）兵棋按对数学的应用程度不同，分为严格式兵棋和自由式兵棋。严格式兵棋基于数学计算，对棋盘、棋子和规则都有严格的规定；自由式兵棋随意性较强，对战双方根据经验“下棋”，并根据战争常理来判断对战胜负。

（3）兵棋按模拟战争的级别可以分为战略级、战役级和战术级。战略级的推演者扮演的通常是国家级的领导人；战役级的推演者扮演的通常为战区、集团军或军、师、团一级的指挥员；战术级的推演者扮演的通常为连排级的基层指挥员。

（4）兵棋按是否用于军事目的，分为专业兵棋和非专业兵棋。专业兵棋用于军事目的，主要用来研究战争和预测战争；非专业兵棋也即兵棋游戏，可以用来娱乐和训练思维。

7.1.2　兵棋的发展和应用

1. 兵棋的发明

1811 年，普鲁士宫廷战争顾问冯·莱斯威茨发明了一种用沙盘、棋子和计算表模拟军队交战过程的器材，他按照 1∶2372 的比例，用胶泥做出地形模型，用小瓷方块表示军队和武器，按照他自己制定的规则在宫廷进行对阵表演。后来，冯·莱斯威茨的儿子约翰·冯·莱斯威茨中尉把经验和时间概念引入兵棋，使它形成了一套基于数学计算的图板式模拟工具，并于 1824 年在柏林出版了详细的兵棋规则，名为《用兵棋器械进行军事对抗演习的指南》，这标志兵棋已由宫廷游戏演变为可用于作战模拟的工具。此后，兵棋风靡全欧洲。

1876 年，普鲁士陆军上校冯·凡尔第修改了冯·莱斯维茨的兵棋，把它变成依据演习指导者的个人判断而不是靠详细的规则来裁决对阵结果，被称为“自由式兵棋”（Free Wargames）。我军传统的图上推演和沙盘作业，就属于这种“自由式兵棋”。而西方通常所说的兵棋，属于“严格式兵棋”（Rigid Wargames）。由此，兵棋开始了两种不同类型的发展，并形成了两大流派，即“严格式兵棋”和“自由式兵棋”。

“严格式兵棋”与“自由式兵棋”各有优长。其中，“自由式兵棋”更加适合于战争年代的指挥训练。因为，战争年代，每一位组训者，都拥有丰富的战争经验，烦琐的推演规则实际上存在于组训者的大脑之中。“严格式兵棋”更加适合于平时的训练，因为，和平时期，组训者普遍缺乏战争经验，在这种情况下，运用基于战争经验的兵棋规则进行推演，有利于防止推演过程中的人为干扰，使推演过程更加符合实战情况。

自 19 世纪末到第二次世界大战，使用兵棋进行作战模拟在战争中的重要作用不断突显出来，不仅作为军官的训练活动，而且作为制定和检验作战计划的工具，由德国、日本两国军队领先，在美国海军、英国和沙皇俄国军队中也有应用。

2. 偏重运筹分析，轻视兵棋推演

随着第二次世界大战结束，德国、日本的战败，兵棋应用走向低潮。与此同时，美国在第二次世界大战的反潜、水雷作战中依靠麻省理工学院物理学家菲利普 M·莫斯（Philip M. Morse）教授、地球物理学家埃利斯·约翰逊（Ellis Johnson）教授等一批科学家，发展出新的基于军事运筹分析的作战模拟方法。

在军事运筹早期的尝试中，除了上述及其他一些应用过兵棋推演的例子外，大部分军事运筹人员都很少利用兵棋。由于兵棋推演明显地缺乏严密性，军事运筹的科学本质使得大部分从业人员都是民间研究者，而军事运筹人员毕竟都是科学家而非军人。因此，即使他们知道兵棋技术的存在，也倾向于信赖军事运筹，而忽视兵棋推演。

军事运筹分析作战模拟方法在第二次世界大战实战应用的成功，导致美国作战模拟人员逐步忽视兵棋推演，转而期求以纯数学分析的方法，不需要人类推演者参与，完全依靠计算机实现对战争的全面模拟。

3. 民间兵棋影响作战模拟

在美国军队的兵棋推演被军事运筹分析的作战模拟方法排斥的同时，美国民间的兵棋市场却有了长足的发展。20 世纪 50—80 年代，以詹姆斯·邓宁根（James Dunningan）为代表的一批美国退伍军人和军事爱好者，以总结战争历史经验为方法，设计了数千种手工兵棋，创建了数十个民间兵棋出版公司。这些兵棋逐渐影响到美军的决策层。

在 20 世纪 70 年代，民间兵棋开始对军队作战模拟的设计与使用产生影响。首先是民间兵棋产生了非直接的作用，由于军队的购买与使用，产生了微妙而持久的影响。在 20 世纪 70 年代末，军队作战模拟界（首先是使用者，其次是设计者）发现民间兵棋所使用的简单技术，在模拟战争时比他们自己的高度复杂的，严重依赖于计算机的技术更为有效。整个 20 世纪 70 年代，对于军队作战模拟的批评，引起军方对用历史经验验证军事模型与模拟的重视。

随着运筹分析作战模拟方法对越南战争指导的失利，美国军方重新开始重视传统方式的兵棋推演作战模拟。1980 年，美国国防部长净评估办公室主任安德鲁·马歇尔（Andrew Marshall）委托邓宁根开发战略分析模拟（SAS）。美国陆军军事学院雷蒙德 M·马其顿（Raymond M.Macedonia）博士重新引入兵棋推演，由邓宁根及其模拟出版公司（SPI）成员马克·赫尔曼（Mark Herman）协助，参考民间手工兵棋建立新的兵棋推演和建模中心。“作为研究工具，兵棋推演重新又走上舞台”。

4. 以民间兵棋技术改造作战模拟体系

20 世纪末以来，随着信息技术的进步，使用具有计算快速、数据统计精准的计算机系统进行推演成为兵棋推演的主要发展方向。计算机兵棋推演首先必须将作战部队的体制编制、武器系统、战术作为等进行十分精确的评估，并将其逐一量化，换算成参数输入计算机数据库中；推演由作战指挥中心、作战演训中心及各作战执行单位指挥所执行，运用复杂的战区仿真系统，输入作战各方的各类参数，连续数小时乃至数月模拟实战环境和作战进程，实施重大战备议题的推演。在陆军总参谋长爱德华 C·迈耶（Edward C.Myer）将军的支持下，程序员佛瑞德·麦克柯林迪克（Fred Mc Clintic）将邓尼根的民间手工兵棋计算机化，建立了 MTM——麦克柯林迪克战区模型（Mc Clintic Theater Model）。

麦克柯林迪克模型设计成允许推演者自己在计算机终端前操作的模式，指挥官可以使用特定的关键词自由发出命令。受到民间手工兵棋的影响，该模型“基于各种大小的六角格网，可用于世界版图的任何部分”。

1987 年，美国参谋长联席会议资助设立现代辅助计划项目（MAPP），其基本组成部分是将 MTM 升级为“联合战区级模拟”（Joint Theater-Level Simulation，JTLS）。

2003 年，美国将 JTLS 卖给中国台湾，成为今天台军“汉光兵棋推演”的基础平台。它与美国、日本和其他十几个北约国家现在使用的系统一样，可模拟最多十几个阵营的联合作战行动，模拟各种战争状况，效果相当接近实战演练。

7.1.3　几款典型的兵棋软件

自兵棋产生以来，从古代的战争模拟到近现代的战争模拟无一不在兵棋游戏中有所体现，从《罗马的和平》《斯巴达克斯》《中世纪帝国》《可汗：蒙古帝国的崛起》《十字军君主》《战国大名》《信长最大的危机》《拿破仑战争》《滑铁卢》《库图佐夫》《光荣之路》到《第一次世界大战》《乱中取胜》《太平洋战争》《横扫欧洲》《横扫亚洲》《太阳帝国》《巴巴罗萨到柏林》《海湾打击》《西奈》《中美洲》《福克兰战争》《朝鲜：被遗忘的战争》等。其中最为经典的当属《战争艺术III》。

《战争艺术III》是战争艺术系列产品，它基于回合策略，支持在线对抗推演。它覆盖了 1815—2015 年的多个典型真实战役或是假想战争，从滑铁卢之战到第一次世界大战，从第二次世界大战的东线、西线直至太平洋战场，从朝鲜战争到越南战争，从第一次中东战争到第五次中东战争，从海湾战争到科索沃战争，从朝韩战争到台海风云，历史一步步地被还原，被假定。兵棋设定精确而严肃，专业又不乏趣味，地图比例尺从每一格 2.5～50km，时间跨度从一回合 6h 至一星期。《战争艺术III》的剧本由 70 多位专业人员参与设计，涵盖了 130 多个剧本，同时附带完整的剧本编辑器。

由于我国兵棋的起步较晚，因此兵棋游戏相较欧美国家从数量上到质量上都有较大差距。目前国产原创兵棋有《台海风云》《南昌起义》和《四渡赤水》等。

《台海风云》是一款战区级兵棋。兵棋以 1996 年的台海危机及当时的双方作战实力为背景，假设红方强行登陆台湾本岛，双方展开陆地激战。兵棋设有多个剧本，包括 5 日、7 日、14 日剧本，其中以 7 日剧本为主要推演剧本。红蓝双方都为争夺时间和战略要地而战。由于该兵棋中包含了多兵种，且各兵种兵力特点不同，因此会使战役战局极具戏剧性与变化性。

《南昌起义》是一款战术级兵棋，游戏规则简单易懂。该兵棋以南昌起义这一历史事件为背景，以翔实真实的历史态势为兵棋的初始态势。该兵棋的一大特点就是采取了类似战争迷雾的暗棋方式，在双方交战之前都很难预料到最终的结果会是什么样子。推演者可以从中感受到历史上的南昌起义其实远不是一件可以轻易成功的事。红方需要在规定的回合时限内消灭地图上的所有蓝方棋子来获得胜利，而蓝方则要在红方的围追堵截下通过各种方法坚持到天亮援军到达。同时，兵棋规则中也提供了多种兵棋推演想定和背景，推演者可以体会多剧本的不同的兵棋推演体会。

《四渡赤水》是一款国产的战役级兵棋，以长征时期四渡赤水战役为背景，以真实详尽的历史资料作为背景，突出了当年的真实历史，采用了半透明行棋等独具特色的行棋方式，表现了历史当年的作战方式和特点。红军推演者必须在军阀和蒋军的围追堵截下最终逃出生天，而军阀/蒋军推演者则要面对单兵战斗力比自己强得多，而且行军诡秘飘忽不定的红军。无论扮演哪一方都可以感受到当年红军能够完成四渡赤水出奇兵这一神来之笔的不易。

7.2 兵棋的组成及原理

7.2.1 兵棋的组成

1. 兵棋的棋盘

兵棋的棋盘是带网格的特殊地图。它既可以按照真实的地形，依照比例尺专门绘制，也可以直接使用军用地形图。无论采用什么样的地图作兵棋地图，都需要让对阵者随时知道：我的部队现在处于什么位置？处于什么地形？一步能走多远？为了达到这个目的，通常在地图上套一个网格，作为走棋的棋格。对阵双方的棋子都放在一定的棋格里，这与围棋、中国象棋、国际象棋、军棋等棋戏是相似的。所不同的是每个棋格都要标出它的地形种类，以及道路、桥梁、涵洞、机场、港口等对作战行动有影响的地理信息。这种套网格和区分地形种类、标记信息的工作，称为“量化地形”或“地形的量化”。

量化地形可以采用正六边形的网格（部分战略/战役级兵棋可以采用区域地图或点到点式地图），也可以采用正方形的网格。专门绘制的兵棋地图，大多用正六边形网格。这是因为在实际战场上，作战部/分队是不可能按照格子来行动的。360°方位，任何方向都可能走。为了尽可能贴近真实，应该选择等距离行动方向最多的格子。如图 7-1 所示，在构成一个平面的所有能连续拼接的正多边形中，正六边形是等距方向最多的图形（6 个对边方向）。而且在不能等距量度的对角线方向上，也是误差最小的图形（6 个对角线方向的误差为 $2/\sqrt{3}\approx1.15$）。与正六边形相比，正方形的等距量度方向只有 4 个，而且 4 个对角线方向的误差也较大（$\sqrt{2}\approx1.41$）。当使用军用地形图作为兵棋地图时，可以直接利用地形图上的笛卡儿坐标系“公里网”，经过地形量化工作后，作为兵棋的棋格。但这时为了消除沿对角线方向机动产生的误差，需要在机动速度上加以修正。比如规定：沿对角线方向机动需要多支付 50%的机动点值（因为 $\sqrt{2}\approx1.414\approx1.5$）。“机动点值”是对军队地面机动能力的计量标准，下面 7.3.3 节将会介绍。

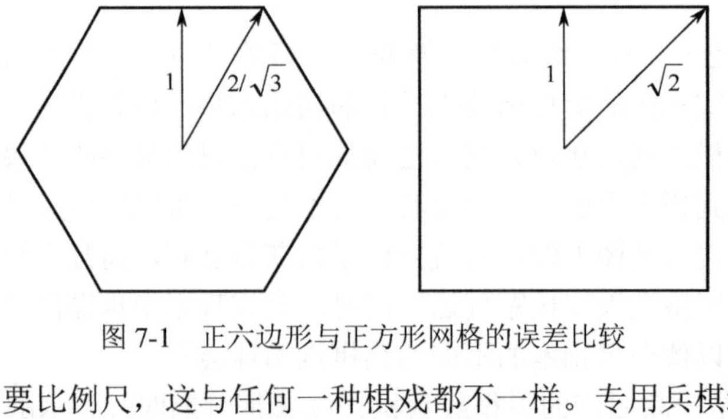

图 7-1　正六边形与正方形网格的误差比较

兵棋地图也需要比例尺，这与任何一种棋戏都不一样。专用兵棋地图的比例尺可以依照所模拟作战行动的规模而定。例如：模拟分队行动的兵棋，可设计为每格代表实地 10m；模拟部队行动的兵棋，可设计为每格代表实地 200m；模拟战役行动的兵棋，可设计为每格代表实地 1km；模拟战略行动的兵棋，可设计为每格代表实地 20km 等。地图比例尺的大小，以能够较好地表现作战行动为度。在每款兵棋内部，地图比例尺应当是统一的。

在兵棋地图上，每个棋格里都有一组 4 位数字，为该格的坐标值。每款兵棋都有自己的笛卡儿坐标系，这类似于军用地形图。其坐标原点一般取自该款兵棋地图的左上角。其坐标值按向右、向下递增。通常，一个棋格的坐标值由 4 位正整数构成。前两位是横坐标值，后两位是纵坐标值。比如标有“3472”的棋格，表明其地理位置是横坐标值 34、纵坐标值 72。每个棋格都用一种颜色或符号标示，分别代表一种地形。例如，山地六边形绘成深棕色，而平原格用草绿色等，也可以用真实的地形形态标识棋格的地形手工兵棋地图、电子兵棋地图分别如图 7-2、图 7-3 所示。

图 7-2　手工兵棋地图

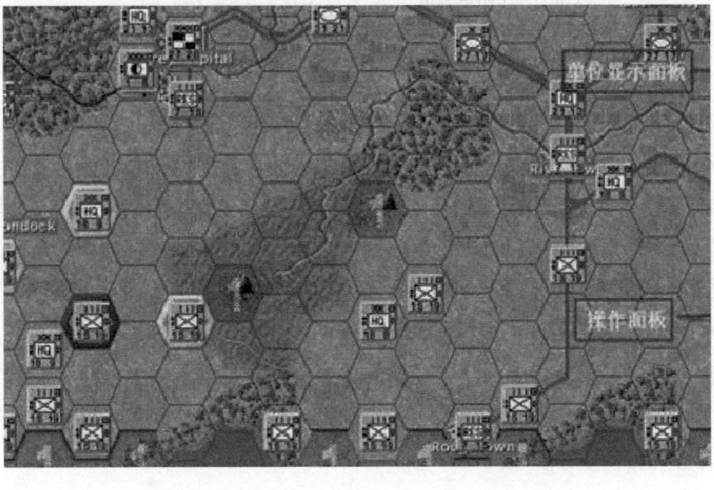

图 7-3　电子兵棋——战争艺术 3 的地图

2. 兵棋的棋子

1）单位算子

在兵棋中，每一个棋子都代表一定的作战单位，或战场事件。代表作战单位的棋子称为“单位算子”。典型的单位算子如图 7-4、图 7-5 所示。它上面通常标有攻击力值、防御力值、机动点值、军兵种、主要装备、作战代号、番号等主要信息，以及目标类型、武器级别、射程等附属信息。不同的兵棋根据单位的种类，其属性设置有所不同。

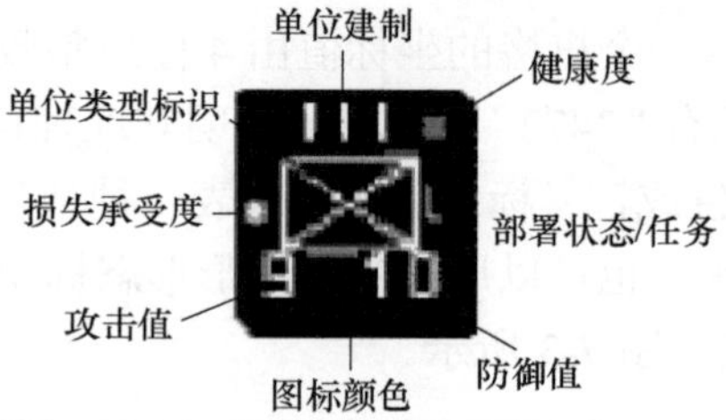

班	·
排	· ·
连	I
营	II
团	III
旅	×
师	××
军	×××
集团军	××××

图 7-4　兵棋——战争艺术 3 单位算子

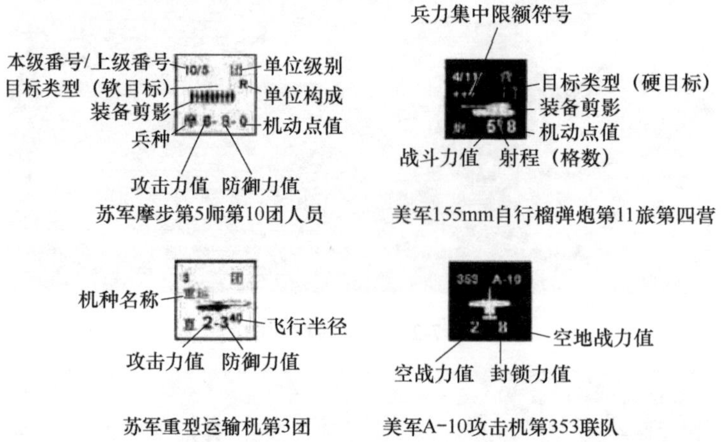

图 7-5　兵棋——中央司令部的单位算子

攻击力值和防御力值是兵棋对阵模拟不可缺少的参数。机动点值表明该单位的机动能力，用于确定它在不同的地形上一次能走多远。作战代号、番号用于确定其隶属关系（例如，“CNT”代表“中央作战群”，“553”代表“第 5 装甲旅第 5 营第 3 连”）。目标类型根据所模拟作战的具体情况而定，例如：以“()”代表软目标，这是指地面单位中无装甲防护的单位；以“[]”代表硬目标，是指地面单位中有装甲防护的单位。武器级别和射程用于裁决向敌射击时的摧毁情况。空中单位算子通常标有作战半径、空战能力值、对地攻击力值、电子战能力等参数。水面/水下单位算子通常标有攻击力值、防护力值、航速值、防空能力值等参数。

2）事件算子

代表战场事件的棋子称为“事件算子”。主要用于记录伤亡、破坏、突发事件等动态战场情况。例如，伤亡算子的正反面分别标有 1、2、3 等数字。当某单位伤亡达 1/4 时，就在其单位算子上放一个“1”数字面朝上的伤亡算子；当该单位伤亡达 2/4 时，就将伤亡算子的“2”数字面朝上；当该单位全部伤亡时，就将其单位算子与伤亡算子一起从地图中拿掉，表示它被全歼了。破坏算子上印有“摧毁”“半摧毁”等字样，突发事件算子印有“滩头阵地”“空降场”“瘟疫”“饥荒”“暴乱”等字样，有的桥梁、隧道、机场、码头被摧毁，可以在其相应格中放一个破坏算子。建立了滩头阵地或空降场，某地发生瘟疫、饥荒或暴乱，都可以在当地格里放一个相应的事件算子。图 7-6 所示为常用的兵棋的棋子，即事件算子。

图 7-6　兵棋的棋子——事件算子

3. 兵棋的规则

兵棋规则通常由以下几个部分组成：组织者指南、基本规则、人员管理补充规则、后勤补充规则、工程兵补充规则、空中战术和对空防御补充规则、情报补充规则、电子战补充规则、核战补充规则、生化武器补充规则等。

组织者指南和基本规则一般是必需的，而其他所有规则，都可以以补充规则的形式存在，根据兵棋对应的技术条件而变化。

4. 兵棋的走棋次序

实战中，双方作战行动是同时连续进行的。而兵棋由于受技术条件的限制，对阵双方只能一先一后地移动棋子。这样既背离实战，也有失公平。为了解决这个问题，兵棋采用“轮次表”来规定对阵双方的走棋次序和内容。

在兵棋中，双方各行动 1 次，叫 1“轮”，也称为“回合”。“轮”代表一定的实战时间。按兵棋规模大小不同，“轮”可以代表不同的时间长度。例如，分队级、部队级、战役级、战略级各种不同规模的兵棋，每轮所代表的实战时间可能依次为 1min、1h、1 昼夜、1 星期等。由于作战行动相当复杂，往往包括各军兵种和勤务部（分）队在空中、地面、水面、水下的各种活动。这些活动互相交错，难分先后。因此根据具体作战背景，还得规定出各类作战行动的先后走棋次序。这样，每轮之中就要分出若干阶段，每个阶段又要分出若干时节，把轮、阶段、时节中双方的走棋内容做出规定的走棋次序表，称为“轮次表”。

为了模拟实战中的“先机之利”，兵棋的轮、段、时节也区分为先手与后手。由占据主动的一方享有先手轮（段/时节），可以先走棋；而处于被动的一方执行后手轮（阶段/时节），后走棋。在兵棋的想定中，通常都规定哪一方是先手方。假如交战双方没有明显的主被动差别，难以确定谁握有先机之利时，则双方通过掷骰子判定哪一方享有本轮的先手权。无论先手方还是后手方，在自己的行动阶段（时节）内拥有走棋权。

在阶段（时节）内拥有走棋权的一方称为“阶段（时节）所属方”。在每一个阶段（时节）中，所属方棋手可以在阶段（时节）规定范围内，让己方所有的合规定单位都行动一次，而不像围棋、中国象棋、国际象棋、军棋等棋戏那样双方一个棋子一个棋子的交替走棋。因为在同一个时间里，所有的战场行动都在进行。兵棋必须能反映出同时、连续变化着的战场态势。

兵棋的轮次表设计有两种形式：

1）异步回合制

由先手方的一方先下达各种命令计划，并且执行；再由后手方下达各种命令计划并执行。后手方的行动完成后进入下一轮，一轮一轮地依次进行，直到战役结束。这种时间制的好处是，双方的行动不会发生冲突，所以裁判每个时刻只要考虑一个行动。但是这种推演方式在网络上有一定的局限性，他要求参与者具有较高的在线时间，尤其是裁判和双方对阵人员要求同时在线。

2）同步回合制

双方同时行动，双方事先先下达各种命令计划，然后同时执行。先手方的阶段完成之后，再轮到后手方的阶段，直到双方的本回合行动阶段都结束以后再进入下一轮。这样一轮一轮地依次进行，直到战役结束。

与“轮次表”配合使用的是“轮次记录表”。它通常画成单行表格，每格都标有轮次的序号。开棋时，在第1轮格内放置一个标有“轮”字的棋子。当第1轮结束后，将“轮”字棋子移入在第2轮格内。随着兵棋对阵进程的发展，“轮”字棋子不断移入下一轮格内，直到对阵结束。

5. 随机事件的模拟

骰子是一种模拟对抗过程中随机事件的工具。战场上的许多事件都具有偶然性和随机性。例如，某种反坦克导弹，假设其对移动的装甲目标的命中概率为40%。那么，在具体对抗中，发射一枚导弹既可能击中坦克，也可能无法击中。兵棋对这类战场上常常发生的随机事件，不是由裁判人员判定，而是通过随机数的方法，也就是通过掷骰子来裁定。还是上面例子，如果用十面骰子来掷的话，0～3 表示命中，4～9 表示不命中。当反坦克方掷到2时，则命中该目标，坦克被击毁；当掷到8时，则没有命中该目标。这种做法，既有运气的成分，也有必然性的成分，例如，如果推演方想命中这架飞机的话，就必须加大发射导弹的数量，通过增加发射数量，来增加命中概率，如果当命中率提高到80%时，那么，十面骰子的0～7 表示命中，8～9 表示不命中，这样掷骰子命中的概率就大了很多。

6. 其他要素

兵棋，作为一个反映复杂战争状态的系统，除了具备以上要素之外，还具备目标、想定、数据库等。

目标：对于兵棋来说一个明确定义的目标是很必要的。为了获取一个明确的目标，在指定目标时，兵棋的发起者、设计者和分析者必须清楚地确定兵棋以什么方式提供所需的经验和信息类型。目标的陈述必须尽量具体，以方便兵棋设计可以更加关注那些对提供经验和信息至关重要的因素，以及训练经验的同化或者是研究数据的采集。兵棋的目标应该是其整体结构的首要驱动器。

数据库：包含部队能力、后勤层级及部队间交互作用的发生及其结果的相对可能性等定量信息。数据库连接了兵棋想定和兵棋的机制。它必须提供所有用来使兵棋模型可以复制、定性的想定条件和产生交互作用结果的输入。好的数据库不只是原始的非过程化的输入。现今许多专业兵棋面临这样的现实：给推演者提供了大量的原始数据，这些数据包括许多冗余信息。这样就很难获得或者需要详细的计算才能获得需要的数据，而这种计算对于推演进行中的推演者是不现实的。例如，推演者作为战斗部队或者舰队指挥官的代表，是不需要了解“鱼叉”地对地导弹的运行速度的。相反，他们经常想要了解使用“鱼叉”攻击对抗敌舰队的成功率。因此，提供给推演者的数据库应该按照他们的兵棋角色、制定决策的类型和用来制定决策需要的信息类型来量体裁制。控制组和裁判组都需要更详细的数据，如果态势允许的话这些数据也可以呈现给推演者。进一步，真实的指挥者可能会对原始数据进行量化分析，在许多态势中，这些分析可以提供给他们战斗力的评估或者成功的概率。

在专业的兵棋中，除了以上一些要素之外，还有兵棋分析要素。如果兵棋的目标中定义了必须从推演中获取的信息，兵棋分析将保证它的获取。在训练型推演中，分析通常由指导者的观察和对学员推演的评价所组成。而在研究型推演中，兵棋分析则关注对决策理由的理解。一个强调观察者的位置和他们所寻找对象的好的分析计划是非常必要的。

7.2.2　兵棋对作战环境的模拟

影响作战行动的环境条件包括自然环境、战场环境和社会环境。但是，在实际的作战过程中并不是所有的因素都在同等地起作用，相比之下，自然环境是总的作战环境的基础。因此，在研究环境因素对作战行动的影响时，首先必须抓住自然环境中的一些基本因素，如地形状态和气候条件等。

1. 地形形态模拟

兵棋的地图一般是对真实地图的模拟，包括公路、沙漠、丛林、海洋等各种地形场景，如图 7-7 所示。由于棋子定位的需要，兵棋专用地图并不完全是军用地形图的翻版，而要对地图要素的水平位置略加调整。例如，河流、边界线通常沿棋格的边缘绘制，以便确定某支军队从一格进入另一格时是否跨越了河流和边界。而道路则沿棋格中心绘制，因为代表军队的棋子是放在棋格中央的。当军队在两个公路或铁路格之间移动时，即被认为是沿公路或乘火车开进。作战模拟的原则是“大则略、小则精”，即作战级别越高的兵棋，对地形的模拟越概略；而作战级别越低的兵棋，对地形的模拟越精确。

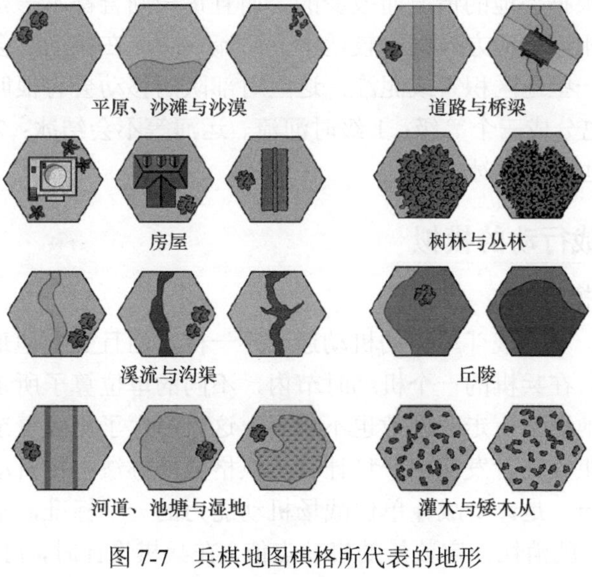

图 7-7　兵棋地图棋格所代表的地形

在军队训练或作战中，常常没有足够的时间绘制兵棋地图，也可以直接利用军用地形图作兵棋地图，用其笛卡儿坐标系作为兵棋坐标系。但在此前需要对军用地形图进行量化。方法是：用透明胶片蒙在军用地形图上，以军用地形图的坐标格作为兵棋棋格，将地形区分出平原、沙滩、沙漠、道路、桥梁、房屋、树林、丘陵地等不同等级之后，对各棋格按相应的地形等级着色。

2. 气候模拟

作战环境除了对固定的地形、地物的模拟外，也包括对天气情况的模拟。交战地区的天气情况，对于双方的侦察、机动和打击行动均产生相应的影响。例如，部队在雨天实施机动，需要付出更多的机动点值，也就是机动成本，原来在棋盘上可以机动 5 格，而雨天就只能机动 3 格了。由于攻防双方在作战中的机动需求是不一样的，因此，天气情况对攻防双方的影响也是不一样的。在兵棋推演中也需要对天气情况进行模拟，对天气进行模拟的方式既可以由总控制员设定，也可以通过掷骰子的方式来进行。

战场上的气象状况：雾、多云、下雨、降雪、气温等，都可视为偶然性事件。在大多数地区都有以往气象记录的条件下，就可以根据统计列出它们的概率分布表。例如，在过去 10 年统计的 10 个 8 月份的 310 天中，下雨的天数有 78 天，约占 25%。就可以将该地区 8 月份的下雨概率定为 0.25。采用这种方法，根据对某地区气象情况的记录，可以建立一个天气概率表。表 7-1 就是这样一张某地区天气概率表。这种概率表可以采用记录、实验或计算来获得。

表 7-1　某地区天气概率表

时间	1 月份	2 月份	3 月份	4 月份	5 月份	6 月份	7 月份	8 月份	9 月份	10 月份	11 月份	12 月份
雾	0.03	0.01	0.02	0.04	0.07	0.08	0.11	0.14	0.09	0.08	0.05	0.04
多云	0.23	0.14	0.11	0.24	0.26	0.45	0.35	0.30	0.28	0.19	0.12	0.10
下雨	0.01	0.01	0.01	0.03	0.07	0.15	0.25	0.18	0.06	0.04	0.02	0.04
阵雪	0.03	0.03	0.02	0.01	0.00	0.00	0.00	0.00	0.00	0.00	0.01	0.05

天气的变化是根据当地的情况而改变的，而且每一回合都不一定相同。山地会凉一些；与浅滩或深水相连的地方气候比较适中；寒流或暖流在移动时会穿过整个战场；雨天和下雪天会造成一些地区积雪或泥泞；这些对部队的移动会有很明显的影响。在“严寒”状况中，气温也分成三个等级：1 级时河流、运河等不会结冰；2 级时河流等开始结冰；到了 3 级大河也开始结冰。

7.2.3　兵棋对作战行动的模拟

1. 兵力机动的模拟

在地面机动中，不同战斗单位的机动速度不一样，而且受到地形、气候等自然环境因素的影响。因此，在兵棋的一个机动时节内，不同的单位算子所走的格数不同；同一个单位算子在不同地形格所走的格数也不相同。这就产生了比较复杂的计算问题。为了解决这个问题，兵棋设计者发明了一种计算走棋格数的办法：用机动点值计算。机动点值（Movement Point）是评价战斗单位战场机动能力的一个标准，采用机动点值方法就是采用每移动一格，就消耗一定数量的机动点值。在兵棋设计时，可以根据装备的特性，算出每种装备的机动点；再根据地形的特性，算出每种地形格消耗某种机动方式的装备多少机动点，再列一张表（图 7-8），就可以让作战部队在这样的地图上运动自如。走一格就扣掉一定的机动点数。

如图 7-8 所示，实战中坦克 1 营 B 连展开成疏散队形后的最大时速是：高速公路 32km、2 级公路 20km、平坦地 16km、丘陵地 12km。模拟它的兵棋规定：地图一格代表实地 4km，一个机动时节代表实战时间 1h；该坦克连的机动点值限额是 8；它每进入一个高速公路格，要支付机动点值 1 点；进入一个 2 级公路格，要支付机动点值 1.5 点；进入一个平坦地格，要支付机动点值 2 点；进入一个丘陵地格，要支付机动点值 2.5 点。对阵时：该坦克连的算子沿高速公路格一次最远可以移动 8 格（8.11≈8），即 1h 内机动 32km；沿 2 级公路格一次最远可以移动 5 格（8/1.5≈5），即 1h 内机动 20km；沿平坦地格一次最远可以移动 4 格（8/2=4），即 1h 内机动 16km；沿丘陵地格一次最远可以移动 3 格（8/2.5≈3），即 1h 内机动 12km。这样，兵棋模拟的机动速度与实战情况的机动速度就是非常接近的。

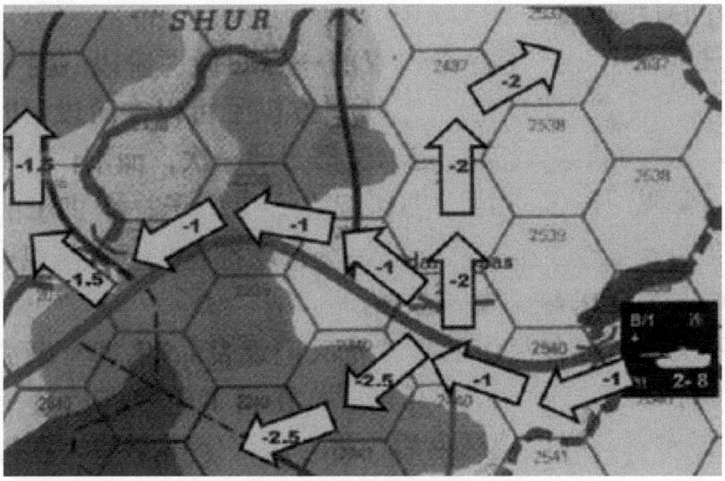

图 7-8　部队沿不同地形开进的机动点值计算

机动点值可以对不同地形上的机动距离实现非常灵活的组合计算。在上例中，假如 B 连指挥员拟定了右、中、左 3 条路线的机动方案。中路路线是：沿高速公路机动 5 格后（支付机动点值 1×5=5），进入 2 级公路还可以走 2 格（支付机动点值 1.5×2=3）；总共可以前进 7 格（28km）。右路路线是：沿高速公路机动 2 格（支付机动点值 1×2=2）后，离开公路进入平坦地可以再走 3 格（支付机动点值 2×3=6）；总共可以前进 5 格（20km）。左路路线是：沿高速公路机动 2 格，然后进入丘陵地只能再走 2 格（支付机动点值 2.5×2=5）；总共可以前进 4 格（16km）。这种模拟比较合于实际情况，在公路上机动速度较快，平坦地次之，丘陵地再次之。对不同地形的机动距离进行这样的组合计算是合理的。而且，无论机动路线作怎样的变化，计算起来都比较简便，也容易为对阵人员掌握。

在每次机动时节中剩余的机动点值如果花不完（如上例进入丘陵地后机动点值还剩 1 点），不能累计到下一个机动时节，也不能“借”给其他单位使用，只能作废。因为机动点值只是反映单位的机动能力；而机动能力是不能累计和外借的。

直接使用军用地形图也可以采用机动点值方法计算机动距离。图 7-9 是直接使用 1/25000 的军用地形图作棋盘时，坦克连机动点值的支付标准。其坐标方里网每格代表实地 1km；一个机动时节代表实战时间 15min；该连的机动点值限额为 8。

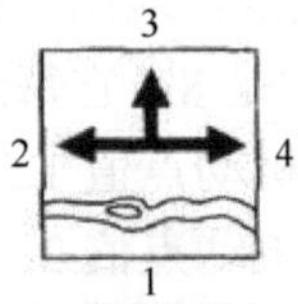

平坦地：昼间需付 1 点机动点值，夜间需付 2 点机动点值，这是一个平坦地坐标格。从该坐标格的 2 号，3 号，4 号边可任意进出；但从 1 号边则不得进出，因为有一条河阻挡。

树林地：昼间需付 3 点机动点值，夜间需付 6 点机动点值，这是一个完全被树林覆盖的坐标格。林间路并不能减少应支付的机动点值点数。因为对于部队机动而言，这种林间路不能显著提高机动速度。

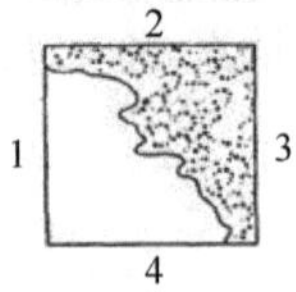

树林/平坦地：在这种情况下，沿 1～4 号边进出按平坦地支付机动点值；沿 2～3 号边进出按树林地支付机动点值。

其他边：昼间付 2 点机动点值，夜间付 4 点机动点值。

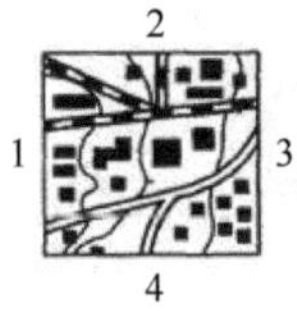

居民地：昼间需付 3 点机动点值，夜间需付 6 点机动点值，这个坐标格充满了建筑群。沿 1～3 号边和 3～4 号边进出按公路支付机动点值，昼间 1 点、夜间 2 点；沿其他边组合的路线进出则按居民地地支付机动点值，昼间 3 点、夜间 6 点。

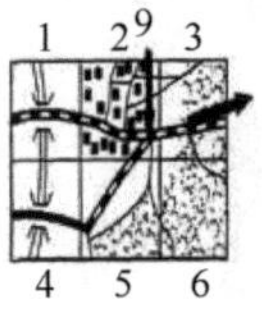

坦克 B 连沿公路机动，从 4 号格地区机动到 5 号格地区，每格需支付：昼间 I 点，夜间 2 点；如果该坦克连中途离开了公路，继续沿铁路实施履带机动，从 5 号格地区到达 7 号格地区，那么从离开公路处算，每格支付：昼间 2 点，夜间 4 点。如果道路上有弹坑、铁丝网、栏障，那么沿公路/铁路机动都变成每格支付：昼间 3 点，夜间 6 点。如果沿其他路线机动都按每格支付：昼间 3 点，夜间 6 点。如从 9 号格地区经过 2 号格地区，到达 5 号格地区。

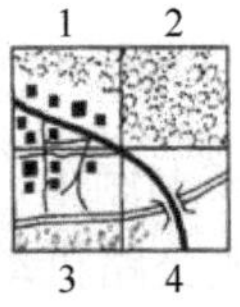

穿过 3 号，4 号格的河被一座民用桥梁跨越，可按照公路的机动点值支付标准从 1 号格地区到达 4 号格地区。这条河属于不可潜渡或浮渡的河流，若该桥梁被摧毁，坦克 B 连就不得从 4 号格的北边到达南边。这条河的水面宽度大于装甲架桥车的跨度，所以工兵架桥器材必须在该坦克连通过 4 号格之前，在 4 号格及时展开配置，为此工兵架桥单位也需支付必要的机动点值。为了架设一座固定桩支撑的军用桥梁，必须在 3 号格的沼泽地区构筑通路。

图 7-9　直接使用军用地形图的机动点值支付示例

战斗单位允许的行动力和进入特定的地区所需要的机动点值与分配给战斗单位的装备有很大的关系。相同地形格内不同兵种的机动点值的支付标准也不同。例如：步兵进入任何地形格都只需支付 1 个机动点值；空中单位按照作战半径值计算走棋的格数，无论什么地形，都不需要支付机动点值；没有涉水和浮渡能力的兵种不得进入水面格；等等。季节和天气也对机动速度产生影响。这些，都需要对机动点值的支付标准做出不同的修正。表 7-2 是兵棋《中央司令部》的各种地面分队作战单位、地形、气候的机动点值支付标准表。

表 7-2　陆军地面分队机动点值支付标准表

旱季值/雨季值	徒步分队	轮式车辆分队	履带式车辆分队
平坦/坚实地	1/1	1/4	1/2
平坦地	1/2	4/8	2/4
高速公路	0.5/0.5	0.5/0.5	0.5/0.5
全天候道路	0.5/1	0.5/1	0.5/1
晴天道路	1/1	1/4	1/2
小路	1/2	4/8	2/4
城市/港口	1/1	1/1	1/1
山地	2/2	阻	12/阻
沟豁地	1.5/1.5	阻	阻
丘陵地	1/2	阻	12/阻
沼泽地	2/2	阻	8/阻
森林	1/2	4/阻	2/阻
季节湖	+2/阻	+8/阻	+4/阻
河流*	+2/+2	+8/+8	+4/阻
季节河*	+0/+2	+0/+8	+0/+4
浅滩*	+1/+2	+4/+8	+2/+4
有可通行桥梁	免去过河点值		
海面	除舰艇外均不得进入		
机场/市镇 沿海地	按其所在周围地形付点值		
备注：*若这些地物在1格中有2种，按最不好的那种付点值（例如：在同1格内有季节河与浅滩，应按浅滩付点值）			

其中徒步分队包括步兵、伞兵、机降步兵、空降别动队、海军陆战队、海军陆战队侦察分队等；

轮式车辆分队包括摩托化步兵、机伞降装甲侦察兵、机降重型步兵、反坦克分队、伞降反坦克分队、牵引炮兵、伞降炮兵、机降炮兵、火箭炮兵、工兵、伞降工兵、机降工兵等；

履带式车辆分队包括机械化步兵、机降装甲侦察兵、装甲兵、伞降装甲兵、装甲侦察兵、自行炮兵、伞降自行炮兵、两栖机械化步兵等。表 7-3 所列为非地面分队机动点值支付标准。

表 7-3　非地面分队机动点值支付标准表

海军战斗单位移动耗费	海军战斗单位和使用海上运输工具的地面部队在进入任何停泊地或深海时会消耗 1 点行动力
空降移动耗费	在使用空中运输时进入任何地方会消耗行动点 1 点
空中移动耗费	战斗单位使用空中移动时在进入任何没有敌人占领的地方时消耗行动点 1 点，进入有敌人占领的地方消耗行动点 3 点

2. 电子战模拟

作为影响现代战斗结果的重要因素，电子战的效果渗透于所有战斗过程之中。指挥员拟定的作战方案不可能全面、彻底、准确地分析判断战场电磁环境，交战之时己方内部的电磁冲突难以避免，敌方的电磁干扰也具有强烈的针对性、目的性和策略性。因此，兵棋模拟电子战的规则通常与战斗结果的裁决紧密结合，分为查表裁决、掷骰子裁决和综合裁决三种裁决方法，利用这些裁决方法对战斗结果进行修正。

查表裁决：使用专用电子战结果表，该表中列出参与电子战的单位及其对抗效果，依其效果修正战斗结果。这种裁决方法的优点是给出结果迅速，但缺点是不能模拟偶然现象。

掷骰子裁决：依据算子带有的电子战值，或按照一个固定的成功概率掷骰子，依骰点修正战斗结果。这种裁决方法的优点是能模拟偶然现象，但缺点是带入的客观因素较少。

综合裁决先掷骰子，再根据骰点查表。这种裁决方法的优点是能模拟因素全面，但缺点是手续烦琐，给出结果较慢。

3. 侦查行动的模拟

在整个推演过程中，推演者不可能获得敌方详细的部署情报，能获得的情报取决于侦察部队的分布和类型。当地的环境也有一定的影响。

推演者对于敌方战斗单位部署情况的了解程度有以下三个等级：

（1）未知：对敌方战斗单位的部署一无所知。

（2）已搜索：知道敌方战斗单位是否存在，但是它们的类型和战斗力都是未知数。

（3）已探明：对敌方战斗单位的各项信息了如指掌。

战斗单位的侦察能力由以下三种区分：

（1）战斗单位：己方所有战斗单位都有侦察的能力，有时还可以计算附近敌方部队的战斗力。

（2）内部情报部队：可以搜集己方部队后方的情报。

（3）战场侦察分队：侦察分队根据拥有的侦查装备，从间谍到侦察飞机，负责搜集敌方情报。战场侦察的质量和天气有较大关系。

在每一轮次的开始，情报都会更新。每一个战斗单位都会搜集周围的情报。内部情报部队搜集己方部队后方的情报，侦察分队搜集敌方领地中的情报。各个部队的侦察能力是不同的，而且会根据所在地型的情况有所调整。

当己方战斗单位靠近或进入敌方的领地时，会发现先前没有侦察到的敌军或是与他们相连的道路。在这种情况下，根据战斗单位的配属侦察能力，决定可以看见敌人的攻击力、数量和种类等数值。

在兵棋推演中，对于难以精确定量的战场情况，作战模拟专家经常采用的方法是“分等定级”。按照分等定级的思路，最常用的方法是“荫蔽指数法”。首先，把战区地图划分成方格网图，然后对每个方格内的植被/地物所能产生的荫蔽效果，以作战经验来标定一个数字，称为“荫蔽指数”。例如，对“仅有低矮草丛的方格”，标定荫蔽指数“1”；对“平均高度2m灌木丛的方格”，标定荫蔽指数“2”；对“平均高度4m树林的方格”，标定荫蔽指数“3”；对“平均高度8m的树林的方格”，标定荫蔽指数“4”；等等。在作战模拟中，直接依据目标所在的方格，提取相应的荫蔽指数加入观察计算公式，用以确定目标被发现的程度。但是，对于要求更精确、细致的模拟来说，这种方法就不够用了。

第二种方法是“分析计算法”。这种方法是分析不同植被/地物的种类，依据植被/地物的类别、大小、密度、遮蔽程度，计算其各自的荫蔽概率。这种方法能够较好地切合各类植被/地物的不同情况。草紧贴在地表上，只要依据草丛的荫蔽程度，沿着地表轮廓加上一个平均值，即可扩展地形通视模型，使其具有荫蔽特性。灌木丛、稀疏树林、密林、人造地物（如堤防、城墙、房屋）呈随机分布，可以用圆形、多边形将不同的植被/地物划分成块状区域，输入不同的荫蔽概率数据。实际上，这些植被/地物的荫蔽作用是可以相互叠加的。例如，战场上的视线可能被树冠、树干、灌木、草丛、人造地物给以不同程度的遮断。因此，可以将这些块状区域的荫蔽概率叠加起来，用以计算出目标被完全荫蔽和不完全荫蔽的概率。

4. 远程支援火力的模拟

所有具备远程火力的单位（如空中单位、导弹部队、炮兵、舰艇等）都能够加入在其射程范围内发生的战斗，在这种情况下，可以根据设定，将他们的轰炸能力值的一定比例用于这场战斗。但是，如果炮兵单位的部署状态为移动、撤退或溃退，就不能提供支援。提供火力支援的单位必须通过通信鉴定能够与交战区域进行通信。对于空中单位来说，如果轰炸距离超过它的作战半径，它就可能不会对支援要求做出反应。如果敌方有执行防空任务的空中单位的拦截或者地面的防空火力，会对我方空中单位造成损失。

5. 工兵行动的模拟

工兵部分队除可担负战斗保障任务外，还可用于运动保障：通过河流或干涸河道，破坏或修复桥梁、隧道，修建机场。兵棋《中央司令部》中工兵行动的裁决方法如下：

1）通过河流、干涸河道

工兵单位可协助其他地面单位渡过无桥的河流、干涸河道以及季节河（雨季时）构成的障碍地带。一个地面部队通过这样的障碍地带时，如果与障碍地带相接的格有一个己方工兵单位，那么它就可以仅付出一半的过河机动点值（如果单位的机动点值限额是 4 或 5，那么他们通过一个干涸河道时就不用再另外加付机动点值）。

2）破坏桥梁

工兵单位可在己方机动阶段摧毁桥梁。摧毁一座公路桥，工兵单位要付出 2 个机动点值；摧毁一座其他桥梁，要付出 1 个机动点值。每轮只能有一次机会摧毁某座桥，

3）修复桥梁

工兵单位可在己方机动阶段修复桥梁。修复一座公路桥，工兵单位要付出 4 个机动点值；修复一座其他桥梁，要付出 2 个机动点值。桥梁被修复后，即可将该桥梁的“桥被毁”算子去掉。因修复桥梁会堵塞交通，在这一时节，凡经过正在修复的桥梁所在格的单位都要多付出机动点值，如表 7-4 所列。

表 7-4　经过正在修复桥梁时需多付的机动点值

单位的机动点值限额	需多付的机动点值
4 或 5	+1
8	+2
10	+4

4）摧毁隧道

工兵单位可在己方机动阶段摧毁隧道。任何工兵单位如果在某个己方机动时节之前

就处于隧道格，并且用骰子一次掷出 1~5，他就可以把这个隧道摧毁。每一轮中的摧毁机会只有一次。在这个机动时节结束时，隧道已毁，这个格便成为被切断的路段，补给线的第二部分就不能通过这个格。

5）修复隧道

任何非伞降/空降的地面单位均能修复隧道。当第一个这样的单位从隧道格通过时，推演者掷一次骰子，掷出的数目就等于该隧道还有多少轮不能使用（从正在进行的那个阶段算起）。此后，该隧道又可恢复正常使用。

6）修建空降场

工兵单位可以在机场格内修建空降场。但他必须在这个可能成为空降场的格里集中一个带有机场标记的工兵单位（即 1 个轻型装备伞降工兵连）及 2 个其他工兵单位，并且需在此驻留几个阶段，如表 7-5 所列。

表 7-5　工兵单位修建空降场所需时间

平坦/坚实地	驻留 2 个阶段
平坦地（旱季）	驻留 6 个阶段
平坦地（雨季）	驻留 9 个阶段

此外、兵棋对空中作战、后勤补给、空降与登陆行动、生化战、战争迷雾、侦查行动等都能够进行有效的模拟。

6. 装甲突击

装甲突击是指装甲单位凭借自己的装甲防护力、火力和快速机动力而形成的一种快速“楔入”行动。为了模拟这种行动，有的兵棋规定：硬目标单位可以穿过对方软目标单位的占领格。但鉴于对方软目标单位所拥有的反装甲能力，装甲突击单位通过敌方占领的那个格之后就应停止行动，并在下一个作战时节必须进攻被他们突击的敌方软目标单位。装甲单位不可突击由敌方硬目标或直升机单位占领的六边格。而且，由于油料、弹药有限，一个单位要想突击敌方单位，必须在行动开始时与被突击的敌方单位相邻。为了到达突击目的地格，它要按规定付出机动点值和控制区点值。然后，该硬目标单位必须离开敌方单位所占格，进入与该格相邻的三个格中的一个。如果实施装甲突击的单位在越过敌方单位后无法找到出口，即这三个格都不允许它进入，那么装甲突击就不能进行，如图 7-10 所示。

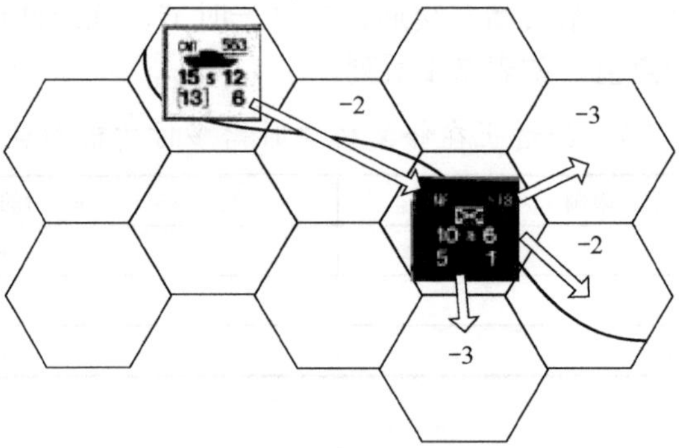

图 7-10　实施装甲突击

7.2.4 兵棋对兵力状态的模拟

1. 兵力的展开、机动、构工、待命和隐蔽状态

战场上，作战单位经常处于不同的状态，如展开、机动、构工、待命和隐蔽等。战斗单位所处的状态不同，其机动能力、防御、攻击等能力也不同。为了模拟这种情况，兵棋采用“翻面”的方法。即一个单位算子有多个棋子面，分别代表不同的状态，标有不同的机动和作战能力；对阵时，处于什么状态，就把什么面朝上，如图 7-11 所示。

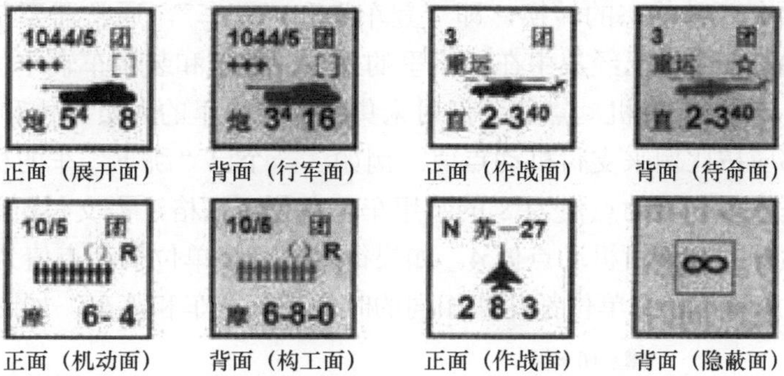

图 7-11　单位算子正反面代表兵力的不同状态

硬目标单位算子的正面为“展开面”，印有最大战斗力和一半的机动点值，此面向上，表示该单位已展开成战斗队形。硬目标单位算子的背面为“行军面”，印有一半的战斗力和最大的机动点值，次面朝上表示该单位处于机动状态。

软目标单位算子的正面为“机动面”，印有较弱防御力和一定的机动力，此面朝上，表示该单位处于机动状态。软目标单位算子的背面为“构工面”，印有较强的防御力而无机动力，此面朝上表示该单位处于工事内。

直升机、飞机等单位的正面为“作战面”，此面朝上表示该单位处于可起飞作战的状态。直升机单位算子的背面为“待命面”，标有“☆”号；飞机单位算子的背面为“隐蔽面”，此面朝上表示该单位处于待命和隐蔽状态，在本轮内不能立即升空，只能转换为正面，在下一轮参战，因为直升机起飞需要一定的准备时间。

2. 控制区

控制区是指军队单位所占领地区周围一定的军事控制范围。这个范围会对敌方军队单位的战场行动产生影响。通常，兵棋规定控制区的范围，并要求进入对方单位的控制区要付出相应的代价。例如，每个地面单位和直升机单位可以控制其占领格相邻的 6 个六边格，这 6 个六边格是其控制区。地面单位进入敌方单位的控制区时，要多付出机动点值，这意味着在敌情紧迫状态下，必须小心翼翼地慢速前进。而装甲侦察部队、空降兵侦察部队和海军陆战队的侦察分队则不必多付出机动点值，因为他们通常拥有在敌后隐蔽快速机动的专门能力。显然，己方的控制区不妨碍己方行动。空中单位不拥有控制区，当然同时也不受控制区的影响。

3. 车辆乘载

对于摩托化、机械化步兵、侦察兵一类单位，经常需要区分他们是处于乘载状态还是徒步状态。为此，兵棋除在算子的定制上加以配套外，还专门制定有车辆乘载规则。例如，同建制内的装甲车辆单位和人员单位的单位算子印有相同的番号，他们分别被表示为硬目标和软目标单位。在对阵中，如果这两个单位集中在一格内，同时装甲车辆单位算子放在人员单位算子的上面，那么人员单位算子就被视为已经乘车。这时，两个单位就算作一个硬目标单位，使用装甲车辆单位的机动点值。作战时，他们的战斗力相加。

如果人员单位虽与装甲车辆单位同处一格，但两个算子被分别放置，那么人员单位算子就被视作未乘车。此时，须各自使用两个单位的机动点值和战斗力值。

乘车或未乘车两种状态的转换，即“登车”和“落车”，通常需要花费一定时间。在己方部队调动时节内，已经集中在一格里的人员、单位和装甲车辆单位可以随时“登车”和“落车”，不用支付机动点值。但对未集中在一格里的人员单位和装甲车辆单位，其集中和分离都应按比例来支付机动点值。例如：一个已“跳下”车的机动点值为 4 的人员单位，要进入一个机动点值为 8 的装甲车辆单位所占格，需支付机动点值 2；待乘的装甲车辆单位应同时付出机动点值 4。如果待乘的车辆单位机动点值为 16，则需支付机动点值 8，这意味着这些单位都花费相同的时间用来登车和落车，如图 7-12 所示。

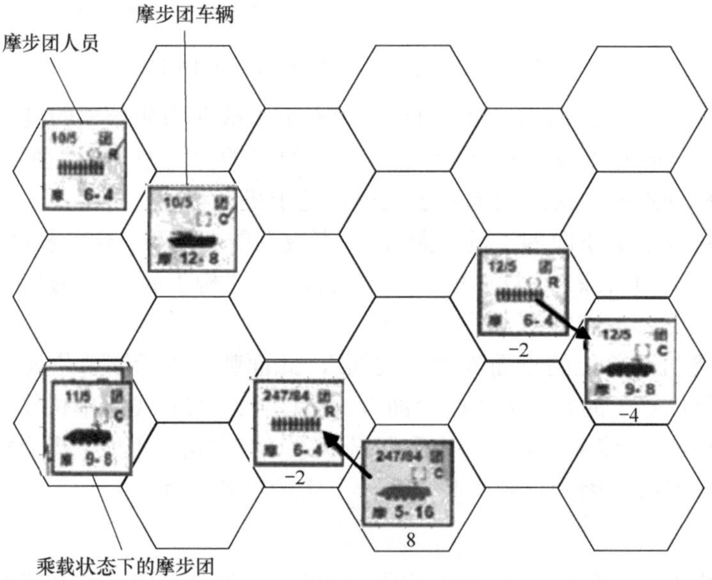

图 7-12　车辆乘/卸载和登/落车的机动点支付

4. 兵力的分编与合并

战斗单位可以分成更小的编制，也可以合并成大的编制。当推演者决定分编一个战斗单位的时候，可以最多把一个战斗单位分成 2 个或 3 个子战斗单位。如果要合并成原先的战斗单位，被分编的各个子战斗单位都要被合并。如果有任何子战斗单位被消灭，其余战斗单位只有成为支援战斗单位的时候才能重新合并。

5. 兵力集中的地幅限额

在实际的战役战术地幅内，兵力集中的数量是有限度的。模拟这种限度的方法是在每一个单位算子上都标上集中限额标记“+”，如图 7-13 所示。

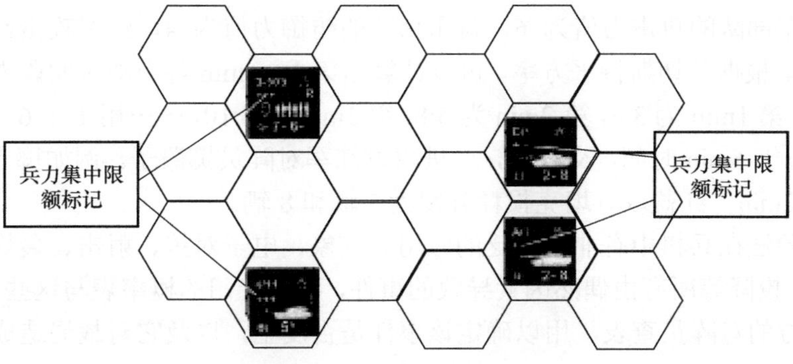

图 7-13　兵力集中地幅限额

根据兵力所占地幅的大小，每个单位标记的“+”个数也有多有少。如一个美军海军陆战营标 3 个“+”；而一个美军两栖连标一个“+”。当一个六边格由不止一个己方单位共同占领时，就需要检查“+”的数量。在每个行动时节结束时，要用这些限额检查一下。如果一个六边格里所集中的单位超过了限额，该方棋手就要从中选择，将多出来的单位算子拿到相邻格里去。

当推演者把很多单位往同一个格子里堆的时候，目标密度很容易超标。虽然这样可以有效的集中兵力和火力，但是这样也会付出代价。如果让敌方发现你把过多的人员、装备集中到一起，他会迫不及待地开火，因为在同样的火力覆盖下单位多的地域将承受更多的损失。

7.2.5　兵棋对战斗损耗的模拟

在作战过程中战斗损耗不仅取决于双方的作战力量的对比，许多偶然因素和指挥员的作战决心也影响着战斗的结果，因此在兵棋中对战斗的损耗和结果采取定量分析与掷骰子相结合的方式进行，如表 7-6 所列。

表 7-6　海湾战争兵棋中的地面战斗结果表

战斗力 骰点	−5	−3	−1	0	+1	+2	+3	+6	+8	+11	+15	+19	+22
1	—	—	防退	防退	防退	防退	防退	防灭 1	防灭	防灭	防灭	防灭	防灭
2	攻灭 1	攻退	—	防退	防退	防退	防退	防退	防退	防灭	防灭	防灭	防灭
3	攻灭	攻灭 1	攻退	—	防退	防退	防退	防退	防退	防灭 1	防灭	防灭	防灭
4	攻灭	攻灭	攻退	攻退	—	防退	防退	防退	防退	防退	防灭 1	防灭	防灭
5	攻灭	攻灭	攻灭 1	攻退	攻退	—	—	—	防退	防退	防退	防灭 1	防灭
6	攻灭	攻灭	攻灭 1	攻灭 1	攻退	攻退	攻退	—	—	防退	防退	防退	防灭 1
注释	防灭=所有防御部队被歼灭 防灭 1=1 支防御部队被歼灭 防退=防御部队被迫撤退 1 坐标格，进攻部队可占领其退出的格 — = 无效，双方无损							攻灭=所有进攻部队被歼灭 攻灭 1=1 支进攻部队被歼灭 攻退=进攻部队被迫撤退 1 坐标格，防御部队可占领其退出的格					
	左边是骰点数，首行是攻防战斗力之差，二者结合可得出带一定偶然性的某次地面战斗结果												

假设红军部队的攻击力值为 6，蓝军部队的防御力值为 4，红军攻击蓝军的攻防力之比为 3∶2。根据兰切斯特平方率，可以计算出第 1～6min 各交战时间段内双方兵力损耗的比值表：第 1min 为 3:6，第 2min 为 5:8，第 3min 为 6:10，……用 1 个 6 面骰子的 1～6 点分别对应 1~6min 时间，交战时，由进攻方红军对阵员掷骰子。例如掷出 2 点，则此次进攻持续 2min，红蓝双方坦克损耗分别为 5 辆和 8 辆。

统计实验法在兵棋中有非常广泛的应用。气象、电子对抗、射击、轰炸、侦察、白刃战、伤亡、投降等所有由偶然因素导致的事件，都有专门的概率表与这些事件相对应，由事件产生方的对阵员查表，用以确定该事件是否发生，以及它对战局造成的影响。

7.3 兵棋推演的组织

7.3.1 兵棋推演形式

兵棋演习可采用三种基本形式进行：开放型、封闭型和现地型。

1. 开放型

采取开放型兵棋演习时，对阵员（参训单位指挥、参谋人员或他们指派的下属）与控制员可以同处于兵棋终端计算机屏幕旁边。开放型兵棋推演是最简单的训练方式，适合作为对阵/控制员的训练起点，然后再按补充规则的说明进入更复杂的兵棋模拟训练方式。在开放型中，只使用最基本的规则。“开放”的意思只是受训者可以接近兵棋计算机终端。开放型主要用来训练对阵/控制员，帮助他们熟悉兵棋规则，为进入较复杂的兵棋模拟训练打基础。开放型不适用于集团军或师级，主要对旅一级对阵/控制员进行训练，但如特别需要，也可按照旅一级方式组织师一级的开放型兵棋模拟训练。

2. 封闭型

采取封闭型兵棋演习时，禁止参训单位指挥、参谋人员直接观察兵棋屏幕，他们只能依靠对阵/控制员（代表所有下属单位的人）获得信息、采取行动。通常在采取封闭型时，对阵/控制员管理每一个兵棋终端计算机，其身份为参训所有单位（包括支援单位）的指挥员或其代表，如图 7-14 所示。

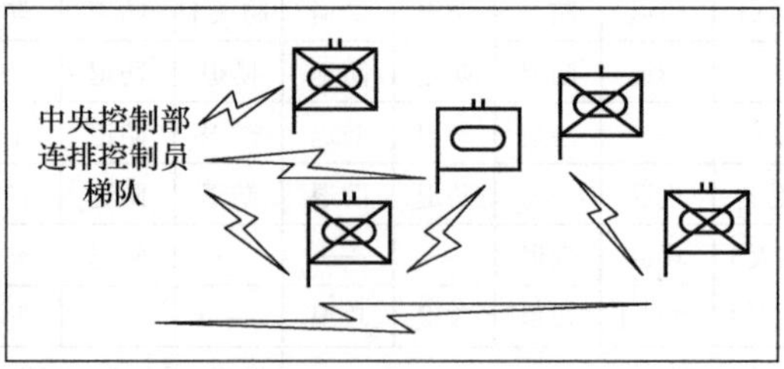

图 7-14　多梯队封闭式兵棋训练的通信联络系统

由于对阵员不得接近兵棋计算机终端，所有决策只能根据代表参战单位（兵棋计算机终端上的单位）的对阵/控制员及各级指挥所提供的战斗信息做出，因此，需配备较多的控制员，具体人数依训练目标而定。例如，如果想训练营一级的指挥、参谋人员，中央控制部就要配备代表连的控制员（图 7-14）。通信联络系统应尽可能真实地反映/模仿该单位战术标准操作程序中的常规联络，这能使该单位按实战展开。

3. 现地型

封闭型用于现地带通信工具和部分实兵的演习就称为现地型。与封闭型的区别仅在于对阵员（指挥员及其参与训练的指挥机关）处于实战环境，有必要的支援人员和装备。封闭型和现地型的对阵员不应该关心兵棋，它只不过是一套帮助对阵员完成训练目标的裁判器材。所以，当他们与中央控制部中的对阵/控制员们联络时，不应该考虑兵棋，而应用正规的战术通信系统，会显著增强实战感。

7.3.2　兵棋推演的裁判机构

兵棋推演的裁判机构称为中央控制部，它由演习总监、控制员和对阵/控制员组成。控制员和对阵/控制员的担任者都应在他们控制的职能范围方面具有一定水平的业务专长。此外，与中央控制部工作直接相关的还有对阵员。对阵员是中央控制部与参训单位指挥员之间的桥梁，通常由参训单位派出。

（1）推演总监。推演总监是兵棋规则的最后解释人，只设 1 名，类似于传统演习中的总导演，区别在于他不创立“导演意图”，也不设置“推演原案”，只是恪守兵棋规则，依据规则对推演双方的作战行动做出裁决，依据规则对演习双方的作战行动做出裁判。而一切“评估”都来自兵棋对阵过程本身，并不需要另外订立主观的成绩标准。由于他对兵棋模拟训练的成功与否举足轻重，他必须对兵棋模拟方法、训练程序、所需装备有充分了解，同时必须对监督中央控制部的工作做好准备。

（2）控制员。分为总控制员和红蓝双方控制员。总控制员通常只设 1 名，在推演总监的指导下工作，主要负责对红蓝双方的整个推演过程进行裁决，并计算胜分。红蓝双方控制员，通常由多名控制员组成，主要职责包括：一是负责对红蓝双方的某一类行动进行裁决；二是必要时模拟红蓝双方对阵员（受训者）之外的机构，以增强推演过程的实战感。

（3）对阵控制员。分为红蓝双方对阵控制员（位于红蓝双方对阵室），由若干人员组成，主要负责是将受训对阵员（受训者）的指令转化为兵棋推演的有关信息交与控制员，以及把控制员上传的兵棋推演结果转换为战斗信息传递给对阵员（受训者）。类似于演习中的端末，所不同的是，他们不能自己随机生成战况信息，只能如实向受训首长机关传达按照兵棋规则推演出来的结果。

7.3.3　兵棋的对阵方法

兵棋既可以用于单级推演，也可以用于多级推演。就单级推演来讲，可以采取以下两种不同的对阵方法。

第一种方法：推演总监、总控制员、红蓝双方控制员位于中央控制部；红方对阵员、红方对阵控制员位于红方对阵室；蓝方对阵员、蓝方对阵控制员位于蓝方对阵室。

这种布局通常用于红蓝双方对阵员实力相当时的推演。因为只有当红蓝双方实力相当时，才能构成真正意义上的对抗，在这种情况下，使红蓝双方分别位于不同的对抗室，有利于增强对抗的真实性。

第二种方法：推演总监、总控制员、红蓝双方控制员，以及蓝方对阵控制员和蓝方对阵员位于中央控制部；红方对阵员、红方对阵控制员位于红方对阵室。

这种布局通常用于红蓝双方对阵员实力不对等时的推演。一般来讲，在一个师旅团班子进行推演时，由于主要训练对象是红方，因此，红方对阵员通常以主要指挥员担任，人员相对整齐。蓝方对阵员通常由相关指挥员担任，人员相对较少。在这种情况下，如果将红蓝双方分别置于各自的对抗室，对于蓝方来讲，是不公正的。将蓝方对阵员置于中央指挥部，可以使蓝方对阵员在对抗过程中，得到比红方更多的信息，既有利于确保红蓝双方对抗的公平性，同时也有利于加大红方的对抗难度，从而更好地训练红方指挥员及其指挥机关人员。

7.3.4 兵棋推演想定

与想定作业一样，兵棋推演也要拟制相应的推演想定。兵棋推演的想定将推演者置于一个特定的环境，并为他们的决心提供前因后果，从而为兵棋推演创造条件。因此，兵棋设计者必须小心地确定这些想定如何影响推演者的因素。一份详细的想定描述能够让推演者理解这些因素，以及这些因素是如何产生的。这样才能使推演者能够理解一些潜在的假设是如何影响他们的决策范围的。想定比一般的军事想定要简单得多，它只是一次推演的对阵纲要。通常要包括以下内容：

（1）对阵双方的作战背景。

（2）战前双方的兵力部署和战斗期间的增援。

（3）双方的作战企图和胜负评估标准。

（4）对阵时间表（回合数）。

7.3.5 兵棋推演过程

在兵棋推演之前，首先要确认控制员和对阵员都已基本掌握规则，然后根据训练的要求制作想定文书和其他材料，将想定和材料分别发给双方对阵员梯队。对阵员梯队紧接着确定分工，谁负责全局，谁负责哪个部分。由对阵员梯队完成部署计划，或想定文书已直接做好部署。然后中央控制部的控制员，根据部署计划做出最初反馈。接下来就由对阵员梯队根据反馈，一个回合一个回合地下达行动指令，并接收反馈，直到演习结束。推演总监则全程监督推演的进行，推演完成后，推演总监需要组织结束以后的评议。

1. 推演轮次

与传统的对抗性想定作业一样，兵棋推演是按照回合进行的。在兵棋中，一个回合称为一“轮”。根据不同的兵棋推演级别，“轮”分别表达不同的时间长度，例如，分队级、部队级、战役级、战略级各种不同规模的兵棋，每轮所代表的实战时间可能依次为1min、1h、1昼夜、1星期等。具体时间长度可以依据实战需要灵活确定。

为了模拟作战中对抗双方在空中、地面、水面、水下同步展开的各类作战行动。兵棋的每一轮通常包括计划部署和相应的作战行动。其中，作战行动是按照确定的先后次序，在一个对抗回合中依次展开的。

在一个轮次的对抗中具体包括哪些作战行动，可以根据兵棋级别以及实战需求灵活确定。以某军的一次兵棋推演为例，其推演课题是“不预期遭遇作战”，作战级别为旅，作战地区为濒海地区。因此，其每一轮的推演在计划部署之后，包括战场侦察、空中作战、机动增援、海上作战、直升机机动、地面作战、补给检查、休整恢复 8 类作战行动。由于这些作战行动是在一个轮次的对抗中，围绕本轮的对抗目标先后或同步展开的，因此，在每一轮的计划部署阶段（决策阶段），对阵双方指挥员必须同时计划和考虑上述 8 类作战行动，并针对每一类作战行动下达指令。如果一方因为没有相应的作战兵器，或因为其他原因而没有下达某一类作战行动的指令，则视为该方在作战中没有采取这类行动，这种情况往往会造成对抗中的不利局面。这就要求推演双方指挥员必须根据作战需要，周密地计划和部署先后或同步展开的各类作战行动，并关注作战行动的细节。

实战中双方的作战行动是同步展开的，而兵棋推演中双方只能一先一后地移动棋子。为了贴近实战，同时也为了体现公平，兵棋还制定了每一轮中对阵双方行棋的先后次序。一般来讲，每一轮中，谁先走、谁后走，通常依据想定设想有关态势，由拥有战场主动权的一方先走，另一方后走。如果想定设定的态势为双方势均力敌，交战双方没有明显的主动与被动之别，则通过掷骰子来判定哪一方享有本轮的先手权。为了便了记录各轮次的推演情况，兵棋设有一个专门的轮次表，以单行表格的方式分三排表达：

第一排：推演回合记录轨。

1	2	3	4	5	6	7	8	9

第二排：推演进程表。

先手方进程	计划部署	战场侦察	空中作战	机动增援	海上作战	直升机作战	地面作战	补给检查	休整恢复
后手方进程	计划部署	战场侦察	空中作战	机动增援	海上作战	直升机作战	地面作战	补给检查	休整恢复

第三排：胜分记录轨。

1	2	3	4	5	6	7	8	9

（1）推演回合记录轨。主要用于表明本次推演的回合次数，以及通过摆放相应的棋子，表明目前推演正处在哪个回合。一般来讲，在规定的回合次数内，双方必须决出胜负。例如，在上述 9 个回合内，红方必须攻占某一地区，否则即为红方失败。

（2）推演进程表。推演进程表主要用于表达对抗双方的行动进程与裁决秩序，例如，推演裁决是在双方计划部署的基础上，按照战场侦察、空中作战、机动增援、海上作战、直升机作战、地面作战、补给检查、休整恢复的秩序进行的。当进行某项行动裁决时，在相应的行动上放上一个进程棋子，以表示目前正在进行该项行动的裁决。进程表分红蓝双方进程表，由于行棋有先后之别，因此，进程表通常以先手方进程表、后手方进程表进行表达。

（3）　胜分记录轨。主要用于记录每一推演回合，双方的胜负分数，以便清晰地显示，对抗双方每一回合乃至最后的胜负情况。

2. 推演基本过程

（1）由推演总监依据想定向红蓝双方对阵员宣布推演初始态势。兵棋操作员将相应的棋子摆放到位。

（2）总控制员现场确定红蓝双方作战单位的指挥所值。

兵棋规则规定：每个指挥所都有 1 个指挥控制区，标注在算子上。超出该范围，所属单位将失去指挥。失去指挥的单位士气下降，并无法恢复士气。受到敌方干扰，指挥控制区会缩小。每个指挥所还有 1 个指挥能力值，在推演回合的计划部署裁决，对每一个指挥所取一次随机数，从指挥能力表中获取该指挥所的指挥能力值。

指挥所值是推演双方某级指挥机构指挥能力的反映。指挥所值与本轮推演结束后，部队战斗力的恢复情况密切相关，指挥所值越高，部队经过一轮战斗后战斗力的恢复能力就越强，反之则越弱。这一点与实战情况也是相符合的。

（3）总控制员宣布推演时间、先后手、制空权、天气。当想定中没有具体明确本轮推演的先后手、制空权、天气等信息时，总控制员应根据推演规则，通过掷骰子确定。

① 先后手。先手方拥有行棋中的先手优势，也就是说，在推演中可以先发制人地对对方实施攻击。

② 制空权。拥有制空权的一方可以在本轮推演中使用飞机，没有制空权的一方，则在本轮推演中不能使用除无人机外的空中作战力量，而这会大大影响某一方的作战能力。

③ 天气。交战地区的天气情况，对于双方的侦察、机动和打击行动均产生相应的影响，例如，部队在雨天实施机动，需要付出更多的机动点值，也就是机动成本，原来在棋盘上可以机动 5 格，因为雨天便只能机动 3 格了。由于攻防双方在作战中的机动需求是不一样的，因此，天气情况对攻防双方的影响也是不一样的。

（4）总控制员宣布某一回合推演开始，并同时宣布红蓝双方计划部署的时间。红蓝双方对阵员根据想定提供的初始态势，以及规定的计划部署时间，开始进行本对抗回合各类作战行动的计划部署。

（5）红蓝双方对阵员将确定的计划部署方案交给对阵控制员，对阵控制员将对阵员的计划部署方案，按照兵棋推演要求转化成兵棋推演术语，并分别填写至红蓝双方计划裁决表中；对于违背兵棋推演规则而不能执行的命令，对阵控制员应及时向对阵员指出，并提出修正建议。

7.3.6 兵棋推演裁决

兵棋推演裁决是在双方对阵员完成计划部署的基础上，由总控制员根据预先确定的战斗行动项目进行逐项裁决。但是由于作战双方的行动是一个对抗的过程，而同一个作战行动项不一定直接构成对抗。例如，与蓝方战场侦察行动构成对抗的不是红方的战场侦察，而是红方针对蓝方空中侦察采取的对空作战行动。因此，在具体裁决过程中，既要按照作战行动秩序进行逐项裁决，又必须考虑对抗因素。

具体裁决过程如下：首先，由总控制员宣布某项作战行动的裁决；然后，按照先后手顺序，由先手方控制员报告本方对阵员对该项作战行动的计划部署方案；接下来，由后手方报告与先手方该项作战行动构成对抗的行动方案（因为裁决是以对抗方式进行的）；待双方报告完毕后，由总控制员依据规则，对双方的对抗行动进行裁决，并得出裁决结果。

第8章

8 作战模拟系统及其应用

现代的作战模拟跟计算机有着千丝万缕的联系，作战模拟系统实质上就是计算机化的作战模拟，其表现形式是各种类型的仿真软件系统。无论是新型装备的模拟论证，武器装备的技能训练，大型的军事模拟对抗演习，网上推演，还是作战方案的分析与评估，都会运用到不同类型的作战模拟系统。这些作战模拟系统有着各自不同的特点，但又遵循着某种特定的体系架构。

8.1 作战模拟系统概述

8.1.1 作战模拟系统的概念与分类

1. 作战模拟系统的概念

作战模拟系统是指运用现代化计算工具，对敌对双方作战过程中的各种数据、情报、态势进行科学量化、计算、模仿等一系列显式活动的有机整体，由态势显示系统、模拟仿真系统、指挥作业系统和综合数据库系统等组成。可对组成战斗力的诸因素、对抗各方的主要关系做出定量分析，对某些不允许实际检验的军事行动和武器装备进行模拟研究，较好地体现对抗过程的对抗性和作战活动的随机性，可验证某一因素对作战效果的影响程度。

作战模拟系统实质上是用计算机软件系统来实现作战模拟，一般应用于军事训练、战法研究、武器装备采办等领域。

2. 作战模拟系统的分类

作战模拟系统按照其功能来分，大致可以分为三类。

1）训练模拟系统

训练模拟系统是作战模拟系统中最重要的一个类型，也一直是使用最为广泛、最容易为用户接受的系统。不管作战需要什么，对人的训练总是第一位的，与其他类型的作战模拟系统不同，训练模拟系统的对象是“人”。它主要用于人员的训练，涵盖从士兵、参谋到各级指挥员的训练。

2）采办模拟系统（武器装备规划模拟系统）

采办模拟系统，就是面向武器采办活动而设计和开发的建模与仿真系统，目的是为了更好地对武器装备进行分析和研究。这类模拟的主要对象是武器装备，所以也可以称为武器装备规划模拟系统。虽然它会涉及大量的系统仿真、实验仿真等方面的内容，但它与传统意义上的面向武器装备研制的仿真模拟还是有很大的不同，该类模拟系统主要从军方的角度出发，面对的是军队作战武器装备整体的需要。

3）分析模拟系统

以各类作战活动为研究对象，以辅助各级指挥决策为目标的一类模拟系统。其最典型的表现形式就是各类“方案”。例如，从最高层的战略决策、战争计划，到战役计划、某个具体战斗的作战方案，甚至某种武器的运用方案（如飞机的战术动作）等，都属于分析模拟系统研究的对象。

8.1.2 训练模拟系统

采用训练模拟系统的目的，就是要使用相应的手段营造出一个逼真的战争时空，即作战环境或战场环境，来训练这些战争的参与者，以适应作战的决策、指挥、作战行动的需要。因此，训练模拟系统强调的是训练环境的建立，突出模拟系统与受训者、施训者的人机接口，突出与实际环境的相似逼真性。为了达到这个目的，训练模拟系统一般都采用人在回路的方式，将受训者封闭在一个相对闭合的模拟回路中，使得他能够沉浸在训练环境中，通过训练取得“战争”的体验。模拟训练的过程应尽量设计得接近现实，使得训练中的行为和训练的效果与实际相符。因此，从逼真性角度出发，训练模拟系统最重要的是要模拟出接近真实的作战进程、作战环境和武器装备，使得受训者能在一个接近真实的环境下，了解相应的程序、过程和内容，熟练地掌握应该掌握的技能，通过反复实验得到接近真实的体验并积累经验，为实际的作战做好准备。

不同的军事训练，具有不同的训练手段和方法，也将采用不同的训练模拟系统。这些训练模拟系统一般可以分为三类：即技术训练模拟系统、指挥训练模拟系统和决策训练模拟系统。

1. 技术训练模拟系统

技术训练模拟系统主要用于对受训者的操作、协同技能进行训练，典型的例子就是各类训练模拟器，如飞行模拟器、坦克驾驶模拟器、导弹发射模拟器等。一些更复杂的综合模拟，如果仅以训练技术、技能为主，例如参谋作业，也属于技术训练模拟的范畴。一些需要多人合作才能完成的技能训练，例如协同技能训练，也属于技术训练模拟的范畴，只是更加复杂一些，随着协同的范围加大，也更接近于高层的指挥训练范畴。

技术、技能训练，主要针对受训的个人或集体进行，通过训练提高他们的操作技能。对战斗员来说，通过训练，要使他们根据不同的岗位获得和提高操作、控制装备和武器的能力，获得处置、分析故障的能力，获得多人、多武器平台的协同能力。对于参谋人员来说，通过训练，要使他们熟练地掌握各项参谋作业的技能，成为高水平的参谋人员。因此，技术训练模拟系统的核心是人机接口，通过一些特殊的手段为受训者创造出一个逼真的技能训练环境，使得受训者可以在逼真的环境下得到训练。

使用技术训练模拟系统可以大大减少对实际武器、装备及设施的使用损耗，并减少训练过程中的危险性。这对于那些昂贵的武器装备来说，对那些从装备开始就难以使用的武器（如导弹、核武器）来说，更具重要意义。

2. 指挥训练模拟系统

指挥训练模拟系统是支持、保障部队、院校进行指挥员作战指挥、决策训练和演习的计算机作战模拟系统。其主要功能：一是直接或通过导调人员给受训者提供逼真的战场态势信息；二是接受受训人员对此态势信息的反映（判断和决策）；三是通过模拟系统运行结果，对受训人员的反应给以评估。

指挥训练模拟系统由指挥系统、模型系统、导演控制系统、数据库系统和运行支持系统组成，它们各司其职，共同完成作战训练的相应功能，其组成结构如图 8-1 所示。

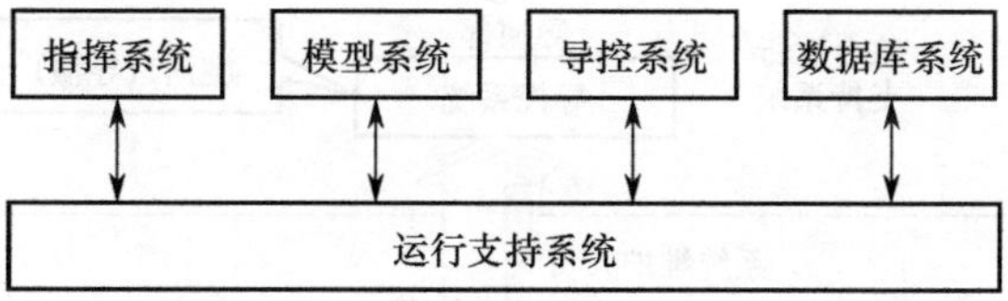

图 8-1　作战指挥训练模拟系统组成结构图

1）指挥系统

指挥系统的目的是模仿部队使用的 C^4ISR 系统，具有指挥、控制、通信、情报、侦察和监视功能，能够营造适应训练所需的指挥环境，供受训人员使用。具体来说，在演习的组织阶段的功能有要图标绘、文书拟制、文电通信、资料查询、辅助计算、地形分析、辅助决策等功能。在演习的实施阶段，向指挥员提供下达干预命令、态势显示、情况报告、战场监视等功能。

2）模型系统

模型系统是整个训练模拟系统的核心，它的功能是完成各类作战过程的描述、作战结果的计算和战场各类环境的描述。一般情况下，模型系统需要考虑陆、海、空、天、电五维空间，开发运行的原则是按军种集成、按层次分布。

3）导控系统

导控系统的目的是营造适应训练所需的导演环境，完成作战演习管理、状态监控、态势调理等任务，具有以下功能：裁决评估、系统管理、态势调理、运行控制、席位管理、系统维护、文电管理、导调干预、作业准备、数据汇总、模糊评判、考核评估等。

4）数据库系统

数据库系统是模拟系统的共同基础部件；提供模拟系统的数据环境，包括战场环境、部队编制编成、武器装备战术技术性能数据等；数据的标准化，数据的一致性。

5）运行支持系统

运行支持系统是支撑整个系统运行的"底层平台"，是作战训练模拟系统的基础系统。提供系统的信息交互、数据库访问和文件通信等服务，为系统在网络间的运行提供运行环境、监测运行状态等多种服务。

诸军兵种各层次的作战训练模拟系统均是以上述五个基本部件为基础建立的，并能保证各系统的独立运行，其组成结构及人员关系如图 8-2 所示。

进行诸军兵种联合作战演习时，诸军兵种各层次的模拟系统通过运行支持系统实现互联、互通和互操作，结构如图 8-3 所示。

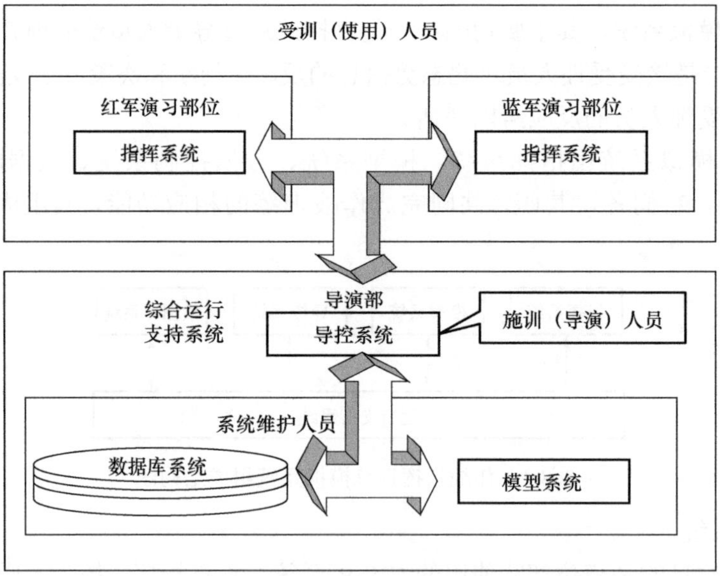

图 8-2　一个军（兵）种演习时系统结构及人员关系

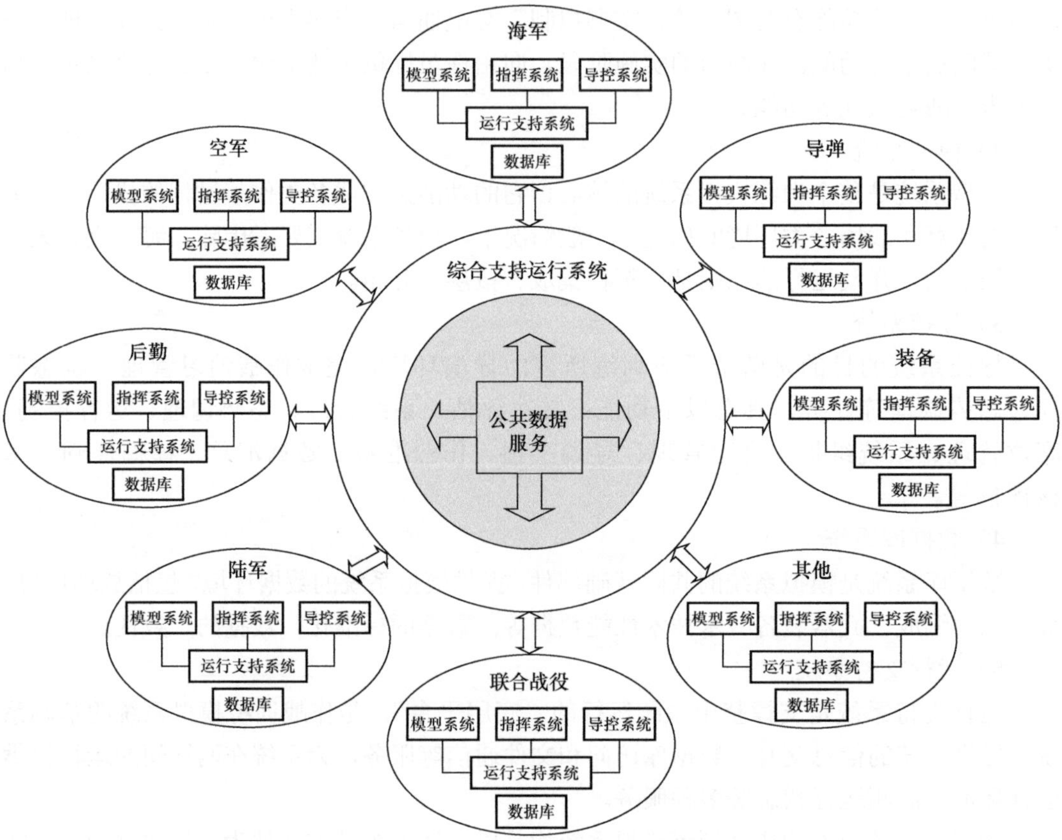

图 8-3　联合作战演习时模拟系统结构图

3. 决策训练模拟系统

决策训练模拟系统主要用于对高层指挥员、决策者进行决策的训练。如果仅从决策的角度来说，不管什么决策都可以属于决策训练的范畴，但实际上这里所说的决策指的是高层的决策，主要是战略或战役层次的决策，特别是战略层次的决策。虽然战争的高层决策者只是很小的一部分人，但具有战略决策思维的指挥员能够更好地理解上级的意图，也就能够更好地执行好自己的指挥任务。因此，决策训练也是非常重要的，美国在这方面已经有了成功的经验，其国防大学、海军研究生院每年都要进行战略决策模拟训练，为美国培养出了一批批具有战略眼光和创新思维的军事人才。

决策训练的内容一般说来包括熟悉决策程序，了解决策环境，掌握决策方法，学会在复杂的战争问题中分析问题之间的相互关系，并做出正确的决策等主要内容。决策训练模拟系统，同前两种训练模拟系统一样，也是要用模拟的方法创造出一个环境，使受训者在这个环境中得到不断的刺激从而得到训练。这就是决策模拟环境，其能识别决策任务的目标、约束和条件，并推演决策后的结果。如果需要，也可以包括对决策技能进行训练的模拟环境内容。

决策训练模拟系统最重要的部分，就是为受训者提供一个合适的决策模拟环境，和相应的决策模型。决策模拟环境要符合高层决策的特点，即研究式、研讨式的特点。决策模型与其他模型最大的不同，是其政治军事的综合性和决策方案的完整性，要求能够反映政治军事对抗的综合效果，能够对完整方案进行评估，也就是决策后模拟。这一点更接近于分析模拟。

决策训练模拟的最大好处，是将过去完全定性的分析、理性的判断，通过模拟系统加以展现，使其更具完整性和表现性。改变了过去认为决策无训练的观念，也改变了过去在决策之后不知道会有什么后果因而无法评价的尴尬局面。

8.1.3　采办模拟系统

我们将各种从军方角度而非研制部门角度进行的针对武器装备发展全寿命周期的建模与仿真活动统称为采办模拟，因为其目标是构建起符合作战需要的武器装备体系。采办模拟研究的对象是武器装备系统或体系，或者更准确地说是“武器装备的方案”。这里所说的“武器装备的方案”可以是武器系统部件的电路布局、设计参数等具体的技术设计方案，也可以是武器系统战术技术指标等系统级方案以及武器系统体系级的组成方案，乃至武器装备发展战略和发展方向等高层武器装备决策方案等。

采办模拟就是通过模拟的手段对各类武器装备方案的性能、效能、功能、费用、风险等方面进行定性与定量的分析与权衡，从而实现改进设计、提高效能、降低成本、优化决策的目标。

1. 武器装备仿真的发展

武器装备仿真最初的应用是在 20 世纪 40 年代，世界上第一台计算机一诞生，就被美国陆军用于进行弹道仿真以改进武器弹药的设计，从而揭开了将计算机仿真技术应用于武器装备的发展、研制过程的序幕。第二次世界大战以后，武器装备仿真技术随着计算机技术的进步逐渐被推广应用于武器系统分析、工程设计、生产制造的各个方面。特别是到了 20 世纪 90 年代，在以计算机处理技术、网络通信技术、虚拟现实与多媒体技术为代表的信息技术不断推动下，现代建模仿真技术全面渗透到了武器装备发展与采办全过程的每个阶段，已经成为应用最为广泛也是最为有效的武器装备决策分析技术手段。在武器装备研制的各个阶段，模拟仿真技术都发挥着极其重要的作用。例如：在武器系统的概念阶段，可以利用虚拟样机、虚拟现实等手段对新技术或新武器系统方案进行先期演示与验证，对新技术、新概念的应用价值、可行性等进行检验与评价；在方案论证阶段，可以利用数字仿真或半实物仿真等方法对武器系统总体方案与各分系统方案的效能、费用等指标进行分析预测，通过仿真验证比较优化方案的选择；在研制阶段，设计与工程技术人员利用各类工程技术仿真方法与工具，来验证系统设计的合理性、正确性，确定各单元部件的设计参数，辅助完成系统的详细设计方案；采办方可以利用仿真实验的手段，对武器系统的功能、性能以及作战效能进行测试、评估与验证，确定其是否满足作战与使用要求。

随后，美军在 20 世纪 90 年代中期进一步提出了基于仿真的武器系统采办的思想，即所谓的 SBA（Simulation Based Acquisition）。SBA 是一种新采办程序、新采办环境与新采办文化的综合体，它是信息技术与系统工程技术的有机结合，通过各部门的密切协同将仿真技术可靠地集成并应用于武器装备采办的各个项目和各个阶段，从而实质性地降低了武器装备采办的周期、资源与风险，在减少武器装备全寿命周期费用的同时，提高了其质量、军事价值和支持能力。

2. 采办模拟系统的分类与特点

武器装备与武器装备方案的多样性造就了采办模拟方法与系统的多样化。针对不同层次的采办问题，所采用的方法与模拟系统也各不相同。例如：对于武器单元部件设计，主要是采用工程技术仿真系统进行如电路仿真、流体力学仿真等技术层面问题的研究；而在涉及人机接口、系统作战反应时间等问题研究时可能会采用类似训练模拟系统的模拟器以及虚拟现实技术；对于武器系统或体系则可能会采用作战分析模拟系统对其整体作战效能进行分析评估；另外，还会涉及成本与费用预测、可靠性维修性仿真等不同类型的模拟仿真方法与系统。即使是针对同一型号的武器装备采办，在不同阶段也往往需要不同类型、不同层次的模拟系统的支持。一般说来，凡是以武器装备采办为目标的模拟系统，都可以归于采办模拟系统。武器装备采办问题包括的范围非常广泛，通常可以根据所研究问题的层次与内容将采办模拟系统分为以下三类。

1）工程技术仿真系统

工程技术仿真系统主要面向武器装备系统及其单元部件的工程设计、生产制造与实验测试过程，辅助工程技术人员优化系统设计方案与各种技术参数或算法，改进生产工艺与制造过程，提高系统性能与质量，控制系统仿真与制造等。比较典型的应用有空气动力学仿真、虚拟样机、虚拟工厂、虚拟靶场、计算机辅助设计经常采用的方法有原型机系统、半实物仿真以及全数字仿真等。

工程技术仿真系统主要是针对武器装备系统或单元部件的工程技术参数或方案的分析与测试，要求系统能准确地描述与刻画系统的技术特性与工作原理，一般对模型的可信度及运算处理能力都有较高的要求。在建立仿真模型时，运用较多的是数学、物理、电子、自动控制等工程技术理论与方法。这类模拟系统所采用的方法技术在很多时候与一般民用领域系统所采用的方法技术是一致的，并无明显区别。而且工程技术与实验模拟系统主要面向生产设计过程，采办方（军方）在其中的作用通常只是监督、协调、验收等，使用主体主要是科研与工业部门，因此这类模拟系统不作为作战模拟系统研究的重点。

2）武器装备系统分析模拟系统

武器装备系统分析模拟系统主要面向更为复杂的武器装备系统或体系的论证、研制、采购、使用、改进等过程中的系统分析与辅助决策，如武器作战效能评估、武器装备体系模拟论证等。该类系统的研究范围包括通常意义上的武器系统分析所涉及的内容，主要是从采办方的角度，辅助其装备部门研究如何以比较合理的费用或代价获得具有最优作战效能的武器装备；以及如何针对特定的任务和目标合理地配置各种不同的武器系统，形成武器装备体系如防空武器系统体系等，最大限度地发挥系统的整体效能。武器装备系统分析模拟系统比较突出对武器系统整体性能、效能、费用、风险等综合因素的模拟与分析。这类仿真除了武器系统的物理与工程技术特性之外，还必须考虑研制费用与生产成本、作战运用、编制体制、敌方对抗措施等诸多要素，特别是对于装备体系的模拟还要更加强调 C^4ISR 系统的作用以及系统之间的协同与对抗。军事运筹学、系统工程理论与方法等在这类模拟系统中得到了广泛应用，还可以采用决策分析模拟、对抗模拟的方法来检验评价武器系统或体系的实际作战效能或能力。

3）武器装备发展战略规划论证模拟系统

武器装备发展战略规划论证模拟系统主要面向武器装备发展的宏观决策问题。武器装备发展战略是一支军队对未来一个时期武器装备发展的总体规划，是各类具体型号系统发展研制的行动指南，例如，军队未来武器装备发展的方向与重点、装备体制与系列的论证等。一支军队的战斗力不是由一两件先进武器决定的，也不是所有的武器装备都是最先进的就是最好的，尤其是在和平时期，应该从国家的经济承受能力出发，使各个军兵种不同用途的武器装备能够合理搭配、互为补充，形成具有最优费效比的武器装备系列。武器装备发展战略的规划与论证是一项错综复杂的系统工程，单纯依靠决策者的主观经验与直觉思维很难做出正确的判断与选择。建模与仿真技术为武器装备的宏观决策提供了科学的方法与技术手段，将它与人的经验判断和直觉思维有机结合，可以大大提高决策的效率与科学性。

武器装备发展战略涉及的领域很广，在这类模型和模拟系统中往往需要考虑军事、技术、政治、经济等诸多方面的因素，定性与定量分析相结合，而且往往非常强调人在模拟过程中的作用。

8.1.4 分析模拟系统

分析模拟系统是以各类作战活动为研究对象，以辅助各级决策为目的的一类模拟系统。过去对战争活动的研究一般都是以思辨型为主，最多使用沙盘、地图等辅助的工具，而现代分析模拟系统一般都以计算机和网络为基本平台，以面向问题的模型为核心，并且能够支持静态分析与动态分析等各种不同的形式。

分析模拟系统的研究对象是各种战争活动，其最典型的表现形式就是各类“方案”。例如，从最高层的战略决策、战争计划，到战役计划、某个具体战斗的作战方案，甚至某种武器的运用方案（如飞机的战术动作）等，都属于分析模拟系统研究的对象。目前，应用已经覆盖了战略规划、军事战略分析、危机预测预警与处置决策、作战概念研究、作战条令制定、战法研究到作战方案分析、作战能力评估等各个方面。

1. 分析模拟系统的应用

在战略层面，战争分析模拟系统主要用于国防战略与政策研究、战略决策研究、编制体制论证与兵力结构评价、战略力量评估、军事冲突与危机的预测预警、危机处置方案分析、战争计划的论证等。在20世纪70年代，美国兰德公司就曾利用计算机战争模拟方法，评估了第二次打击战略的可行性。通过模拟证实了当时的核战略足以构成对苏联的威慑，从而说明了这种战略是行得通的。1982年，美国兰德公司建立了战略评估中心，并以“美国在1983—1990年期间关于与苏联潜在冲突的国家安全决策”为题，用MARK Ⅱ战略模型预测了西南亚局部冲突升级的后果。通过预测评估了美国在核威慑失效时应采取的军事战略，特别着重评估了采取何种战略能控制战争不进一步升级，并使美国付出的代价最小。

由于在战略研究中采用了计算机分析与模拟仿真技术，使得美军可以针对具体的问题建立相关的形式化和参数化模型，通过模拟仿真实验进行定性定量相结合的分析。这样，就使得战略研究的结果更具说服力，决策效率也更高，决策结果也更令人可信，从而赢得战略决策的主动性，减少战略决策的盲目性，提高战略决策的科学性。

在战役及战术层面，战争分析模拟系统能直接服务于战争的需要，支持作战方案的分析与决策。这一点从海湾战争中美军对仿真模拟的使用就可以得到证明。有资料介绍，在海湾战争中，从1990年9月到1991年1月多国部队发起地面进攻前，美军利用喷气推进实验室研制的集团军作战仿真系统对“沙漠风暴”作战计划进行了反复地研究，直至决定最终的计划。美军甚至派出仿真小组到海湾战区，通过各种想定继续完善作战计划。在后来的“沙漠之狐”行动、科索沃战争、阿富汗战争，以及近期的伊拉克战争中，THUNDER、EADSIM、TACWAR、CEM等作战分析模拟系统都发挥了很大的作用，目前仍在美军作战分析部门和机构中使用。

2. 分析模拟系统的种类

分析模拟系统一般根据层次和应用划分种类。常见的种类有战略层次的战略决策模拟系统，例如：政治—军事对抗模拟系统、全球战略力量评估模拟系统，以及研究分析现代战争形态下的危机预测预警与处置模拟系统等；战役战术层面的战役指挥决策模拟系统、兵力规划模拟系统、作战方案分析模拟系统等，以及技术层面的技术分析模拟系统等。下面简单地介绍其中几种典型的分析模拟系统种类，其他的系统可以参照理解。

1）政治—军事对抗模拟系统

政治—军事对抗模拟（Political-Military Gaming），是对国家间政治军事冲突问题进行的自由推演式对抗模拟，也称高层次对抗模拟。模拟的方式是：代表各个指定国家政府领导人的局中人小组一起讨论危机态势，确定各个国家的利益和目标，考虑各种政策的选择，代表其政府做出决策。辅助这个对抗推演过程的系统就是政治—军事对抗模拟系统，属于战略层次的高层决策分析模拟。高层决策分析所研究的对象往往是涉及全局的重大决策问题，具有层次高、涉及领域多、因素间关系复杂等特点，因此高层决策分析所采用的方法往往是多种方法并用、定性定量结合。支持战略层次决策分析的模拟系统目前还在探索阶段，国外多采用研讨式对抗模拟（Seminar Gaming）的方式。

2）危机预测预警与处置模拟系统

冷战后的国际社会环境下，危机作为暴力冲突和现代战争的重要替代活动之一，成为当前国际政治向多极化发展和国际相关性不断增长的一种典型的伴随现象。国际危机预测、预警和危机决策的方法研究是直接为战略决策层服务的实用性研究，而将模拟仿真技术系统应用于危机预报和危机管理的研究，则是一种未来发展的趋势。许多发达国家如美国，已经开始研制专门应用于危机预测预警与处置的模拟系统，许多已经起到了很好的作用。特别在“9·11”事件之后，这个方面的研究力度更是加大了很多。危机预测预警与处置模拟系统属于战略层面的系统，是一类特殊的战略决策分析模拟系统。危机决策环境具有外部威胁强、时间压力大、决策后果严重等特点。

3）作战方案分析模拟系统

作战方案分析模拟系统直接服务于作战，具体讲可以细分为面向战前的辅助作战方案制定和面向作战过程中的战时运筹。前者的主要目的是辅助指挥员在定下决心前利用系统评估敌我军事集团的战斗能力、战斗编成及兵力兵器的保障程度，比较各种作战决心和计划方案的优劣；后者的主要目的是在瞬息万变的战斗中实时地分析战场态势，为指挥员提供决策建议，修订方案甚至是辅助给出具体的指令计划。

作战方案分析模拟系统以作战方案（计划）为对象，以研究的问题为目标，突出强调与作战规模相适应的模型细节和统计结果，对作战双方兵力编成、战场环境的各类要素、武器装备的效能等有清楚地界定，对系统的分析计算能力及响应时间要求较高。分析模拟系统往往与指挥自动化系统、各类辅助决策系统等结合使用，辅助指挥员做出正确的决策。主要应用方式是，在确定相应的分析边界条件的基础上，通过使用过程模拟来分析比较各类方案的执行后果，通过反复模拟、运算和分析来比较各类方案的优劣。

4）技术分析模拟系统

技术分析模拟系统经常与武器装备分析模拟系统、训练模拟系统结合在一起，例如，坦克火控系统作战效果分析等。在这个层面上，已经很难分清其主要目的是“方案”还是“武器装备”，完全取决于具体的应用需求。另外，高层武器装备发展规划分析模拟系统采用的分析方法与模拟技术与战略决策分析模拟基本一致，而武器装备系统平台级的分析及模拟仿真，突出的仍是技术和性能，模拟的重点是武器平台本身的特性以及相关环境的刻画。

8.2 作战模拟系统的体系结构

8.2.1 体系结构的基本概念

系统体系结构的确立对于建立综合作战模拟系统的意义十分重大，它是先进分布仿真技术（Advanced Distributed Simulation Technology，ADST）所关注的首要问题，也是一项复杂的系统工程。

系统体系结构应该独立于系统的具体实现，主要考虑有关系统总体结构的顶层问题，其重点应该放在系统的组成结构、相互关系、系统建模与设计思想上，从总体上把握系统的整体功能、需要解决的问题、所采取的技术路线，且必须与当前技术发展水平相适应、充分考虑技术体系结构对系统设计与实现的约束与限制，以保证系统体系结构的可行性与可操作性，保证系统能够遵循有关的标准。

1. 体系结构的概念

体系结构（Architecture）一词最早用于建筑行业，后来，Architecture 一词逐渐应用到其他行业，通常指任何事物的结构（the Structure of Anything），即各个组成部分的搭配和排列。而在计算机领域中，Architecture 得到了广泛的应用，包括如下基本概念：

（1）计算机系统结构（Computer Architecture）：指的是组成计算机硬件的电子元件，这些元件之间的联结方式，以及这些联结方式对于计算机用途所起的作用。

（2）网络体系结构（Network Architecture）：指的是构成网络的计算机节点，节点间的联结方式，以及网络支持的数据交换方式。

（3）数据体系结构（Data Architecture）：指的是企业信息处理中的重要的数据实体，数据实体间的关系，以及产生这些关系的可能性。

（4）软件体系结构（Software Architecture）：指的是软件系统及软件成分的组织结构、约束和关系，是对系统的组成、系统结构及系统如何工作的较为宏观的描述。

从以上定义可以看出，Architecture 一词在计算机领域中的基本含义是：体系结构由相互影响、相互关联的一组要素组成，由于组成要素的不同和连接关系的不同会形成不同的结构，因此，体系结构具有形式上的多样性、层次性和传递性等特点。

2. 软件体系结构

关于软件体系结构的定义目前没有统一的说法，下面给出几种典型的定义。

（1）Dewayne Perry 和 Alex Wolf 的定义：软件体系结构是具有一定形式的结构化元素，即构件的集合，包括处理构件、数据构件和连接构件。处理构件负责对数据进行加工，数据构件是被加工的信息，连接构件把体系结构的不同部分组合连接起来。这一定义注重区分处理构件、数据构件和连接构件，这一方法在其他的定义和方法中基本上得到保持。

（2）David Garlan 和 Dewne Perry 于 1995 年在 IEEE 软件工程学报上定义：软件体系结构是一个程序 / 系统各构件的结构、它们之间的相互关系以及进行设计的原则和随时间进化的指导方针。

（3）Kruchten 的定义：软件体系结构从概念角度描述系统的主要构件及其关系；模块角度包含功能分解与层次结构；运行角度描述系统的动态结构；代码结构描述代码在开发环境中的组织。

从上面可以看出，软件体系结构由构成系统的元素的描述，这些元素的相互作用，指导元素集成的模式及模式的约束组成。某个特定的系统是由一些软构件的集合和构件间的交互来定义的，而这样的系统可作为大型系统设计的元素。客户和服务器、数据库、过滤器、层次系统中的层等都是组件的实例。构件软件体系结构级的设计包括软件系统结构、全局控制结构、通信协议、同步机制和数据存取、为设计元素分配功能、设计元素的组合、软件系统的物理分布、粒度、性能和多种设计方案的选择。

一般来说，软件体系结构主要包括以下三种风格：

1）基于事件的隐式调用式结构

这种风格的思想是构件不直接调用一个过程，而是触发或广播一个事件或多个事件。系统中的其他构件中的过程在一个或多个事件中注册，当一个事件被触发，系统自动调用在这个事件中注册的所有过程，这样一个事件触发就导致了另一模块中过程的调用。

从体系结构上说，这种风格的构件是一些模块，这些模块可以是一些事件的集合。过程可以用通用的方式调用，也可在系统事件中注册一些过程，当发生这些事件时，过程被调用。这种风格的主要特点是事件的触发者并不知道哪些构件会被这些事件影响。这样不能假定构件的处理顺序，甚至不知哪些过程会被调用，因此，许多隐式调用的系统也包含显式调用作为构件交互的补充形式。可见，这种风格需要将一构件加入现存系统中时，只需将它注册到系统的事件中，而且某一构件代替另一构件时，不会影响到其他构件的接口，从而为软件重用提供了强大的支持。

2）层次式系统结构

层次系统组织成一个层次结构，每一层为上层服务，并作为下层客户。在一些层次系统中，除了一些精心挑选的输出函数外，内部的层只对相邻的层可见。这样的系统中构件在一些层实现了虚拟机（在另一些层次系统中层是部分不透明的）。连接器通过决定层间如何交互的协议来定义，拓扑约束包括对相邻层间交互的约束。

这种风格支持基于可增加抽象层的设计。这样允许将一个复杂问题分解成一个增量步骤序列的实现，由于每一层最多只影响两层，同时只要给相邻层提供相同的接口，允许每层用不同的方法实现，同样为软件重用提供了强大的支持。

3）仓库式结构

在仓库风格中，有两种不同的构件：中央数据结构和独立构件。中央数据结构说明当前状态，独立构件在中央数据存储上执行，仓库与外构件间的相互作用在系统中会有大的变化。

控制原则的选取产生两个主要的子类。若输入流中某类事件触发进程执行的选择，则仓库是传统型数据库；另外，若中央数据结构的当前状态触发进程执行的选择，则仓库是黑板系统。

尽管软件体系结构不够成熟，有待于进一步完善、发展，且建立软件体系结构比设计特定的软件系统更为费力，但按照软件体系结构的思想所开发的软件系统，会有更高的稳定性、更易维护，且提供了更为强大的软件重用，利用软件体系结构及其提供的正确工具，软件开发人员不是从零开始设计软件系统，而是扩充并重设计软件体系结构中缺乏的成分，软件设计者们将从现在的工匠跃升为建筑师。

3. 模拟系统的体系结构

模拟系统的体系结构是对模拟系统本身组成结构及各部分相互关系的总体描述。在模拟系统体系结构中，系统分析与设计人员需要对模拟系统的内部结构、组成部分、逻辑关系以及系统与环境或其他系统的交互关系加以说明与定义，并在对仿真实体或过程的结构进行分析的基础上，将其对仿真模拟的需求反映到具体系统结构上。系统各具体组成部分的开发与实现，都应在系统体系结构所描述的总体框架的指导与约束下进行。

对于作战模拟系统来说，系统体系结构应重点解决模拟系统设计与开发过程中的关键问题，主要包括以下几个方面：

（1）系统组成与功能设计。合理划分系统的组成结构，将系统逐层分解为子（分）系统、模块、单元等基本组成部件，分别对它们的功能和性能进行定义，并对系统与组件的边界和约束条件进行界定。

（2）系统交互与接口规范。对系统与外部环境或其他系统之间、系统内部各组成部分之间的交互关系进行分析与定义，确定系统或模块之间的交互内容、交互时机与条件、交互手段与方式等，并形成相应的系统接口标准。

（3）系统运行模式与通信方式。即对模拟系统的运行环境、计算模式、网络通信方式等加以说明。

（4）系统设计标准。通常对系统的基本建模思想与设计方法、设计开发所应遵循的规范、程序和准则提出相应的原则与标准，并用于指导模拟系统的详细设计与开发。

体系结构是设计工程系统的指南，它给出了工程系统设计的模板。分布仿真系统主要用于处理复杂大系统的仿真。由于仿真对象的复杂性，对于分布仿真系统的体系结构有许多要求，因此，其分布式作战模拟系统的通用体系结构应具有以下特性：

① 应用性。尽可能充分支持国防军事各部门的仿真任务。

② 综合性。促进军事部门之间的联系，为各自需求和国防总需求服务。

③ 灵活性。能随时适应新的情况。

④ 开放性。允许使用现在和将来的各种模型和仿真应用，保证各类仿真应用之间都能相互作用。

在外界环境方式变化时，体系结构中构成成分和关系有些可能是不变的，有些则可能要产生很大的变化，析出相对稳定的构成成分与关系，并在相对稳定部分的支持下，对相对变化较多的部分进行重新组织，以满足变化的要求，就能够使得仿真系统对环境的变化具有一定的适应能力，即具有一定的柔性。

随着计算机处理能力的快速发展，系统性能已不再是制约仿真系统设计的主要因素。随着战争问题复杂程度的增加，单纯依靠某个系统已不能满足战争问题研究的需要，因此仿真系统体系结构研究的重点已经转移到如何更好地解决系统之间的互联、互通及互操作问题上来，以保证不同的系统可以为系统共同目标协同工作。同时，仿真体系结构在设计上还应保证各组成部分可以通过重用、重组等方式来适应不同目标和领域的模拟需求，以提高系统的利用效率，降低系统的开发成本。

8.2.2 作战模拟系统体系结构的发展过程

在 20 世纪 70 年代中期，仿真技术的发展和应用主要集中在工程研究和训练领域，在许多新系统的设计和研制过程中，成功地采用了先进的仿真器。随着仿真器的改善，训练领域开始采用，主要途径是对用于研究的仿真器进行改造，典型的例子是民用飞机和军事飞行员的训练。这个时期仿真系统的体系结构是基于单主机的集中式模式，模拟与仿真的运行虽然是由终端与主机共同完成的，但是由于终端本身并不进行主要运算工作，大多数只具备输入、输出功能，因此这类终端又称为哑终端。

到 20 世纪 70 年代后期，传统的单台仿真器只能解决单个成员的训练问题，不能很好地满足协同、分队战术等高级训练任务的需求。随着训练任务要求的不断提高，特别是模拟仿真的规模也日渐庞大，对系统性能要求也越来越高，简单的单平台集中式系统已经无法满足模拟的需要，此时迫切需要将单个模拟训练平台连接起来构成逼真的协同作战仿真环境；另外，国防工业部门在武器系统的研制过程中，为了评估武器装备体系的作战效能，必须将武器装备置于真实对抗的作战环境中进行研究，已经实现的单一武器对抗的仿真或实验无法描述未来武器装备体系对抗的效能，也十分需要开发一种考虑多种武器及多种战术的综合运用、适应未来作战环境下武器群体或体系对抗的仿真手段，使分散在各地的单武器平台仿真系统或仿真实验室能够连在一起组成网络，从而将武器系统和威胁环境连接起来进行综合评价。

为了满足上述网络化需求，在微处理器技术、网络技术和软件技术等各种使能技术的发展推动下，仿真模拟系统从单台独立运行模式向联网交互运行模型发展，仿真系统的体系结构逐渐从集中式、封闭式向分布式、开放式、交互式方向发展，其发展目标是构成可互操作性、可移植性、可伸缩性及强交互性的分布对等协同的仿真体系结构。

分布交互式仿真体系结构正是适应这种需求而发展起来的，以计算机技术、网络技术和虚拟现实等技术为基础，把分散在不同地点、运行于不同计算平台上的各种仿真器通过局域网或广域网联结在一起，构建战争模拟空间，共享一个逼真的虚拟环境（Virtual Environment），使操作人员在其中进行各种复杂的作战演练，解决复杂的作战模拟问题。

自从 1983 年，美国国防部高级研究计划局（DARPA）和美国陆军共同制定的 SIMNET 研究计划启动以来，分布式交互仿真主要走过了以下四个阶段：SIMNET 阶段、DIS 阶段、ALSP 阶段和 1995 年以后的 HLA 阶段，目前正逐渐向基于网格和云计算的仿真方向发展。

1. SIMNET

1978 年，美国的空军上尉 J.A.Thorpe 发表了一篇文章 *Future Views: Aircrew Training 1980—2000*，首次提出了联网仿真的思想，系统地描述了联网仿真技术的功能及要求，希望实现受训人员在分布虚拟战场环境中分辨不出训练系统与真实系统，虽然当时联网仿真所需要的技术还不成熟，但美国国防部接受了此思想。

1983 年，DARPA 和美国陆军共同制定了一项合作研究计划，即 SIMNET（Simulation Networking）研究计划。该计划不是以提高受训人员操作武器系统的熟练性为目的，而是将分散在各地的多个地面车辆（如坦克、装甲车）仿真器连接到网络上，形成一个共享的仿真环境，进行各种复杂任务的训练，演示验证实时联网的人在回路中作战仿真和作战演习的可行性，最终达到降低训练成本，提高训练的安全性及减少对环境的不良影响的目的。到 1990 年 SIMNET 计划结束，DARPA 建成了分布于美国和德国的 11 个基地，包括 260 个 M1A1 坦克和布雷德利等战车的仿真器、指挥控制中心和数据处理设备的综合仿真网络。

SIMNET 是同构型的广域网系统，它第一次实现了作战单元之间的直接对抗，并能在其所提供的虚拟作战环境中进行营以下规模的联合兵种协同训练和战术对抗研究。SIMNET 形成了新的分布仿真概念：将多种仿真应用集成到同一个时空环境中。SIMNET 的很多基本技术原则，后来被广泛地运用到分布式交互仿真中，包括对象/事件体系结构、仿真节点的自治性、仅传递状态变化信息、采用 DR 算法（Dead Reckoning Algorithm）等。SIMNET 计划的成功，使人们看到了发展仿真器联网运行技术的光明前景。

2. DIS

在 SIMNET 技术的基础上，美国军方与工业界总结了 SIMNET 计划实施过程中的经验，共同倡导并着手建立异构型网络互联的分布式交互仿真系统，即 DIS（Distributed Interactive Simulation）。技术它的主要功能是定义一种连接不同地理位置上的不同类型仿真对象的基本框架，为高度交互的仿真活动提供一个逼真、复杂、虚拟的“世界”，其目的是将不同时期的仿真技术、不同厂家的仿真产品和不同用途的仿真平台集成在一起，实现交互功能。

DIS 是 SIMNET 的标准化和扩展，它由一系列的应用协议、通信服务标准、推荐演练策略和相关文档来确保互操作能力。DIS 标准和协议的核心是建立一个通用的数据交换环境，通过协议数据单元（Protocol Data Unit，PDU）的使用，支持三类异地分布实体的仿真和互操作，包括虚拟实体（Virtual Entities，如人在回路的仿真器），真实实体（Live Entities，如操作平台和仪表、测试和评估系统等）和构造实体（Constructive Entities，如军事演习等）。

DIS 技术推出后很快应用于美军各兵种的仿真系统研究和开发中，如美国海军的“作战部队战术训练系统（Battle Force Tactical Training System，BFTT）”、空军的“联合建模与仿真系统（Joint Modeling and Simulation System，JMASS）”以及 STRICOM 的“多兵种战术训练系统（The Combined Army’s Tactical Trainer，CATT）”等。

与以往的仿真技术相比，DIS 支持异构型仿真系统间的交互，并增加了仿真应用的消息过滤机制，其不同之处体现在以下几个方面：

（1）在体系结构上，由过去的集中式、封闭式发展到分布式、开放式和交互式，构成可互操作、可移植、可伸缩及强交互的协同仿真体系结构。

（2）在功能上，由原来的单个武器平台的性能仿真，发展到复杂环境下，以多武器平台为基础的体系与体系对抗仿真。

（3）在手段上，从单一的构造仿真、真实仿真和虚拟仿真，发展成集上述多种仿真为一体的综合仿真系统。

（4）从效果上，由只能从系统外部观察仿真的结果或直接参与实际物理系统的测试，发展到能参与到系统中，与系统进行交互作用，并可得到身临其境的感受。

DIS 是计算机技术的进步与仿真需求不断发展的结果，其特点主要表现为分布性、交互性、异构性、时空一致性和开放性。在分布交互仿真系统中，各个仿真节点在地理位置上是分布的，在功能和计算能力上同样也是分布的，既可联网交互运行，也可独立运行各自的仿真功能，而且不同硬件和操作系统的节点可以并存于一个环境中。在仿真运行过程中，一方面人可以与虚拟实体、计算机生成的构造实体和实际存在的现实实体进行交互；另一方面各个实体之间具有交互能力。另外，分布交互仿真系统必须保证仿真系统中的时间和空间与现实世界中的时间、空间保持一致，这样才能使通过计算机生成的综合仿真环境具有真实感，具有较高的可信度。分布交互仿真系统是一个开放的体系结构，各节点可以任意地、方便地加入或离开系统，这种动态变化并不影响整个系统的正常运行。

3. ALSP

在 DIS 发展的同时，DARPA 在德国的战士预修中心（WPC）倡导并发起了一个初步的使用聚合级作战仿真的分布式作战模拟实验。在演习中，强调使用了异构的作战仿真的联合演习。随后，DARPA 委托 MITRE 公司对实验进行分析研究，以实现其方法的普及和系统化。MITRE 公司通过对两类现存范例（ACE89 实验和 SIMNET 计划）的考察，提出了聚合级仿真协议（Aggregate Level Simulation Protocol，ALSP）技术。

ALSP 的概念是通过对作战模拟经验的分析和对现有作战仿真的实验而发展起来的，它是一项允许多个现存的作战仿真在局域网或广域网上相互交互的计划。在概念上，每个仿真控制其自身对象，并且共享有关其自身与其他仿真的信息。为促进该协议的使用并完善仿真联盟的登录与退出控制，MITRE 研制了相关的 ALSP 系统软件。1992 年，ALSP 被应用于美军的“中心堡垒 92”“回师德国 92”和“聚焦镜头 92”三次主要军事演习中。

ALSP 吸取了 SIMNET 技术中的一些技术原则，如没有中心节点、地理分布、自主属性和基于消息的协议等。同时发展了系列聚合级仿真所需的技术，包括时间管理、数据管理和体系结构等。ALSP 的实现是通过一个协议，进行信息共享及仿真间交互。

ALSP 是对 DIS 的进一步扩展，它允许多个独立存在的战斗仿真应用（Wargame Simulation）通过局部或广域网进行交互作用，因而，陆、海、空三军的仿真应用可以在一起构成一个联合仿真模型以支持大型的军事演习。所谓战斗仿真应用通常是指构造型的或聚集级的仿真，因为他们是以营级单位为构件在更高、更聚集一级的层次上建模。在 ALSP 与 DIS 中进行训练仿真的一个关键不同是 ALSP 联邦运行过程中严格服从因果关系，即仿真事件必须以时间戳的顺序加以处理，而 DIS 则以接收到的次序处理消息。ALSP 使用 Chandy/Misra/Bryant 型消息协议以对分布的仿真应用进行同步，DIS 使用的是 UDP 协议，UDP 协议以消息传递的不可靠为代价换取较低的消息延迟。

但是，值得注意的是，ALSP 的应用范围远没有 DIS 广泛，ALSP 主要是针对离散事件和逻辑时间的仿真系统。其应用局限于军事演习领域的构造仿真，不能实现与其他两类仿真（实物仿真和虚拟仿真）之间的互操作，尤其是当 ALSP 系统与实时、连续、平台级的 DIS 系统中的实体交互时，其聚合级的部队实体需要解聚成为单独的实体，在实时仿真时钟下实现与 DIS 系统中实体的交互作用，在完成交互之后，在适当的时刻需要重新聚合成部队级的实体，在非实时仿真时钟下运行，实现这一过程在目前的 ALSP 体系结构和技术条件下是比较困难的，因此，ALSP 的体系结构在系统性和完备性方面还需要进一步的发展和深入研究。

4. HLA

分布交互仿真技术发展的内在动力是围绕解决建模与仿真（Modeling & Simulation，

M&S）中的互操作性和可重用性问题。而 SIMNET、DIS、ALSP 都是同类功能仿真应用（武器平台、模拟仿真器、计算机生成兵力 CGF、聚合级仿真模型）的互联，只有有限的互操作性，不能满足越来越复杂的作战仿真需求。美国国防部充分认识到了当前建模和仿真的能力和状况，在吸收和继承 DIS 和 ALSP 协议的有益思想基础上，制定了一系列目标，其中，使仿真系统之间及其 C^4I 系统之间的互操作和建模与仿真资源重用的目标直接导致了 HLA 的制定。

1995 年 10 月，美国国防部发布了建模与仿真主计划（M&S Master Plan， MSMP），提出了建模与仿真的 6 个目标，其中目标（1）~（4）是为了建立可重用的仿真资源，目标（5）和目标（6）是保证这些资源确实能为用户所使用。这 6 个目标分别是：

（1）为建模与仿真提供共同的技术框架。

（2）提供自然环境的及时、权威的描述。

（3）建立系统的权威描述。

（4）人的行为的权威描述。

（5）提供建模与仿真的基础设施，以满足开发者和最终用户的需要。

（6）推广建模与仿真，共享建模与仿真效益。

可以看出，MSMP 的首要目标就是在美国国防部范围内开发一个建模与仿真的公用技术框架，该技术框架由三部分组成，包括：

（1）建立一个通用的高层次仿真体系结构（High Level Architecture，HLA），以利于各类仿真系统之间以及仿真系统与 C^4I 系统之间的互操作性，并促进建模与仿真部件的重用。

（2）开发基础任务空间概念模型（Conceptual Models of the Mission Space，CMMS），为建立相容而权威性的建模与仿真表达提供一个共同的起点，以利于仿真部件的互操作性和重用。

（3）制定数据标准（Data Standards，DS），为建模和仿真提供公共的数据表示方法。

作为 MSMP 计划的核心，HLA 在 1996 年 8 月完成基础定义，随后为北约各国采纳，并于 2000 年 9 月被 IEEE 接受为标准。美国国防部规定 2001 年后所有国防部门的仿真必须与 HLA 相容。HLA 的定义包括三个部分。

（1）框架与规则集（Framework and Rules）：IEEE 1516。

（2）联邦接口规范（Federate Interface Specification）：IEEE 1516.1。

（3）对象模型模板（Object Model Template，OMT）：IEEE P1516.2。

HLA 三个组成部分的关系是：HLA 规则给出了仿真系统纳入 HLA 体系所必须遵循的规则（共 10 条），目的是保证仿真运行时仿真应用间可以互操作；运行支撑结构 RTI 为多种类型的仿真之间的交互提供通用服务，包括六大类服务：联邦管理、对象管理。声明管理、所有权管理、事件管理以及数据分发管理。对象模型模板 OMT 对仿真中的对象，对象属性及对象间信息交换的格式和内容进行定义的标准化描述，保证建模与仿真部件的可重用性。三者相互作用，紧密联系，这三部分中任何一部分的改动都会影响其他两部分的改变。

HLA 是一个开放的、支持面向对象的体系结构。它采用面向对象的方法学来分析系统，建立不同层次和粒度的对象模型，从而促进了仿真系统和仿真部件的重用。RTI 是 HLA 体系结构的运行支撑系统，它将应用层同其底层支撑环境功能分离开，即将具体的仿真功能实现、仿真运行管理和底层传输三者分离开来，可以使各部分相对独立开发，尽可能地利用各个不同领域的最先进的技术，同时可方便地集成和管理新的仿真系统。RTI 提供联邦管理、声明管理、对象管理、所有权管理、时间管理和数据分布管理六种服务。与 DIS 相比，HLA 具有如下显著特点：①HLA 将支持多种类型的仿真间的交互；②HLA 采用了客户/服务器（Client/Server）的技术和概念，而不像 DIS 中只简单采用了点对点的广播方式；③HLA 采用 FOM/SOM 技术和方法描述对象属性与对象间的交互作用，便于模型的建立、修改、生成与管理和仿真资源的再利用；④RTI 中提供了声明管理服务，减少了冗余信息的特输，从而大大提高了信息传输的有效性，减小了处理器的处理负担，为构成大规模的分布交互仿真提供了可能。

总体说来，DIS 主要针对平台级仿真互联而提出的体系结构，ALSP 则为聚合级仿真模型互联的体系结构，而 HLA 是从分布交互仿真技术和聚合级仿真协议技术发展而来的通用的仿真体系结构，三者的综合比较如表 8-1 所列。

表 8-1　DIS、ALSP 和 HLA 的综合比较

DIS	ALSP	HLA
平台级建模（以连续系统为主）	聚合级建模（以离散事件系统为主）	平台级和聚合级建模（包括连续系统和离散事件系统）
虚拟仿真 / 实况仿真	构造仿真	虚拟仿真/构造仿真 / 实况仿真
广播式通信/点对点通信	广播式通信	一点对多点通信
数据通信 PDU 规范（IEEE 1278-1）	规定联邦的数据交换，在接口控制文件中说明，但没有标准格式	在 SOM 和 FOM 中定义数据通信格式
网络接口按照 IEEE 1278-2 标准	由 AIS（ALSP Infrastructure Software）提供网络接口	由 RTI（Run-Time Infrastructure）提供网络接口
实时仿真	守恒的时间管理模式	多种时间的管理服务

HLA 在某种程度上克服了 DIS 灵活性和可扩性方面的局限性，是一种更开放的体系结构，可以容纳包括政府部门、工业部门以及国防部门在内的几乎所有类型的仿真应用。由于 HLA 体系结构的开发与一系列标准的制定同步进行，使得符合 HLA 规范的建模与仿真具有更好的互操作性和可重用性，从而减少了模型的重复性开发，提高了模型利用率，同时也缩短了后续仿真项目的开发时间。

8.2.3　分布式交互仿真（DIS）

1. DIS 中的基本概念

在谈论 DIS 的时候，以下几个概念是经常遇到的：仿真实体（Simulation Entity）、仿真节点（Simulation Node）、仿真应用（Simulation Application）、仿真管理计算机（Simulation Manager）、仿真演练（Simulation Exercise）和仿真主机（Simulation Host）。图 8-4 表明了以上各概念的含义及它们之间的关系。

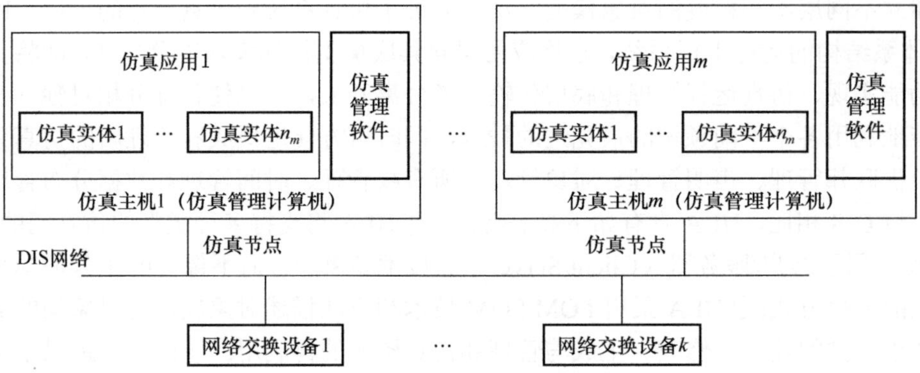

图 8-4　DIS 中的几个基本概念及其相互关系

（1）在一个 DIS 网络中，包含多个仿真节点。每个仿真节点通常是一台仿真主机。很多情况下，仿真节点和仿真主机并不严格区分，均指参与仿真演练的计算机。

（2）每一台仿真主机中都驻留有一个仿真应用。仿真应用包括软件和与真实设备之间的计算机硬件接口。

（3）一个或多个互相交互的仿真应用构成一个仿真演练。参与同一仿真演练的仿真应用共享同一个演练标识符。

（4）每一个仿真应用负责维护一个或多个仿真实体的状态。仿真实体是仿真环境中的一个单位。

（5）当仿真主机中驻留有仿真管理软件时，该主机就成为一台仿真管理计算机，仿真管理计算机负责完成局部或全局的仿真管理功能。

2. DIS 的组成与逻辑结构

从 DIS 系统的物理构成来看，它是由仿真节点和计算机网络组成的，仿真节点除了负责本节点的动力学和运动学模型解算、视景生成、声音产生、网络信息接收与发送、人机交互等仿真功能外，还要负责维持网络上其他实体的状态信息。计算机网络可包括局域网、广域网、网桥（Bridge）、路由器（Router）、网关（Gateway）。

按 DIS 系统中实体所扮演的角色来分，DIS 系统由红、蓝、白三方组成。红方和蓝方为对抗的双方，白方为管理方，负责整个 DIS 系统从演练前的规划准备，到演练的初始化，到运行阶段的管理与监控，直至最后的分析与重演。一个典型的 DIS 系统网络构型如图 8-5 所示。它由两个局域网组成，LAN 之间通过过滤器/路由器相连。每个局域网除了仿真应用和计算机生成兵力（CGF）之外，还包括二维态势显示、三维场景显示和数据记录器。其中，演练管理负责整个演练过程的仿真管理，称为白方。

在逻辑上，DIS 采用的是一种网状的结构，如图 8-6 所示。其中每一个仿真节点都将本节点的实体数据发往网络中其他所有的仿真应用，同时又接收其他仿真应用的信息。按照 DIS 的原则，由接收方来决定所收到的信息是否对本节点有用，如果是无用信息，就将其放弃。DIS 的这种网状逻辑结构从网络管理的角度来说是比较容易实现的。通过规范异构的仿真节点间信息交换的格式、内容及通信规则。DIS 实现了分布的仿真系统间的互操作，构成一个综合仿真环境。

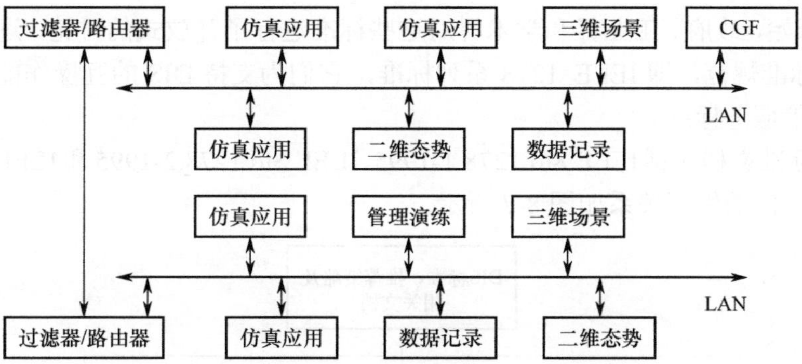

图 8-5　典型的 DIS 系统网络构型

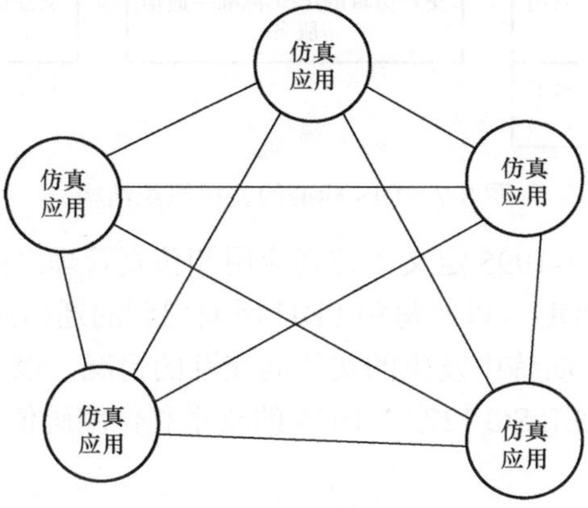

图 8-6　DIS 逻辑拓扑结构

总的说来，DIS 体系结构的特点可概括为以下几个方面：

（1）自治的仿真应用负责维护一个或多个仿真实体的状态。

（2）用标准 PDU 传送数据。

（3）仿真应用负责发送仿真实体的状态和交互信息。

（4）由接收仿真应用来感知事件或其他实体的存在。

（5）用 DR 算法来减少网络中的通信负荷。

值得注意的是，这种建立在数据交换标准之上的体系结构毕竟是一种低层次的随意的体系结构，这种体系结构对于处理具有复杂的逻辑层次关系的系统是不完备的。由于自治的仿真节点之间是对等的关系，所以每个仿真节点不仅要完成自身的仿真功能，还要完成信息的发送、接收、理解等处理。不同的仿真节点间的逻辑和功能的层次关系只是通过在 PDU 中增加某些信息来实现。而对于实体间的逻辑关系的确定，是由接收节点完成的，即接收节点在收到数据后，需判断是否与自身需要有关，然后进行相应的处理。这种方式不但增加了许多不必要的网络传输量，而且增加了仿真节点的负担。由于这种逻辑结构不能很好地解决地理分布、计算分布与系统内部逻辑层次表示之间的综合与协调，也增加了分布交互仿真系统设计和实现的复杂性。

3. DIS 的标准规范

为了能使 DIS 有效地利用当前已有的和今后由不同单位开发的仿真程序，必须建立一种确保异构仿真程序之间互操作的方法，并将这些方法以工业标准的形式进行规范。

从 1989 年开始，政府、工业界和学术界对这些标准进行了开放式的讨论，逐渐形成了若干个 IEEE 标准规范，即 IEEE 1278 系列标准，它们为支持 DIS 的互操作能力提供了应用协议和通信服务标准。

DIS 的标准文档包括 IEEE Std 1278.1-1995、IEEE Std 1278.2-1995 和 IEEE P1278.3 三部分，它们之间的组织关系如图 8-7 所示。

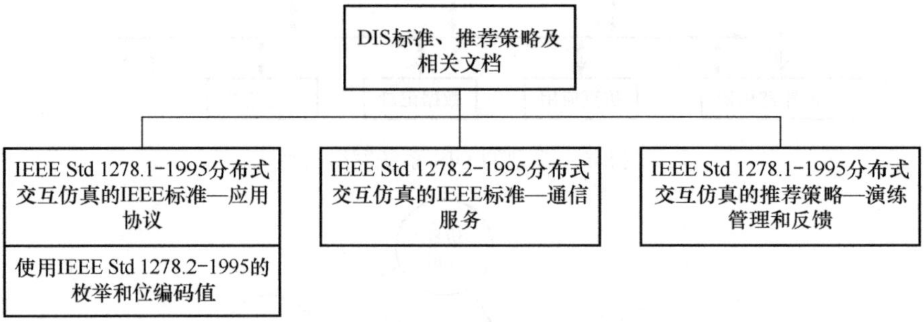

图 8-7　DIS 标准的文档组织结构

其中，IEEE Std 1278.1-1995 定义了仿真应用和仿真管理之间交换数据消息的格式和语义，即协议数据单元 PDU，以及每种 PDU 所要用到的通信服务。PDU 提供的信息包括仿真实体的状态、DIS 演练中发生的实体间交互的情况，以及管理和控制演练的数据等。另外，附加的《使用 IEEE Std 1278.1-1995 的枚举和位编码值》是 IEEE Std 1278.1-1995 所需要的非 IEEE 文档。

IEEE Std 1278.2-1995 定义了支持 IEEE Std 1278.1-1995 中所描述的消息交换所需要的通信服务，并提供了几个适应指定通信需求的通信框架。IEEE Std 1278.2-1995 和 IEEE Std 1278.1-1995 共同规范了 DIS 演练的信息交换。

IEEE P1278.3 为 DIS 演练的建立、管理和适当的反馈提供了指导准则，该文档与上述两个文档共同配合使用。

这一系列标准和推荐策略的相互配合使用有助于确保一个可互操作的 DIS 仿真环境的正常运作。

4. 协议数据单元（PDU）

PDU 是 DIS 仿真应用之间进行互操作的基础，在 DIS 中定义了标准的 PDU 格式，各个主机通过发送和接收各种 PDU 进行交互，并由接收方决定对其他实体和事件的处理。

DIS 应用协议提供了各种基本的数据结构，可以方便地根据用户需求扩充和定义新 PDU，正因为如此，DIS PDU 个数也随着应用协议版本的演化而不断增加，从 IEEE 1278-1993 中定义的 10 个 PDU，到 IEEE 1278.1-1995 中定义的 27 个 PDU，到 2.1.4 版本中 50 多个 PDU。

通常，PDU 由 PDU 头和数据两部分组成，PDU 头中包含的内容（字段）有：

（1）协议版本：说明 PDU 所遵从的 DIS 协议的版本，8 位枚举值。

（2）演练 ID：每一个 DIS 演练都通过一个目前网络上未被使用的演练标识号与其他演练区分开来，8 位无符号整数。

（3）PDU 类型：标志 PDU 的类型，8 位枚举值。

（4）协议族：标志 PDU 所属的协议类，8 为枚举值。

（5）时间戳：说明 PDU 中数据开始有效的时间，32 位无符号整数。

（6）长度：说明 PDU 的总长度，单位为字节，16 位无符号整数。

（7）填充：无意义不使用，16 位。

PDU 头之后紧接着就是 PDU 数据，其内容是用来描述 PDU 所表达的信息的参数或属性。同 PDU 头类似，这些参数和属性在数据报中被划分为各个字段，各字段的意义、长度、类型和顺序是同 PDU 的类型相对应的。一个典型的 PDU 结构如图 8-8 所示，它描述了一个实体属性。

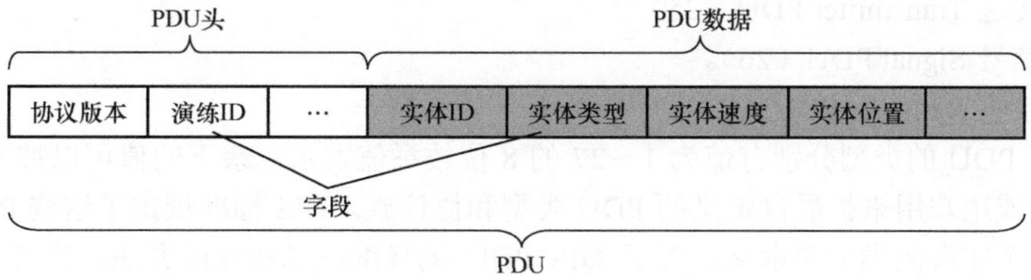

图 8-8　PDU 结构示意

IEEE 1278.1-1995 标准中定义了 DIS 演练中实体间进行信息交互的 27 个 PDU，主要分为 6 个协议系列。

（1）实体信息和实体交互 PDU。

① 实体状态 Entity State PDU（1）。

② 碰撞 Collision PDU（4）。

（2）作战 PDU：

① 射击 Fire PDU（2）。

② 爆炸 Detonation PDU（3）。

（3）后勤 PDU：

① 服务请求 Service Request PDU（5）。

② 再供给 Resupply Offer PDU（6）。

③ 收到再供给 Resupply Received PDU（7）。

④ 取消再供给 Resupply Cancel PDU（8）。

⑤ 完成修理 Repair Complete PDU（9）。

⑥ 修理应答 Repair Response PDU（10）。

（4）仿真管理 PDU：

① 创建实体 Create Entity PDU（11）。

② 删除实体 Remove Entity PDU（12）。

③ 开始、继续 Start/Resume PDU（13）。

④ 停止、暂停 Stop/Freeze PDU（14）。

⑤ 应答 Acknowledge PDU（15）。

⑥ 活动请求 Action Request PDU（16）。

⑦ 活动响应 Action Response PDU（17）。

⑧ 数据查询 Data Query PDU（18）。

⑨ 设定数据 Set Data PDU（19）。

⑩ 数据 Data PDU（20）。

⑪ 事件报告 Event Report PDU（21）。

⑫ 注释 Comment PDU（22）。

（5）分布式发射重构 PDU：

① 电磁发射 Electromagnetic Emission PDU（23）。

② 任命 Designator PDU（24）。

（6）无线电通信 PDU：

① 传送 Transmitter PDU（25）。

② 信号 Signal PDU（26）。

③ 接收 Receiver PDU（27）。

这些 PDU 的类型分别有值为 1～27 的 8 位枚举值表示，余下的值可以被 DIS 软件的开发者或用户用来扩展自定义的 PDU 类型和协议族。DIS 标准规定了这些 PDU 的数据部分各个字段的类型和意义。关于 DIS PDU 的详细信息和使用方法，读者可以参阅 IEEE 1278.1-1995 的相关文档。

8.2.4 高层体系结构（HLA）

20 世纪 90 年代中后期，面向对象和网络通信等和仿真紧密相关的基础技术逐渐成熟，人们在发现分布式交互仿真系统的 DIS 体系结构存在较为粗糙的缺点的同时，逐渐意识到在仿真系统之间实现互操作性和可重用性的重大意义。在此背景需求下，负责军事领域仿真的美国国防部建模与仿真办公室（Defense Modeling and Simulation Office，DMSO）于 1995 年 10 月提出了一套通用的建模和仿真技术框架 HLA，其目的是便于更广泛地进行各种仿真应用之间及其与 C^4I 系统之间的互操作，便于仿真系统和仿真部件的重用。

HLA 的核心思想是互操作和重用，采用 HLA 的技术体制，可以将单个仿真应用连接起来，组成一个大型的虚拟世界，在这个虚拟世界中可以进行大规模的多对多、部队对部队的战术、战略原则研究和演练仿真；可提供多武器系统的体系攻防对抗仿真和武器性能评估仿真；还可进行不同粒度、不同聚合度的对抗仿真和人员训练仿真。同 DIS 相比，HLA 在解决异构、分布、协同的仿真模型和仿真系统的互操作与可重用方面取得了重大进展，还解决了仿真系统的灵活性和可扩充性问题，减少了网络冗余数据，并且可以将多种时间管理机制的真实仿真、虚拟仿真和构造仿真集成到一个综合的仿真环境中，以满足复杂大系统的仿真需要。

1. HLA 中的基本概念

在 HLA 中，将用于达到某一特定仿真目的分布仿真系统称为联邦（Federation），它由若干个相互作用的联邦成员（Federate，或简称成员）构成。联邦成员由若干个相互作用的对象构成，对象是联邦的基本元素，这组对象被选择来构成联邦成员是为了完成联邦运行的某一功能。最主要的一种联邦成员是仿真应用（Simulation），仿真应用使用实体的模型来产生联邦中某一实体的动态行为。其他类型的联邦成员则有联邦管理器、数据收集器、隐形观察器等。实际上，联邦成员是一类在粒度上比对象更大的可重用单元。在 HLA 的规范中，不考虑如何由对象构建成员，而是在假设已有成员的情况下，考虑如何构建联邦。联邦也可以作为一个成员加入到更大的联邦中。图 8-9 展示了 HLA 仿真系统的层次结构。

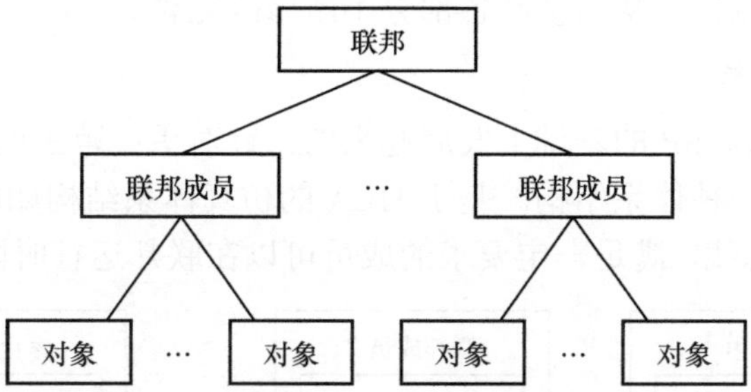

图 8-9　HLA 仿真系统的层次结构

在上述层次结构下，HLA 仿真系统中的基本概念定义如下：

（1）联邦：由若干互相交互的联邦成员、一个共同的 FOM 以及 RTI 构成的集合，作为一个整体用于达到某一特定的仿真目的。

（2）联邦成员：参与联邦的所有应用都称为联邦成员，简称成员。

（3）仿真应用：使用模型来获得实体动态行为的一种联邦成员。

（4）对象：构成成员的基本元素，用于描述真实世界的实体，其粒度和抽象程度适合于描述成员间的互操作。在任一个给定时间，对象的状态定义为其所有属性值的集合。

（5）对象模型：用来表达客观世界的一组对象的集合，它描述了各对象的属性、对象间的联系和交互。

（6）类：一组具有同样性质、行为、公共关系和语义的对象的集合。

（7）运行支持环境 RTI（Run-Time Infrastructure）：一种通用的分布操作系统软件，用于集成各种分布的联邦成员，在联邦运行时提供具有标准接口的服务。

（8）所有权：一个联邦成员拥有一个属性的所有权指该成员有责任在联邦运行时更新和提供该属性的值。

（9）互操作：一个联邦成员能向其他成员提供服务和接受其他成员的服务。

2. HLA 的发展历程

纵观 HLA 标准的发展过程，它大致经历了以下四个阶段：

（1）初始定义阶段（1994 年 6 月—1995 年 3 月）。主要形成了关于 HLA 的初始定义，并在 1995 年 3 月正式发布。

（2）基本开发阶段（1995 年 3 月—1996 年 9 月）。主要完成了 HLA 原型系统开发，美国国防部于 1996 年 9 月正式采纳 HLA。

（3）技术发展阶段（1996 年 9 月—1998 年 9 月）。为加强标准规范的稳定性并使其符合工业标准，美国国防建模与仿真办公室先后开发和公布了一系列免费的支撑软件如 RTI、对象模板开发工具（OMDT）等，创建和开展了 HLA 的服务支持，包括联邦成员适应性测试等。

（4）完善标准和全面实施（1998 年 9 月—）。2001 年 5 月，HLA 被正式接纳为 IEEE 标准，其中，IEEE 1516 针对 HLA 结构和规则，IEEE 1516.1 针对 HLA 的接口规范，IEEE 1516.2 针对 OMT。DMSO 已将工作重点从技术开发转向全面实施。美国国防建模与仿真办公室将工作重点从技术开发转向全面实施。

在 HLA 标准的制定过程中，为验证其可行性、合理性，先后经过一系列 HLA 原型系统的开发、运行及测试，从而使其各部分不断修改完善。

3. HLA 的系统结构

HLA 是在 DIS、ALSP 的基础上发展起来的，针对更广范围的复杂系统，采用集成方式建立仿真系统的一种体系结构。基于 HLA 的仿真体系结构如图 8-10 所示。在这种结构中，RTI 犹如软总线，满足一定要求的成员可以在联邦运行时随时插入到软总线上。

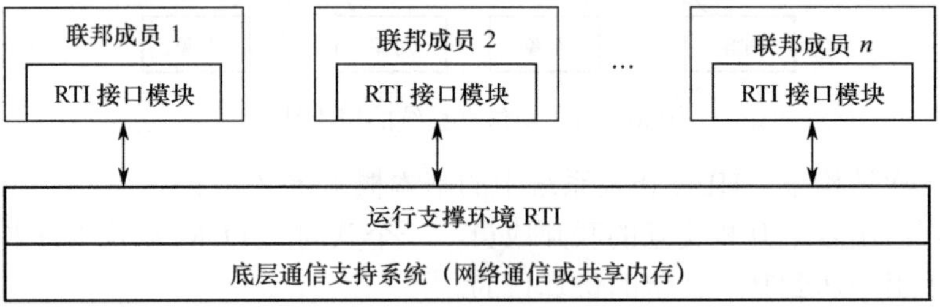

图 8-10　基于 HLA 的仿真体系结构

在 HLA 的体系框架下，联邦成员通过 RTI 构成一个开放性的分布式仿真系统，整个系统具有可扩充性，其中，联邦成员可以是真实实体仿真系统、构造或虚拟仿真系统以及一些辅助性的仿真应用（如联邦运行管理控制器、数据收集器等）。在联邦的运行阶段，这些成员之间的数据交换必须通过 RTI。

HLA 采用对称的体系结构。所谓对称的体系结构是指在整个仿真系统中，所有的应用程序都是通过一个标准的接口形式进行交互作用。共享服务和资源是实现互操作的基础。HLA 正式将仿真应用程序的开发、执行与相应的支撑环境分离开，这样使得仿真设计人员可以将重点放在仿真模型及交互模型的设计上，以及在模型中描述对象间所要完成的交互动作和所需交换的数据，而不用花精力考虑程序之间交互和数据交换是如何完成的；另外，RTI 为联邦中的仿真提供一系列标准的接口 API 服务，满足仿真所要求的数据交换和交互动作的完成，同时还要负责协调各个方面各个层次上的信息流的交互，使联邦能够协调执行。联邦成员在对象模型中声明它希望发送和接收的信息，RTI 负责将信息按声明的要求传输到相应的成员，并完成相关的网络操作，从而实现将变化的信息传输到需要的地方，这样可以大量减少网络负载，而不像 DIS 那样采用广播的方式将所有信息传输到所有节点。

在 HLA 的体系结构下，由于 RTI 提供了较为通用的标准软件支撑服务，具有相对独立的功能，可以保证在联邦内部实现成员及部件的即插即用（Plug and Play），针对不同的用户需求和不同的目的，可以实现联邦快速、灵活的组合和重配置，保证了联邦范围的互操作和重用。此外，仿真同其支撑环境分离，通过提供标准的接口服务，隐蔽了各自的实现细节，可以使这两部分相对独立地开发，并且可以最大程度地利用各自领域的最新技术来实现标准的功能和服务，而不会相互干扰。这就使分布交互仿真的发展与计算机技术、网络技术和仿真技术的发展保持同步。

HLA 的体系结构特点可概括如下：

（1）仿真应用之间不直接通信，所有网络通信功能集中由 RTI 实现。

（2）仿真应用向 RTI 发出某种接口服务的功能调用，RTI 根据各个仿真应用的需求，调度系统中的数据分布。

（3）RTI 先判断服务请求所要求的通信机制，最后按照所要求的通信机制与相应的仿真应用通信。

可以说，HLA 是一个可重用的用于建立基于分布式仿真部件的软件构架，它支持由不同仿真部件组成的复杂仿真。HLA 本身并不是软件应用，而是一个构架和功能集，以帮助设计和运行仿真应用。HLA 的提出，主要是解决计算机仿真领域里的软件可重用性和互操作性问题，以使得仿真软件的开发应用进入标准化、规范化阶段，而这与当前计算机软件领域强调的开放化、标准化的总体趋势是一致的。

4. 对象模型模版

可重用性和互操作性要求一个成员管理的所有对象和交互必须对外部是可见的，这就需要对这些对象和交互的描述按照一个统一的格式。对象模型模板（Object Model Template，OMT）就是 HLA 中一组用来描述对象模型的通用模板，通过 OMT，可以做到以下几点：

（1）提供一个通用的、易于理解的机制，用来说明联邦成员之间的数据交换和运行期间的协作。

（2）提供一个标准的机制，用来描述一个潜在的、联邦成员所具备的与外界进行数据交互及协作的能力。

（3）有利于促进通用对象模型开发工具的设计和应用。

HLA 在 OMT 中定义了三类对象模型，一类是用来描述联邦中的各个成员，即单个HLA 成员对象模型（Simulation Object Model，SOM）；另一类是用来描述一个联邦中相互之间存在信息交换特性的那些成员，即 HLA 的联邦对象模型（Federation Object Model，FOM）。无论是描述 SOM 还是 FOM，OMT 的主要目的是便于仿真系统的互操作和仿真部件的重用。另外，OMT 还包括管理对象模型（Management Object Model，MOM）。

每一个联邦都有其 FOM，包括一些可共享的信息，如对象和交互。每一个联邦成员都有其 SOM，它描述了一个联邦成员的重要特征，提供了能供外部使用的对象和交互，其重点是在联邦成员内部的操作。MOM 是全局定义的，它提供了管理一个联邦所需的对象和交互。HLA 将数据和构架独立开来，这样，由 OMT 定义的对象和交互无须修改，就能集成到 HLA 应用中。

OMT 以表的形式来描述 HLA 对象模型。各种类型的对象及其属性和交互的详细信息都反映在逻辑表中。OMT 所包括的 9 类表结构如下：

（1）对象模型鉴别表。提供联邦或联邦成员的主要的标识信息，包括对象名称、版本号、创建日期、目的、应用域等信息。

（2）对象类结构表。包含了关于对象的子类的层次信息，每个对象类根据其可发布和可利用能力加以分类，可分布性是指联邦成员可以利用对象发布服务公布特定的对象类，可利用性是指联邦成员能对特定类中的对象进行使用和反馈。

（3）交互类结构表。交互是指在一个联邦成员中的一个或一组对象所产生的行为，并有可能影响到不同联邦成员中的对象，这些交互都定义在交互类结构表中。

（4）属性表。在仿真域中的对象的每一个类都有固定的属性集，其中一部分属性反馈它们的状态，其值可随着时间推移而变化（如飞行速度），HLA 对象类的属性值的更新情况可以通过 RTI 公布出去，这样联邦中的其他联邦成员就可以得到这些值了，OMT 将这些属性值写在属性表中。

（5）参数表。对于每一个在交互类结构表中标识的交互类，其完整的参数集写在参数表上，参数表项包括相应的交互类的参数名、数据类型、优先级、精确度等。

（6）枚举类型数据表。用来对出现在属性表和参数表中的枚举数据类型进行说明。

（7）复杂类型数据表。用来对出现在属性表和参数表中的复杂数据类型进行说明。

（8）路由空间表。在联邦中，使用声明管理（DM）服务来控制对象属性和交互在联邦间的流动，某些时候，数据分布服务（DDM）服务需要减少联邦间分发的数据量。于是，需要为联邦数据分发模型建立一个通用的框架结构，路由空间是 DDM 控制数据分布的基本单位，路由空间表记录了这些路由空间。

（9）联邦对象模型（FOM）/成员对象模型（SOM）数据词典。包含了理解 OMT 表中各数据项所必需的语义信息，数据词典包括表中对象类、交互类、属性和参数的定义。

上述表格是 OMT 的核心，为了加强对数据类型规范化的描述，在之后的版本中又添加了许多新的表格。OMT 规范说明要求联邦和单个的仿真（联邦成员）都应使用这些表结构，但根据不同的情况，允许某些表为空。所有的 HLA 对象模型必须至少包含一个对象类或交互类。

5. 运行支撑环境

运行支撑环境（Run-Time Infrastructure，RTI）按照 HLA 的接口规范标准进行开发，提供了一系列用于仿真互联的服务，RTI 是 HLA 仿真系统进行分层管理控制、实现分布仿真可扩充性的支撑基础，HLA 要求所有的联邦成员按照 HLA 的接口规范说明所要求的方式同 RTI 进行数据交换，实现成员间的交互作用。

1）RTI 的基础服务

RTI 作为联邦执行的核心，其功能类似于某种特殊目的的分布操作系统，为联邦成员提供运行时所需的服务。根据 HLA 接口规范 1.3 规定，RTI 提供包括六大管理服务及其支持服务在内的共计 130 个接口服务，以 API 接口函数形式提供给成员开发。这些基本服务的类型和功能如表 8-2 所列。

表 8-2 HLA 接口规范 1.3 中定义的基本服务及其接口情况表

	名称	服务数	功能
六大管理服务	联邦管理	20	提供创建、删除、加入、退出和控制联邦运行及保存状态
	声明管理	12	用于公布、订购属性/交互，支持仿真交互控制的功能
	对象管理	17	包括对象提供方的实例注册和更新，对象用户方的实例发现和反射，同时包括手法交互信息的方法、基于用户要求控制实例更新和其他各方面的支持功能
	所有权管理	16	提供属性所有权和对象所有权的迁移和接受的服务
	时间管理	23	提供 HLA 的时间管理策略和时间推进机制
	数据分发管理	13	通过对路径空间和区域的管理，提供数据分发的服务，使成员能有效地接收和发送数据
	其他支持服务	19	是对实现六大基本服务的支持，可完成联邦执行过程中关于名称及其对应 handle 之间的相互转换，并可设置一些开关量

基于上述基础服务，RTI 的内部逻辑结构如图 8-11 所示。

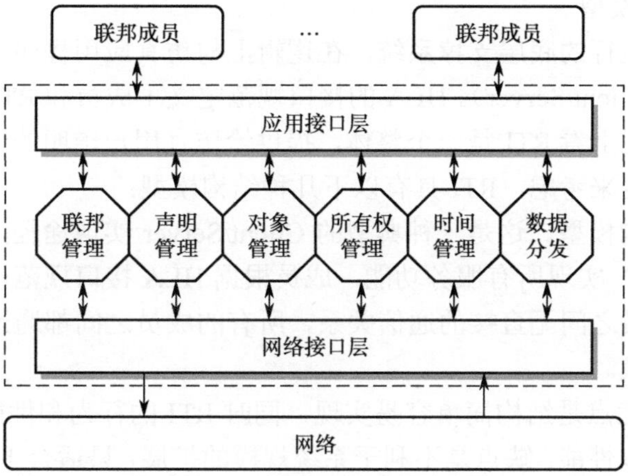

图 8-11　RTI 内部逻辑结构示意图

根据调用关系，基础的 RTI 软件被分为两部分，如图 8-12 所示。一部分被包装成 RTIAmb 类，它定义和实现了成员所需的与 RTI 通信的接口，由联邦成员主动调用；另一部分被包装成 FedAmb 类，它定义和实现 RTI 所需的与成员通信的接口，由 RTI 回调使用，然后根据具体的联邦仿真应用开发，完成相应功能。

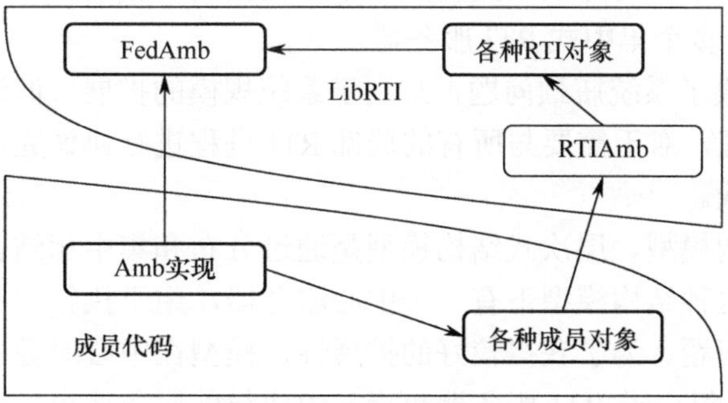

图 8-12　RTI 软件的组成

除了上述基本的 RTI 服务，RTI 基础软件还需要包括以下几部分内容：

（1）联邦执行（FedExec）：是用于管理联邦的进程。它控制联邦成员加入或离开联邦，并协调加入进来的联邦成员的数据交换。每一个运行的联邦必须建立一个联邦执行进程，它是由第一个加入联邦的联邦成员创建的。联邦执行对每一个加入联邦的联邦成员分配一个唯一的句柄，以便联邦成员之间进行数据交换。

（2）RTI 执行（RTIExec）：管理多个联邦执行的创建和终止，保证每个联邦执行具有唯一的标识。它是运行在一个平台上的全局进程，占用一个公开的端口号，接受来自该端口的各种请求。

（3）RTI 运行库（LibRTI）：使 HLA 的各种服务能被联邦成员所使用，提供了同 RTI 执行、联邦执行和其他联邦成员进行通信的手段。这个运行库用 C++写成，可被 C++、Java、CORBA IDL、ADA 程序语言来调用。

此外，还需要联邦执行数据文件（FED 文件）和 RTI 数据文件，分别包括了建立联邦执行和 RTI 所需的初始化数据。

2）RTI 的结构模型

RTI 作为联邦运行的底层支撑系统，在逻辑上与仿真应用程序（成员）构成典型的客户/服务器模式（Client/Server）。HLA 的接口规范定义了成员和 RTI 之间的服务调用关系。因此从逻辑功能上看 RTI 是一个整体，提供给仿真用户透明的服务调用。从逻辑到物理实现映射的角度来考虑，RTI 具有以下几种结构模型：

（1）集中式结构模型。这是一种典型的 Client/Server 实现途径，它由一个集中式的 RTI 服务器（Server）实现所有服务功能，成员根据 HLA 接口规范，定义了与 RTI 服务器之间的接口。成员之间无直接的通信关系，所有的成员之间都通过 RTI 提供的服务实现消息的转发与交换。

集中式 RTI 的优点是结构简单容易实现，同时 RTI 的行为和性能容易分析、控制，适于确定 RTI 的基本性能；缺点是不利于系统规模的扩展，只适合于小规模的仿真环境；否则，由于功能实现的集中化，RTI 将成为系统的瓶颈。

（2）分布式结构模型。在分布式 RTI 结构模型中，每个仿真节点机上都有自己的局部 RTI 服务器（Local RTI），成员只需向本地 RTI 服务进程提出请求，由本地 RTI 做出响应。本地 RTI 服务进程相当于一个服务器和代理器的集合，对于来自本地的服务请求如能满足，则直接提供给本地成员相应的服务；否则，请求外部的 RTI 服务进程协同完成。在这种结构模型中，局部 RTI 的功能基本上是相同或相近的，分散于不同机器上的 RTI 在原理上相当于多个集中式 RTI 服务器。

分布式 RTI 解决了系统瓶颈问题，有利于系统规模的扩展。但这种结构模型缺乏集中式的全局操作管理，对于需要与所有的局部 RTI 进程进行协调完成的服务，如时间管理服务，其效率较低。

（3）层次式结构模型。层次式结构模型是通过分布和集中相结合的实现方法克服各自存在的问题。在这种结构模型下有一个中心服务器，用于执行一些全局的操作，如前面提到的时间管理问题。为了获得较好的扩展性，模型在中心服务器下设置一组子 RTI 服务器（sub-RTI），每个子 RTI 服务器负责一组成员的服务请求，涉及全局操作的请求则由中心服务器协调完成。

这种结构是多层的，以适应不同规模的仿真系统。层次结构可以减少全局操作的延迟，提高仿真执行的并行性。对于一些在集中式结构中顺序执行的操作，可由 RTI 的子服务器分散执行，降低了计算的耦合度，可提高执行效率。

6. HLA 的特点和优势

HLA 体系结构是一个开放的、面向对象的体系结构，其基础是构件技术。HLA 通过定义了对象模型、仿真应用程序之间的编程接口（RTI-API）来实现构件的装配。它的最显著的特点就是通过提供通用的、相对独立的支撑服务程序（RTI），将应用层同其底层支撑环境功能分离开，隐蔽了各自的实现细节，可以使这两部分相对独立的开发，最大程度的利用各自领域的最新技术。同时，可实现应用系统的即插即用，并针对不同的用户需求和不同的应用目的，实现联邦快速、灵活的组合和重配置，保证了联邦范围内的互操作和重用。

RTI 向客户方的应用提供标准的接口，屏蔽了许多与分布式计算有关的细节，如对象的定位、网络连接的建立和请求的发送等。这一点是与 OMG 制定 CORBA 规范的原则是一致的，它使得 RTI 的实现有很大的自由度，并使 RTI 的易用性体现得非常充分。但是，物极必反，过多地屏蔽实现细节使应用难以控制底层 RTI 所提供的服务的质量。

相对于 DIS 和 ALSP，HLA 针对一般的复杂大系统，提出了动态仿真模型的统一描述方法。基于这种统一的模型形式，分离出了建立和展开动态仿真模型需要的公共功能，由此建立公共的服务来实现众多的仿真功能，包括处理对象的加入和退出、确定对象间的通信关系、处理对象间的通信和协调对象的时间推进等。总的来说，HLA 的优势主要有以下几点：

（1）功能和逻辑上的层次结构清晰。HLA 通过提供通用的、相对独立的支撑服务程序 RTI，将具体的仿真功能实现（应用层）、仿真运行管理和底层通信三者分开，隐蔽各自的实现细节，从而可以使各部分相对独立地进行开发，最大程度地利用各自领域的最新技术。

（2）增强了分布式交互仿真的互操作性。HLA 既不规定对象由什么构成，也不规定对象交互的规则，它考虑的重点是如何实现成员之间的互操作，即如何将已有的联邦成员集成联邦。虽然本身并不能直接实现互操作，但它通过接口规范定义了联邦成员之间互操作的机制，并通过 RTI 加以实现。

（3）增强了分布式交互仿真的重用性。HLA 实现了应用系统的即插即用，易于新的仿真系统的集成和管理，并能根据不同的用户需求和不同的应用目的实现联邦的快速组合和重新配置，支持联邦成员级的重用。

（4）增强了分布式交互仿真的可扩展性。HLA 采用的底层通信传输机制允许联邦成员在类和对象两个层次对数据进行过滤，极大地减少了网络数据冗余量，使联邦规模的扩大所带来的通信开销的增长不会对系统的正常运行造成明显影响。实现这种机制的关键网络通信技术是组播（Multi-cast）。

基于上述优势，采用 HLA 作为综合作战模拟系统的仿真体系结构，其作用主要体现在以下三个方面。

（1）便于进行协同。未来战争的一个基本特点就是作战协同化、指挥一体化，但传统的集中式模拟或实兵演习很难达到这种高标准。而在 HLA 支持下，各军兵种部队可更加灵活方便地实施协同工作，各级指挥机构和作战单位可就地参与，各参加单位可通过全球定位系统和其他通信设备，及时掌握和报告战场情况，发现和解决协同中出现的问题，并将实际结果参数向指挥中心报告。在这样的环境中，能灵活、动态和实时地进行协同。

（2）灵活组织实施。实兵演习周期长、耗费大，而借助于分布式交互模拟系统，可以以较小的代价、较短的时间实施大规模的演习，并通过多次演习或一次演习多种方案发现和解决实战中可能出现的问题，这对于作战实验很有帮助。

（3）可以共享资源。HLA 包含共享的庞大数据库、模型库和知识库，各作战单位不需要重复建库便可随时在网上调用数据。HLA 的并行处理技术，还可以克服集中式模拟系统中计算机中央处理装置信息处理速度慢和存储容量不足等缺点。

8.3 作战模拟系统的应用

本节将介绍战役级作战模拟对抗演习的一般步骤与实施方法，以及作战模拟系统（指作战指挥训练模拟系统）在演习中发挥的功能及作用。

8.3.1 作战模拟系统在演习中的作用

使用作战模拟系统进行演习，不仅能提高演习效果，而且能为训练手段的改革积累宝贵的经验。作战模拟系统能够在数字地图上模拟显示红蓝双方陆军、海军、空军、火箭军、电子战部队的作战行动；能够随时输入指挥员的决心位置，指挥所属部队遂行任务；能够随时查询所属部队的位置、状态和战损情况，并能够及时显示部队的行动和战况报告。其主要功能可以满足施训者实施计划导调和随机导调以及红蓝双方进行自由对抗的需要。

（1）系统模拟的战场情况形象逼真，为参演人员提供了近似实战的舞台。使用作战模拟系统进行推演，红蓝双方输入各自的决心，并根据战场态势的发展，实时调整指挥部署。这样，以“动态”模拟对抗代替了传统方法的“静态”图上摆兵，形象直观，与实战贴近。系统还能够模拟各军兵种的作战行动，如陆军部队的集结、机动、进攻、防御、反击、抗反、空降、反空降；海军部队的兵力机动、海上攻击、巡逻、布雷、护航、登陆；空军部队的战场遮断、空中格斗、拦击、截击、掩护；导弹部队的火力突击；电子战部队的雷达干扰、通信干扰等。并且模拟的这些行动处于动态演变之中，使参演人员始终置身于情况复杂多变、战机转瞬即逝的作战环境中，增强了指挥员的实战感和紧张感。这就要求受训者必须反应敏捷、指挥果断、处置及时，否则会贻误战机，遭受严重损失。可以说，作战模拟系统为受训者提供了一个近似实战的舞台，使他们在这个舞台上能够充分地施展才能、斗智斗勇，进行生动逼真的演练。

（2）系统模拟的作战行动覆盖面广，模拟结果科学合理，为受训者练谋略、练指挥、练协同创造了条件。高技术条件下联合战役与我军过去进行的战役相比，组织和实施更加复杂，各军兵种之间的协同也更为重要。指挥员只有掌控全局，周密协调战役力量，使其形成并发挥整体合力，才能夺取战役的胜利。系统所构建的陆军、海军、空军、火箭军和电子战部队部署和各种作战行动的模型，几乎涵盖了所有类型部队的行动。运用系统进行对抗演习，客观上已经具备了双方参演人员统一组织指挥各军兵种部队协调一致行动的条件。指挥员必须树立把握重点、兼顾一般的“一盘棋”思想，统筹考虑与战役有关的各个方面、各个环节和各个要素，这样才能把握战役重心，形成整体合力，指挥好自己的“千军万马”，实现重点打击。演习中，指挥员指挥艺术的高低、部队战斗力的强弱，通过模拟系统的评估与检测，能够比较合理地分出优劣高下。谁指挥得当、用兵灵活，谁就占上风；反之就要吃败仗。最大限度地减少了传统演习导调工作中极易产生的“感情因素”，为红蓝双方创造了公平竞争、自由对抗的条件，也为施训者进行客观、公正的裁决讲评提供了可靠的依据。

（3）使用系统演习，减少了导调工作量，提高了训练效益。对抗演习中，演习导演作为红蓝双方的上级、友邻和下级，要接收处理和反馈大量的战场信息，任务繁杂，工作量大。使用模拟系统进行演习，减少了导演部大量信息的上下传递工作。尤其是由计算机充当演习末端，不仅能接收上级的命令、指示，依据自身任务和战场态势，进行决策和处置，而且能自动反馈、报告情况，基本实现了末端调理的自动化，减少了导调工作量，为优化导调机构、精简导调人员创造了条件。

使用作战模拟系统进行演习，还能够扩大指挥员的训练面，提高训练效益。在红蓝军演习室，各军兵种和机关的参谋人员在演好自身角色的同时，也能和联合战役指挥员一样，了解全局情况，进行分析判断，谋划决策，在练谋略、练指挥、练协同、练战法和练保障等方面得到全面锻炼和提高。另外，作战模拟系统还具有变速模拟功能，可根据需要实时调整模拟速度，对重要问题进行同步实时模拟，一般问题进行快速模拟。这样，既可以在有限的训练时间内演练更多的问题，又利用较多的时间进行重点专业和专题研究，以突出训练重点，提高训练效益。

8.3.2　作战模拟对抗演习的准备

1. 建立导调机构

1）导调机构的设置

在作战模拟对抗演习中，导调工作是一项极其复杂、综合性强、准备工作量大的组织工作，需要建立科学合理的演习导调机构才能确保各项导调工作有条不紊地进行。通常情况下，导调机构的设置，应该依据演习的训练课题、训练目的、参演单位的编制、模拟系统的平台构建等多方面的因素来建立。

一般情况下，作战模拟对抗演习的导调机构应设置总导演、副总导演、导演以及以调理组为主的相关小组，如保障组（包括技术、勤务保障）、裁决组等。根据演习规模、训练课题和组织形式的不同，演习导调机构的组成可以做出相应的变化，可采取以下几种形式来构建。

（1）按对抗双方演习编组分别设置。即在总导演、副总导演下，按红、蓝军分设导演和若干调理组、保障组和裁决组等，如图 8-13 所示。

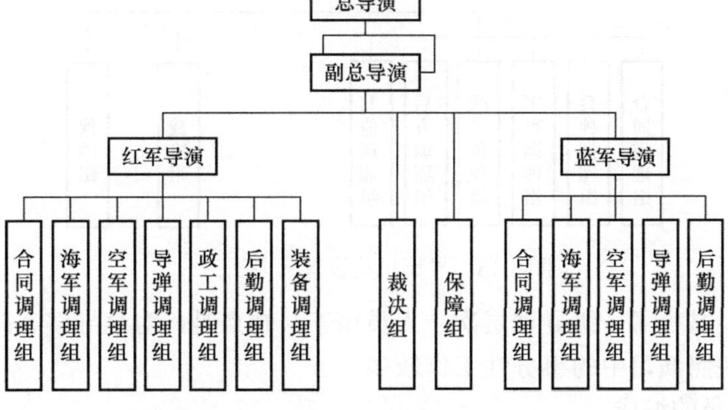

图 8-13　导调机构设置（方法一）

这种形式的优点是职责范围明确，针对性强，便于各负其责；最大的不足是机构比较庞大，导调人员多，组织协调不是很方便。

（2）按统筹兼顾的方法进行合并设置。即在总导演下，综合设置副总导演和导演，以及各调理组、保障组、裁决组等，如图 8-14 所示。

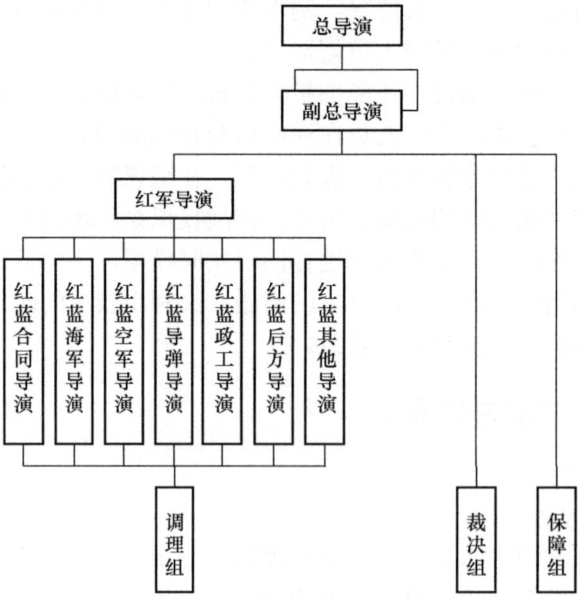

图 8-14　导调机构设置（方法二）

这种形式的优点是导调机构精干，所需人员少；其缺点是，对导调人员的综合素质要求高，工作难度大。

（3）通常按两个层次设置导调机构。在总导演、副总导演下，直接设置各调理组、保障组和裁决组等，如图 8-15 所示。

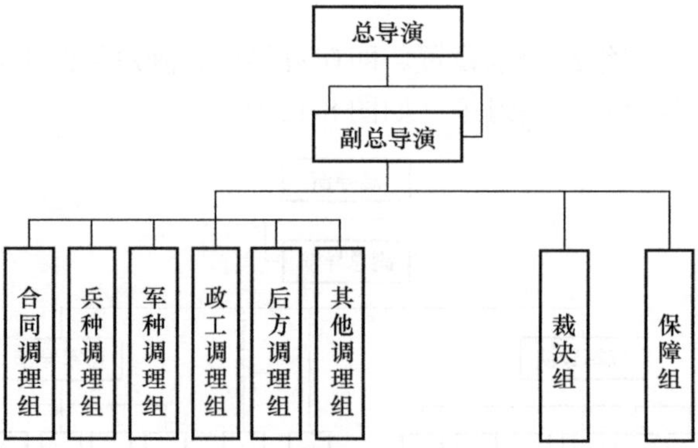

图 8-15　导调机构设置（方法三）

其优点是，减少了一级导调层次，人员精干；缺点是，对总导演、副总导演的要求较高，处理和关照演习中的事务性工作较多。

2）导调人员的编成

导调人员的一般编成是：总导演 1 人或 2 人，副总导演 1 人或 2 人，导演 1 人或 2 人，调理人员保障人员一般应根据各军兵种专业和方向各设置 1 人，重点演练的军种和方向可视情况设置 1 人或 2 人，如果有裁决组，人员为 2 人或 3 人。调理人员可以根据训练的需要，可分别设置前台调理员和后台调理员，如图 8-16 所示。在确定导调人员时，要选配军事素质好，专业能力强，训练经验丰富，以及对作战模拟系统比较熟悉的军事和技术人员参加。

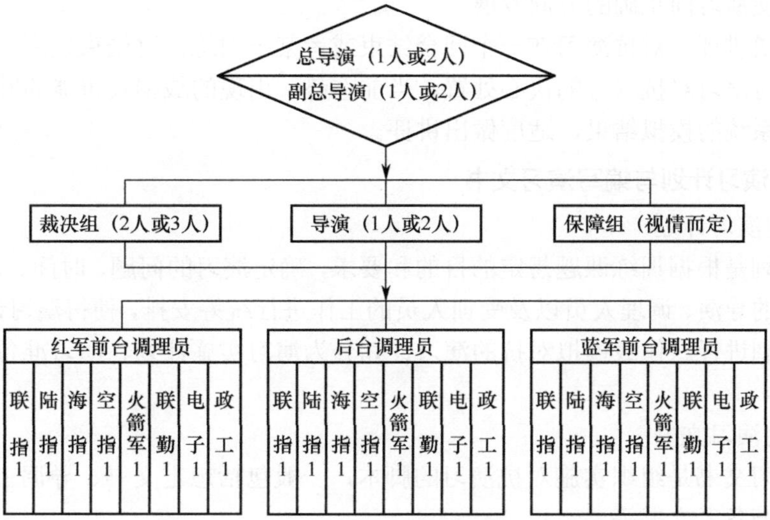

图 8-16　导调人员编成

3）导调机构的运作

作战模拟对抗演习导调机构的运作如图 8-17 所示，它是通过提供情况、全程督导、适时干预和裁决讲评这样一个周而复始、循环往复、不断演练的活动过程，来对模拟对抗演习实施导调的。

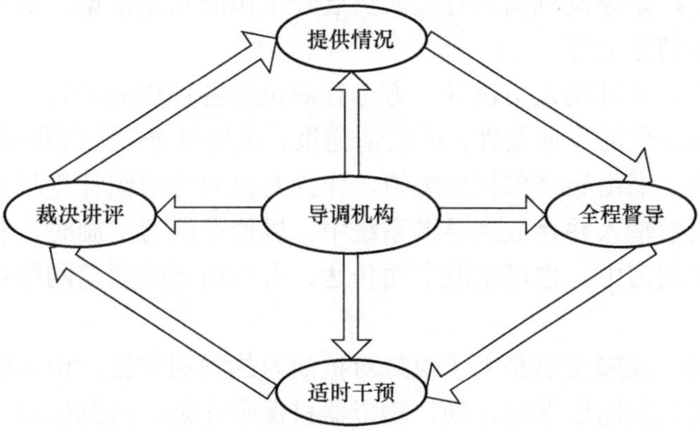

图 8-17　导调机构的运作

（1）提供情况。导调机构向演习双方提供演习的初始态势，随后把预先设计或随机设计的情况，在恰当的时机提供给演习对抗双方，以诱导演习进行。导调机构提供情况主要通过作战模拟分系统，如信息查询系统、标图系统、文电通信系统等来实现。

（2）全程督导。导调机构在对抗演习的过程中，需要对参演双方的演习情况进行全程监督，适时定下导调决心，并通过作战模拟系统对整个演习过程实施及时、准确、有效地调理。

（3）适时干预。导调机构必须对演习的对抗双方和演习形成的综合态势进行全盘掌握。当受训者的决心处置有重大失误，或者演习人员出现违反演习规则的行为、利用模拟系统的缺陷等使演习达不到应有的效果时，导调机构可通过作战模拟系统进行人工强行干预，促使演习向正确的方向发展

（4）裁决讲评。对抗演习在一个回合结束或者某一训练问题结束以后，导调机构可根据情况，对演习对抗双方的决心处置、当前态势、出现的战损及可能的胜负结果，结果作战模拟系统的模拟结果，适度做出讲评。

2. 制定演习计划与编写演习文书

1）制定演习计划

演习计划是根据训练课题想定的目的和要求，确定演习的问题、时间、方法和步骤，对参与演习的导演、调理人员以及受训人员的工作进行统筹安排，使得演习训练有计划、按步骤地顺利进行。作战模拟对抗的演习计划分为演习实施计划、演习准备计划和物资器材计划。

2）编写演习文书

对抗演习文书是组织实施对抗演习的脚本，一般包括想定文书、导调工作文书、保障文书和导演备考文书等。

（1）想定文书。想定文书是关于对抗双方基本态势、作战企图的设想，是诱导参演人员进行对抗的基本文书，包括企图立案、基本想定、组织战斗阶段补充想定三部分。由于计算机模拟对抗演习实现了对抗态势和作战情况的自动生成，因此战斗实施阶段补充想定可以省略。

（2）导调工作文书。导调工作文书是导调机构为周密安排演习准备工作和实施过程而拟制的内部文件，是导调机构和有关人员展开工作的基本依据。通常包括演习实施计划、导演手册、导调方案等。

（3）导调文书。是导调人员诱导双方进行对抗的各种作业条件。主要包括组织计划战斗阶段导调人员提供的作业条件，如敌情通报、预先号令、上级作战命令、保障指示、协同指示等。这些文书由导演部预先编拟，作为对抗双方组织计划战斗和定下决心的依据。导调文书应提前输入并存放到导调系统中，以便在演习实施时，利用计算机网络进行传输。当然，在演习中，也可采取书面传达、有线或无线通信网络传输等方式向对抗双方提供。

（4）保障文书。保障文书是为了保障对抗演习的顺利实施，由各职能部门制定的各项保障计划，主要包括通信保障计划、物资器材保障计划、后勤保障计划、技术保障计划等，其表达形式一般可采用表格式。制定各种保障计划时，通常应写明保障项目、保障方式、保障对象、保障的时间地点、完成的时限与要求等。

（5）导演备考文书。导演备考文书是导演实施导演裁决的基本依据和对抗双方实施对抗的行为规范。通常包括对抗规则和评分标准。

① 对抗规则。为保证对抗演习的顺利进行，防止对抗双方一味追求战斗的胜利而脱离演习目的，促使演习人员能按章操作系统，而制定的相关规则。

② 评分标准。科学地制定评分标准，对于准确检验参演者的组织指挥能力，激发

指挥员向明确的训练目标进取，具有度量和导向的双重作用。因此，在对抗演习准备阶段，导调机构应根据对抗演习课题的特点和对抗演练问题的具体内容，在广泛调查和深入研究的基础上。参照《军事训练成绩评定标准》和《战术演习成绩评定标准》，制定切实可行的对抗演习成绩评分标准，以指导评判人员正确地实施评分，增强评分工作的准确性。

3. 场地和系统准备

1）构建演习场所

由于作战模拟对抗演习对计算机配置、通信网络构成等硬件和环境要求较高，演习场所通常应利用军官训练中心或训练基地等训练场所进行，以减少设置演习场所的工作量，提高现有的固定训练场所的利用率，特别是提高固定场所高技术装备器材的使用效益，增大训练的费效比。当然，为了检验参演部队首长机关在野战条件下的组织指挥能力，也可在野外利用指挥车等组成临时指挥所进行。

2）硬件系统准备

作战模拟系统的硬件准备通常包括四个部分：一是“联机”计算机模拟系统准备，包括与模拟系统运行有关的计算机及其网络；二是通信设施设备，包括导演部与红蓝军演习室之间现行装备的各种通信器材；三是声像设备准备，包括演习中用于监视、监听、录放的各种声像设备；四是计算机的外围设备，包括其他计算机、打印机、复印机和碎纸机等。

3）软件系统准备

（1）支撑软件的准备。包括操作系统、应用软件（Word、Excel 等）、数据库及多媒体工具。

（2）模拟系统软件准备。配置模拟系统的安装环境，并在相应的计算机上安装模拟系统软件。

（3）模型子系统准备。与对抗演习准备相关的模型，必须提前加载到模型库中。模拟对抗演习的模型一般包括军兵种专有模型、演习相关的行动规则模型、兵器兵力模型、作战环境（地形、气象）模型等。

（4）数据子系统的准备。在对抗模拟演习中涉及的各类数据必须事先录入到作战模拟系统中去，以供演习时调用。数据的类型非常多，主要包括编制装备数据、武器性能数据、演习地形数据、想定环境数据、演练机构数据、预演方案数据等。

4）系统调试和检验

当系统软、硬件安装完毕后，需要对其进行调试与检验。硬件系统的调试和检验相对来说简单些。软件系统的调试涉及作战模拟系统的各个子系统，还涉及模型和数据，以及各种支撑软件，因而调试和检验相对复杂。

软件调试一般以技术人员为主组织进行，分为单元调试和集成调试两个阶段。单元调试（又称模块调试），目的是保证每个模块作为一个单元能够正确运行。集成调试包括子系统调试和系统调试。子系统调试是把单元调试后的模块放在一起联调。系统调试是将调试好的各个模拟子系统连在一起，作为一个总的模拟系统来调试。

系统的检验主要是验证模型，即评定模拟结果与真实结果的符合程度，这是应用作战模拟系统进行演习的重要前提，一般以军事人员为主组织进行。通常的检验方法包括历史经验评估、预测评估、局部检验法和专家经验评估四种。

4. 确定演习编组

作战模拟对抗演习编组，是指对受训参演单位或人员在演习角色上的编组配合，这里不包括导调机构、系统保障机构和演习勤务保障等机构的编组。

演习编组的形式通常分为三种：

1）演习编组的一般形式

一般编组形式是按照红蓝两军的指挥机构设置规范来进行编组，根据理论要求和作战模拟对抗演习的客观实际，按指挥所体系编组基本指挥所、后方指挥所，当条件允许时也可编组前进指挥所和预备指挥所，以及其他形式的指挥所，如登陆战役的装载上船指挥所。

基本指挥所，一般编组指挥中心、情报中心、通信中心、信息作战中心和火力中心，在指挥中心的指挥下，其他4个中心辅助首长定下决心和实现首长决心。

后方指挥所由后勤和装备部门组成，一般编组后方指挥员，该指挥员由负责后勤、装备保障的战役副指挥担任。后方指挥所内部编组，一般吸收参战诸军兵种后勤、装备以及地方支援力量指挥机构共同组成后勤保障、装备保障和地方力量支援作战的指挥与协调机构。

2）联合战役的编组形式

联合战役的编组形式与联合战役的特性有关系，在我军现行的指挥体制下，演习基本指挥所主要设置诸军兵种联合的“五个中心”，参战诸军兵种以及地方力量的后勤、装备部分联合组成后方指挥所。除此之外，联合战役对抗演习编组还具有两个特点：一是在首长编组上体现诸军种参战的多元化特点；二是作为基本指挥所的外延和指挥的首脑，军种指挥所（陆军、海军、空军、火箭军指挥所）具有特殊的功能。

3）合同战役的编组形式

合同战役是战役训练的基础，在战役级模拟对抗演习的编组上，一般以起主导作用的军种指挥机构为主的形式编组5个中心，为便于与支援作战的军种部队派出的作战组协调行动，可将其派出的协调组编组在指挥中心内。当部队进行多级训练时，要根据参训人员的实际情况合理地编组多级指挥机构。

5. 培训导调人员

作战模拟对抗演习竞争性强，不确定因素多，对导调工作的要求比较高。因此，在演习准备时，导演部应有计划、有步骤地对导调人员进行严格培训，使其明确职责和任务，掌握工作内容和方法，熟悉各种计划和规则，以便在演练过程中围绕导演意图，协调一致地展开导调工作。培训导调人员，通常由导演部根据演习计划组织实施。培训前，应拟制培训计划，其内容一般包括训练时间和阶段划分，训练的内容、目的、标准及要求，方法和步骤，地点和负责人等。

1）熟悉演习文书

由总导演向导调机构的全体人员介绍演习企图立案和想定情况、演习实施计划，并对演习的导调工作提出要求，使各类人员明确自己的职责任务及相互关系，了解演习想定的总体设想和战役背景，明确对抗问题和演练内容的设置及相互关系，理解立案所体现的战术思想。

2）学习有关理论

采取集中或按红、蓝导调组分别组织的方法，学习研究有关理论，内容包括与演习课题有关的条令、教材，作战双方的编制装备、战术技术性能和战术思想、行动特点以及作战指挥的程序、内容和方法，对抗演习组织实施方法和对抗规则等。通过学习，使所有人员熟悉对抗双方的作战原则、理论，明确演习的组织程序和方法，明确指挥员、指挥机关组织指挥作战的工作程序、内容与方法，掌握导调工作的一般原则和方法。

3）个人整理准备

通常根据演习实施计划和调理计划，按对抗内容的先后顺序，逐段分析演练中可能出现的问题，研究相应的导调方法，并约定各调理组织内导调人员的分工和相互协调的有关事宜。

由导调人员按照演习实施计划、演习指导法和调理计划，根据各自分工而进行的一系列工作。一般应在分组研究的基础上，由导调人员各自准备在演习中的主要工作，并整理、编写自己的导调工作计划、方案。

4）掌握操作技能

作战模拟对抗演习，要求导调人员熟练使用系统功能。作为演习组织者的导调人员，不仅要编拟好想定及其各种文书，而且也要了解作战模拟知识，熟练掌握系统的操作使用。导调人员操作技能的培训，通常采取集中辅导、个人练习的方法进行。

通过对导调人员的培训，应使所有人员达到战术理论熟，想定情况熟，实施计划熟，导调程序、内容、方法熟的目的。当演习准备时间短促或导调人员水平较高、经验丰富时，也可不专门组织培训，只由总导演介绍演习想定，明确工作职责，提出导调要求；导调人员自行熟悉有关演习文书，拟制导调方案，进行相应练习和准备。

6. 进行模拟预演

模拟预演是在上述各项准备工作完成之后，将所有导调人员进行统一编组，按演习实施计划进行的演练。其目的：一是使导调人员进一步熟悉演习的程序、导调的时机、内容和方法；二是检验模拟系统、音视频系统、通信系统和演习数据的运行状况。

模拟预演通常由总导演组织，可采取先分段演练、后连贯演练的方法或边演练边研究的方法进行。预演结束以后，可组织座谈讨论。根据预演的情况，对导控、调理和讲解等方面的不妥之处进行修改完善。

8.3.3　作战模拟演习的实施

1. 直前准备

演习直前准备工作，是指演习主要准备工作基本就绪，受训者已转入演习准备工作至演习实施开始前所做的进一步准备。它是演习前最后阶段的准备，是对演习各项准备工作的检查和完善。直前准备工作通常由导演部组织实施，时间通常为 20～30min，主要内容：

（1）检查人员就位情况。

（2）检查技术系统准备情况。作战训练模拟系统包括指挥系统、导控系统、模型系统、数据库系统、运行支持系统等多个子系统，在演习之前，需要确保正确的安装与配置。检查应由导演部组织实施，相关的导调、通信、器材保障等人员参加。

（3）总导演向红蓝双方宣布对抗演习课题题目、目的、作业方法、对抗演习规则和演习纪律。

（4）向红蓝双方演习人员提出演习要求及有关注意事项。

2. 组织战斗阶段的演练

组织战斗阶段，通常进行间接对抗，导与演的工作内容、实施程序和沙盘推演、兵棋对抗演习基本相同。所不同的是导演部向红蓝双方提供对抗条件，红蓝双方筹划决心、上报决心方案等，应充分运用指挥作业系统，以最大限度地减少手工作业量。

（1）利用系统网络为受训者提供筹划组织战役所需条件。在宣布演习开始后，由施训者向红蓝双方受训人员提供初始情况，受训双方分别受领任务、计划安排工作，这是对抗演习的第一个环节，也是受训人员进入角色，展开演练的前提和基础。施训者在提供初始情况时，要充分利用网络和系统所具有的全部功能，全方位、多手段地提供情况，并区分情况的不同性质，采取相应的提供方法。

（2）受训者理解任务，分析判断情况，计划安排工作。在施训者提供情况的同时，受训者要迅速进入演习情况。一方面，充当红蓝方首长的受训人员，要将上级下发的各种通报、命令和指示全面接收和逐一分析，重点是对演习中的任务、指导思想和战略方针进行认真研究，对上级意图要充分理解和准确把握，了解本方的部队编成和位置，熟悉本方的兵力编成及部署，并利用网络系统的信息查询功能，熟悉掌握双方的作战理论、战区地理、编制和武器装备、作战指挥数据等。另一方面，指挥员和指挥机关要将各种命令、指示和军情通报下达给本方的各机关和军种指挥部门，以便参演人员同时进入情况、了解任务和分析判断。

（3）受训者利用指挥作业系统，准备报告建议，形成初步决心。在理解上级意图和把握战役任务的基础上，参演双方要做的是准备报告建议，形成初步作战决心。红蓝双方参演机关人员要充分发挥作战模拟系统所提供的各项功能，依据战时司令部工作条例，准确把握自己所充当的演练角色，会同其他参演人员和部门一起，经过周密计算和认真筹划，逐步形成各自的报告建议，这是红蓝双方最终定下作战决心的基础和条件。

（4）受训者召开作战会议、听取报告建议，运用模拟系统提供的决策支持功能进行量化分析，形成作战决心。在完成报告建议的基础上，红蓝双方指挥员根据组织战役阶段的工作计划，及时召开作战会议，分别听取各军兵种、各专业部门的报告建议，进一步分析讨论战役所涉及的各项重大问题，并由双方的最高指挥员最终定下战役决心。

（5）施训者审定批复决心，受训者完善所定方案。施训人员在此阶段充当红蓝双方的上级，接到上报的战役决心后，应对其认真审定和及时批复。一方面，当决心方案基本可行时，应以命令、通报、指示、批复等形式，促使双方参演人员进一步摸清情况，在原有基础上完善决心方案；另一方面，当出现特殊情况时，施训者要采取适当的措施实施诱导。红蓝双方受训人员接收到上级批复后，应全面理解对决心方案的批复意见和建议，并结合当前情况的发展变化，对所定的决心方案做好调整和完善工作。

（6）受训者组织作战协同，并视情对主要作战行动进行模拟论证。作战决心批复后，红蓝双方首长应及时指示本方指挥机关迅速展开协同准备工作。为了搞好作战协同，可视情对协同计划和作战方案中的主要行动进行模拟论证。一是采取动态模拟的方式，即利用作战模拟系统进行推演，可按所定作战方案和协同计划的内容，将本方的主要作战行动，按预计的时间顺序输入作战模拟系统，通过加速模拟，分阶段地估算红蓝双方的战损情况。二是采用静态论证的方法，利用模拟系统的辅助决策功能，对各军兵种，各专业力量进行分析评估，得出所需的量化结论。

（7）组织战役阶段演练结束，施训者进行阶段的演练小结和讲评。组织战役阶段结束后的小结讲评，既是强化训练目标，提高演习效益的重要途径，又是导、演双方加强交流，达成理解和沟通的重要手段。一般而言，由施训者依据演练情况、演习时间和该时段的训练内容，视情况组织实施。

3. 战斗实施阶段的演练

战斗实施阶段的演练一共包括五步：

（1）施训者提供对抗演练条件，引导受训者掌握战场情况。战斗实施阶段开始后，由施训人员首先将红蓝双方在模拟对抗前的初始情况全面、客观、形象地输入到作战模拟系统中，形成一个良好的、可供推演的初始条件，这是诱导红蓝双方受训人员掌握战场情况，并以此为基础进行模拟推演的前提和条件。

（2）受训者根据各方信息，分析判断情况，适时做出决心处置。在施训者提供实施推演的初始情况后，红蓝双方受训人员要以此为依据进行分析判断，进而定下各自的决心，并适时地做出处置。在模拟对抗演习中，红蓝双方的情况来源呈现出多样性的特点，要求受训者面对纷繁复杂的信息，能够进行由此及彼、由表及里、去粗取精、去伪存真的分析判断。

（3）模拟系统进行综合运算，实时形成战场态势和战损结果。作战模拟系统接收红蓝双方演练人员的决心处置以后，会根据相应的模型进行推演，此时，导调人员可根据训练内容、战场情况、双方对抗的矛盾焦点等因素，适时调整模拟步长，控制演练的进程。而作战模拟系统在每完成一个步长的推演后，会将红蓝双方的战斗处置命令、各部队的战损情况以文字形式输出，同时将双方对抗的战场演练情况，通过态势显示系统显示给导演部和红蓝方参演人员。

（4）施训者实施监控战场态势和双方对抗结果，视情况进行该训练问题或对抗回合的阶段裁决讲评。在战斗实施阶段的演练中，作战模拟系统通过综合运算，实时地形成交战双方的战场态势和对抗结果，当演练双方对某一训练问题或某一对抗回合的演练程度已基本达到训练目的时，施训者可视情况进行该训练问题或对抗回合的阶段小结与裁决。

（5）施训者立足训练目标，视情对系统模拟结果加以调整和干预，并以多种渠道向受训者提供新的对抗条件。立足训练目标，视情况对系统模拟结果进行调整和干预，使控制演练节奏、抓住演练重点、提高演习效益的必要手段，使保证演练各阶段得以顺利衔接的一项重要工作。

8.3.4　作战模拟对抗演习的裁决与总结

演习裁决是导调机构对受训双方演练活动进行的各种裁决和评价，它是对抗演习的重要环节。裁决对红蓝双方的演练行为具有导向作用；演习总结是对演习中的各项工作进行全面系统地检查和鉴定。

1. 演习裁决

裁决是对对抗双方的决心处置和行动的仲裁和裁决。目的是通过对前一对抗回合和训练问题的裁决，构成下一个对抗回合和训练问题的基本态势，以此推动双方对抗行动的不断发展。当一个对抗回合结束或者完成某一个训练内容乃至完成训练课题时，可根据演习的实际需要进行裁决。

裁决方法一般分为两种：系统裁决和人工裁决。系统裁决是指利用作战模拟系统对双方的演练情况进行的实时裁决。人工裁决则是指导演组成员依据裁决规则运用个人经验进行裁决。系统裁决，最大限度地减少了人工裁决中的“感情因素”和主观随意性，比较客观、公正，时效性更强。但系统裁决毕竟不能完全替代人工裁决，需要在系统裁决的基础上搞好人工裁决，做到两者紧密结合。

无论采取哪种裁决方法，都应根据裁决规则，考虑训练课题对双方训练的难度，综合分析双方组织指挥、协同动作和各种保障等情况；并根据计算机模拟的定量计算，全面衡量，做出公正的结论。

作战模拟对抗演习的裁决讲评一般按下列程序进行：

（1）导演介绍演习课题、企图立案和演习目的等。

（2）导演复现对抗态势，概要介绍对抗过程。

在战役实施阶段模拟推演过程中，系统可以对参演双方的所属部队依据上级指令所进行的战场机动、交战过程及模拟结果进行全程记录，施训者在讲评总结时，可以根据需要，从演练过程的任意时刻进行重演回放，让交战场面再现在受训者面前，并可根据讲评的需要，调整回放速度，不仅为提高演习的讲评总结效果提供了形象直观的战场情景，也为运用定性分析和定量分析相结合的方法来评价演练情况创造了条件。

（3）受训双方对照作战态势，汇报各时节判断情况、作战决心、指挥处置的过程，总结利弊得失。

（4）导演统计对抗结果，分析双方得失，进行裁决讲评。在裁决过程中，导演组需要进行正误裁决和胜负裁决。正误裁决是判定双方的对抗行动正确与否，胜负裁决是判定双方的伤亡损耗、成败得失。一般情况下，错误的行动会导致失败，但有时行动正确也会失利。因此，在进行裁决时，既要裁决正误，又要裁决胜负。

2. 演习总结

演习总结通常是在作战模拟对抗演习结束后，对整个演习情况所做的基本评价。演习本身只是一种手段，作战模拟对抗演习结束，并不意味着导演部工作的结束，通过总结做好演习结束后的研究探讨更是一项重要的工作。

1）导演部的总结

导演部演习总结的内容一般包括：对演习课题、训练问题、训练目的、企图立案、作战指导思想等问题，从理论上进一步加以阐述；归纳演习特点，肯定演习优点，指出存在的问题；对受训者的演练情况进行得失分析，做出公正的评价；并提出今后需要改进的意见和研究思考的问题等。演习总结时，要抓住模拟演习中出现的问题进行深层次的反思，从理论与实践的结合上，进行实事求是的总结探讨，找出一些带规律性的东西，拿出相应的解决方法。

2）对抗双方交流体会

对抗演习结束后，由红蓝双方进行面对面的体会交流，其目的是，以对抗双方的切身感受，引发演练中的体会，并对一些重要问题，结合自身演练情况进行回味，相互交流各自的看法，可以展开必要的争论，以相互促进，激发灵感，从而将模拟对抗演习的实践，进一步引向理性化。

3）专家评述

由一些相关专家，对对抗演习进行一些有针对性地总结归纳，它是促使模拟对抗演习由理论到实践，再上升到新的理论的一种重要手段，是一种学术探讨式的理论总结，是对导演部演习总结的有益补充。

8.4 国外典型的作战模拟系统

本节以美军三个重要的"J"类仿真系统，即联合作战模拟系统（Joint Warfare System，JWARS）、联合仿真系统（Joint Simulation System，JSIMS）和联合建模与仿真系统（Joint Modeling and Simulation System，JMASS）为主要研究对象，对它们的基本情况、系统组成、体系结构以及模型等方面内容进行详细介绍。

8.4.1 联合作战模拟系统（JWARS）

联合作战系统（Joint Warfare System，JWARS）是美军支持联合战役作战方案分析的模拟系统，主要用于解决联合作战问题。它由美国国防部长办公室（OSD）负责组织开发，主要用户包括国防部、参联会、各军兵种、各作战司令部等。其目的是为了给这些用户提供对联合作战的分析工具，以支持作战计划的制定与执行、兵力评估研究、系统效能评估与作战分析、作战概念及条令的开发与评估等。JWARS 从 20 世纪 90 年代中期开始研发，是美军最新、最先进的战役级模拟系统，十几年来，该系统已发放至 64 个美国国防部支持的单位，其强大的分析功能为美军军事研究提供了有力的支持。为更好地反映该系统的内在潜力，2006 年美军将其更名为联合分析系统（Joint Analysis System，JAS），目前 JAS 处于不断发展之中。

1. JWARS 概述

1）开发背景与研制历程

美国国防部于 1995 年 2 月组织评估小组对支持国防部进行兵力结构和辅助决策的仿真系统的能力和缺陷进行了评估。评估小组成员包括国防部长办公室、参联会、各军种、各联合司令部的代表。评估小组认为当时用于国防分析的仿真系统在仿真活动的类型、采用的方法等方面都存在不足，已有的模型 / 仿真系统的局限性主要在于：从一种整体的、联合作战的视角描述关键问题的能力有限；无法描述信息的价值；描述战备、训练、后勤、大规模杀伤武器等因素的能力有限。国防部批准了这次评估报告，并指示有关机构制定了联合分析模型改进计划（JAMIP）。

JAMIP 有 5 个方面的内容：一是对已有模型的低成本升级与集成；二是开发一套模

型，包括一个用于联合作战分析的模型；三是提供对分析的权威表示；四是提供领域支持和开发与维护的分析数据库；五是提供联合分析研究所需要的高质量的、权威的、一致的数据。美国国防部决定将工作焦点从以服务为中心的仿真系统转移到无缝的联合战役模型，来仿真综合的信息、监视、侦察、部队武器系统和联合作战任务。JAMIP 的第二、三项最终演变为 JWARS 开发计划。

美国国防部长办公室 1995 年成立 JWARS 办公室，开始实现“全面完整描述联合作战”这一需求，并从当年 11 月开始开发原型系统。1997 年 5 月原型系统完成，转入模型开发工作。JWARS 的前身是由各军种自己开发的、解决各自专项问题的模型。由于这些模型研制于 20 世纪 70—80 年代，使用当时水平的计算机（大型机）和程序设计语言（Fortran 和 Simscript 2.5），其体系结构使得这些模型不易扩展，无法达到 JWARS 的要求。1998 年 8 月 JWARS 系统的需求文档——运行需求文件（Operational Requirements Document，ORD）获得批准。这份文件和由 JWARS 前身模型引申出的内涵要求，共同规定了 JWARS 必须满足的系统级需求。运行需求文件规定了 JWARS 系统需要完成的分析任务：作战方案（COA）分析，兵力充足性评估分析，系统有效性和平衡性分析，概念、条令的开发与评估。在运行需求文件的指导下，JWARS 项目开始全面启动，在数年中陆续发布了若干版本，包括 2002 年 5 月发布 1.4 版，2003 年 7 月发布 1.5 版，2004 年 7—12 月发布 1.6 版，最近的版本是 2006 年 5 月发布的 2.0 版。随着 JWARS 应用范围的扩大，2006 年 8 月 1 日，美国联合作战司令部将 JWARS 更名为 JAS，以更好地反映系统的能力。

2）JWARS 系统能力

JWARS 是一个专业化水准很高的推演仿真系统。它使用 Smalltalk 计算机语言、高质量的计算机辅助软件工程（CASE）开发完成。它是一个事件驱动的仿真系统，描述了联合作战谱系上以前未曾达到的战役级的军事力量行为与交互。这种高层次视图包括：三维战场空间的显式表示；地形和气象的效果；后勤对军事力量的制约；关键信息流的显式表示；基于感知的指挥与控制。具体仿真功能如下：

（1）能在 2h 内仿真全战区、90 天的战役。

（2）最多可持续 180 个仿真日而无须用户干预。

（3）作战环境中只有一种对象类型——战场空间实体（BSE），BSE 是可与其他对象或环境交互的唯一对象类型。

（4）通常 BSE 的分辨率对陆军为营、空军为飞机编队、海军为单艘水面舰艇；关键 ISR 系统为单个平台。此外，还有一些特殊的 BSE，如港口、基础、指挥所等。

（5）BSE 之间所有的交互都作为仿真事件来调度，整个系统是一个随机离散事件仿真系统。

（6）BSE 之间交互由一组异构的算法来评判，算法包括确定性算法和不确定性算法。

（7）作为一个超实时运行的仿真系统，JWARS 处理信息和数据比实时快 500～1000 倍。运用高级人工智能来仿真战场想定中人的活动。

3）JWARS 主要特点

（1）能提供对联合作战的全面描述。JWARS 是美军第一个集合三军的战役级分析工具，它相比单军种模型最明显的优点是对存在于各军种间的互依赖性予以清楚地建模描述，它也综合了任何军种模型都没有的战区级后勤模型。作为一个战役级模型，JWARS 描述的是将战略机动性、战区后勤以及联合作战共同集成在一起的大范围军事行动。

① 战略机动性。当部署人员需要修改后按阶段展开的兵力及部署数据时，JWARS 能够协调作战单元及其补给从运载港到卸载港的战略机动并制定相应的计划。

② 战区后勤。JWARS 支持战区人员、后勤及其他资助与补给的战区机动，将其转移到需要维持和延长作战的军事基地，直到任务的胜利完成或修改。它能改变传输以支持特殊的供给需求。它也能计算延迟、误转或供给不足对作战的影响。

③ 联合作战。JWARS 能协调所有地面、天空、太空或海上的机动，包括化学战防御和弹道导弹防御。它包含的联合任务领域包括 C^4ISR、联合火力、联合后勤、联合防御作战、联合地面作战、联合海上（包括两栖）作战、联合天空和太空作战、联合特种部队。

（2）以 C^4ISR 为中心。不同于其他战役仿真系统，JWARS 系统从设计之初就是作为一个整体的、联合作战的、基于预测的战区仿真系统来设计的，即以 C^4ISR 为中心来考虑建模。JWARS 不仅能模拟部队的武器装备等作战实体，部队信息的感知、收集、整理、传送能力以及指挥、通信和控制能力也是模拟的重点，并将极大影响系统最终运算分析的结果。JWARS 中所有战场空间实体的 C^2（指挥与控制）都是基于“感知的事实”，这种“感知的事实”可能是战场空间实体自身收集到的，也可能直接来自下级通过通信网络送来的任务或态势报告。这比以往战役级仿真的 C^2 基于“真实的事实”前进了一大步。

所有 JWARS 仿真对象之间交互的信息流都使用 OODA（观察、判断、决策、行动）环来描述。JWARS 的战场空间实体使用传感器去收集对方部队的情报信息。这种信息的质量是战场空间实体传感器和被传感器探测到的信号的函数。以态势报告和裁决结果形式出现的信息也是仿真交战双方 C^2 所使用的信息源。这些观察结果（情报）被打包成报告，经由通信系统显式地发送给其他的战场空间实体。

（3）用户的空前参与。JWARS 开发全过程中用户的参与程度是空前的。1999 年，美国国防部专门挑选了一批有经验的战役分析人员组建了一个独立的研究小组：联合研究小组（Joint Study Team，JST），作为 JWARS 系统版本发布前的虚拟用户，使系统开发成为一个“用户驱动”的开发过程。联合研究小组在项目开发期间连续不断地操作使用系统，对 JWARS 的输出结果及其分析工具进行了详尽检查，在作战仿真功能和分析功能两方面都提出了大量改进措施。

此外，JWARS 开发全程由正规的 V&V 承包商进行监督，开发过程中的每一个版本在其生命周期内都持续不断地进行修改完善，所编写的程序都要通过正式的 β 测试和运行测试，真正做到了滚动开发。

2. JWARS 体系结构

从总体上看，JWARS 的体系结构如图 8-18 所示，主要包括人机交互界面系统、JWARS 管理控制系统、仿真系统、集成自然环境系统、Oracle 数据库几大部分。

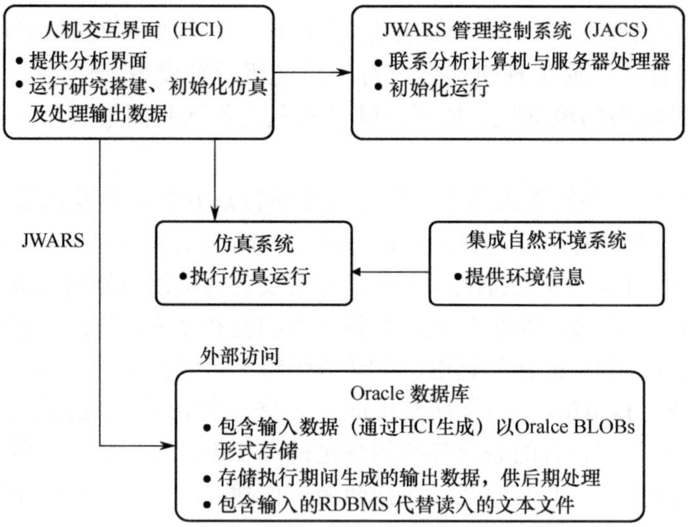

图 8-18　JWARS 的体系结构

1）人机界面系统

人机界面（Human Computer Interferface，HCI）系统主要提供人在回路仿真的用户接口。用户可选择的操作环境包括开发者环境、实体建模者环境和分析者环境。用户可以在这三个环境中任意选择，其中，开发者环境包含一个图形用户界面，提供新对象的开发，并扩展到“Smalltalk 可视化”环境中，实现代码自动生成；实体建模者环境允许用户通过连接平台、传感器、通信、后勤和 C^2 对象并为这些对象生成实例数据，从而在实现在 Smalltalk 对象中建立作战空间实体 BSE；剧情开发也是实体建模者环境的一部分；分析者环境最为丰富，分析人员可以生成研究题目、管理研究题目，进行偏差仿真并分析其结果。HCI 系统发展成序列工作步骤。这些步骤根据 JWARS、ORD 、工作流程、视频流程及分析员的见解所产生的要求确定。

2）JWARS 管理控制系统（JACS）

管理控制系统允许 JWARS 分析者启动多批仿真，分布在网络上运行，并能在这种分布式环境中监控各仿真的运行情况。每一个仿真运行必须与运行单个剧情的单个用户相联系。JACS 系统允许多个用户同时在相同硬件上运行多个仿真。JACS 允许用户将 HCI 系统连接到任何正在运行的仿真上监控器结果。每台制定用于 JWARS 仿真的计算机又有一个“迷你”JACS，它带有规定该计算机性能的参数。一个中央 JACS 与各个“迷你”系统通信，并与所有 HCI 系统保持连接。当用户提交仿真时，它立即调度仿真运行。中央 JACS 通过“迷你”JACS 系统的报告对每一个正在运行中的仿真保持跟踪。

3）仿真系统

仿真系统是 JWARS 系统的核心。每当运行一次仿真重放时，JACS 就会启动仿真系统。JACS 传给仿真一个数据包，该数据包给出仿真所需要的信息，以便从 Oracle 数据库中检索出合适的数据集。仿真从数据库中检索初始化数据，初始化并进行重放，收集输出并存储到数据库中。将它连接到 HCI 系统，按照 HCI 的引导，产生日志信息和地图数据。

仿真系统划分为问题域和仿真域，其中，一个重要的概念为作战空间实体（BSE）。

BSE 通常表示真实环境系统的集合，如编队、战斗群、战舰和指挥司令部都是 JWARS 的 BSE。BSE 由物理设备以及使用设备做出决策的行为组成。仿真域提供 BSE 所需的服务，以便相互交互和与环境交互；同时提供离散事件引擎便于运行仿真，并具备数据收集机制以存储仿真结果。仿真域在所有实体中保持“真实”模型和它们的状态。BSE 保持作战空间的感知，这种感知通过传感器数据和与其他 BSE 通信而产生。允许 BSE 与环境之间交互的算法可以修改，不必重新运行 BSE 。这一特点在提高仿真的运行时间性能上至关重要。作战空间实体是可与其他对象交互或与环境交互的唯一对象类型。作战环境中只有一种对象类型可极大地简化问题域与仿真域之间的接口。

4）环境服务器

JWARS 系统采用一个单独的环境服务器为所有“仿真”系统提供环境数据，并采用一种压缩地形数据库（CTDB）格式的地形数据集，该数据集的详细内容由用户定义。数据集越详细，服务器运行得越慢。同时，服务器装载了基于真实环境数据的三维气象和一般环境条件，并与 CTDB 综合。

仿真系统采用环境管理器从环境服务器中检索所需的数据。数据是通过环境服务器目前对 JWARS 仿真可用的，该数据是时变的，一般每 4～6h 变化一次。环境服务器能提供原始数据（如温度）或经处理过的数据。

5）JWARS 软件域

JWARS 系统从逻辑上由三个软件域组成，即问题域、仿真域和平台域。问题域主要提供分析人员感兴趣的作战功能软件；仿真域提供驱动仿真运行的“引擎”，来支持仿真按时间步长运行，同时提供一个三维的战场空间描述；平台域提供硬件及 HCI，帮助分析人员完成对模拟仿真的输入输出操作。图 8-19 所示给出了这三个域的基本情况。

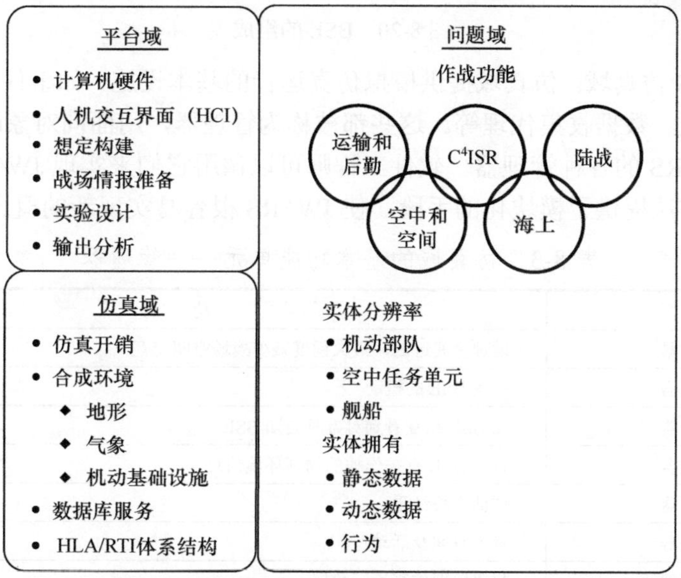

图 8-19　JWARS 域

（1）JWARS 问题域。JWARS 问题域描述了对各类作战实体的建模。JWARS 采用面向对象基于实体的建模方法对各类作战实体进行建模。JWARS 中表示作战力量和系统的基本模块称为作战空间实体（Battle Space Entity，BSE）。一般情况下 BSE 的分辨率在陆军为营，在空军为飞机编队，在海军为单艘水面舰艇，关键的情报侦察（ISR）系统为单个平台（如 JSTARS、U2 飞机等）。另外，还有一些特殊的 BSE ，如港口、机场、指挥所（如师指挥部）等。

BSE 的具体组成如图 8-20 所示。BSE 有表示静态属性和动态属性的数据。静态属性数据表示那些不改变的值，如一个作战单元的编制力量或一个导弹系统的打击范围。动态数据指可以随时间而改变的属性。如作战单元的位置、力量等。属性数据还提供描述 BSE 之间以及 BSE 与环境之间交互的行为。所有的 BSE 都有指挥控制能力。C^2 的复杂性根据各 BSE 的特征而变化。BSE 之间的所有交互都作为模拟仿真事件来调度。BSE 之间的交互（如发现、战损）由一组由各领域专家开发的算法来评判，根据建模活动类型的不同，算法的差别很大。有确定性算法，主要用于分析地面作战单元的损耗；也有一些不确定性算法，可以用各种统计分析技术，如贝叶斯技术，采用概率的方法进行融合建模。

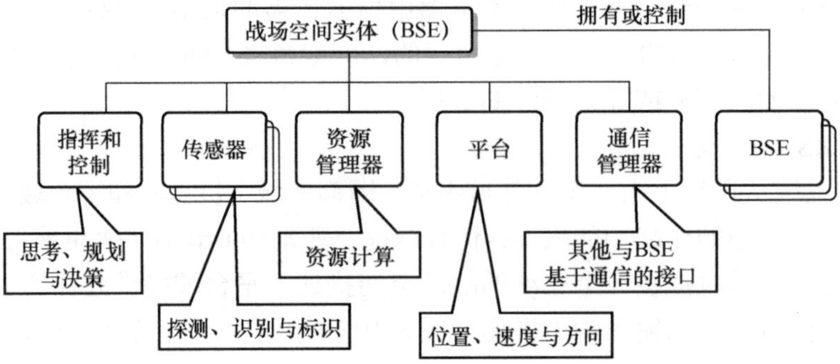

图 8-20　BSE 的组成

（2）JWARS 仿真域。仿真域提供模拟仿真运行的基本设施，如事件列表、随机数产生器、坐标系统、数据收集代理等。这些都被称为管理器，用面向对象的代码实现。表 8-3 列出了 JWARS 的各种管理器。软件工程师可以调用它们来实现 JWARS 问题域的功能。这种设计方法提供了模块化的手段，使 JWARS 很容易实现新的概念。

表 8-3　仿真域的基本功能单元——管理器

管理器	功　能
空间管理器	地理空间过滤，最大程度减少战场空间交互
机动管理器	控制 BSE 的机动
交互管理器	在 BSE 相互看到对方时通知 BSE
环境管理器	告知 BSE 有关作战的物理环境信息
评估管理器	评估交战结果
事件管理器	管理时间及活动
数据收集管理器	收集模拟仿真运行数据
仿真管理器	把所有软件组件集成为一个模拟仿真系统

仿真域还提供了一个合成自然环境（Synthetic Natural Environment，SNE）。它将战

场空间映射到 WGS-94 椭圆体，使用全球坐标系。这种表示方法保证了所有实体的全球一致性。另外，模拟仿真系统使用环境数据如地形、天气、交通网及海洋等参数影响作战单元及系统的性能。另外，JWARS 强调输入、输出数据的跟踪能力。因此需要具备强大的数据管理系统。JWARS V1.1 版本用 ORACLE 作为数据库引擎。所有的输入、输出数据都保存在 Oracle 数据库中。绝大多数数据都是以二进制方式存放的，同时具备浏览、操纵这些数据的工具。另外，JWARS 与 HLA/RTI 兼容。其开发环境支持对 RTI 的绑定，这使得开发模拟仿真应用很容易，并能够节约开发成本。

（3）JWARS 平台域。JWARS 的平台域是与分析员、实体建模人员和开发人员等用户的接口，包括运行模拟仿真的硬件环境，以及用户控制仿真运行的人机接口软件 HCI。HCI 用于支持想定构造、战场情报准备、运行控制和输出分析。通过 HCI 运行模拟仿真，大多数分析任务需求都能够得到满足。HCI 系统也包括一些安全特征以限制用户对 JWARS 的修改。分析员可以创建、修改想定，观察到有限的实体，但不能修改实体参数。建模人员的访问权限更大一些。他们可以创建新实体，修改已存在的实体，将已有的对象组合成新的实体以形成创建新的想定等，但不能改变代码。开发人员的权限最大，可以对源代码进行修改，并且根据需要设计整个系统。节点管理员可以对 JWARS 用户的权限进行管理。

3. JWARS 模型

1）JWARS 数据模型

JWARS 采用数据驱动模型，一次运行就需要数百兆字节的输入数据，并产生数十万个输出记录。用户必须能够将产生输出数据集和轨迹变化的输入数据与来自基线数据集输入数据联系起来，这需要使用配置管理方案。JWARS 采用从基于文件的配置管理系统选择数据库的原因如下：

（1）JWARS 的源数据集存储在数据库系统内。

（2）数据库实际上是系统独立的，不像文件系统。

（3）数据库优化用于大量数据的存储和检索。

（4）数据库有数据脱机归档的内建机制。

采用数据库方案，JWARS 数据输入、输出转换在内部进行，在存储数据之前，将对象转换为字节流。JWARS 采用标准 RDBMS 作为对象存储。建立 JWARS 数据模型是一个迭代过程，对 Smalltalk 和 Smalltalk Oracle 接口方式本身，JWARS 接口要求大量再设计。大多数数据库接口设计用于事务处理，用户只与大量数据档案中的少量数据反复交互。仿真模型经常不需要大量的数据，而且实际上从不重复检索相同记录。

基于对象的数据模型使开发者很容易再组织数据，包括增加和删除数据结构面不触动 Oracle 数据库表。作为 Oracle LONGRAW 类型存储的对象在 JWARS 外是不可编辑、不可视的。输出设备也可按输入数据相同方式处理，并与全程可跟踪（输入到输出）的运行信息一起被标记。

2）指挥员模型和行为模型

在 JWARS 中，指挥员模型（Commander Model，CM）描述的是在真实战区级战役中指挥战斗所需要的功能组件。尽管指挥组织机构可能不同，但这些功能在各级指挥机构中通常都会需要。这些功能组件可以分为指挥员自己、参谋部支持因素和信息三类。

尽管双边的数据不同，JWARS采用同样的基础结构模型（和代码）代表友方和敌方的指挥员行为和作战方案选择。特殊类型单位的特有功能也可以通过在JWARS中“嵌入”指挥与控制模型来建模。指挥员的行为，是通过灵活的规则表示和用对同样条件的不同反应表示的个性特点来设定的。JWARS陆战指挥员模型和相应的指挥员行为模型（Commander Behavior Model，CBM）组成了JWARS作战方案选择系统。系统采用模块化设计和模糊规则引擎，它采用来自模糊规则集中典型的个性测试数据来影响对条令的解释，并采用类似象棋的“前向链”的引擎来观察条令不同应用的结果，然后选择既能达到目标，同时又能最好地满足“友军损失最小”等条件的作战方案。

在JWARS中，对每个决策机构都建立指挥员模型，并且可为每个模型赋予独特的特征。每个机构都知道它们自己关于环境和对立机构的状态及原因，也都有它们的规则（条令）和其他机构规则（条令）的模型，同时可以对其他机构可能的获得做出估计。这些能力的结合使得指挥机构能解释关于未来事件可能的方案。指挥员的敌方模型智力越好，他对结果的信心就越强。该信心的分值基于对两种情况的量化值：我方对敌方情况的掌握以及敌方对我方情况的掌握。

以陆战指挥员为例，指挥员的认知过程如下：

（1）评估态势。评估时需要考虑友方任务（进攻、防御或撤退）、敌方和友方信息、环境和时间等多种因素。其中，双方的信息包括基本的运动和机动能力、当前双边的力量（战斗力）、在不同条件下再补给潜力、远程和近程火力，包括制空权（未来能力）、监视和侦察能力（未来能力）；环境主要是地形对双方部队运动的影响；时间包括事件的开始时间和结束时间。

（2）构建和选择作战方案。要确保作战方案能够完成任务、达到计划、最优化指挥官的价值、风险可接受，构建和选择作战方案是通过指挥官推演实现的，也被称为“JWARS作战方案仿真”，需要基于当前对敌方的预测以及之前了解到的敌方信息。在选择“最佳”计划时，要发挥情报的作用，但有两种情况可能出现：一是敌方能力可能会被高估或低估；二是友方信息可能是正确的，但不是最新的。机动行动和作战行动都要受补给和消耗速度、环境（地形和天气）的制约。通过计算机计算力量时，主要基于武器质量与数量，而人员素质（包括训练、作战经验、领导能力等）只是一个可选的“软”因素。

（3）估计胜利可能性。这时要周期性地检查阈值，评估计划的“偏离程度”，决定何时采取行动或重新计划。

8.4.2 联合仿真系统（JSIMS）

1. JSIMS概述

1）JSIMS研制背景

在HLA标准建立之前，由于大量支持不同应用的仿真系统各成体系、标准不一、互操作性差，无法实现对联合作战环境与联合作战行动的一体化建模与仿真，难以满足各军（兵）种联合训练的需求，在此背景下，美军相关机构与科研部门便开始计划、组织并实施JSIMS的开发与研制。

JSIMS的目的是通过提供不同类型使命任务各执行阶段逼真的联合训练来支持现役

部队的训练／教育（当然也支持各军种专业部队的训练）。通过后续版本的发行，JSIMS 被用来为国家统帅部、参联会的指挥官、联合任务部队的指挥官、联合部队的军种指挥官及其相应的参谋人员提供整个作战层次的全谱训练。作为分布式作战仿真，JSIMS 通过提供战场空间的通用环境视图和作战视图，创造了一个无缝的一体化联合作战空间。它和战场空间范围内的 C^4ISR 系统以及其他装备相互连接，为受训者提供与一体化联合作战空间之间的交互，JSIMS 的最终目标是构建一个一体的、一致的、互操作的虚拟作战空间环境，用于国家战略、联合作战乃至战术层次内容包括兵力机动、部署、作战、补给等任务的训练。

在 JSIMS 项目的实施过程中，美国军用仿真界根据在实践中总结出的经验，以及所遇到的大量现实问题，开始认识到原有交互式仿真体系结构的缺陷。同时，由于仿真系统规模的不断扩大以及联合训练的需要，仿真系统的互操作性及可重用性被予以关注并重视，这些促动美军高层提出并建立了高层体系结构（HLA）标准。随后 JSIMS 执行了 HLA 标准，从而实现了仿真应用和底层通信支撑结构分离的目标，也大大提高了系统各种仿真成员之间、仿真成员和 C^4ISR 系统之间的互操作性以及仿真组件的可重用性。

2）JSIMS 应用领域

美军 JSIMS 主要应用领域有其部分，如图 8-21 所示，包括：

（1）总司令/联合部队指挥机构训练（CINC/JTF Comp Agency Training）。

（2）军种/部门（局）训练（Service / Agency Training）。

（3）规划和分析（Planning and Analysis）。

（4）机动/小组演习（Crew/Team Rehearsal）。

（5）职业军事教育（Professional Military Education）。

（6）军官教育（Officer Education）。

（7）条令拟制（Doctrine Development）等领域。

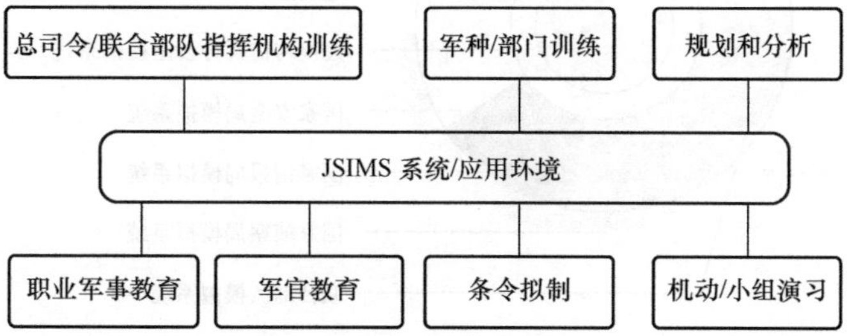

图 8-21　JSIMS 的应用领域

3）JSIMS 功能与目标

（1）主要功能。JSIMS 是大型联合作战仿真系统的典型代表，主要组成包括通用组件、任务和环境描述、联合任务及综合环境描述、联合部队、运行基础结构、陆战模拟、海战模拟、空战模拟以及天战模拟等。JSIMS 不仅能提供不同军种模拟了模型的互操作能力，而且提供了对联合作战参谋人员训练的能力。JSIMS 为分布在世界各地的美军指挥人员、指挥机构、联合部队以及其他联合组织机构提供了用来支持军种或联合训练、使命演练、联合演习和职业军事教育、条令拟制、研究战术、制定和评估作战计划、评估作战态势、定义作战需求的一体化计算机模拟环境。JSIMS 的通用组件主要有两个：

核心基础结构和使命空间对象模型，可用它们来创建不同的模拟环境。

（2）系统目标。JSIMS 主要目标是提供一个战争层次的训练环境，能适应战略至战术层次的模拟需求，包括空间战、信息战、运输战和情报战。通过高效、可重用的组件的不同搭配来实现满足不同用户需要的模拟功能，从而对联合训练提供灵活的支持。同时支持对单个作战单元的训练，主要包括：

① 建立一个通用模拟支撑结构，能够共享模拟资源、过程和结果；

② 创建支持专用需求的模拟环境；

③ 为各类用户提供自由交互的环境；

④ 降低一般的管理费用和模拟训练费用。

通过解决目前各军种建模与仿真中存在的问题，提高建模与仿真在支持训练和教育方面的效用，将通过扩展建模与仿真的能力以覆盖作战的所有范围和领域，达到提高全维作战能力的目标。

2. JSIMS 体系结构

1）系统组成

如图 8-22 所示，JSIMS 由各种军种 / 部门的模拟仿真系统“联合”构成，包括陆军模拟系统、空军模拟系统、海军模拟系统、海军陆战队模拟系统、通用组件、建模与仿真办公室（DMSO）模拟系统、国家安全局（NSA）模拟系统、国家情报局（DIA）模拟系统、国家侦察局（NRO）模拟系统、联合部队模拟系统。

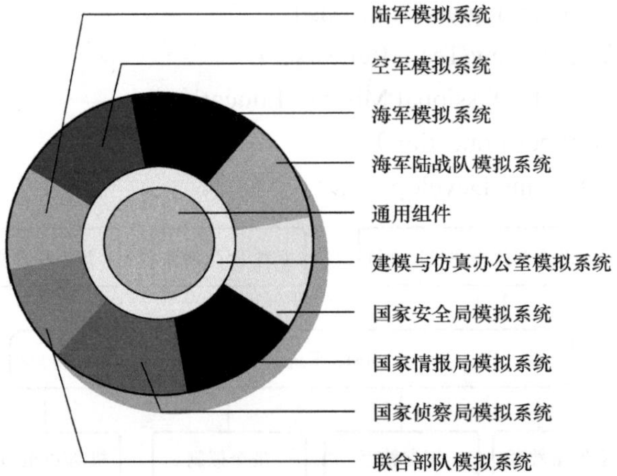

图 8-22　JSIMS 组成

2）体系结构

JSIMS 的这些系统在体系结构上遵循 HLA 规范，底层结构包括仿真支撑结构、安全服务、通用组件、C^4ISR 转换接口和分布式仿真资源等。

3）软件结构

JSIMS 软件结构从总体上分为对象层、支持层和应用层。其中，对系统抽象后在对象层形成不同的对象，包括联邦对象、对象管理框架、通用基础数据等；支持层则起到承上启下的作用，包括支持服务、模型服务、与 C^4ISR 系统和其他模拟系统的接口转换服务等；而应用层直接面向用户。JSIMS 的核心是确保兼容性、互操作性和可扩展性，其中的对象挂历服务、联邦对象、建模框架、通用建模服务、转换服务等的都是可重用的。JSIMS 的系统逻辑结构如图 8-23 所示。

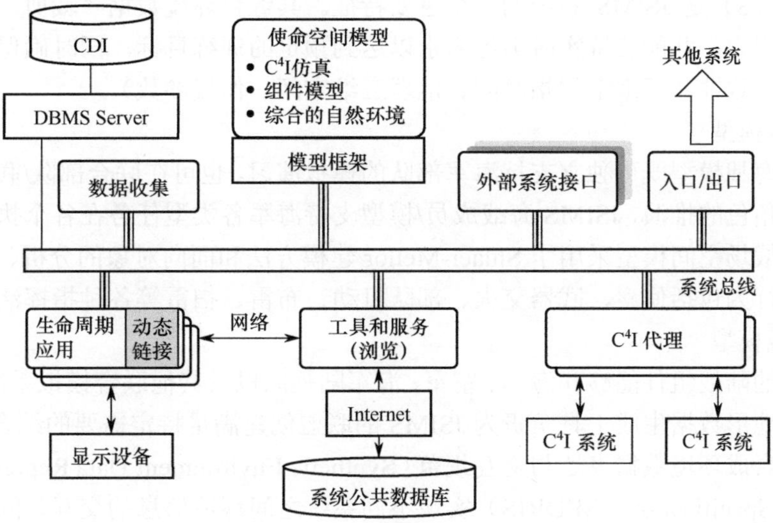

图 8-23　JSIMS 逻辑结构

3. JSIMS 模型框架

JSIMS 系统模型众多，包括陆战模型、海战模型、空战模型、天战模型、电子战模型、陆地地形模型、海洋环境模型、大气环境模型、综合环境模型、各种机动 / 部署模型、计算机生成兵力模型以及其他具体应用的专用模型等。

1）综合自然环境模型

（1）自然环境基础模型。自然环境基础模型包括陆地地形模型、大气模型和海洋环境模型。陆地地形模型描述包括地形高度、坡度、交通能力、视线、建筑、道路及欧洲和西南业的环境数据库等。大气模型描述包括全球动态数据库（每 6h 更新一次），晨光昏影、光照和日出日落的数据、烟雾、能见度和化学了生物分布等。海洋环境模型描述包括全球海洋的表面温度、浪高、海流、水深、盐度、潮汐、海水对声的传播特性等。

JSIMS 后续版本的自然环境基础模型将在以下方面进行不断改进和提高：

① 激光武器和激光传感器、雷达波的自然环境；

② 红外目标特征；

③ 通信系统；

④ 预测预报能力；

⑤ 空间环境；

⑥ 地形特征数据；

⑦ 沿岸特征的描述。

另外还有以下其他附加数据库：电子战效果数据；城市的地面表示、地形描述；月光光照；风暴和尘暴；降水量；降水量对地形、地势的影响，自然电波、大气干扰、核武器对大气条件的影响等。

（2）自然环境管理服务模型。JSIMS 支持全球范围的战场想定，包括全球范围的陆、海、空等地理空间环境的想定。但是，对于具体的训练和仿真应用，却是“需求驱动、按需供给”。因此，系统支持使用人员创建或者编辑满足他们特定需求的战场环境数据，即达成环境数据的按需服务。环境数据的按需服务（JSIMS Environmental Tailoring Services，JETS）是 JSIMS 系统的一个重要特征。其综合环境数据“裁剪”工具能很好地适应训练想定，并能支持实时训练需求以达到预定的训练目标，同时确保数据在五维空间的物理一致性（五维空间指时间、地理三维空间、作战参数）。

2）海战模型

JSIMS 海战模型既可独立支持海军部队的模拟演习，也可在联合部队/联合作战演练中支持海军角色的推演，JSIMS 海战成员/模型支持海军各类型任务在各个执行阶段的综合演练。海战场空间模型采用了 Shlaer-Mellor 建模方法和面向对象的分析、设计方法，描述的主要行为包括侦察、武器交火、部队机动、布雷、扫雷等各种指挥活动。

3）陆战模型

JSIMS 的陆战组件能够和海军、空军、海军陆战队以及其他联合模拟系统进行交互。陆战组件的地形数据生成工具负责为 JSIMS 的联盟创建满足特定需要的综合自然环境。该工具运用合成环境数据表达与交互规范（Synthetic Environment Data Representation and Interchange Specification，SEDRIS）实现不同系统之间环境信息的交互。陆战模型的主要功能包括：

① 实现与训练 C^4I 系统的互联；

② 实现与各种真实、虚拟及推演模拟系统的互操作；

③ 具有灵敏的数据库驱动环境描述；

④ 能够提供一个广阔的作战空间环境；

⑤ 能够连接多个分散单元节点，实现分布式模拟。

4）信息战模型

JSIMS 的信息战组件为 JQUAD+，由 CACI 为国防部开发，是一组支持联合训练的信息战模型。CACI 是联合电子战中心（Joint Electronic Warfare Center，JEWC）的联合电子战模拟项目（Joint Electronic Warfare Simulation）的主要承包商。随着信息技术的发展以及联合作战需求的变化，CACI 将 JQUAD+的一些功能拓展到 JSIMS 系统，主要功能包括机载情报侦收功能、电子战功能、远距离干扰和自卫式雷达干扰功能等。

JQUAD+主要包括五个模块，其基本结构如图 8-24 所示。

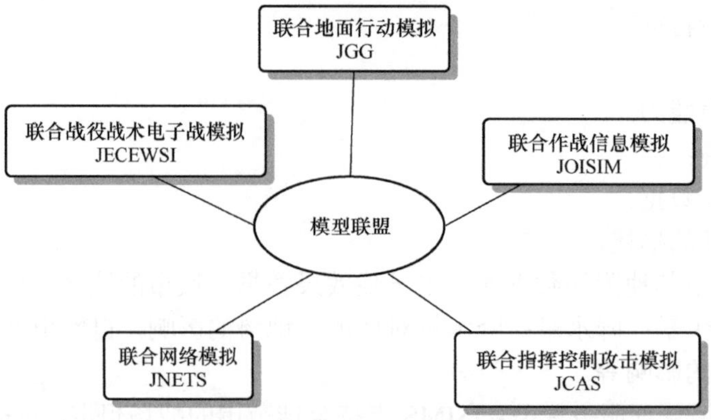

图 8-24　JQUAD+体系结构

5）非军事环境模型（CEM）

在作战中，除了指挥部队作战，指挥员有一个更重要的任务，即考虑敌方基础设施和敌方对我方基础设施、后勤民用设施进行战略攻击的长期效果。这些战略攻击的效果有时不会立即显现出来，但对战争具有决定性的影响。打击敌方的后勤补给等基础设施，削弱敌方的后勤补给能力，以此来影响敌方作战决策的制定，是作战的重要方式和手段。

JSIMS 的非军事环境模型 CEM 主要模拟基础设施结构对战争的影响。CEM 模型包括石油、润滑剂、电力、食品、水、武器弹药、通信带宽等描述模型，每个模型都可以模拟存储、运输、生产和消耗四类要素。这些要素可能被损坏，同时会导致所模拟的这种要素相关联的物流量的减少。CEM 包含自动化的战场空间实体 BSE，由 BSE 来发布对某一物品的需求。CEM 模型不对战场空间进行任务物理描述，不描述任何作战行动，也就是说该模型不是通过火力的进攻、打击、破坏等行为而引起作战物资的输送。

8.4.3　联合建模与仿真系统（JMASS）

1. JMASS 概述

JMASS 项目是在美国空军电子战数字评估系统（ECDES）的基础上发展起来的，由于其良好的体系结构和一系列的标准，后来逐渐扩展到美军各军种，建立了多军种通用的体系结构和相关标准。

1）JMASS 的概念和发展

20 世纪 90 年代初，用于结构与分析的计算机模拟系统大量涌现，相应的问题也随之而生：由于各种模拟系统包含大量的人工界面，缺乏统一的结构和数据标准，不能通过网络互相访问和操作，因此各个模拟系统得出的结果往往不一致，不可靠。在此情况下，美国国防部资助开发 JMASS，用于支持武器系统采办过程的模拟系统。

从 1991 年开始，美国和海、陆、空三军分别进行了 JMASS 的研究和实验，包括海军的 Simulation and Modeling Supporting Operational Needs（SAMSON）的计划、陆军的 Tank Tactical Information Control System（TACTICS）以及空军的 AF JMASS。其中，空军的 AF JMASS 主要提供一个灵活的面向对象的模拟基础设施，可以协助仿真方法者和分析者开发数值化模型，配置和执行模拟系统以及分析模拟结构。它支持从简单的解析模拟到有高保真度的现实世界仿真模型等各种保真度的模型等级。因此，美国国防部对它做出了很高的评价，认为其在实现方面比 SAMSON 和 TACTICS 更为成熟。

JMASS 项目的发展主要划分为两个阶段。1998 年以前由美国空军负责开发，主要针对空军的需求进行研制。1998 年以后，由国防部牵头、空军为主来开发面向多军种应用的系统。JMASS 联合项目办公室（JPO）于 1998 年 10 月在俄亥俄州的怀特—帕特森空军基地正式成立；1999 年 1 月，在 JMASS 项目各合作伙伴的帮助下，JPO 开始为 JMASS 确定采办策略，到了 1999 年 6 月，JMASS 项目办公室发布了它的需求建议。1999 年 10 月开始下发合同。

1993 年 1 月发布 JMASS 1.0 版，1993 年 10 月在 DMSO 的资助下发布了 JMASS 2.0 版，1996 年 9 月 JMASS 3.0 版发布，1997 年 12 月发布 JMASS 3.2 版，2000 年 1 月推出 JMASS 98 V1.2 版，2001 年 6 月推出了 JMASS 5.1 版，2002 年 9 月发布了 JMASS 6.0 版，它提供了对先期系统设计功能（IOC）的演示，而且还包含对 HLA 的兼容性的支持。

2）JMASS 的设计目标

JMASS 系统的目的是在提供可重用的建模和仿真库（MSRL）的同时，开发出一个标准的数字化建模与仿真体系结构和有关工具集，以支持对武器系统的分析、开发、采办以及测试与评估。用于作战分析的模拟系统主要划分为三个层次：战役或战区级（Campaign）、任务级（Mission）以及工程设计和战术级（Engagement & Engineering）。其中，JSIMS 主要面向作战参谋人员的训练。JWARS 则侧重于战区或战役级系统的分析，而 JMASS 为战术级模拟提供公共的作战模拟机构，主要针对底层的工程设计和战术级系统的分析，根据高分辨率对象间的交互实现对系统或子系统性能的分析。

按照 JMASS 的设计需求，其主要设计目标和功能包括：

（1）采用基于对象的设计以支持组件的重用。

（2）采用领域专家提出的“分布式模型开发”策略。

（3）采用即插即用的软件体系结构来连接有关的工具和模型。

（4）采用一系列工具来支持对符合体系结构标准的模型组件的开发。

（5）建立符合通用的软件结构模型（SSM）的对象模型。

（6）建立模型和组件的资源库。

（7）能够在主流的工作站（SUN、SGI 等）上运行。

（8）采用开放式体系结构以支持兼容 UNIX 操作系统。

（9）在异构平台网络上发布执行。

（10）提供与现有标准的接口（如 DIS、HLA）。

（11）实现与国防部和各军种需求一致的 VV&A 过程。

（12）提供环境建模以支持全频段的分析（如 RF、IR、EG 以及可见光的）。

实际上，JMASS 是为作战模拟的开发、执行和后期处理提供一个作战模拟体系结构，强调的是共享、可重用和互操作性，它具有良好定义的建模接口标准。JMASS 包括一组工具集，以帮助建模人员建立和配置模型，并将这些模型集成到模拟系统执行和对模拟运行结果进行处理。

3）JMASS 的优点

作为底层基于战术级的建模与仿真系统，JMASS 的优点主要体现在以下方面：

（1）提供了一组用于开发、执行和分析的工具。

（2）通过可重用减少了系统的代价。

（3）提供了开放的、可扩展的体系结构。

（4）在对 JMASS 模型无须改动的情况下，提供了统一的功能。

（5）JMASS 能够得到充分的技术支持，并提供相应的培训。

2. JMASS 体系结构

JMASS 的体系结构主要包括三个部分：①模型标准，其中包含可重用的软件结构化模型（SSM）和模型应用编程接口（API）；②模拟支撑环境，包含模拟引擎、可视化开发工具、后处理、分析和批处理工具以及商业上可用的软件和传统的工具接口等；③模型库和资源库，其中包含本地模型和数据库以及建模与仿真资源库。

1）JMASS 系统组成

JMASS 是一个开放系统的体系机构。在 JMASS 2.0 中，包括一个称为模拟支撑环境的互联底板工具（SSE IBP），它采用具有单一接口（Cul-de-Sac）的模型，每一个具有单一接口的模型表示一个工具，也称为代理（Agent）。每个代理或工具作为客户 / 服务器在底板上注册，注册后的工具可以为其他工具提供服务，而底板则维护在其上注册的工具，这些工具可以提供服务或者请求服务。

如图 8-25 所示，JMASS 由 4 大部分组成，分别是系统的体系结构、已有模型功能的集成、红方威胁模型以及蓝方数字化系统模型。

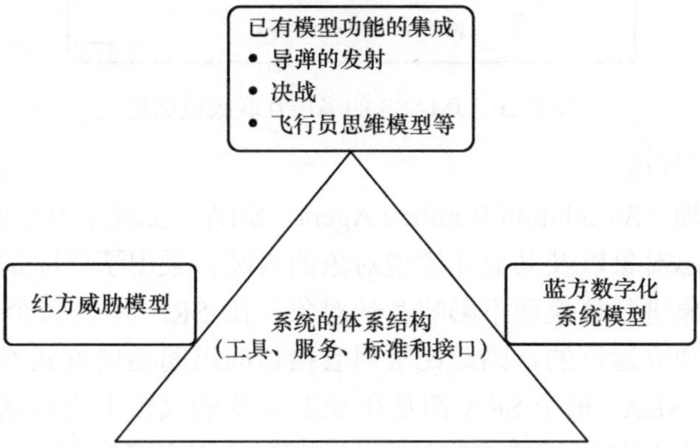

图 8-25　JMASS 系统的 4 个组成部分

2）5 种工作模式——主组件

按照应用功能划分，JMASS 系统由 5 种工作模式组成，分别为开发模式、装配模式、配置模式、执行模式和事后处理模式。这 5 种工作模式也可以看作为 JMASS 的主组件，其中，开发模式、装配模式为开发人员提供了构造模型对象、对象层次以及表达数据流的可视化环境，使得模型开发人员可以将他们的注意力集中在算法的实现上，而不是在软件方面；配置模式则为开发者和分析者提供决定模拟特性的能力。通过交互式配置工具给模型组件分配属性；执行模式则执行所选择的模拟，其功能包括时间同步、空间管理、模拟日志、数据管理、地形表达、环境表达、动态分解等；后处理模式则是在模拟执行完成之后，利用可视化工具来帮助分析结果，可以对用户感兴趣的静态或动态信息进行可视化显示以及回放。

3）互联底板结构

在 JMASS 中，互联底板体系结构（Interconnect Backplane Architecture，IBP）提供了动态添加新工具的扩展能力，如图 8-26 所示。IBP 由 3 个“即插即用”层次组成，最上面一层是模拟支撑环境互联底板层（SSE IBP），属于工具交互层，采用了基于 CORBA 的消息代理结构。SSE IBP 解决了服务提供者的定位问题；中间一层则是模拟运行时代理 IBP（SRA IBP）。在运行模拟系统时，模拟小组在这里被连接，每个小组由一个或多个称为“模拟成员”的模拟对象、实体以及必要的执行组件构成；最下面一层称为“模拟成员层”，描述模型对象的连接。

在 JMASS 3.0 中，为了支持 Internet 和处理器间的通信，IBP 发展成为多层结构，增加了网络层、套接层、统一消息发送层（UMP）和 IBP API，采用 UDP、TCP 等工业标准，其中 UMP 层还包含了数据转换和 TCP 边界划分，解决了处理器依赖的问题：实现了多点传送和组播传送。

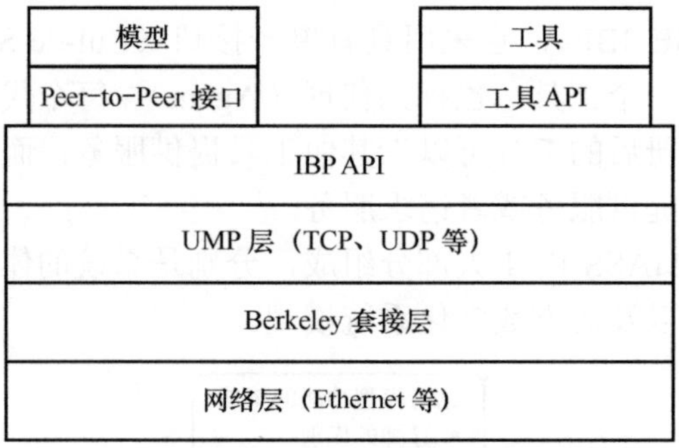

图 8-26　JMASS 的多层互联底板结构

4）模拟运行时代理

模拟运行时代理（Simulation Runtime Agent，SRA）实现了对空间对象、时间对象、数据管理对象、日志对象以及其他非模型对象的封装。采用了“即插即用”的结构，可以对其中的任一对象进行替换而不影响其他对象。在 SRA 中，每个模拟小组（Team）都是在共享内存中独立运行的，因此比采用套接口的组间通信方式速度更快一些。一个 JMASS 可以有多个 SRA，每个 SRA 都是在 SSE 层次的底板上进行通信。SRA 的结构如图 8-27 所示。基础代理执行特殊响应是静态连接的，在模拟过程中一直起作用，而应用代理则是动态连接的，它们通过 SSE IBP 进行通信，并向用户提供模块化的服务。

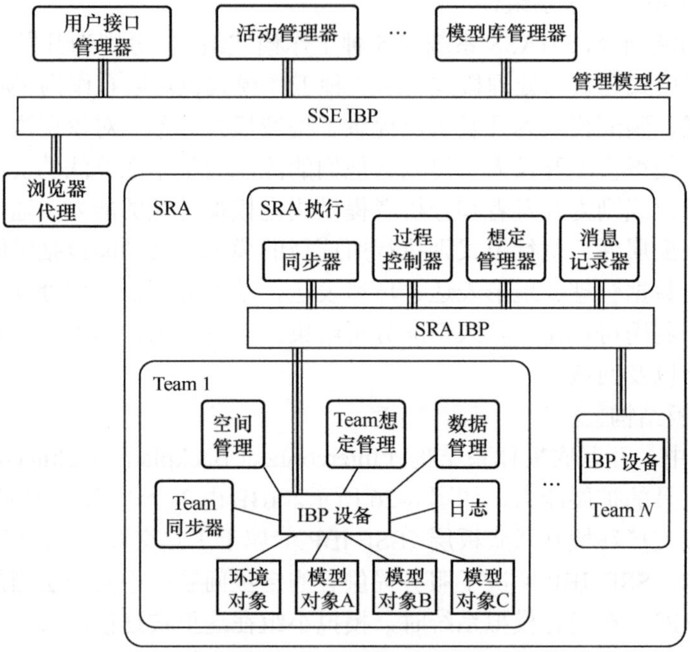

图 8-27　SRA 结构示意图

针对 JMASS 的模拟支撑环境 SSE 中的 IBP，可以采用不同的技术参考模型来实现。例如，HP 的 Softbench、IEEE P1175、阿瑟顿背板（Atherton Backplane）或者对象管理小组（OMG）的 CORBA 等技术方式。SSE IBP 能够将在它上面注册的代理和系统中的其他代理的信息进行分离，其结构如图 8-28 所示。

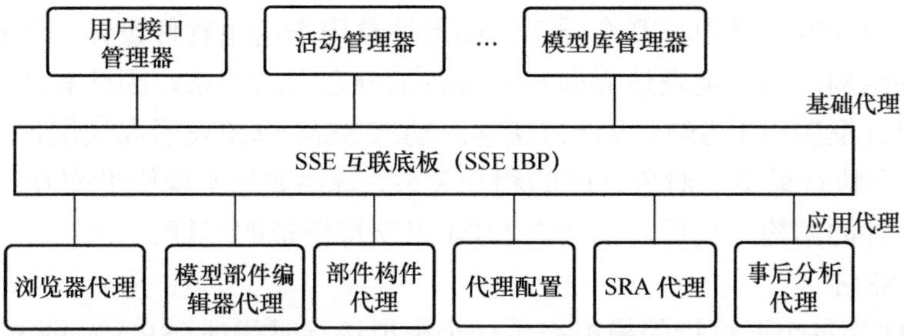

图 8-28　JMASS SSE 中的代理模型

JMASS 采用的是分布式架构方案。其设计目标之一就是能在异构的分布式网络上运行，包括对硬件在回路和人在回路的支持；另外，JMASS 还能够提供对 DIS、ALSP 以及 HLA 等协议接口的支持，能够实现与基于 HLA 的仿真联邦的无缝集成。目前，已实现了 JSIMS 和 JWARS 通过 HLA 技术进行集成的例子，其中，指挥人员和参谋一级的训练由 JSIMS 来完成，而对行动方案的模拟由 JWARS 来完成。

3. JMASS 模型

通常，JMASS 中的模型被看作运行角色（Player），主要指客观世界存在的物理对象，如飞机、雷达、导弹、电子对抗（ECM）系统以及导弹导引头等。JMASS 支持多种不同的分辨率等级，其中，JMASS 模型的分辨率等级可以进行选择以适应将要运行的想定环境。同时，JMASS 允许模型的分辨率等级在仿真应用中发生改变，也允许模型自身内部的分辨率发生改变。JMASS 所提供的 API 足够灵活，它能够处理从高到低不同分辨率的模型并把它们集成在同一个仿真应用中。模型的分辨率等级在很大程度上影响了 JMASS 仿真应用执行的速度，其中，JMASS 的引擎（体系结构）所占用的开销较小，运行时间主要由仿真应用中所包含的模型的数量和分辨率的等级来确定。

JMASS 中的模型可分为数字系统模型（Digital System Model，DSM）、环境模型和辅助模型三类。其中，数字系统模型一般又分为友军（蓝军）模型和敌军（红军）威胁模型。敌军威胁模型由相关的情报中心来开发和进行有效性验证，它们在 JMASS 中一般都是“即插即用”的，不需要开发额外的代码。同时，HLA 提供了一种机制可以实现这些敌方威胁模型同其他 JMASS 仿真应用或一些非 JMASS 仿真应用进行互操作。

JMASS 模型中的环境模型实现了仿真过程中的环境建模，它主要针对仿真应用中所涉及的具体传感器感兴趣的环境。目前，JMASS 具有一个射频 RF 领域的环境模型，主要用来处理雷达导引的武器系统和传感器，在 JMASS 的总体运行设计目标中还包含针对红外和水下领域的环境模型。

1）软件结构模型

软件结构模型（SSM）模型是从 DARPA 的软件工程协会的对象连接修正模型和领域特定软件体系结构发展而来的。SSM 模型的设计方法的早期应用是 SSE 的组件开发模式，但也用于装配和执行模式。所有组件和模拟成员的生成都是和 SSM 定义的结构以及组成模拟的标准执行组件相一致的。方法学合并了一组标准结构化模板来开发在标准体系结构模架下可执行的建模组件。标准结构化模板称为静态 SSM，而标准系统结构框架称为动态 SSM。静态 SSM 用作开发环境下的模型软件结构的图形表达，而动态 SSM 用来表达 SSE 的执行部分。

在 SSM 设计方法学中，几个层次的图形抽象用来沟通软件设计。一种类型的框图表达单个组件结构，另一类表达界面和系统各部分之间的关系。因此有两个基本级别的软件结构的设计框图用于 SSM 设计方法学。动态 SSM 框图表示高级组件之间（如模拟成员）集它们和执行模拟的对象之间的相互关系，解决如何实现模型交互；静态 SSM 表示单个模型组件的结构。最后，用动态 SSM 来支持模拟的运行。

2）动态 SSM

动态 SSM 为每个要执行的模拟产生一个模拟运行时代理（SRA），图 8-29 是 JMASS 的执行模式模拟操作的动态 SSM 的框图，描述 SRA 的结构组成。它不仅表示显示组件的结构组成，还说明 SRA 的执行时软件主体部分的关系。在图的上方是执行级 SRA 组件，在共享区底部是建立称为 Team 的可执行过程的软件组件，Team 是作为和其他 Team 以及 Team 和 SRA 通过运行互联底板 IBP 通信的独立可执行过程。图 8-29 显示了动态 SSM 的关键组成部件，包括模型组件（MC）、过程控制器（PC）、想定管理（SM）、空间管理（SPA）、同步（SYN）、运行互联底板（IBP）、环境模块、日志、特性管理器和数据管理包（DMP）。

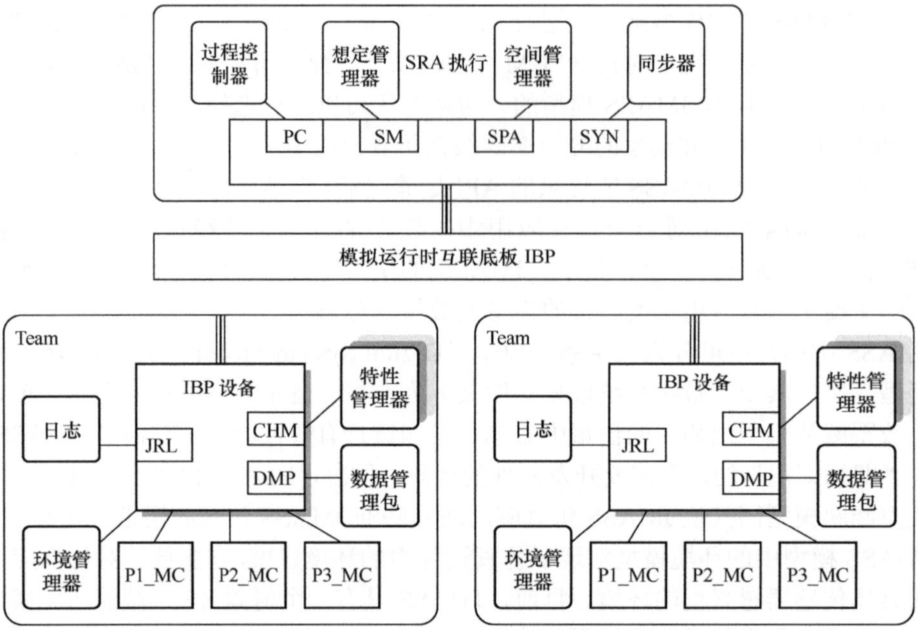

图 8-29　动态 SSM 示意图

模拟成员（P1-MC，P2-MC，P3-MC），Team 组件和 SRA 之间的标准接口界面是 IBP，模拟成员之间通过服务 IBP 实现交互；不同 Team 之间的模拟成员的交互通过模拟运行 IBP 时进行。服务 IBP 描述操作的概要，由 Team 服务组件完成，而运行时 IBP 负责高层信息传输。过程控制器负责启动模拟请求运行的可执行过程（如 Team），同时在模拟的运行中监控这些过程。想定管理器负责调出选定的想定描述。空间管理器负责跟踪所有模拟成员的空间状态，如果有多个 Team 存在，空间管理器也可以分布地跨越各个 Team ，使用广播方式更新相应的 Team。同步器负责时序控制。如果有多个 Team 存在，同步器也可以分布地跨越各个 Team，分别负责本地 Team 和所有 Team 之间的全局时间同步。数据管理包 DMP 处理组件之间的数据流，特性管理器负责将数据类型转换到标准的 DMP 处理的数据类型。DMP 提供模拟成员内数据传送的标准数据操作，由模拟成员的内部时钟同步。环境模块负责传送各种电、磁、光信号。日志有选择地处理和保存数据以供进一步分析。例如，一个电信号通过天线输出到 P1-MC、P2-MC 所在 Team 的 DMP 被设置，设置触发环境模块，环境模块通过模拟成员和环境之间的端口将该信号传送到相应的模拟成员。该模拟成员就可以根据情况修改其状态。在模拟成员不在同一个 Team 的情况，DMP 通过运行时 IBP 交换数据。

3）静态 SSM

模型组件是单个对象或对象组合的软件描述，是进行模拟的单个建模部件。模型组件是自包含的，只需要从外部控制它的执行。它必须能在不同的硬件环境中运行并清楚地表达现实世界对象，在理想情况下，它能在实验环境中被现实世界的对象所替代。从软件物理结构的观点来看，模型组件是一些软件程序包和一个作为主程序包的集合。

静态 SSM 用于表达模型组件的结构以及它与其他 SRA 结构的关系。静态 SSM 的结构如图 8-30 所示。图 8-30 中，在主程序包边上的过程，对其他组件以及和模型组件接口的系统对象都是可见和可用的。在服务 IBP 程序包边上的过程是输出操作，它描述模型组件和服务 IBP 的接口界面。

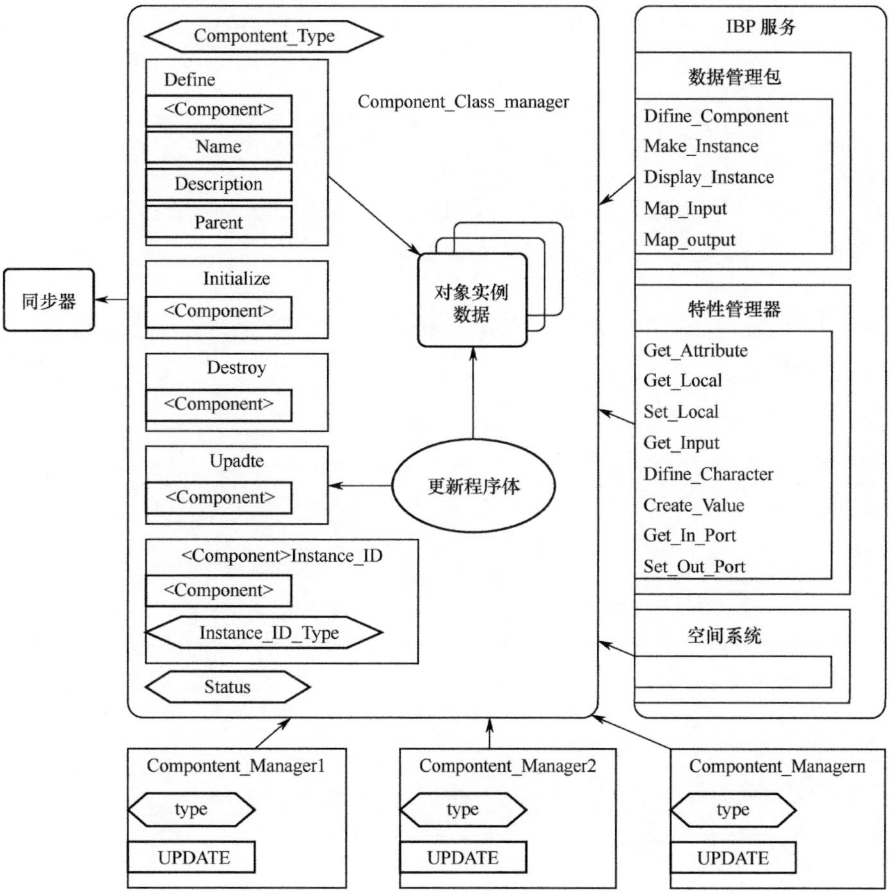

图 8-30　静态 SSM 结构

模型组件由同步器触发后，更新过程从 DMP 输入所需要的附加信息来更新模型组件的状态并将相应的数据返回 DMP。一旦与之相连的其他组件的接口界面上出现从 DMP 来的数据，就将它存入 DMP。这样，在模型组件之间的所有数据传输都是通过 DMP 实现的。为了更新模型组件的状态，更新过程时序定时触发相应的装配（元素）软件包（图 8-30）更新模型组件。更新后模型组件的状态再返回给 DNP 存储并提供给其他模型组件使用。在预先确定的同步时间，描述模型组件状态的数据被日志管理器永久存储，以便分析。

第9章 9 作战模拟的新技术

作战模拟是一门综合性的应用技术，在现代军事科技日益发展的同时，作战模拟也面临着许多新的要求，如提高系统的逼真度、可靠性，提高建模与仿真的效率，改进作战模拟系统的体系结构，改善作战模拟系统的沉浸感，实现大规模仿真等，为了满足这些要求，学者们提出了一系列的技术方案，以期能够在沉浸感、交互性、系统建模仿真等方面使作战模拟系统能够更加贴近实际的战争。这些技术代表了作战模拟发展的趋势。信息技术和计算机技术的发展，为作战模拟的创新奠定了扎实的基础，只有充分利用最新的技术成果，才能够更好更快地为提高部队的实际作战能力服务。

9.1 虚拟现实技术

虚拟现实（Virtual Reality，VR）是一种采用计算机技术为核心的现代高新技术，可以生成逼真的视、听、触觉一体化的特定范围的虚拟环境（Virtual Environment，VE），用户可借助必要的设备以自然的方式与虚拟环境中的对象进行交互作用、相互影响，从而产生亲临等同真实环境的感受和体验。

然而，自从计算机诞生以来，传统的信息处理环境一直是以计算机为中心，是“人适应计算机”，从而在很大程度上制约了人们以计算机为工具认识和改造世界的能力。要实现以人为本，让“计算机适应人”，必须解决一系列技术问题，形成和谐的人机环境。虚拟现实技术就是解决这一类问题的方法之一。

1965 年，美国 DARPA 信息处理技术办公室（IPTO）主任 Ivan Sutherland 发表了一篇题为“The Ultimate Display”的论文。文章指出，应该将计算机显示屏幕作为“一个观察虚拟世界（Virtual World）的窗口”，计算机系统能够使该窗口中的景象、声音、事件和行为非常逼真。Ivan Sutherland 的这篇文章给计算机界提出了一个具有挑战性的目标，人们把这篇论文称为是研究虚拟现实的开端。

1968 年，Ivan Sutherland 在麻省理工学院（MIT）的林肯实验室研制出第一个头盔显示器（Head-Mounted Display，HMD）。这个采用阴极射线管（CRT）作为显示器的 HMD 可以跟踪用户头部的运动，当用户移动位置或转动头部时，用户在虚拟世界中所在“位置”和应看到的内容也随之发生变化。人们终于通过这个“窗口”看到了一个虚拟的，物理上不存在的，却与客观世界的物体十分相似的“物体”。

看到虚拟物体的人进一步想去控制这个虚拟物体，去触摸、移动、翻转这个虚拟物体。1971 年，Frederick Brooks 研制出具有力反馈的原型系统 Grope-Ⅱ，用户通过操纵一个机械手设备，可以控制“窗口”里的虚拟机械手去抓取一个立体的虚拟物体，并且人手能够感觉到虚拟物体的重量。1975 年，Myron Krueger 提出“Artificial Reality”（人工现实）的概念，并演示了一个称为“Videoplace”的环境。用户面对投影屏幕，摄像机摄取的用户身影轮廓图像与计算机产生的图形合成后，在屏幕上投射出一个虚拟世界。同时用传感器采集用户的动作，来表现用户在虚拟世界中的各种行为。

不断提高的计算机硬件和软件水平，推动着虚拟现实技术不断向前发展。1985 年，加州大学伯克利分校的 Michael McGreevy 研制出一种轻巧的液晶 HMD，并且采用了更为准确的定位装置。同时，Jaron Lanier 与 J. Zimmerman 合作研制出一种称为 DataGlove 的弯曲传感数据手套，用来确定手与指关节的位置和方向。1986 年，美国航空航天管理局 NASA 的 Scott Fisher 等人，基于 HMD 和 DataGlove 研制出一个较为完整的虚拟现实系统 VIEW（Virtual Interactive Environment Workstation），并将其应用于空间技术、科学数据可视化和远程操作等领域。

基于 20 世纪 60 年代以来所取得的一系列成就，美国 VPL 公司的创建人之一 Jaron Lanier 在 80 年代初提出了“Virtual Reality”一词，简称为 VR，中文译为“虚拟现实”或“灵境”。

9.1.1 虚拟现实的概念、特征及其构成

1. 虚拟现实的概念

虚拟现实是一种由计算机和电子技术创造的新世界，是一个看似真实的模拟环境，通过多种传感设备，用户可根据自身的感觉，使用人的自然技能对虚拟世界中的物体进行考察或操作，参与其中的事件；同时提供视、听、摸等直观而又自然的实时感知，并使参与者“沉浸”于模拟环境中。尽管该环境并不环绕我们，但它作为一个“逼真”的三维环境，仿佛就在我们周围。从这里可以看出，虚拟现实的概念包括了以下含义：

（1）“模拟环境”就是由计算机生成的具有双视点的、实时动态的三维立体逼真图像，逼真就是要达到三维视觉，甚至包括三维听觉、触觉及嗅觉等的逼真；而模拟环境可以是某一特定现实世界的真实实现，也可以是虚拟构想的世界。

（2）“感知”是指理想的虚拟现实技术应该具有一切人所具有的感知，除了计算机图形技术所生成的具有视觉感知以外，还有听觉、触觉、力觉、运动等感知，甚至还包括嗅觉和味觉等，也称为多感知（Multi-Sensation）。由于相关技术受到传感器的限制，目前所具有的感知功能仅限于视觉、听觉、触觉、力觉、运动等，嗅觉方面也已有了新的进展。但无论从感知的范围和精确程度都无法与人相比拟。

（3）“自然技能”指的是人的头部转动、眼睛、手势或其他人体的行为动作，由计算机来处理与参与者的动作相适应的数据，并对用户的输入（手势、口头命令等）做出实时响应，并分别反馈到用户的五官，使用户有身临其境的感觉，并成为该模拟环境中的内部参与者，还可与在该环境中的其他参与者打交道。

（4）“传感设备”是指三维交互设备（图 9-1），常用的有立体头盔、数据手套、三维鼠标、数据衣等穿戴于用户身上的装置和设置于现实环境中的传感装置（不直接戴在身上），如摄像机、地板压力传感器等。

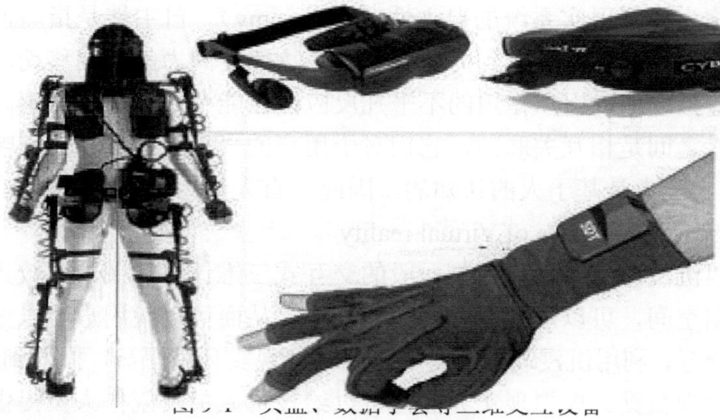

图 9-1　头盔、数据手套等三维交互设备

2. 虚拟现实的特征

虚拟现实的最主要的技术特征是沉浸感也有人称为“临境感”，或存在感（Presence）等。虚拟现实的追求目标是力图使用户在计算机所创建的三维虚拟环境中处于一种“全身心投入”的感觉状态，有身临其境的感觉，即所谓“沉浸感”。在这个环境中的一切，看上去是真的、听起来是真的、动起来也是真的，一切感觉逼真。能让用户感觉到自己是虚拟环境中的一个部分，感到被虚拟景物所包围，可以在这一环境中左顾右盼、自由走动，与物体相互作用，如同在现实世界中一样，这种使用户感到作为一个主角沉浸于模拟环境中的真实程度，对理想的模拟环境应该达到使用者难辨真假的程度。如可视场景应随着视点的变化而变化，有比现实更逼真的照明和音响效果等，甚至比真的还“真”。

导致“沉浸感”的原因是用户对计算机环境的虚拟物体产生了类似于对现实物体的存在意识或幻觉。为此，虚拟现实必须具备 3 种基本的技术要素，如图 9-2 所示。

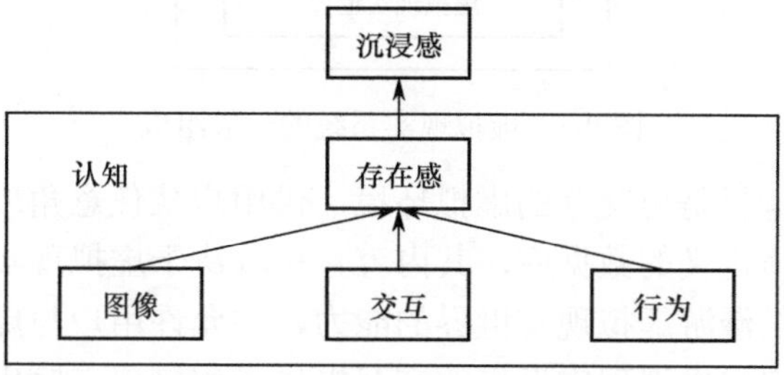

图 9-2　虚拟现实的技术要素

（1）图像（Imagery）：虚拟物体要有三维结构的显示，其中包括主要由以双目视差、运动视差提供的深度信息；图像显示要足够大的视场，造成“在图像世界内观察”而不是“窗口观察”的感觉；显示画面符合观察者当前的视点，能跟随视线变化；物体图像能得到不同层次的细节审视。

（2）交互（Interaction）：虚拟物体与用户间的交互是三维的，用户是交互作用的主体；用户能觉得自己是在虚拟环境中参与对物体的控制；能够通过不同的方式（如手语）与虚拟物体交互。

（3）行为（Behavior）：虚拟物体在独自活动时、或相互作用时、或在与用户的交互作用中，其动态都要有一定的表现，这些表现或者服从于自然规律，或者遵循设计者想象的规律，这也称为虚拟现实系统的自主性（Autonomy）。自主性是指虚拟环境中物体依据物理定律动作的程度。如当受到力的推动时，物体会向力的方向移动，翻倒或从桌面落到地面等。虚拟物体对用户作用的不平凡反应往往能令人增加信任感。

上述技术要素之间是相互关联的，它们对于用户的“存在”意识的影响，进而导致“沉浸感”的过程实际上是基于人的认知的。因此，有人认为：“心理学是虚拟现实的物理学”（Psychology is the Physics of Virtual reality）。

虚拟现实的“沉浸感”特性使它与一般的交互式三维计算机图形有较大的不同：用户可以沉浸于数据空间，可以从数据空间向外观察，从而可以使用户能以更自然、更直接的方式与数据交互，利用沉浸功能，使用户暂时与现实环境隔离，投入到虚拟环境中，从而能更真实地注视数据。虚拟现实界面也可以给技术人员及创作人员提供真实数据，以便正确地创建虚拟环境，这样有助于用户更快，更全面地分析理解数据。因此，虚拟现实技术将从根本上改变人与计算机系统的交互操作方式。

3. 虚拟现实系统的构成

虚拟现实系统一般由 5 个关键部分组成：虚拟现实世界、虚拟现实软件、计算机、输入设备和输出设备，如图 9-3 所示。

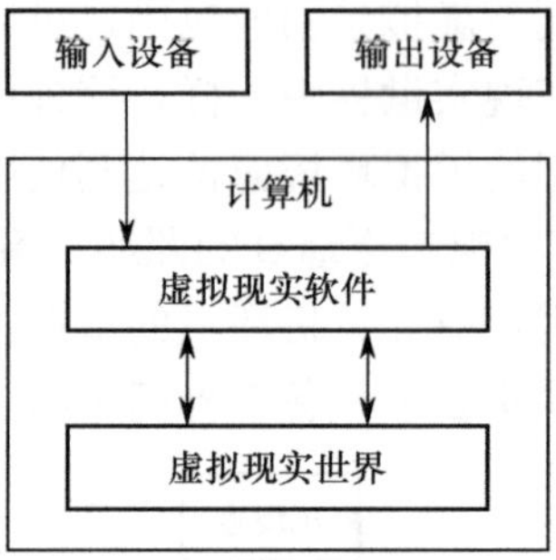

图 9-3　虚拟现实系统的一般组成

其中，虚拟现实世界是可交互的虚拟环境，供用户从任意角度进行观察，一般是一个包含三维模型或环境定义的数据库，其内容直接取决于虚拟现实系统的应用目的；虚拟现实软件为用户提供漫游虚拟现实世界的能力，并允许用户与虚拟现实世界进行实时交互；输入设备为用户与虚拟现实世界的交互提供操作接口；输出设备向用户显示当前的虚拟现实世界，反馈用户交互结果。

用户与虚拟世界的交互过程如下：用户首先激活输入设备，通过输入设备向虚拟现实软件发送交互操作命令；虚拟现实软件接收用户的输入，并对其进行解释执行，对虚拟现实世界中的对象属性进行修改，实现用户交互操作的结果，更新后的虚拟现实世界通过虚拟现实软件传递给输出设备，反馈给用户。

9.1.2　虚拟现实的关键技术

虚拟现实的关键技术主要包括实物虚化、虚物实化和高效的计算机信息处理这三个方面。

1. 实物虚化

实物虚化是将真实世界的多维信息映射到计算机的数字空间生成相应的虚拟世界。实物虚化使用户可以操作虚拟环境中的物体，突破物理空间、时间的限制，获得“超越现实”的虚拟性。它主要包括基本模型构建、空间跟踪、声音定位、视觉跟踪和视点感应等关键技术。这些技术将现实世界中各种事物的多维特性映射到计算机的数字空间生成虚拟世界中的对应事物，并使得虚拟环境对用户操作的检测和操作数据的获取成为可能。

1）基本模型构建技术

基本模型的构建是生成虚拟世界的基础，它将真实世界的对象物在相应的三维数字空间中重构，并根据系统和应用需求映射部分物理属性。不同的虚拟现实系统和虚拟现实应用有不同的建模要求。

一般来说，模型构建首先要建立对象物体的几何模型，确定其空间位置和几何元素的属性。例如，通过 CAD/CAM 或二维图纸构建产品或三维建筑的几何模型；通过 GIS 数据和卫星、遥感或航拍照片构造地形、地表模型。物体的几何模型通常用基本的几何元素（如点、线、面）和外表属性（如纹理、材质、光照）表示，其中三维模型如图 9-4 所示。

(a)　　　　(b)

图 9-4　三维模型

几何建模从视觉的角度表征了对象物体的几何特性。为了增强虚拟环境的真实感和逼真性，还应建立对象物体的某些物理特性模型和行为规则模型。物理特性和行为规则建模是以一定的方式和方法给对象物体赋予质量、动量、冲量、转动惯量、材料等物理属性，并使物体的运动在虚拟环境中遵循物理运动学和动力学规律。当现实世界中的某些特别对象或现象很难用几何模型和物理模型准确地刻画时，必需根据具体情况采用一些特殊的模型构建方法，如粒子模型、多层天气模型等。

2）空间跟踪技术

虚拟环境中的空间跟踪主要是通过三维空间传感器来实现的。头盔显示器、数据手套、数据衣等交互设备上往往装有用于跟踪的空间传感器，以确定用户的头、手、躯体或其他操作主体在三维虚拟环境中的位置和方向。

跟踪系统一般由发射器、接收器和有关的电子部件组成。目前的跟踪系统有电磁、机械、光学、超声等几类。例如，低频磁场式传感器，其低频磁场由传感器的磁场发射器产生，发射器由 3 个正交的天线组成，接收器安装在用户身上（如头、手和躯体），其中也装有一组正交天线。根据接收器所接收到的磁场，可计算出接收器相对于发射器的位置和方向，通过电缆将数据传送给计算机，从而实现对用户的跟踪。

数据手套是虚拟现实系统常用的人机交互设备，它可测量出手的位置和形状从而实现虚拟手及其对虚拟环境中虚拟物体的操纵。Cyber Glove 数据手套的每个手指上有 3 个弯曲传感器和 1 个扭曲传感器，手掌上有 1 个测量手掌弯度的传感器和 1 个测量手掌弧度的传感器，其交互信息可以较为准确地确定手及各个关节的位置和方向。

3）声音跟踪技术

利用不同声源的声音到达某一特定地点的时间差、相位差、声压差等进行虚拟环境的声音跟踪是实物虚化的重要组成部分。声波飞行时间（time-of-flight）测量法和相位相干测量法是两种可以实现声音位置跟踪的基本算法。在小的操作范围内进行声音跟踪，声波飞行时间方法能表现出较好的精确度和相应性。随着操作范围的扩大，声波飞行时间方法的数据传输率降低，使得归类误差的校正能力变差，易受伪声音的脉冲干扰。相位相干方法本质上不易受到噪声干扰，并允许用于过滤的冗余数据存在且不会引起滞留。但相位相干方法不能直接测量距离而只能测量位置的变化，易受累计误差的干扰。

声音跟踪一般包括若干个发射器、接收器和控制单元。它可以与头盔显示器相连，也可以与数据衣、数据手套等其他设备相连。利用不同声源的声音到达某一特定地点的时间差、相位差、声压差等进行虚拟环境的声音跟踪是实物虚化的重要组成部分。测量位置变化的相位相干测量法和较小操作范围内的声波飞行时间测量法是两种可以实现声音位置跟踪的基本算法。

4）视觉跟踪与视点感应技术

实物虚化的视觉跟踪技术使用普通的视频摄像机或 *X-Y* 平面阵列，利用环境光或者由位置跟踪光源发出的光在图像平面不同时刻和不同位置上的投影，计算被跟踪对象的位置和方向。它的实现必须考虑精度和操作范围之间的权衡选择。视觉中的光学效果可能由于虚假光线、表面模糊和遮挡造成损失并导致精度降低和误差上升。采用多发射器和多传感器的设计能增强视觉跟踪的准确性，但使系统变得复杂并且费用增加。

视点感应可以采用装在眼镜边框上的简单设备，也可以基于电子肌动之类尖端技术。一般来说，视点感应必须与显示技术相结合，采用多种定位方法确定用户在某一时刻的视线。较为常见的视点感应方法有眼罩定位、头盔显示、遥视技术和基于眼肌的感应技术。例如，将视点检测和感应技术集成到头盔显示系统中，使飞行员仅靠“注视”就可以在某些非常时期操纵虚拟开关或进行飞行控制。

2. 虚物实化

虚物实化是将计算机生成的虚拟世界中的事物和作用反馈到真实世界中。虚物实化使用户能够感知产生于虚拟世界的各种逼真刺激，产生等同真实环境的“沉浸”感。它的主要研究内容是确保用户在虚拟环境中获取视觉、听觉、力觉和触觉等感官认知的关键技术。

1）视觉感知

虚拟环境中大部分物体或现象，可以通过多种途径使用户产生真实感很强的视觉刺激。例如，CRT 显示器、大屏幕投影、立体眼镜和 HMD 等显示设备，为用户提供多种精度、不同方式的视觉感知。同时，为了使用户产生立体的视觉感知，根据人眼产生立体图像的原理，使用户通过左、右眼看到有视差的两幅平面图像，并在大脑中将它们合成而产生具有立体效果的虚拟物体。目前，正在研究中的有基于激光全息计算的立体显示技术和华盛顿大学适人化界面技术实验室的一种用激光束直接在视网膜上成像的显示技术。

头盔显示是许多虚拟现实系统经常采用的显示方式，但是不同的 HMD 具有不同的显示技术，所以应该根据自己的需求选取合适的显示方式。由于头盔显示技术种类繁多，原理也各不相同，在此无法逐一叙述，根据光学图像被提供的方式，头盔显示设备可分为投影式和直视式。

2）听觉感知

听觉是仅次于视觉的感知途径，它向用户提供的辅助信息可以加强视觉感知，弥补视觉效果的不足，增强环境逼真度。沉浸于虚拟环境的用户所感受的三维立体声音，有助于用户在操作中对声源定位。传统声音模型的定位是根据声源到达听者两耳的时间差（ITD）和声源对左、右两耳的压力差（IID）来定位的。传统声音模型无法解释单耳定位，即有一只耳朵完全丧失了听觉功能的人对声音的分辨。现代声音模型侧重于用头部相关传递函数（Head-Related Transfer Function，HRTF）来描述声音从声源到外耳道的传播过程，这一过程可以支持单耳定位。HRTF 主要用滤波的方法来模拟头部效应、耳廓效应和头部遮掩效应。

3）力觉和触觉感知

力觉感知主要通过交互设备对手指产生运动阻尼而使用户产生受力的感知，阻尼的大小一般由被抓物体的物理属性决定。目前已有一些支持力反馈的数据手套和操纵杆设备，可在一定程度上使用户感受到反作用力的方向和大小。

如果没有触觉的反馈，当用户接触到虚拟世界的某一物体时容易使手穿过物体。解决这种问题的方法首先是在虚拟环境中实现各种碰撞检测，进一步可在交互设备中增加触觉反馈。触觉反馈主要是通过视觉、气压感、振动触感、电子触感和神经肌肉模拟等方法来实现的。电子触感反馈是向皮肤反馈频率和宽度可变的电脉冲，而神经肌肉模拟反馈是直接刺激皮层。这两种方法的最大问题是安全性。相对而言，目前使用较多的是气压式和振动触感式触觉反馈方法。

3. 高效的计算机信息处理

高效的计算机信息处理，包括信息获取、传输、识别、转换，涉及理论、方法、交互工具和开发环境等，是实现实物虚化和虚物实化的手段和途径。

虚拟现实是以计算机技术为核心的现代高新科技，高效的计算机信息处理技术是直接影响虚拟现实系统性能的关键。无论是将现实世界中的多维信息映射到计算机的数字空间，生成虚拟世界，或是根据系统需求对虚拟环境中的各种信息进行高效准确的计算和处理，还是将计算机生成的虚拟世界所表现出的各种刺激反馈给用户，都有赖于高效的计算机信息处理技术。

一般来说，虚拟现实中高效的计算机信息处理需要高计算速度，强处理能力，大存储容量和强联网特性等特征。由于涉及的关键技术很多，难以逐一详细叙述，下面对最主要的有关虚拟现实中高效计算机信息处理技术的研究进行介绍。

（1）服务于实物虚化和虚物实化的数据转换。接收从各种传感器和输入设备输入到虚拟环境的多维信息数据，并为进一步的高速计算作初步的预处理（如多种信息数据的融合）；将抽象的计算处理结果形象化并发送给各种输出设备，使用户获得相应的感知。

（2）实时、逼真图形图像生成技术。虚拟环境的大部分对象物体具有一定的三维几何模型，图形图像的生成主要是计算和处理模型中的几何元素（点、线、面、体）和外表属性（颜色、材质、纹理、光照），并将结果映射到相应的可视化设备，为用户提供视觉感知。图形系统的实时性直接影响到虚拟环境的真实性，虽然高档 CIG（Computer Image Generator）每秒可以绘制上百万个多边形，但在较低档硬件平台上运行或者采用开销较大的图形方法（如光线跟踪、辐射度技术）加强视景逼真性时，必须考虑高效的图形绘制技术。

（3）声音合成与空间化技术。当虚拟环境中一定区域内同一时刻存在多种声音时，必须将各种声音合成，计算出声音的方向和大小后反馈给用户。

（4）数据管理。主要指虚拟环境中数据库的生成，各种信息数据的融合、数据间的转换、数据压缩和数据的标准化研究。

（5）模式识别。主要研究命令识别和语音识别，人面部表情信息的检测、跟踪和识别，手势的检测、合成和识别等。

（6）人工智能方面的研究。如各种应用领域内的专家系统、自组织神经网、遗传算法等。

（7）网络、通信、分布式和并行计算技术。

9.1.3 虚拟现实技术的军事应用

虚拟现实技术是一个综合性很强的有着巨大应用前景的高新科技。已引起政府有关部门和科学家们的关心和重视。国家攻关计划、国家“863”高技术发展计划、国家“973”重点基础研究发展规划和国家自然科学基金会等都把虚拟现实技术列入了重点资助范围。

目前，随着科学技术的飞速发展，军事作战模拟仿真技术出现了新的飞跃。通常作战模拟分为实地军事演习、现场实验、沙盘作业、图上作业、战争对策、计算机模拟仿真和分析模拟仿真。其中计算机作战模拟仿真运算速度快、准确、科学、可靠性强、损耗代价小，是一种崭新的模拟仿真方式。因此，虚拟现实技术作为一种最新的计算机人机交互技术，首当其冲应该用于军事作战模拟领域。这不仅为研究战争问题、作战的指挥和训练提供了科学方法，使研究的进程更为逼真接近实战，而且使研究结果可信，有利于作战指挥艺术和作战技能的提高。迄今为止，虚拟现实技术在军事领域中正发挥着重要的作用。它在军事教育训练、作战实验室的构建、作战分析研究、作战任务保障与评估及武器装备研制等作战模拟领域得到了极其广泛的应用。

1. 军事教育训练

虚拟现实模拟训练，就是综合运用虚拟现实技术，在视觉、听觉、触觉等方面为受训者生成一个极为逼真的未来战争虚拟环境，使受训者最大限度地得到近似实战化的训练。虚拟现实模拟，是外军于 20 世纪 90 年代开始兴起并逐步推广的一种新的现代模拟训练方式。目前，外军的虚拟现实模拟已经进入实用化阶段，广泛运用于各军兵种的单兵单装训练、作战指挥训练、战役战术训练等各个层次。从外军特别是发达国家军队的虚拟现实模拟实践看，虚拟现实模拟可以最大限度地营造逼真的战场景况，模拟未来战争的各种可能情况，使受训者最大限度地贴近实战锻炼；可以为受训者提供各种困境、危境、绝境等高危境况，全面模拟演练各种高危险性的行动，提高处理各种危险突发事件的能力。

对军事人员的战略性规划、作战和预算等方面的培训是虚拟现实的一个普遍应用领域。讨论式虚拟现实和途径式虚拟现实通常用来提高军事人员认识和理解能力。美国海军和空军对新兴的虚拟现实系统的研究尤为积极，其中 Cyber View 便是用于美国海军战斗机飞行员训练的一种虚拟环境系统。这种系统主要为飞行员提供大规模的态势强化训练，而且系统能向飞行员直观地展示出飞行错误，并允许飞行员以更佳的状态重新飞行。这样可使战斗决策者能完成战术决策的对比研究以优化战斗效果，并为军事演习提供试验台。SIMNET（Simulation Network）是从 1982 年开始由美国高级研究计划局与陆军联合开发的。SIMNET 的核心是管理、指挥和控制接口，由一个计算机主机平台相连的网络群组成，其中包括与虚拟战术作战中心的参谋监视控制的联网。最初是用来训练坦克群，主要目的是降低训练费用，同时增强安全性，减少环境破坏（是指火力攻击及坦克行驶轨迹对训练场地的破坏)。SIMNET 连接了包括美军和德军在内的两百多台坦克模拟仿真器。每台模拟仿真器作为计算机网络上的一个节点，这些分布式节点通过局域网（LAN）和广域网（WAN）连接在一起，也可通过卫星以远程网络方式连接在一起。假如将装甲兵、机械化步兵、直升机和诸如 A-10S 和 F-16S 固定翼飞机以及野战集团军防空发射阵地临时接入网络，则立即可使用高逼真度视听方法参加相互的军事演习。借助于多模拟仿真器的节点连接，班长可在各种虚拟现实战场中，以相互对抗和以敌我双方部队对抗的方式训练其部队。

利用建立在网络基础上的分布式虚拟现实系统可建立一个“虚拟教室”。在该虚拟教室中，包括控制台、键盘和显示设备的学员站相互联系并与教员站联网，各参与者都处于虚拟的战场环境之中。在分布式虚拟现实系统工作时，多兵种的合成训练最能发挥其特长。如在陆军作战中，装甲兵、机械化步兵、武装直升机和固定翼飞机以及野战集团军防空发射阵地等进入分布式虚拟现实系统后，可在高度逼真视听的虚拟环境中参与相互对抗的军事演习。由于虚拟现实技术具有特殊的“进入”功能，故虚拟现实系统不仅是战场仿真中颇为有效的训练工具，而且还可利用它建立一种强有力的多兵种合成指挥系统。在战争对策虚拟现实环境中利用大规模并行处理机的建模与仿真技术，可精确地重现战区作战态势，逼真地模拟仿真战场环境，并且增强预见性，高精度地使未预料的战术、战略进展提前发生。这样便可利用虚拟现实技术开发应用于陆空作战的战略/战术任务计划和支援系统。目前，美军正计划开发空军的任务支援系统（AFMSS）和海军的特种作战部队计划和演习系统（SOFPARS）。

采用作战虚拟现实系统进行军事训练主要包括对高、中、低级指挥员的指挥、谋略、决策水平研究；单兵和群体技能水平的训练等。雷达侦察干扰/无源干扰训练模拟仿真器，可逼真地对电子战军官及操作手进行操作方面的训练，提高受训人员的操作水平，可训练电子战人员在实战情况下的反应能力，提高受训人员在作战时的心理素质。作为军事院校的一种辅助教学的手段，这无疑是一种解决学员上机操作的好方法。某些电子设备使用寿命较短，不宜进行长时间大量操作，此时使用虚拟现实训练设备有其独特的优点。

2. 构建作战实验室

现代战争的明显发展趋势是：在高层决策制定过程中日趋强调虚拟现实的应用。现代化作战系统虚拟现实实验室的任务是对作战系统的战术和运行环境进行仿真。将虚拟现实技术引入作战系统仿真的各个阶段，将使模型的建立和验证更为简便。它能逼真地显示虚拟战场和作战过程，供军事专家制定合适的作战方案，还能模拟决策的过程，向参与者解释系统的行为机制，受到了作战指挥人员的普遍欢迎。当前对军事作战系统分析的发展可产生变革作用的一种技术，便是虚拟现实战场技术与分布式网络交互作用仿真。

美国麻省理工学院媒体实验室（Media Lab）已实现了一个作战规划的虚拟环境，可仿真战场上各种复杂的战况。对于战术型攻击训练的仿真器，则更是虚拟现实技术广泛应用的天地。如军用飞机飞行和空战的仿真器，再如海军中鱼雷快艇攻击，对海上目标或陆上目标的火炮与导弹射击，以及陆军驾驶坦克对目标的攻击，对空中目标的高射炮攻击，反坦克有线制导导弹的攻击，甚至陆军的轻武器射击等，均可使用头盔式显示器或视频眼镜获得逼真的实战效果。通过该类三维显示装置，使人“沉浸”到一个实际的战场中，加上立体声音响和一个三维/六维运动平台，可创造出有声有色的逼真虚拟战场环境。

3. 作战分析研究

为分析问题，军事界广泛采用虚拟现实技术。在战略、战役和战术层次上，利用虚拟现实和作战模拟来评估作战进程及战果（以支持分析战后或正进行的战斗）；度量武器系统的效能；为采办规划、计划和预算提供预测；同时也为实验和鉴定提供一个实验性的环境。作战模拟更趋向于高层次的作战，特别是联合作战的兵力计划、运动和使用等方面。作战模拟经常提供兵力部署的程序、后勤和作战的协调、复杂环境下武器系统的使用以及防御设施的需求的见解。另外，虚拟现实更多地用于特殊的作战分析，如特殊的作战类型和武器系统分析，并提供了一个可进行重复实验的，允许应用统计方法度量的试验环境。

4. 作战任务保障与评估

虚拟现实在作战任务保障与评估中的应用具有颇为乐观的发展前景。作战任务演练或进行实验都需要使用可重现环境和运载工具的仿真器，这样就能使人员通过熟悉可能遇到的情况、逼真的目标以及有关的不确定情况、恶劣的环境和对抗的敌人，来提高完成作战任务的可能性。任务演练可用来实验作战概念，或可形成一项训练规范。对于给定的一支能在任何地方、任何地形、面对任何类型敌人或威胁系统，而且没有在本地进行过先期训练便需要进行作战的部队，任务演练系统能发挥重要的作用。在后勤保障中，则可对各种弹药、油料、武器库存量及后勤物资供应状况进行分析和模拟。可增多系统集成的经验，空军、陆军和海军可在各种评估技术创新效果的规划中使用虚拟现实方法。

9.2 基于 Agent 的建模仿真

9.2.1 基本概念

Agent 的概念的提出最早可追溯至 20 世纪 50 年代，人工智能创始人之一的麦卡锡（McCarthy）就提出了 Agent 思想的萌芽。此后，明斯基、休依特、沃尔德里奇等许多其他知名学者从各个方面对它进行了深入的探讨并取得了很大的进展。

1. Agent

最初人工智能研究的主要技术基础是符号推理和搜索。随着计算机网络技术的发展和应用的普及，计算系统不断地向具有分布、开放特点的应用领域拓展。这样，就产生了分布式人工智能（Distributed Artificial Intelligence，DAI）分支研究领域，Agent 的概念是这一领域发展的产物。1977 年，Hewitt 的"concurrent actor model"系统中的 actor 已经具有了 Agent 的雏形。在该系统中，他提出"一个自封装，交互型的，并行执行"对象，并称为"actor"。每个 actor 都有它的内部状态，并能对来自其他 actor 的信息做出反应。Hayes-Roth 认为，智能的计算 Agent 既是人工智能的最初目标，也是人工智能的最终目标。甚至，有人将人工智能定义为计算机科学的一个分支，它的目标是构造出能够表现智能行为特征的 Agent。Agent 的概念、思想和相关研究工作成为人工智能的核心内容。随着 Agent 应用的拓展和研究的深入，人们都在提出同样的问题：什么是 Agent?

由于多学科和多应用领域相互融合的特点，对 Agent 进行定义是一个令人尴尬的问题，就像人工智能研究领域中对智能的定义，不同应用领域的人持有不同的观点。国内的研究人员甚至对 Agent 一词的翻译都无法统一，如主体、智能体、代理等。事实上，无论智能体应用在哪种领域，有一点是相同的：在解决问题的过程中，智能体与任务空间中进行局部的物理上或计算上的交互。在对从其任务空间接收到的不同局部约束做出反应时，智能体可以选择并展示不同的行为模式。

广义上理解，智能体（Agent）的概念涵盖了许多不同的计算实体，这种实体可以是智能软件、智能设备、智能机器人或智能计算机系统等，甚至也可以是人。Agent 能够感知环境并作用于环境。由于基于智能体的方法具有自治性、适应性、稳健性，而且易于实现，所以对那些结构性不好或者定义不明确的任务（例如，复杂系统的描述）有很大的优势。这是因为在这些任务中用完全数学的或计算的方法可能无法实现或者代价太高。智能体可以是物理实体，比如在笛卡儿任务环境中可以合作地操作目标物体，并将它们由一个位置移到另一个位置的机器人系统；智能体也可以是计算代码，例如优化智能体，它们可以协同地检验某些数值并有效地将大的搜索空间缩小到可以实现的一系列小空间。一般认为，Agent 是能够通过其传感器感知其所处的环境，并且能够通过其执行器对环境施加影响的软件计算实体或者类似机器人的硬件实体，如图 9-5 所示。

Wooldridge 和 Jennings 总结了相关学者的工作，研究了 Agent 在各种系统中表现出的普遍特性，通过 Agent 的强概念和弱概念来理解 Agent 的含义，这一观点已经被广泛地接受和采用。

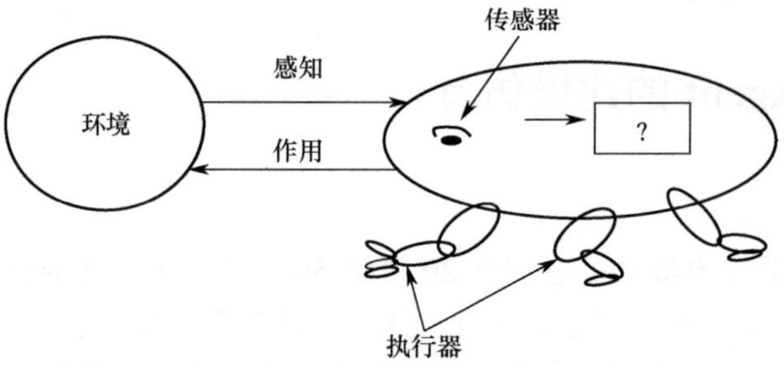

图 9-5　Agent 的定义

Agent 的弱概念认为 Agent 是具有自主性、社会能力、反应性和主动性特征的硬件或者软件计算系统。

（1）自主性（Autonomy）：自主性是 Agent 最基本的特征，指其行为的独立性。Agent 一旦被初始化，就可以在没有人或者其他实体的干预下运转，而且具有对自身行为和内部状态的控制能力，这是 Agent 区别于对象（Object）的一个重要特征。

（2）社会能力（Social Ability）：基于 Agent 的系统中可能存在多个 Agent，这些 Agent 构成了一个虚拟的社会。Agent 和其他 Agent（有可能是人）之间通过某种 Agent 通信语言进行通信，实现知识的共享和行为的协调（如合作问题求解或者协商等），以实现系统的整体目标。

（3）反应性（Reactivity）：Agent 感知它们所处的环境（可能是物理世界、使用图形用户界面的用户、其他 Agent 的集合、Internet，也有可能是以上内容组合而成的环境），并且能够根据环境中所发生的变化及时做出反应。

（4）主动性（Pro-activeness）：Agent 并不仅仅单纯地对环境做出反应，它们还能够表现出主动地面向目标的行为。

Agent 的“强定义”，从 Agent 的精神状态出发，Agent 除具有“弱定义”的特性外，“强定义”另外要求 Agent 还应具有拟人的特性：移动性、长寿性、诚实性、善意性、合理性、推理能力、规划能力、学习和适应能力等。Agent 模型与现实生活中最为智能的人类行为模型非常接近，其主要功能包括：①能感知环境实体信息；②能感知其他用户协作信息；③拥有自己的知识库，并可以通过学习不断进化；④具有自主决策能力；⑤具有响应能力。

2. 多 Agent

从 Agent 的特性可以看出，Agent 的一个显著特点就是它的社会性。因此，Agent 的应用主要是以多个 Agent 协作的形式出现。因而多 Agent 系统（简称 MAS）就成为 Agent 技术的一个重点研究课题，其核心目标是“多主体动态不确定环境中的问题求解”，与传统人工智能的目标“单主体静态确定环境中的问题求解”有本质性的区别。对于现实中复杂的、大规模的问题，只靠单个 Agent 往往无法描述和解决，因此，一个应用系统中往往包括多个 Agent，这些 Agent 不仅具备自身的问题求解能力和行为目标，而且能够通过交互、协作进行问题求解（所解决的问题一般是单个 Agent 能力或知识所不及的）。每一个 Agent 都是自主的，它们可以由不同的设计方法和语言开发而成的，因而可能是完全异质的。多 Agent 系统具有如下特征：

（1）每个 Agent 都有解决问题的不完全的信息或能力。

（2）数据是分散存储和处理的，没有系统级的数据集中处理结构。

（3）系统内部的交互性和系统整体的封装性。

（4）计算是异步的，因此对于某些共享资源应具备锁定功能。

多 Agent 系统是指多个自治或半自治的异构 Agent 松散地耦合在一起实现问题求解的系统，多 Agent 系统并不是多个 Agent 的简单集合，而是具有一定的组织结构，能够面对具体的问题进行合作，是一种新的问题求解方法。多 Agent 系统不存在全局控制，数据和资源分散存在，每个 Agent 只具备系统的片面观点和问题求解的不完全信息与能力，各个 Agent 的计算过程具有异步性和并发性。目前，多 Agent 系统已经广泛地应用于电子商务、分布式信息管理、工业过程控制、游戏和娱乐、分布式智能系统、Internet 应用等各种领域。

多 Agent 系统能够提高系统的鲁棒性和效率，促进已有系统之间的互操作，提高对数据、知识和控制分布问题的求解能力。多 Agent 系统的研究与应用是 Agent 技术的又一次飞跃，多 Agent 系统需要解决的主要问题包括：

（1）如何在一组 Agent 中形式化的表示、描述需要解决的问题，并且对问题进行分解，为 Agent 进行任务的分配，最终进行问题求解结果的综合。

（2）如何实现 Agent 之间的通信和交互；采用什么样的通信语言和协议；如何确定通信的时机以及通信的内容。

（3）如何确保 Agent 决策和行为的一致性，并使局部的决策达到全局的效果，避免有害的相互作用。

（4）如何使单个 Agent 能够对其他 Agent 的行为、计划和知识进行推理，从而与之协调；如何对它们的协调过程进行推理。

（5）如何识别和消解 Agent 之间观点的差异和意图的冲突，实现它们行为的协调。

（6）如何实现 Agent 局部计算和通信的有效平衡，也就是如何实现 Agent 有限资源的调度。

（7）如何避免和减少系统中有害的整体行为。

（8）如何实现多 Agent 系统的工程化，如何为多 Agent 系统建立开发方法学、设计技术平台。

由于作战模拟必将涉足作战的组织行为、决策行为，因而 MAS 技术必将成为今后作战模拟重要支持技术与方法。

9.2.2　基于 Agent 的建模与仿真

基于 Agent 的建模是一种由底向上的建模方法，它把 Agent 作为系统的基本抽象单位，采用相关的 Agent 技术，先建立组成系统的每个个体的 Agent 模型（大多数时候它是比较简单的），然后采用合适的 MAS 体系结构来组装这些个体 Agent，最终建立整个系统的系统模型。由于 Agent 是一种计算实体，因此最终模型就是该系统的程序模型，这极大地便利了研究人员对系统进行仿真研究和开发人员的应用开发。

基于 Agent 的建模仿真，是利用 Agent 思想对复杂系统中各个仿真实体构建模型，通过对 Agent 个体及其相互之间（包括与环境）的行为进行刻画，描述复杂系统的宏观行为，其特点主要有以下几个方面：

（1）描述的自然性。由于 Agent 是描述个体主动性的有效方法，因此可以支持对主动行为的仿真。Agent 可以接收其他 Agent 和外界环境的信息，并且按照自身规则和约束对信息进行处理，然后修改自己的规则和内部状态，并发送信息到其他 Agent 或环境中，Agent 的这种行为模式适合对主动行为的仿真。可以在一定层次上对目标复杂系统进行自然分类，然后建立一一对应的 Agent 模型，实现对系统的仿真。

（2）宏观和微观行为有机结合。在建模过程中强调对复杂系统中个体行为的刻画和对个体间通信、合作和交流的描述，试图通过对微观（底层）行为的刻画来获得系统宏观（上层）行为。极端的还原论观点将宏观现象的原因简单地归结为微观，否认从微观到宏观存在着质的变化；另一种比较普遍的观念是：将统计方法当作从微观向宏观跨越的唯一途径或唯一手段，而基于 Agent 的建模仿真技术提供了既有别于极端还原论，又有别于单纯统计思想的新方法，将系统宏观和微观行为有机地结合起来。

（3）研究重点在相互作用。各个 Agent 与环境（包括其他 Agent）的相互作用是系统演化的主要动力。以往的建模方法往往把个体的内部属性放在重要地位，而对与环境的相互作用不够重视。事实上，相互作用关系往往是驱动系统运动的主要原因。这些相互作用关系还可以引入随机因素关系，使其具有更强的描述和表达能力。

（4）适合于分布计算。将 Agent 分布到多个节点上，支持复杂系统的分布或并行仿真。这种方法造就了仿真的动态性和灵活性，其表现在两个方面：一方面，Agent 实体在仿真过程中可以与不同地点、不同任务的其他实体或用户进行交互；另一方面，在仿真过程中也可以随时增加和删除有关的实体。

（5）模型具有重用性。基于 Agent 思想建立的复杂系统各仿真实体模型，由于其封装性和独立性较强，可以使一些成熟、典型的 Agent 模型得到广泛地应用，以提高建立目标应用系统的效率。

目前，国际上已经有多种基于 Agent 的仿真平台，具有代表性的有：美国桑塔菲研究所的仿真平台 Swarm，Source Forge 的 Repast 项目，芝加哥大学社会与经济动态性研究中心的 Ascape，麻省理工学院媒体实验室的 StarLogo，Sandia 国家实验室的 Aspen 项目等。在这些平台中，Swarm、Repast 和 Ascape 都采用相类似的结构和基于下一事件法的离散事件调度算法（Swarm-like），适合于规模不大，结构简单的复杂系统，如糖料模型、蚂蚁寻食模型以及简单的股市模型等。而 StarLogo 是一个实验性的基于 Agent 的仿真平台，用于学生实验；Aspen 主要用于对美国经济进行微观分析。

在基于 Agent 建模与仿真技术的复杂系统研究中，通常采用自适应 Agent，而且 Agent 的建模也跟实际研究的对象紧密相关。

在经济领域中，美国 Sandia 国家实验室开发了一种美国经济的仿真模型——Aspen，它以居民（Household）、工业（Industry）、银行（Bank）、政府（Government）等微观单位作为描述和模拟对象，建立了各自的 Agent 模型，通过这些仿真模型来模拟现实社会经济系统中的某些过程（例如，模拟某种政策的实施过程，以分析该政策对微观单元的影响及引起的宏观效果）。另外，Lettau 构造了一个较为简单的、基于 Agent 组成的人工金融市场，在市场中每个交易者用一个 Agent 表示。此外，国防科技大学的金士尧等在自行开发的仿真平台上建立基于 Agent 的金融证券市场模型，其包括投资者 Agent、基金组织 Agent、企业 Agent、交易所 Agent、证券公司 Agent 以及政府人 Agent 模型等。

军事领域中较为成功的应用之一是研究战斗涌现行为的工具 EINSTein，其基本单元是 ISAAC Agent，每个 Agent 根据具体的作战单元，如步兵、坦克、运输车辆等进行建模。

另外，生物领域中最具有代表性的应用是 Lorcan Coyle 采用 Swarm 平台研究 Darwinian 进化论，根据物种的具体特征来进行 Agent 建模，通过物种的基因来研究物种进化。

从上面的研究现状可以看到，Agent 的建模主要由特定研究领域决定。为了减少研究者建立与模拟现实人工世界的工作量，还需要进一步分析复杂系统中 Agent 的共性，提供一个更方便领域专家建模的 Agent 模板。因此，在复杂系统仿真平台中对 Agent 建模技术的研究是十分必要的。

9.2.3　基于 Agent 建模仿真的应用

基于 Agent 的建模与仿真指的是将目标系统中各个仿真实体用 Agent 的方式/思想来建模，试图通过对特定个体的行为来建模，通过仿真个体，以及个体之间的关系来描述、观察目标系统的宏观行为，是一种自底向上的建模方法。基于 Agent 的建模与仿真基于以下三个原则：

（1）通过指定 Agent 内部状态变化方式，观察大量 Agent 相互交互的结果，试图发现复杂系统的“涌现”现象，即采用自底向上的建模和仿真方法。

（2）没有中心协调 Agent，即没有集中控制。

（3）通常假设单个 Agent 采用较为简单的规则和其他 Agent 或者环境进行交互。

1. 基于 Agent 的复杂系统仿真

复杂系统的规模大，结构复杂，具有不可预测性，并且组件之间的关系和交互复杂，行为种类多。对于这类问题，通过对系统自顶而下的分析很难得到问题的解决方案，难以采用集中式系统加以解决。多 Agent 方法将整个系统分解为一定数量更小、更简单的抽象组件（Agent），这些组件能够高效地解决系统中的子问题，而组件之间相关联的问题通过 Agent 之间的交互进行处理，从而使整个系统的开发、维护更加容易。Agent 的灵活性和异构性使得它们不需要在整个系统中采用统一的问题表示和求解方法，可以根据各自的问题特征采用最合适的设计和实现方案。多 Agent 方法为复杂系统的分析和设计提供了一种全新、高效的解决方案。

在基于 Agent 的建模与仿真方法学中，Agent 之间的交互方式为：Agent 从其他 Agent 或者环境中得到信息，然后根据得到的信息和自身的状态以及自身的规则，修改自身的状态/规则，并且向其他 Agent 或者环境发出信息，进行交互。通过这些交互，“突现”出目标系统整体具有的，而单个 Agent 却不具有的整体行为。例如，生态系统由大量的物种组成，每个物种可以看作一个 Agent，物种和物种之间相互制约和相互促进的关系，构成了复杂的生态系统环境；在经济系统中，存在着大量的个人、家庭、企业、政府组织等个体，这些个体可以看作不同的 Agent 具有不同的行为和规则，这些 Agent 之间的相互交互，形成了变化多端的经济系统。

在基于 Agent 的仿真中，Agent 的定义很广泛，从普通的对象到人工智能里完全意义上的 Agent 都被包含其中。Agent 的内部规则可以从基于代价和利益的理性计算原理中得到，也可以从具有前瞻性的分析中得到，当然也可能只是简单的适应它们的环境。

基于 Agent 的复杂系统仿真具有以下的优点：

（1）对复杂系统的自然的描述能力，使得对复杂系统的建模更为方便。

（2）是一种自底向上的建模方法。和其他的建模方法不同，基于 Agent 的仿真方法，更为强调对复杂系统中个体行为的刻画和对复杂系统个体之间通信、合作与交流的描述，试图通过对系统微观行为的描述，而达到对系统宏观行为的刻画。

（3）可以仿真在高度动态环境中的行为，研究传统方法难以获得的“突现”行为。通过将复杂系统中的个体用 Agent 来刻画，具有很大的自由度和灵活性，对于复杂系统的微观行为具有良好的描述能力。

（4）支持对主动行为的仿真。Agent 可以接收其他 Agent 和外界环境的信息，并且按照自身规则的约束，对信息进行处理后，修改本身的规则和内部状态，并且发送信息到其他 Agent 或者环境。Agent 的这种行为模式，适合于对主动行为的仿真。

（5）适合于分布计算。通过将 Agent 分布到多个节点上，支持复杂系统的分布或并行计算。仿真的动态性和灵活性。表现在两个方面：方便 Agent 和相应的仿真实体或者人进行交互；具有在仿真过程中增加或者删除实体的能力。

（6）模型的重用性。可以使用一些已经成熟的 Agent 模型来描述复杂系统的各个部分，提高了软件的效率。

2. 基于 Agent 的 CGF 建模与仿真

多 Agent 系统适合描述和模拟人类社会系统，CGF 个体和群体特征与多 Agent 系统技术的特点和优势不谋而合。基于多 Agent 的 CGF 建模方法，利用 Agent 自然的描述能力，根据仿真应用对分辨率和逼真度等方面的需求，将作战剧情中的各种指挥和作战实体（或者是它们的聚合体）映射为仿真系统中的 Agent，通过这些 Agent 扮演相应的角色，模拟其物理特性和行为过程。基于多 Agent 的 CGF 建模方法基于组织的观点描述作战各方的兵力组织结构和组织关系，并且通过 Agent 之间的交互模拟综合战场环境中兵力实体的指挥控制、通信、侦查、机动、射击、协同等复杂的作战行为。

基于多 Agent 的方法能够较好地满足 CGF 自主性、社会性等方面的需求，为更好地模拟、认识和学习战争，解决作战仿真中的实际问题提供了新的手段和方法，可以认为 CGF 与 Agent 技术的结合是作战仿真技术和应用发展的必然。目前，CGF 已经成为多 Agent 技术非常活跃的应用领域，多 Agent 技术也成为研究 CGF 建模的重要技术途径，受到越来越广泛的重视。

军事领域中较为成功的应用之一是美国海军分析中心研究战斗涌现行为的工具 EINSTein 其基本单元是 ISAAC Agent，每个 Agent 代表一个战斗单元——步兵、坦克、运输车辆等，即采用 Agent 的方式建立了这些战斗单元的模型，希望通过 MAS 仿真揭示出高层战术行为（突破、侧面机动、牵制等）和底层战斗动作（运动、通信、开火等）之间的基本关系。战晓苏等则将 Agent 建模思想引入作战计划协同生成中，提出了基于 MAS 和 Web 技术为核心的战斗计划推理分析环境系统结构，并给出了系统原型。另外，宋华文等在弹药供应控制智能决策支持系统中，采用 Agent 建立了装备部首长、军械科、处长以及弹药助理员等弹药供应过程中参与决策的客观主体模型，运用这些模型模拟实际的弹药供应过程。黄谦等将 Agent 建模思想引入危机决策对抗模拟等问题中，提出了基于双层黑板模型的危机决策对抗模拟智能求解框架。徐邦年、杨镜宇等将 Agent 建模方法应用到多机空战决策过程进行建模的仿真分析中，从个体和编队两个层面对多机空战决策过程进行建模：用描述指挥所的慎思决策行为，用混合型 Agent 描述飞行员的直觉、反应混合决策行为；同时，用编队结构和编队战术来构造编队的结构要素和行为要素，模拟多个飞行员 Agent 之间的协同决策行为。

9.3 复杂系统仿真

20 世纪末，复杂性科学兴起，这一新兴科学不仅仅是系统科学的前沿而且是整个科学体系的前沿，因此有人称其为 21 世纪的科学。面对生命系统、人脑系统、社会系统、经济系统、战争系统等复杂的系统，复杂性科学放弃了还原分解的方法，取而代之的是一种自下而上的综合集成方法。复杂性科学强调计算机模拟仿真，其基本思路就是通过观察现实的复杂系统抽象出每个个体所遵循的简单规则，在计算机中重现这些简单的个体，并让他们相互作用从而观察计算机中的涌现结果，最后反过来用这些结果再来反映现实系统。在仅仅不到 30 年的时间，复杂性科学方法已经在各个领域得到了广泛应用。

9.3.1 复杂系统与复杂系统建模

1. 复杂系统的基本概念

复杂系统遍布日常生活的每一个角落，从城市交通网络的流动模式到金融市场价格的涨落。理解和控制这些复杂系统的行为，对于国家社会、经济、军事、生态等都有着极其重要的意义。那么，到底什么是复杂系统呢？

复杂系统的思想的起源，可以追溯到两千多年前的中外古代思想家。在近代科学取得了辉煌的同时，过多地强调分析方法，在相当程度上忽视了整体、动态、层次、演化等重要思想和概念，形成了“只见树木、不见森林”的还原论的偏颇。1928 年贝塔朗菲在《生物有机体系统》论文中首次提出了复杂性问题，怀特梅在《有机体的哲学》论文中也提出了类似的观点。在此之后，许多科学家对此进行了多方面的研究，并做出了贡献，如马卡诺赫和匹茨在神经网络方面的研究；冯诺伊曼在元胞自动机和复杂性方面的研究；维纳在控制论方面的研究；普里高津及哈肯在系统论方面的研究。

从 20 世纪 80 年代到 90 年代，许多从事系统科学与系统方法研究的学者，提出了对复杂性进行深入研究的方向。在诺贝尔物理学奖获得者盖尔曼（Murray Gell-Mann）和安德逊（Philip Anderson）、经济学奖获得者阿诺（Kenneth Arrow）等人的支持下，一批从事物理、经济、理论生物、计算机等学科的研究人员，于 1984 年组成的桑塔费研究所（Santa Fe Institute，SFI）最具有影响力，该研究所专门从事复杂性科学研究，试图由此找到一条通过学科间的融合来解决复杂性问题的道路，并出版了名为 *Complexity* 的杂志，发表了许多专著与论文。我国著名学者钱学森、戴汝为、于景元也于 1990 年发表了题为《一个科学新领域——开放的复杂巨系统及其方法论》的论文，提出了开放的复杂巨系统的概念。

可以说，关于复杂系统与复杂性的研究已经成为系统科学领域研究工作的热点和前沿。

目前，国内外对复杂系统有着多种定义，例如，钱学森等将开放的复杂巨系统概念规定为以下四点：

（1）系统的子系统间可以有各种方式的通信。

（2）子系统的种类多，各有其定性模型。

（3）各子系统中的知识表达不同，以各种方式获取知识。

（4）系统中子系统的结构随着系统的演变会有变化，所以系统的结构是不断改变的。

而遗传算法的提出者 J. Holland 则强调系统的复杂性是由个体的适应性造成的，它会在环境的影响下改变自身的结构与行为方式，并且由此产生分化、分工，以至整个系统状态的变更；J. Cast 把复杂性定义为意外（Surprise），定义为固有模式的失效，他把复杂性科学称为关于意外的科学。

在不能给复杂系统严格、统一定义的情况下，也可以通过指出复杂系统具有的重要特点来界定复杂系统，探讨复杂系统和简单系统之间的区别。实际上，这些特性也就是复杂性的特性。复杂系统主要特点有：

（1）涌现。描述了一种从低层次到高层次、从局部到整体、从微观到宏观的变化，它强调个体之间的相互作用与宏观整体行为之间的关系。

（2）系统规模大。规模大是产生复杂性的前提。

（3）系统结构复杂、具有层次性的结构。

（4）交互特性/关联特性。复杂系统中各个部分/对象并不是孤立存在的，任何部分/对象和其他部分/对象之间存在着大量相互的作用，伴随着这些相互作用的是信息、物资、资金等的流动。

（5）主动性。或者称为能动性或适应性，指的是复杂系统中的组成部分可以根据其他组成部分或者外界环境的变化，依据自身的状态、规则或者其他非确定的因素，自主的采取动作，改变自身状态、结构、甚至规则，达到适应复杂系统的目的。

2. 复杂系统建模方法

复杂系统的特点决定了它难以用数学分析或者其他形式化的方法来研究。与传统的系统建模方法相比较，复杂系统建模的难点主要有以下几点：

（1）复杂系统研究的理论基础尚未达到如物理系统领域的抽象程度，通过系统分析而产生的数学模型常常可信度比较低。

（2）复杂系统往往具有病态定义的特征，即很难以一种严格的数学形式对它进行定义及定量分析。

（3）复杂系统的另一个难点是病态结构，系统结构很难从空间和时间上加以分割，很难确定系统的边界和水平。

（4）对复杂系统的观测和实验都比较困难，从而使获得的数据对于系统行为的反映可信度及可接受性降低。

复杂系统建模的主要方法有以下几种：

（1）朴素物理学方法（还原论方法）。该类方法的基本观点认为：复杂系统的运动形式和规律与物理系统的运动形式和规律相似，两类系统之间具有相似性和同构性。因此，可以按照物理系统建模一样去构建复杂系统的模型框架。在没有足够先验理论的条件下，可以利用和集成有限的先验知识、专家经验和假设。选定一个适当的模型框架，然后将经验模型结构特征化，利用观测数据进行参数估计，从而建立起系统的同构模型。同时，经过可信度分析，不断地修正这个模型，提高模型可信度，以求得相对可用的模型。这类方法的建模过程如图 9-6 所示。与图 9-7 所示的传统建模过程相比，其基本过程是相似的，所以，也有人称为模拟演绎推理方法。

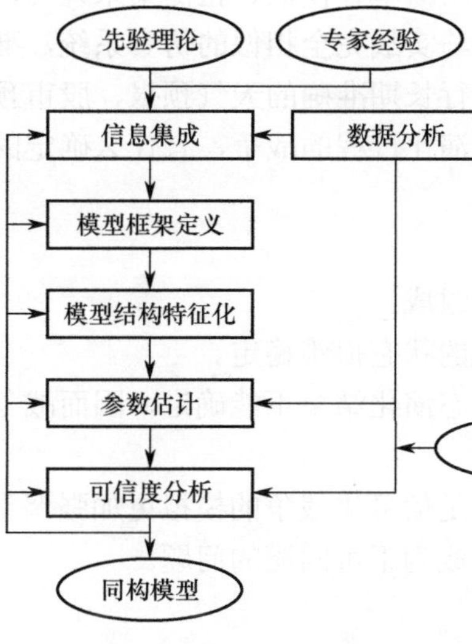

图 9-6　复杂系统的结构级建模过程

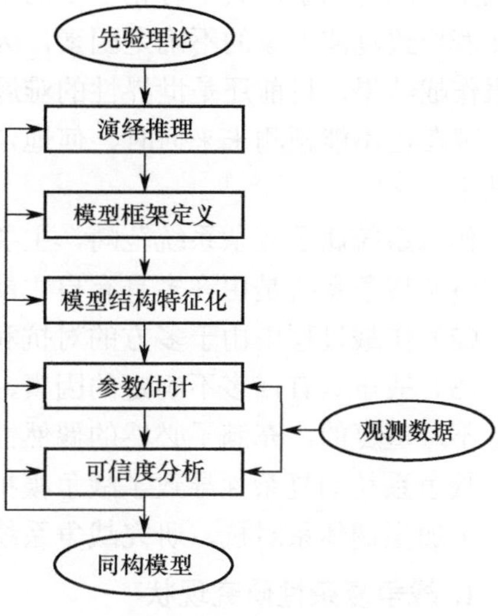

图 9-7　传统系统仿真方法中的建模过程

（2）归纳推理方法（行为建模方法）。这类方法的基点是反还原论的，它不考虑复杂系统与物理系统之间在运动形式和规律上是否存在相似性，也不去考虑复杂系统的内在结构。它把建模目标定位在行为一级，根据观测数据去建立系统的同态模型，研究系统的行为趋势。这类方法的建模过程如图 9-8 所示。图中非形式化描述主要确定系统观测变量，对于观测到的数据，通过归纳的方法进行处理，建立起系统的同态模型，通过外推产生新的数据，实现数据生成。归纳推理方法可以采用传统的统计归纳方法，也可以采用信息熵最小化方法。

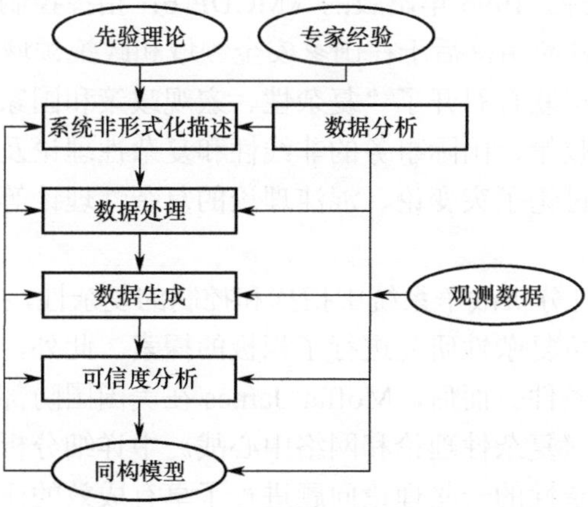

图 9-8　复杂系统仿真方法中的行为建模过程

9.3.2 战争复杂性问题

战争系统具有协同性、对抗性、自适应性等特点，它的特殊复杂性来源于战争系统的高对抗性和高风险性。这些特性导致人们很难对战争系统进行重复实验。复杂的战争过程无法用传统的牛顿科学的实验方法进行还原分析和实验分析。一场实际的战争存在着大量不确定因素，其中有相当多的不确定问题不能用概率、模糊、粗糙集来说明，即存在着导致混沌现象的不确定因素，因此，建立一个与实战完全相似的仿真系统，准确预报作战结果，目前还是世界性的难题。如同无法进行长期准确的天气预报、股市预报样，现在还不能预测未来何时、何地定会产生个确定演化过程的战争，有什么确定的作战结果。

作战系统属于复杂系统范畴，主要原因有：

（1）战争系统是由许多具有自主能力的作战单元组成。

（2）作战过程中由于多方的对抗和协同，所形成的状态很难稳定。

（3）战争具有许多不确定的因素，导致系统的状态演化结果不能确定，因而战争过程是不可重复的，充满了必然的偶然性。

战争系统的复杂性导致了战争模拟的困难。特别是信息化战争的模拟更加强调整体性，更加强调体系对抗，研究战争系统的复杂性已经成为不可回避的问题。

1. 战争复杂性研究现状

国内外军事学术界和军事运筹学家已经注意到用复杂性科学来研究战争系统。1992年艾伦·贝叶琴博士发表了论文“克劳塞维茨：非线性和战争的不可预测性”。这篇论文主要论证了《战争论》中所提出的战争的非线性，不可预测性和混沌，认识到了对抗双方内部和各方之间的相互作用。克劳塞维茨指出，战争作为整体，其各个组成部分相互作用，这直接导致绩效的动因，可能引出极大的作战后果，甚至影响到战争的胜负。虽然克劳塞维茨认识到了战争的复杂性，但他对战争提出的复杂性问题并没有比较深刻的认识。

1994年，美国海军陆战队以对非线性动力学和复杂理论研究为基础，为陆战队机动作战条令提供了理论支持。1996年出版的《MCDP 6：指挥控制》就是建立在复杂性理论概念之上的。但是这种应用落后于在国家安全领域和政策领域的应用。1996年11月，美国国防大学和兰德公司联合召开了“复杂性、宏观政策和国家安全”会议，主要任务是强调国家安全战略、政策、国际事务的非线性和复杂性理论及其应用，指明了研究和发展的重点方向，会议讨论了突变论、混沌理论的复杂性理论等，解释了线性现象之外的一些现象。

John F、Schmitt通过分析战争系统中指挥和控制的复杂性，指出战争系统是非线性、动态、不确定的，为战争复杂性研究进行了积极的探索。此外，美国海军分析中心对陆战的复杂性研究创造了条件。而后，Moffat James在美国国防部指挥与控制研究计划的信息时代转变系列丛书《复杂性理论和网络中心战》中详细分析了信息时代战争的有关复杂性概念。为战争复杂性的一些理论问题进行了卓有成效的研究。除此之外，国外还有许多学者对战争系统中的某些问题的复杂性进行了不同程度的研究。

在我国，20世纪70年代末，钱学森先生提出“大力发展系统工程，尽早建立系统科学体系”的思路，钱学森及其合作者提出了“开放的复杂巨系统”的概念，并给出了“定性定量综合集成”的新系统方法论。与国外的研究相比，国内的研究较少，主要集中在理论研究和环境研究方面。

2. 战争模拟中的复杂性问题

由于战争系统的复杂性，人们很难真正准确地认识其规律，更不要说建立与其一致的模型。现有的研究方法大多是对它进行简化和抽象，找出系统的关键因素，形成对战争的科学、近似的描述，并在计算机上实现作战行动的仿真，这个过程中必然引入不可信的因素。因此，作战模拟系统只是真实战争系统的一个相似系统，不具有其所有特性。因此，战争系统本身的复杂性是造成目前不能彻底解决作战仿真与实战结果完全一致的问题的重要原因，也是作战模拟中存在不可信现象的重要原因。尽管如此，对复杂作战模拟系统的研究必须解决这些问题。

1）战争问题分解

解决复杂问题的一个基本方法就是对问题进行分解，可以将一个大系统分解为若干个分系统，每个分系统又可以进一步分解为若干个子系统，如果需要还可以对每个子系统再进行划分，直至所得到系统单元能够为我们所认识，研究的问题能够被我们所能解决为止。把这些系统单元的性质和行为研究清楚，再根据可加性原理，一步一步反推还原上去，最后把系统研究清楚。与之相对应的还有重复性，也就是在同样环境条件下实验，同样输入应该得到同样输出结果。这实际上就是系统还原论。这对于一般的简单系统来说是正确的，但是，对战争问题的研究来说，这种方法就不能成立了。因为战争系统属于非线性的复杂系统范畴。战争系统由许多具有自主特性的分系统和子系统所组成，这种具有社会行为的实体之间必然要产生相互作用，很难清楚地划分边界、定义行为作用；而这些作用不断地通过战争双方或多方的对抗、协作、联合和结盟等表现出来，导致子系统之间的状态很难稳定。

战争系统的要素多，并且具有许多不确定因素，这些都导致系统状态演化的结果不确定，从而使战争过程是不可重复的，充满了必然的偶然性。这些原因归结到一点，就使得战争系统的各个组成部分在分解开之后就不能反映战争系统的整体特性，特别是在“人”作为系统的组成部分时，这一点表现得就更为突出。用线性系统求解的方法去解决非线性复杂系统问题时，就陷入到了一个十分尴尬的境地：或者系统被不恰当地简化为线性系统，丧失了整体性而简单到对子系统不需要求解；或者系统仍然维持复杂系统的特性，无法得出结论。这在以往的研究中经常看到。

因此，研究战争问题，必须要用复杂系统科学的方法论来指导，任何试图将战争问题简单化的做法，都可能导致错误的结果。正如在研究“人”的生命问题时，不能把人看成诸多的碳、水分子一样去按线性系统那样分解来解决。那种试图把复杂系统科学作为理论，而把简单线性系统作为范例，去试图证明其理论正确性的做法，都犯了文不对题的错误。对复杂系统的研究必须在理论和实践上都统一起来。

对战争问题的研究不是不能分解解决，实际上是要搞清楚哪些问题可以分解、如何分解、分解到何时应该停止。这与战争问题本身有关，与对问题的认识程度有关，与解决问题的思路有关。一般说来应该以不破坏系统的整体性为基础。换句话说，分解之后必须能够保持原有系统整体的方法。

2）战争问题求解

由于战争系统的复杂性，许多问题一开始可能就是模糊的：求解的目标是什么？是否需要一个明确的答案？需要在给定条件下得出战争的最优解？这个最优解又在哪里？许多人试图通过采用计算机模拟的“科学”方法，来进行最优方案选择，或者是对方案进行最优化评估；也有的人希望建立起某个公式，然后只要进行计算就能得出所提问题的决策。实际上，这些想法的最终结果就是使得对战争问题的研究陷入死胡同。

在研究战争问题的时候，必须明确战争系统是一个动态系统，动态系统状态会根据内部各要素的行为、与外部环境的交互等不断发生演化。任何对系统状态的改变，都会对系统产生影响，从而也就改变系统演化的结果。因此，战争系统中的每一个决策，都只是根据那一时刻的条件和期望达到的目标来决定的；任何决策进入系统的同时都会破坏系统的平衡，从而导致系统发生状态的转移。如果系统状态发生的转移朝向我们期望的方向发展，则说明我们的决策是正确的；反之，则是失败的。同时，敌方也在决策，也在试图控制系统向相反的方向转移。只有能够控制系统的状态转移，才能真正地控制系统，而这一点对复杂的战争系统来说非常困难。试图通过建立解析模型来一劳永逸地解决问题的想法，不仅是愚蠢的，而且也是不可能的。

复杂系统问题究竟有没有解？回答这个问题不能在原先的牛顿科学体系下去谈，而首先应该从能够回答这个问题的科学体系条件下去谈。正如一个原始人可能永远也无法理解电磁波的传递，用牛顿科学理论无法回答相对论的问题一样。即使回答，也免不了陷入“玄学”或“不可知论”的陷阱之中。战争模拟技术的进步，使得原先在解析条件下无法得到的答案，可以转而通过动态的模拟方法来获得，这也符合战争系统的动态特性。战争模拟的目的不是为了给战争问题求得一个“解”，也不是得到一个最终的答案或结果，而是要求得到一个解决的方案，根据当时、当地具体情况的具体解决方案。就像下棋一样，除非设计得不合理，否则，是没有办法得出一个 100%获胜的赢棋方案的。我们要的只是在某个对局时空条件下在总目标驱使下的最优结果，尽管我们最后得到的并不一定是真正的最优。这个解决方案不是唯一的，在无穷时间条件下可有无穷多的解法，战争问题就是这样的一类典型情况。只有这样，也才恰恰反映出了战争不可重复性和偶然性的特点。

对于那些具有很多不确定性的问题而言，想要得到确定的结果也是不可行的。解决这一类问题的方法一是强调探索性分析，分析的目的不是要精确地预测什么将要发生，而是帮助决策者丰富了解问题空间，发现什么能够发生；辨认出有利的不确定性和不利的不确定性，以及对结果不确定性影响最大的不确定性。二是采用概率的方法而非确定性的方法，为决策者提供区间估计而不是点估计，风险决策而不是确定性决策。三是多想定分析、参数分析和比较分析辨认风险窗等。

虽然我们把战争系统看作是复杂系统，但是，需要指出的是，并不是所有的战争问题都是复杂系统问题。战争的一些局部问题完全可以用线性系统的方法来求解，因为这些问题本来就是线性的。

3）模型颗粒度问题

对战争系统的描述应该细化到什么程度最好？凭直觉一般会认为，只要计算能力允许，模型应该越细越好。这是因为，较细的实体及行为模型的颗粒度，能够反映更细节的内容。例如，实体模型以坦克单车为最小颗粒度，比以坦克营为最小模型颗粒度能够更好地反映出坦克师的细节活动，精确的模型甚至可以将战损、位置、交互等精确到具体的坦克单车。另外，通过更细节化的实体及其行为，在将它们放到一起时，就应该能够反映出系统的整体行为和特点。因此，模拟的结论也更加可信。事实上，这个结论在很多情况下是不正确的。

第一，很难构建战争系统的所有高分辨率的、范围广泛的模型所必需的全部知识，特别是能够很好地表示人类行为的知识，越是高层这个问题越明显。第二，即使有了这些知识，也很难获得全部必要的数据，有许多关键数据事先不可能知道，而且很多还带有不确定性。第三，即使通过某种方式得到模型和全部必要的数据，但这些细化实体之间的行为能否产生涌现性很难确定，因而也可能无法进行分析。因为为了做到这一点，我们需要知道如何进行模型的聚合以及构建产生整体性所需要的模型行为。第四，即使能做到这一切，我们也不知道是否应该相信这种结果并理解它们，因为对结果的“解释”将处在核心和支配的地位。也就是说，为了全面理解和解释，我们也许还必须构建更高层的模型。总的来说，这里的问题并不在于计算机的能力，而在于对模型的理解和对粒度的把握。

由于这些原因，严格按照自底向上的方法详细地构建复杂系统模型的尝试，通常都会在很高的数据要求和高度复杂性的压力下失败。尽管做了很大努力，但它们往往不能产生宏观的整体行为。相比之下，把自上而下和自底向上方法结合起来的方法却能够更好地描述问题，其实很多时候只有少数几个关键的实体级特性真正与宏观性能有关。为了很好地表示复杂系统，必须使用各层的不同信息，因为在人们有相当的经验以前，包括观察所谓突发现象的经验，哪个实体是真正有意义的往往并不明显。

为了解决这些问题，研究人员采取了很多方法，例如，采用面向对象的程序设计方法、基于 Agent 方法等来解决这一类问题。对于描述多层次自然对象（如具有多个成员舰的航空母舰战斗群），面向对象的程序设计是很好用的。但是，可变分辨率建模或开发综合的模型系列的难点不取决于对象描述，而取决于不同级各个过程如何相互作用的描述。例如，在聚合级，一个空战机群对地面一个坦克集群的作战效果与某一架飞机在雾天从 10km 高空对某一辆坦克发射精确武器的单发杀伤概率关系就很难表达。阐述这些关系就像是以分子碰撞描述来阐述热力学关系一样困难，事实上甚至更难。因为在物理学中，在聚合过程中求统计平均值是比较容易的，而在战争中则需要同有生命的、有思想的对手作斗争，它们并不希望达到“最后平衡”。基于 Agent 的方法可以从某种程度上模拟单个实体以及实体之间的行为，但也有一个颗粒度问题：模拟到坦克单车也不是最细粒度，是否还需要模拟到坦克的部件？对于作战来说很显然没有那个必要。就是恰当地选择了颗粒度，也还有正确完整描述这些实体行为的问题，这与人工智能遇到的困难类似，至少在目前要描述出系统的整体行为仍然十分困难。

从系统科学理论来说，战争系统也具备层次性，针对每一个层次的问题应该在本层次内得到解决。在本层次内更有针对性，也能够在系统整体角度考虑问题，从而也容易得到整体性的效果。

4）聚合与解聚问题

在很多情况下，战争模拟需要在不同的层次下进行，这就涉及不同分辨率的模型。需要多分辨率建模的理由很多，但它们最终是与要在许多不同分辨率层次上研究的问题有关。对于使用低分辨率模型来说，这是因为：一是需要得到与所研究问题所匹配的颗粒度，不至于陷入过细的细节；二是需要对整体有全面地理解，在范围上不发生遗漏；三是需要对问题进行快速推理，在低分辨率条件下易于得出结论；四是在不确定性情况下分析选择方案，过细的内容反而会不易于准确；五是需要使用低分辨率数据；六是帮助从整体上校准高分辨率模型。同样，对于使用高分辨率模型来说，理由包括：一是需要理解更基本的现象，高分辨率模型可以得到更详细的细节内容；二是需要更详细的知识表示和推理；三是需要完全模拟现实，以研究任何其他方式都不能研究的现象（如可能的战斗和战争的范围）；四是需要使用高分辨率数据，例如，需要直接使用像武器性能一样的数据；五是从细节上帮助校准低分辨率模型。

如果仅在确定的层次使用对应分辨率的模型应该不会有太大的问题，但问题出在需要对这些不同层次的模型进行聚合和解聚方面。由于有许多应用需要多种分辨率并用，例如，在战役层次上的模型使用低分辨率的模型，但与此同时进行的战术演习往往又需要高分辨率的模型，这就带来了许多问题。例如，多个高分辨率模型是否可以聚合成一个低分辨率高层模型？或者反之，一个高层的模型能否顺利解聚为若干高分辨率的低层模型？同样，不同分辨率的模型能否在统一的时钟步长条件下运行？各级数据能否都可以使用？各层之间的结果是否吻合？重复进行聚合解聚时会不会始终保持一致还是来回跳动？等等许多问题都需要得到圆满地解答。事实上，正如前一个问题所言，这些都会产生与层次性相关的问题，核心是能否在个性和整体性之间找到恰当的折中。

聚合的过程是从下往上的合并过程。对于数据来说比较容易，只是一个属性数据合并的过程。对于模型来说，聚合就不是那么简单。实体模型由于仅仅涉及静态的描述，可以顺利地合并，例如将3个坦克营及团指挥所合并成1个团。但行为模型就不能简单合并，需要整合出被聚合实体的整体行为模式出来。对这一点有的模型可能非常简单，但有的会非常困难。解聚的过程比聚合的过程要复杂得多。首先，数据如何分解为个体项？模型的分解就更为困难，许多被聚合后丧失的信息已不复存在，也就无法恢复。例如，将坦克团解聚为3个坦克营、1个团指挥所，每个营的位置就无法确定。对于如何将整体行为解聚为个体行为并仍能保持整体性，则更是一个难题。简单地说，解聚需要更多的外部规则信息，如果仅从内部是无法做到的。事实上，聚合和解聚的困难与上一个问题十分相似，很大程度在于实体的行为聚合和解聚上。

为解决这个问题，许多分布交互式仿真系统多采用多层并存、分段执行的工作方式。在很多情况下只在需要时才转入高分辨率模型运行。这样做，可以减少占用网络和CPU资源，简化和加速战场情境的建立，减少仿真操作人员数量，加速模拟仿真的执行速度。特别是采用分段不同分辨率的方式，可以简化细化模拟的前后“上下文”段的建立和执行，而又允许高分辨率段的详细模拟和可靠的表示。解决聚合和解聚问题，不仅可以根据需要确定模拟的分辨率。另外，也可以将已有的不同分辨率级的模型连接起来，实现共同的模拟。但要做好不同分辨率模型之间的连接，而又不影响结果与过程的准确性，也是一个具有挑战性的难题。

5）实体能力问题

战争模拟的一个核心问题，是对每个实体能力给予一个客观并且符合实际的评价，以此为依据对作战过程进行交战结果的计算。对于一个具体的武器装备，其作战能力可以由其实际战术技术指标确定，如射程、装弹量、命中率、受影响参数等。但对于一个拥有多种武器装备的部队实体来说，就需要采用能力指数来表示，例如，杜派提出的火力指数、火力潜力指数、武器指数、致命指数、实际致命指数、部队综合战斗力指数等。但这种以火力为核心的能力衡量方法，在信息化战争中以体系对抗为基础的情况下，就带来了许多新问题。

第一，组织效能的衡量。采用能力指数及其相关因子的方法可以建立部队的战斗力指数，但如果仅以武器作为衡量基础，如何反映在信息化条件下部队的整体作战效果呢？持有同样数量武器的散兵游勇的战斗力肯定无法与一支建制部队的战斗力相比，一支普通的部队也肯定无法与装备了现代信息化装备的部队相比。一支工程兵部队没有任何武器，也不能说它没有战斗力，只是它是以协助其他部队更好地发挥作用而存在的。也就是说，部队的组织形式增强了部队的战斗力。但如何评估这个战斗力的增量呢？从另一个角度来说，就是这个部队实体的颗粒度应该多大才比较合适？第二，战斗效能的衡量。战斗效能是完成战斗任务的程度，与实体的能力、任务、目标和环境都有关。杀伤敌方是重要的任务，但如果仅仅只是考虑双方武器比值的变化，这也与实际作战不符，例如，打击敌方的指挥所可能更为重要，因为它是部队的指挥中枢。战斗效能也与具体的任务相关，如果任务中不要跨过河流，那么执行该任务的一支编成内的舟桥部队可能就不会有任何战斗效能。动态衡量一个实体的战斗效能，必须将执行的任务和条件明确才行。第三，部队编成内的C^4ISR作用影响。已经有许多文章讨论C^4ISR的作用，认为最重要的是能够实现战场的透明，及时调动火力，最后增加杀伤的效果，最后又都以增加杀伤系数来确定结果。事实上，对指挥控制系统的打击、可以直接导致战争的结局，为什么非要都归结到火力上呢？C^4ISR系统也是分层次的，分队级、战区级、战略级的C^4ISR会产生不同的效果，如果仅仅将他们看作是一个简单的因子系数的增减，不仅不合理，而且也很难做到准确。第四，不同军兵种的能力指数、效能指数统一的问题。不同的军兵种的能力指数统一方面一直存在很大的争议，多少支步枪的效能等于一辆坦克？一艘航空母舰的能力等于多少飞机？这些回答起来不仅牵强，而且也很不准确。事实上，这些都与实际的任务、实体的行为相关。第五，战争效能问题。对于战争控制问题更是一个难题：什么是赢得战争？是毁伤量还是民众支持率？是对资源的控制还是政治意义上的掌权？这些都是非常困难的问题。这些问题看起来是静态指数的问题，但在本质上其实都是系统动态行为如何进行动态能力表达的问题。

实际上，应该在每个层次里分别统一、动态地去考虑这些问题。系统内发生作用的实体，应该在系统内综合考虑。采用逐级组织封装的对象建模方法，将杀伤能力、指控能力、保障能力、信息能力、防护能力、机动能力等作为一个整体加以考虑，也即按部队编成分别确定不同的能力实体对象，以武器装备来确定作战能力潜力，按任务及环境确定作战的效能，并将这几者在同一层次内加以统一，可能更符合实际。然后，下级实体向上级实体的聚合，但也必须在与其相适应的层次上进行。例如，对于一个步兵班的指挥控制能力建立在可视可听范围内，而对与一个师或一个军的指挥控制，必须使用相

应的战役 C^4ISR 系统等。如果破坏该层次系统中任何与任务相关实体，就会导致系统局部或整体的能力下降或丧失。

6）损耗模型问题

这个问题实际与实体能力问题密切相关。在作战模拟中，兰切斯特方程是研究和应用最为广泛的方法，也还有许多作战模拟系统仍然采用传统的兰切斯特平方律之类简单的常系数微分方程作为交战损耗模型的基础。另一种方法是采用状态空间模型，其基本概念是将系统的"状态"（即作战双方的兵力、策略及作战环境）由一个变量集来表示，例如，一个区域内人数和车辆，表征某地区的地形因子等，而不是某士兵或坦克车等个别实体的位置和行动。美国学者杜派提出的作战指数方法实际上就是这一类方法的代表。

但是，这些方法对于信息化战争来说都存在着明显的问题。第一，纯消耗战的方法不符合实际的作战过程。许多战役、战术级模型都是根据消耗战观点设计的，地面部队面对面地交战，"活塞式"地攻防，双方战斗到弹尽粮绝。但实际上战斗的双方可以通过机动兵力来获得有利的作战环境，并摆脱对他们不利的环境。有时不用打持久的消耗战，靠机动策略就可以取胜。遗憾的是，策略和机动在面对面的消耗战模型中通常被简化，虽然熟练的用户也能表示出许多作战机动效应，但在实际应用中，效果经常不够理想。兰切斯特方程在教学时做一些立论解释，例如，证明集中兵力的意义，或撰写理论文章还是很有用的，但要认为其对作战模拟具有普遍的适用性，可能就不够正确了。第二，不符合信息化战争的要求。现在许多模型几乎没有指挥控制、信息战等方面的作用，有的也只有很初步的 C^4ISR 应用，对许多情况也都采用完全确定性的参数，结果许多应该表示出来的作战损耗根本表示不出来，也很难表示出未来作战的流动性和高度非线性，例如，打击指挥控制机构造成的影响很低，对通信枢纽的破坏也很难在模拟中加以体现。这对传统战争的模拟也许还解释得通，但对具有高速信息传递和战场控制的现代战争的模拟就难免牵强附会。第三，模型的过度聚合，导致消耗计算缺乏依据。一个部队是由许多有机成分构成的，每个成分发挥的作用是不一样的。当受到攻击时，究竟损耗了哪一部分？其效果是完全不一样的。究竟应该在哪个层次聚合，又如何计算其战损，本身就是一个难题。第四，缺乏符合信息化战争损耗的总体衡量方法。对于传统常见的作战，尚有某个计算损耗的方法；但对于未来在战争层面上的关于政治、经济、舆论、外交的作战效果又应该怎么衡量，还没有一些好的办法。例如，打击敌方的电视台或者使用石墨炸弹损坏城市的供电，其造成的损耗肯定不会仅仅局限在电视台设施，或者几个变电站的损失上。而这已经成为当前现代战争中重要手段之一。战争损耗问题的难点实质实际与前一个问题一样，即如何确定模型的层次以及如何动态计算损耗的结果。

改进战争损耗的计算需要有更好的方法，应该从更高的层面上考虑问题，但不等于可以忽略细节。首先要确定恰当的粒度和层次，符合所研究问题的本质，而又不会造成过度聚合不好计算结果。二是修正原有的参数因子，改进损耗模型的计算条件。例如，过去无法进行高分辨率地形计算而现在有了可能。三是进一步研究新的模型，去除一些过去的错误，特别是要研究信息化战争带来的新情况。四是需要研究高低分辨率的结合，在计算方法上相互参照而得出更准确的结果。五是对模型的数学计算加强实际演习或作战的校验，修正过去不合理的估计。六是研制开发新一代战争高层的损耗评估模型，也许是新的不以损耗为结果的战争效能评估与战争控制结果相结合的新模型。美军提出的基于效果作战（EBO）及政策效能准则（MOPE）和 EBO 成功指示值等，都值得注意。

7）计算复杂性问题

当战争模拟只在小范围进行时，不考虑 NP（Non-deterministic Polynomial Problem）问题，由于计算机现在的能力已经远远超出一般要求，因此很少会出现计算复杂性问题。当模拟的实体、行为、过程不断增加时，计算复杂性问题就会逐步显现出来。一般说来有两种情况：一是模型实体数过多；二是需要反复的次数过多。这两种情况都会导致计算上的不可行。

第一种情况常常出现在分辨率要求较高的情况下，战争模拟系统的绝对实体数多到无法用传统的方法进行处理。例如，在一个战区级模拟中，需要模拟所有的装备实体和各个战斗单位，尤其是还需要这些实体都用 3D 方法表示出来的时候。加州理工大学应美国国防部要求，曾模拟过 10 万个 3D 的战斗单位，一般的计算机就很难完成这项工作。第二种情况在需要对某个作战方案的各种参数进行反复模拟时出现。例如，在美国兰德公司的“恐怖的海峡”模拟中，需要对 7 个变量的不同参数进行模拟，共完成了 1728 次模拟。假设每次模拟用 1h 完成，这个时间也长达 72 天。如果再增加几个变量，其增加的次数就是指数级的了。对于这些问题的处理，可以用新的计算机技术加以解决，例如，采用高速的、并行的计算机，采用基于网格技术的计算技术等。事实上，在上述加州理工大学的项目中，就是用基于网格的技术完成了模拟。第三种情况是复杂的模拟内容与实时的模拟要求产生的矛盾。许多情况下，给予计算的时间很短，但又必须在限定时间内完成，例如，武器装备的实时计算模拟、具有与人同步需求的模拟等。

另一类计算复杂性问题与传统的 NP 完全性问题一样，属于只能求近似解的范畴。很多根本就找不到算法。计算复杂性理论独立于人们在实践中使用的实际计算机和基本计算模型。这也意味着，VLSI（超大规模集成电路）的加速或并行计算机的进展并不影响“难于处理的”那类问题。简而言之，计算复杂性、难于处理性是基本的，不能通过加速计算机来克服。这时，就需要寻找其他办法来解决问题。

3. 战争复杂系统

1）战争复杂系统的构成

运用现代系统论理论研究军事问题，是时代变革的必然选择。追寻它的历史印记，可以使人们清晰认识到，这种变迁已成为各国军事变革和部队转型的一种思想力量。早期将系统论运用到作战理论研究的是美国的退役上校沃顿，提出了“五环论”。认为战争对象可以抽象为一个最内层由里向外依次为生存机体、基础设施、民众以及军队等要素，如图 9-9 所示。

战争的对象是由五环构成的整体而不仅仅是军队，终极目的是迫使领导层屈服，应尽可能绕过外环特别是军队这一最外环，直接打击脆弱性逐层增加的内环，特别是领导层。沃顿指出，运用五环模型分析战争对象的结构性弱点，系统地选择打击目标，从战争开始就同时攻击敌人的五环，甚至绕过传统武装力量，直指更脆弱的内环，是战略上取胜的关键。

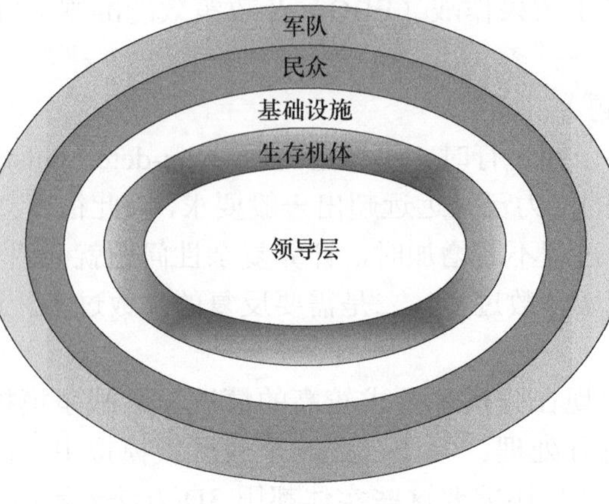

图 9-9　五环论

另外一种观点是美国的海军上将欧文斯所提的大系统观。他认为，现在军事革命是一种把人们的注意力从作战平台引开的革命，即改变那种认为军事力量主要是军舰、坦克和飞机的概念，而把人们的注意力放在思考信息和电信技术所能提供的军事力量上来。这场军事革命标志着一种转变，即从重视军舰、坦克和飞机，转为重视传感器这类东西上来。他认为作战系统是一个“系统集成”，即情报监视侦察系统、指挥控制系统和火力打击系统的集成，美国军事革命的任务就是采用信息技术将这三个系统集成为一体，实现它们之间的互联、互通和互操作，只有这样才能实现军事能力的革命性跨越。

随着人们对系统论理论的研究不断深入，美国等军事强国开始引进各种非线性系统理论，特别是混沌理论和复杂适应系统理论，深入研究信息时代的战争问题。在伊拉克战争中所使用的“快速决定性作战”就是一个典型的例子。

复杂适应系统由许多相互作用的子系统（本身又可以是复杂适应系统）组成。在子系统的相互作用下，复杂适应系统“涌现”出一种各个子系统所不具有的整体行为，也就是“整体大于部分之和”。复杂性、适应性是复杂适应系统的内在本质特征，是衡量复杂适应系统的重要指标。对于复杂性而言，一方面，如果系统的复杂性越来越低，以至由原来非线性特征退化为线性特征，系统也就失去了它应有的整体功能；另一方面，如果系统的复杂性越来越大，直至进入混沌状态，此时系统也同样失去其应有的整体功能。对于适应性而言，如果系统的适应性不强，或不能适应外界环境的变化，系统同样将进入混沌状态，直至瘫痪。从复杂适应系统基本内涵可知，瘫痪一个复杂适应系统，可以通过打击系统的复杂性和适应性来实现。

2）如何打击复杂战争系统

在前面已经介绍了战争模拟中的复杂性问题和战争复杂系统的构成，那么怎么才能打击系统的复杂性？通常采取以下两种方式：

一是将复杂系统简单化，使之进入线性状态。压制敌防空武器链是将复杂适应系统简单化的典型。防空武器链可以看成由防空雷达站、地空导弹雷达和地空导弹发射架组成的复杂适应系统。形成的武器链关系：防空雷达波束宽，用于发现目标，发现目标后，向制导雷达指示目标位置。在这个武器链系统中，防空雷达是最脆弱的打击目标，防空雷达一旦被摧毁，武器链系统趋于简化，制导雷达、地空导弹发射架组成的线性系统将失去应有的功能，无法攻击敌机。

二是将复杂系统复杂化，使之进入混沌状态。这需要从作战对象内部的关系入手，认真分析作战对象，找出其内在的联系和重心。以摧毁敌防空系统为例。防空系统通常可以看作是由两级复杂适应系统组成的复杂适应系统。第一层是由防空导弹、防空火炮和歼击机等组成的防空区复杂适应系统；第二层是由各防空区系统组成的防空网复杂适应系统。分析其内在联系机制，可以清楚知道，指挥控制系统是保持该系统稳定运行的关键，如果指挥控制系统失去效用，则整个防空网将陷入混沌状态而被各个击破。因此，指挥控制系统是首选的而且是最佳的打击目标。

适应性是系统保持稳定的重要原因。复杂适应系统通常由系统的适应度来衡量，系统的适应度高，说明系统的适应能力强，系统的适应度低，说明系统的适应能力弱。复杂适应系统之所以存在，是因为其具有一定的适应性，能够对外界刺激做出一定的反应。而一旦对外界刺激不能做出及时有效反应时，系统也就陷入混乱直至瘫痪。美军退役空军上校约翰·博伊德将之称为“决策—行动”周期理论，即人类所有理性活动都可以用“观察、判断、决策和行动”的不断循环来描述，这个循环过程被称为“OODA 周期”。

两个复杂适应系统间的对抗，实际是双方的“OODA 周期”对抗，当一方适应度低，不能对另一方的刺激做出反应时，正常的“OODA 周期”将被抑制。抑制一方系统的“OODA 周期”的正常运转可通过两种方法：一是进入其“OODA 周期”，通过影响或破坏观察、判断、决策或行动中的任何一个环节或多个环节，打击敌方系统的适应性，从而使敌方系统崩溃；二是不进入“OODA 周期”，通过我方行动来实现打击对方系统。从物理消耗角度审视，行动就是打击、摧毁，或在某些方面削弱敌人进一步战斗的能力。

9.4 基于机器学习的作战仿真模拟推演技术

现代战争的制胜机理已由规模制胜向精确制胜转变，效能优先、精兵作战已成为信息化作战力量运用的重要方式。当前以监督学习、深度强化学习、类脑计算、知识图谱为代表的智能技术群的快速发展，以及其在图像理解、机器翻译、语音识别、智能推荐领域的成功应用，为精确、高效地开展作战模拟推演与评估创造了成熟的技术条件。作战方案推演与评估是部队任务规划系统构建的核心步骤，它能够模拟复杂战场环境和敌我体系对抗条件，推演评估联合作战条件下部队作战行动过程，精确分析各作战方案的优缺点，评估检验诸兵种作战能力和作战效果，为指挥员提供计算机辅助决策支持，把模拟仿真推演结果和指挥员的智慧和经验结合起来，把定性分析和定量分析结合起来，为指挥员执行不同作战任务、实施不同作战行动提供有力的决策保障。因此，迫切需要结合分布式平行仿真推演、大样本并行仿真推演需求，为作战方案在对抗条件下的智能化精确推演评估提供手段。

9.4.1 多分支平行与大样本并行仿真推演与控制技术

对抗交战条件下的作战任务智能推演，要求在既有作战规划方案基础上，考虑对手可能变化趋势和各种战场临机动态调整情况下，通过模拟仿真双方智能兵力实时交战过程，并根据多视角的实验推演数据与实时战场情报反馈，对作战任务规划全过程进行分布并行仿真推演。重点解决在战术云服务平台支持下，多业务部门分布式仿真推演与面向智能蓝军的多策略搜索等难题，研究面向实时战场态势预测的作战方案多分支并行仿真与动态临机调整技术，研究作战规则引导下基于蒙特卡罗树搜索的多策略空间评估优化技术，实现部队多部门实现对作战方案的动态推演与科学评估。

区别于传统仿真推演技术，多分支与大样本仿真推演技术将作战任务规划和仿真推演全过程进行深入融合，用于提升战前作战筹划与战时临机规划的智能化决策能力与科学化水平。一方面能够对作战规划产生的构想、方案、计划等输出结果，在智能蓝军与智能环境模型支持下进行对抗式推演和评估，辅助确定计划；另一方面基于态势感知的战场实情报时数据，不断更新、校正预测的态势，以真实战场态势数据平行驱动虚拟仿真任务空间的态势调整，从而实现基于效果的反应式作战行动序列生成，自动推演、评估并调整计划。

9.4.2 基于机器学习的作战方案智能推演技术

依托智能推演仿真引擎，可以使作战实验系统、仿真模型系统、仿真模型资源库、实验管理控制系统、智能评估系统等建立联系和互操作，结合开发研制的作战实验专用服务软件，为作战实验评估提供基础的运行条件和应用支撑。作战方案智能推演引擎，主要包括实验核心服务与运维管理、有限样本条件下的离线学习与对抗交战条件下的在线学习三个核心功能模块。其中，在线学习模块还包括实验数据采集与任务冲突检测与消解两个主要功能模块，主要实现面向作战任务校验、方案动态分析与智能评估的数据采集、管理与可视化呈现等功能。

1. 基于深度强化学习的模拟推演技术

强化学习在计算机科学领域体现为机器学习算法，在作战指挥控制领域则更多地体现为获得最优结果而对序列行为的选择上。相比于机器学习领域的监督学习和半监督学习，强化学习是在没有任务正确样本标记（Label）的条件下，采用持续的“试错”（Trial-and-Error）机制和“利用–探索”平衡（Exploitation-Exploration）策略，实时感知环境的反馈状况并作为其动作的监督信号，最终通过不断调整参数，完成对任务最佳实现策略的选择，如图 9-10 所示。作战方案推演中，基于深度强化学习算法的作战实体，在与战场环境的持续交互中不断学习经验，不断更新其深度神经网来指导其连续的行为选择，最终生成符合指挥员要求的最优作战行动序列（Course of Action，COA）。其中，训练得到的深度神经网，可以理解为指挥员隐性知识的非线性表达，是指挥决策思维过程的表征。强化学习因其来源于心理学中的行为主义理论，反映了人脑如何做出决策的反馈系统运行机理，因而符合指挥决策人员面对诸多复杂决策问题的思维认知特征。

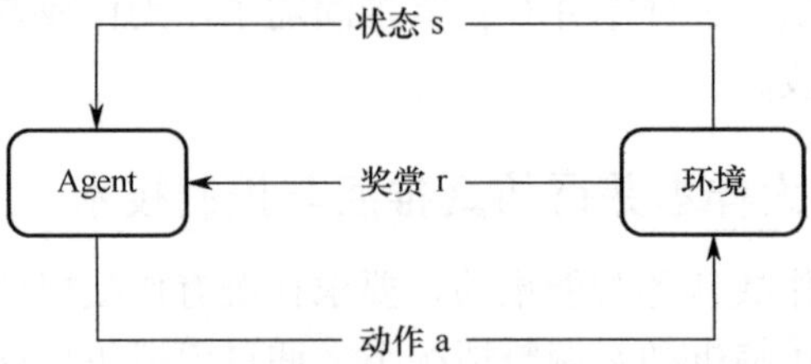

图 9-10　基于 MDP 的强化学习基本模型

不难看出，强化学习不仅解决了从数据到知识一般性规则建模问题，更重要的是它体现了“如何从世界中得到数据”这个过程。正是这一学习机制使得强化学习（RL）与行为决策直接关联，从而在一定程度上跨越了“认知世界”这一过于复杂的建模环节，而直指“改变世界”这一个任务目标，其学习机制与方法契合了作战指挥人员指挥决策思维方式。运用强化学习来解决指挥决策过程模拟推演，其优势正在于：它可以充分利用与虚实结合的战场环境交互“试错”数据来直接学得策略，而不需要人为地构建推理模型。特别对于分队智能决策问题，其任务目标相对确定，而且与之交互的外部实验环境经过多年发展日趋成熟，这都为基于强化学习方法解决其战术决策问题提供了必要的条件。

传统的强化学习在解决状态和动作空间有限的任务上都表现得不错，但在求解状态和动作空间维度很高的现实问题时，就显得无能为力。运用强化学习方法来解决分队战术指挥决策问题时，当前基于浅层结构算法的多数分类、回归等学习算法的泛化能力受到一定制约。其局限性在于，有限样本和计算单元条件下对复杂函数的表示能力有限。解决上述问题的一个有效途径，就是使用函数近似的方法，即是将强化学习中的策略或者值函数用一个函数显性地进行表达。常用的近似函数有线性函数、核函数、神经网络等。其中，深度神经网络不仅具有强大的函数逼近能力，而且可以实现端到端学习，能够直接从原始数据的输入映射到分类或回归结果，从而避免了由于特征提取等工作而引入过多的人为因素。深度学习就是通过构建包含多隐层的深度神经网络模型，并基于海量的数据样本集进行网络参数学习，以实现对非线性复杂函数的逼近，最终达到提升分类或预测准确性的目的。深度学习在图像理解、机器翻译、语音识别领域的成功应用，展现出了从样本集中学习数据集本质特征的强大能力。

近年来，各领域开始将深度神经网络作为近似函数引入到强化学习中并取得了满意的效果，由此，产生了具备感知能力和决策能力的深度强化学习方法，并在当前人工智能领域得到了广泛地应用。Google 公司 DeepMind 团队成功开发的智能围棋程序 AlphaGo，通过综合运用基于海量围棋实战数据的深度神经网训练、基于强化学习的虚拟自我对弈，以及蒙特卡罗树搜索，实现了 AlphaGo 在全局“棋感”（估值网络）与局部“落子”（策略网络）的良好平衡。围棋这类具有实时博弈特征，且问题求解空间巨大的现实问题，运用深度强化学习与监督学习相结合的方法得以解决，让我们看到了该技术在研究非完全信息条件下战争博弈问题方面的潜力，从而为我们解决作战模拟过程中的推演问题提供了重要的经验借鉴与技术参考，如图 9-11 所示。

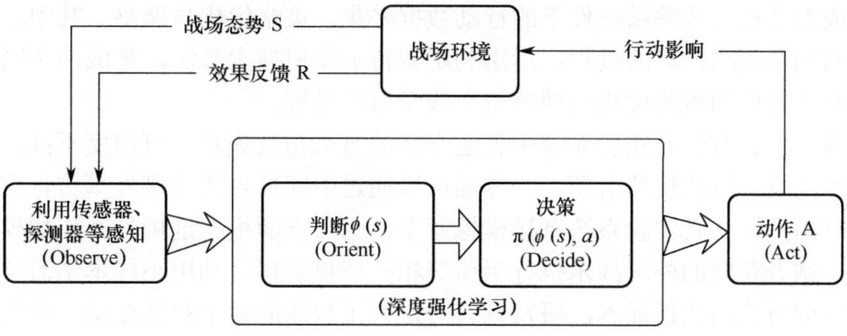

图 9-11　基于深度强化学习的作战指挥智能决策框架

当然还应该看到，深度学习的局限性也显而易见，因为其需要大量的样本数据，并且在很多任务上表现不佳。陆军分队战术指挥智能决策，可抽象为多步的强化学习过程。在当前我军有限指挥决策训练数据条件下，通过直接模仿学习学得的策略适用性不强。其原因是，采样的指挥员决策训练样本轨迹因不可能包括所有状态空间，使得监督学习学得的策略函数泛化能力有限。虽然增加训练时间和计算能力能在一定程度上弥补这个不足，但预测和泛化能力弱的问题并不能从根本上得到改善。深度强化学习算法由于能够基于深度神经网络实现从感知到决策控制的端到端自学习，与监督学习的方法相比，具有更强的预测和泛化能力。为此，将强化学习机制与深度学习算法结合，探索解决人不在回路的作战方案推演中作战实体智能决策问题。这其中需要解决的关键是作战实体奖赏函数的表示与探索策略学习算法问题。

在实际的多步强化学习中，设计奖赏函数是相当困难的，但从人类专家提供的范例数据中反推出奖赏函数有助于解决该问题，这即是逆向强化学习（Inverse Reinforcement Learning，IRL）的思想。逆向强化学习则被认为是强化学习提速的重要手段。基于逆向强化学习的战术分队智能决策过程，我们已知状态空间 S、动作空间 A，并且积累了较为丰富的实战化指挥决策范例数据集，那么，利用深度学习与逆向强化学习相结合的技术解决方案，就可以训练出具有多隐层的深度神经网来“拟合”奖赏函数，使得在该奖赏函数环境中指挥决策范例数据是最优的；然后，利用该奖赏函数即可求解特定指标下的最优战术行动序列；最后，针对不同的任务编成与应用场景，结合战术决策敏捷性评价指标，即可形成较为合理的战术行动方案。其中，基于深度神经网的非线性“奖赏函数”，可以理解为战术指挥员面向实时态势做出的经验性判断。

2．在线学习与离线学习

有限样本条件下的离线学习，主要利用我军、外军有限的训练和实战作战训练样本，运用深度逆向强化学习、迁移学习、小样本类人概念学习、对抗生成式网络技术，构建面向诸兵种（专业）的多分辨率真作战指挥实体的智能模型与行动实体模型。指挥实体的智能模型，通过训练得到行动策略网与态势估值网，实时感知交战条件下战场态势 S，做出任务自动分解与行动调度策略。其中，行动策略网主要实现作战实体从态势感知到执行动作的映射，态势估值网主要实现对战场态势的整体作战效益的评判。

而后，行动实体根据行动策略执行相应的 COA，完成其作战任务目标。行动实体的智能行为主要体现为，根据训练得到的行动策略网与估值网，在蒙特卡罗树搜索技术支持下，完成对各种交战关系条件下的行动数据采集、策略优化与调整。其中，训练策略网与价值网的是离线学习的过程；运用利用蒙特卡罗树搜索算法，集成两个网络实现在智能蓝军对抗条件的策略优化与调整是在线学习的过程。

为解决目前已有仿真实验系统中普遍存在的蓝军仿真失真、可信度不高、人为干扰因素过多的问题，智能推演引擎，一方面可以通过中间件直接引接外军仿真实验系统，人在回路时由外军仿真实验系统直接模拟蓝军；另一方面根据剖析外军作战模拟系统采集的数据，结合获取的外军战术执行手册等相关情报资料，利用小样本学习与生成式对抗技术，生成可信的数据样本，研发具有一定人工智能的蓝军智能模型，供人不在回路的作战仿真实验应用。

3. 任务冲突检测与消解

时间冲突检测是以每个作战行动的开始时刻和结束时刻为顶点，以这些时间点的约定先后顺序为边，建立有向图，采用在有向图中寻找有向圈的方法，检测有冲突的作战行动子集；空间冲突分析是通过对作战单元的威力范围或空间使用需求进行几何建模，形成一系列空间对象单元，然后通过空间对象间的几何拓扑关系来实现空间交叉分析与冲突判断。物域冲突分析，首先通过作战单位的执行行动关联到作战对象，然后根据作战对象的属性和作战要求，按照杜派指数模型和战斗损耗方程进行资源需求量的加权计算，进而判断作战单位资源分配的合理性。在对飞行器的任务规划进行检测时，主要检测其安全高度和间距阈值。规划系统对每条任务航线连续监控，以判断当前态势下各飞行器间的冲突可能性。当飞行器间安全高度/间距小于阈值时，做出冲突记录，并进行冲突优先级排序，结合态势评估、任务等级和冲突类型进行冲突消解。典型冲突消解手段包括路径重规划、系统重构和任务终止等。也可以通过局部的行动预演、冲突判断和修改调整等步骤的反复迭代，将冲突记录归零，完成冲突消解，而不是等整个作战方案制定完毕之后再进行冲突检测，显然降低了任务规划的效率。

该功能实现设计两个功能模块：一是数据管理功能模块，主要由作战方案数据加载、交战数据采集、评估指标模型、数据可视化编辑与数据接口构成。主要完成对各类数据的分类采集，包括武器装备战术技术性能数据、作战方案数据、战场环境数据、对抗交战进程与结果数据等，并结合时域、空域、物域、频域的检测指标进行分类统计与可视化呈现。二是任务冲突检测与消解模块，主要实现在时域、空域、物域、频域冲突检测与消解模型支持下，在交战进程中实时完成对规划任务中四域进行检测，给出定性与定量相结合的技战术解决方案。

4. 大样本并行智能推演运行控制

核心服务与运维管理层主要实现实验用户管理、平台参数设置、模型资源管理、实验运行控制、基础通信管理，以及人机交互接口等功能。首先由根据仿真运行要求设置运行参数，同步进行实验基础数据加载与编辑，实现对作战方案数据与基础数据导入，包括编成和编组的设定，队形的确定，编组内各编制单位部署位置的确定，初始战斗命令的录入等；依据规划任务类型和评估目标，设置评估指标体系参数；而后，启动仿真运行引擎，通过暂停、继续、结束、变速等运行控制操作控制仿真进程；推演准备阶段录入的数据保存为实验方案，一个实验可包含多个方案，可以对实验方案进行管理并按以前的方案进行修改生成新的实验方案。开始推演后，引擎按照预定的行动方案进行推演，系统按照设定好的数据采集指标进行数据采集，用户可以采用二维或三维的方式，从不同的视角和关注度查看战斗实验过程。

9.4.3　作战行动方案的智能化评估技术

1. 智能评估的基本过程

作战智能评估的时机有两个：一是在作战任务规划过程中，对关键性问题进行分段或专项模拟评估；二是在作战方案制定后，对整个作战方案行动计划中的总体计划、分支计划及协同计划，实施可行性、合理性、协同性的综合评估。评估时，首先依据作战规划内容进行作战方案录入，输入数据包括作战规划方案中的目标态势数据、我方作战部署数据、地形基础数据及规划的行动过程数据；实验过程中，依托在线与离线学习智能推演环境，在仿真模型与数据资源支持与控制下，采集对抗条件下双方智能兵力实体交战数据，按照不同评估指标对数据进行分类统计，并存储到专项与综合评估数据库中；而后，依据专项评估与综合评估指标，结合目前成熟的指数法、最大熵法、模糊综合评判法等多层次、多角度地给出评估结论，从而衡量作战方案的优劣。

指挥决策人员可以反馈修改计划内容的有关信息，也可以进行作战方案计划临机调整，然后再同上方式进行推演实验与评估，直至满意作战方案计划为止。评估过程如图 9-12 所示。

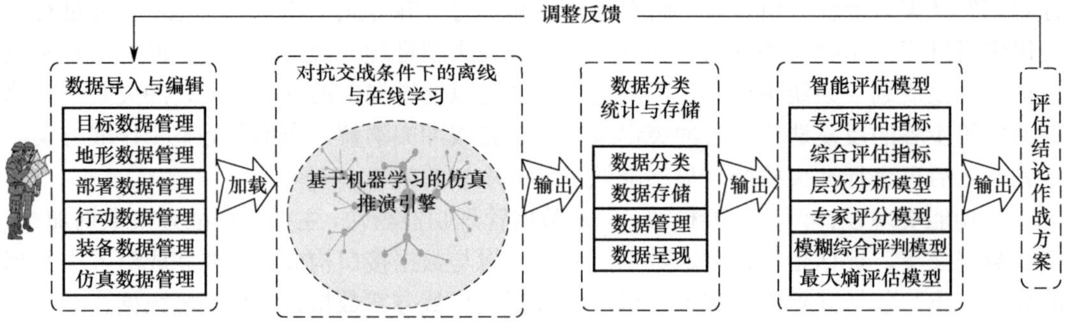

图 9-12　作战仿真推演实验评估过程

2. 作战方案智能评估模型构建方法

作战方案评估可以从可行性、风险度、作战效益等进行的评价和估量，应“静态评估与动态评估相结合、正向评估与逆向评估相结合、人工评估与系统评估相结合、整体评估与局部评估相结合、过程评估与结果评估相结合”，多方式、多角度展开，找出方案的优点与缺点，发现方案存在的问题与不足，分析产生问题的原因，为方案的优化调整提供科学参考。

评估指标体系，从内容上，评估点设计要合理，涵盖作战方案各要素，突出关键作战行动计划和高新武器装备作战运用的分析评估；使用上，灵活可编辑，以模板形式实现评估指标的标准化管理，支持基于模板的用户自定义评估指标设置；计算上，与仿真数据项紧密关联，便于仿真评估数据的自动化处理。

部队作战效益评估，重点对合同作战诸兵种协同一致完成作战任务综合作战能力评价，通常从任务完成情况、歼敌效果、兵力损失、资源损耗、综合效益等视角加以评估，其指标体系也是按照不同评估目标分别建立。

参 考 文 献

[1] 王可定. 作战模拟理论与方法[M]. 长沙：国防科技大学出版社, 1999.

[2] 胡晓峰, 等. 战争模拟引论[M]. 北京：国防大学出版社, 2004.

[3] 凌云翔, 马满好, 袁卫卫, 等. 作战模型与模拟[M]. 长沙：国防科技大学出版社, 2006.

[4] 王寿云. 现代作战模拟[M]. 上海：知识出版社, 1984.

[5] 王杏林, 曹晓东. 概念建模[M]. 北京：国防工业出版社, 2007.

[6] 杨南征. 虚拟演兵——兵棋、作战模拟与仿真[M]. 北京：解放军出版社, 2007.

[7] 孔令丰, 范嘉宾. 计算机模拟战役对抗演习概论[M]. 北京：国防大学出版社, 2001.

[8] 张野鹏. 作战模拟基础[M]. 北京：解放军出版社, 1998.

[9] 陈建华. 舰艇作战模拟理论与实践[M]. 北京：国防工业出版社, 2002.

[10] 郭齐胜, 董志明. 战场环境仿真[M]. 北京：国防工业出版社, 2005.

[11] 王汝群. 战场电磁环境[M]. 北京：解放军出版社, 2006.

[12] 金伟新. 大型仿真系统[M]. 北京：电子工业出版社, 2004.

[13] 胡晓峰. 作战模拟术语导读[M]. 北京：国防大学出版社, 2004.

[14] 张野鹏. 作战仿真及其技术发展[M]. 北京：解放军出版社, 2002.

[15] 徐学文, 王寿云. 现代作战模拟[M]. 北京：科学出版社, 2001.

[16] 军事教育学院. 计算机合同战术作战模拟系统[M]. 北京：海洋出版社, 1990.

[17] 毕义明, 刘良, 刘伟, 等. 军事建模与仿真[M]. 北京：国防工业出版社, 2009.

[18] 马亚平. 作战模拟系统[M]. 北京：国防大学出版社, 2005.

[19] 张宏军. 作战指挥训练模拟系统[M]. 北京：解放军出版社, 2011.

[20] 韦有双, 王飞, 冯允成. 虚拟现实与系统仿真[J]. 计算机仿真, 1999, 16(2):63-66.

[21] 翁干飞. 基于雷达模拟器的电磁环境仿真[D]. 长沙：国防科学技术大学, 2002.

[22] 马立元. 大型复杂装备虚拟操作训练系统设计方法研究[D]. 南京：南京理工大学, 2006.

[23] 许国志. 系统科学[M]. 2 版. 上海：上海科技教育出版社, 2000.

[24] 涂序彦. 大系统控制论[M]. 北京：国防工业出版社, 2000.

[25] James F D. The Complete Wargames Handbook[R]. 2009, 3.

[26] 远东旗舰（北京）国际科技有限公司. 兵棋简介[R]. 2006, 8.

[27] 别拓仑, 包国俊. 兵棋推演：导演战争的“魔术师”[N]. 解放军报, 2008-3-27(12).

[28] 王晔, 张朴睿, 孙红, 等. 基于 UML 的弹道导弹攻防对抗仿真系统建模研究[J]. 系统仿真学报, 2006, 18(10):2712-2716.

[29] 曹雷, 董强, 彭伟, 等. 基于排队论的导弹防御系统的效能分析[J]. 南京理工大学学报, 2011,35(4):470-474.

[30] Stone G F, McIntyre G A. The Joint Warfare System (JWARS): A Modeling and Analysis Tool for the Defense Department[C]. Proceeding of the 2001 winter simulation conference, 2001:691-696.

[31] Maxwell D. An Overview of the Joint Warfare System (JWARS) [J]. Phalanx, 2000, 33(3):12-14.

[32] Snyder D, Reaper J, Ehret L. JMASS Compliance: What and Why[R]. IEEE, 1997.

[33] Meyer R J. Joint Modeling and Simulation System: What It Implies and What That Means[C]. Proceeding of the 2001 Simulation Interoperability Workshop (SIW), 2001.

[34] Bates D. Logistics Modeling in JWARS(Joint Warfare System) [EO/AL]. https://www.jointmodels.mil/jwars, 2003-03-30/

2011-04-15.

[35] Advance Simulation Division Joint Warfighting Center. Joint Simulation System(JSIMS) Functional Requirements Document(FRD) Version1.0 [EB/OL]. http://www.jwfc.js.mil, 1996.

[36] Advance Simulation Division Joint Warfighting Center. Joint Simulation System Transition Plan Version1.0 [EB/OL]. http://www.jwfc.js.mil, 1997.

[37] 陈丽, 冯润明, 姚益平. 联合建模与仿真系统研究[J]. 电光与控制, 2007, 14(4):10-12.

[38] Florek D W, Baldwin M, Caruso M, et al. Using HLA/RTI in an Engineering-Level Federation to Support Reconfigurable Simulation[C]. Proceeding of the 1999 Fall Simulation Interoperability Workshop, 1999.

[39] Prince J. Multi-Resolution Modeling with a JMASS-JWARS HLA Federation[C]. Proceeding of the 2002 SPIE Conference, 2002.

[40] Judith D. High Level Architecture: Overview and Rules [EB/OL]. http://hla.dmso.mil, 1997.

[41] Scrudder R, Sheehan J. HLA FOM/SOM Content Standards[C]. Proceeding of the 1997 Spring Simulation Interoperability Workshop. Orlando FL, 1997.

[42] Department of Defense. DoD Modeling and Simulation (M&S) Master Plan [EB/OL]. http://www.dmso.mil/docslib/mspolicy/msmp/1095msmp, 1995.

[43] 姚益平, 时向泉, 万江华. HLA / RTI 的研究与实现[J]. 系统仿真学报, 2000, 12(4):364-366.

[44] 周彦, 戴剑伟. HLA 仿真程序设计[M]. 北京：电子工业出版社, 2002.

[45] 李智, 等. 复杂大系统分布交互仿真技术[M]. 长沙：国防科技大学出版社, 2004.

[46] 张家祥. HLA 仿真技术应用教程[M]. 北京：国防工业出版社, 2006.

[47] Peter B A, Smith J S, Medeiros D J, et al. The Joint Warfare System (JWARS): A Modeling and Analysis Tool for the Defense Department[C]. Proceeding of the 2001 winter simulation conference, 2001.

[48] 刘德茂，王经国. 全军第一个战争模拟实验室建设工程通过鉴定[EB/OL](2005-9-1). 新华网，http://news.qq.com/a/20050930/001380.htm.

[49] Gao Jun, et al. Virtual Reality end Its Application in Military Cartography & Training Simulation [M]. Beijing: PLA Publishing House, 1999.